Therese von Bayern
1850–1925

Else Lasker-Schüler
1869–1945

Helene Lange
1848–1930

Ottilie W. Roederstein
1859–1937

Clara Zetkin
1857–1933

Gabriele Reuter
1859–1941

Paula Modersohn-Becker
1876–1907

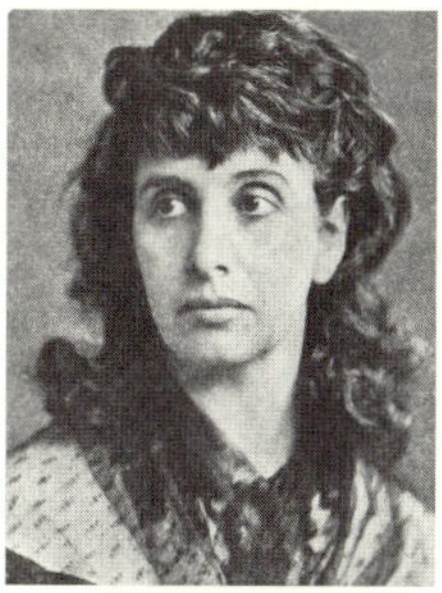

Hedwig Dohm
1831–1919

Ida Gerhardi
1862–1927

Minna Cauer
1841–1922

Elisabeth Macke
1888–1978

Alice Salomon
1872–1948

Barbara Beuys

Die neuen Frauen – Revolution im Kaiserreich

1900–1914

Carl Hanser Verlag

1 2 3 4 5 18 17 16 15 14

ISBN 978-3-446-24491-7

Satz: Satz für Satz. Barbara Reischmann, Leutkirch
Druck und Bindung: Friedrich Pustet, Regensburg
Printed in Germany

FSC www.fsc.org
MIX
Papier aus verantwortungsvollen Quellen
FSC® C014889

Inhalt

Ab 1900

Vorgeschichte

Wurzeln: »Die Freiheit ist unteilbar«

Mit der Zeitung für die Revolution – Mit dem Gesetz gegen politische Teilnahme – Louise Otto, Auguste Schmidt und Henriette Goldschmidt gründen einen Verein

Welch ein Ziel, was für eine Aufgabe: »Dem Reich der Freiheit werb' ich Bürgerinnen.« Es ist das Motto der *Frauen-Zeitung*, deren »No. 1« mit dieser Unterzeile am 21. April 1849 erscheint und die sich in aufgewühlten Zeiten vier Jahre auf dem Zeitungsmarkt halten kann. Herausgeberin ist die dreißigjährige Schriftstellerin Louise Otto, eine »Tochter aus gutem Hause« in Meißen, die mit knapp siebzehn Jahren Waise geworden war und in allem Unglück das große Glück hatte, ein ausreichendes Erbe anzutreten: Sie war nicht, wie die meisten ihrer bürgerlichen Zeitgenossinnen, auf eine Heirat zur Versorgung angewiesen. Das junge Mädchen fühlte sich zur Schriftstellerin berufen, und das war auch die einzige Berufsmöglichkeit für Frauen ihres Standes, weil es dazu keiner professionellen Ausbildung bedurfte. Denn dergleichen gab es nicht für sie, mit Arbeit hatten nur Arbeiterinnen etwas zu schaffen. Am zierlichen Schreibtisch mit Feder und Tinte zu hantieren und romantische Fantasien aufs Papier zu bannen, das passte gerade noch ins bürgerliche Frauenbild.

Aber Louise Otto ging es nicht um schöne Geschichten. Sie wollte durch ihr Schreiben »nicht allein *in* und *mit* meiner Zeit leben, sondern auch *für* sie«. Zielstrebig und selbstbewusst hatte sie sich mit Gedichten, engagierten Zeitungsartikeln und sozialkritischen Romanen einen Namen gemacht. Ihr war früh klar geworden: Nur wer als Frau den Schritt auf die Bühne der Öffentlichkeit wagte, die nach herrschender Sitte und Moral ausschließlich von Männern besetzt war, konnte Aufmerksamkeit wecken für eine Idee, eine gerechte Sache. Louise Otto war entschlossen, den Frauen eine Stimme zu geben.

Mit einem Leserbrief an die *Sächsischen Vaterlandsblätter* in Dresden mischte sich Louise Otto 1843 in die Diskussion um »die Teilhabe des weiblichen Geschlechts am Staatsleben« ein. Von da an wurde der Bereich Frauen und Politik zu ihrem Lebensthema, vor allem in ihren Zeitungsartikeln. Oft war sie für längere Zeit in Leipzig, der Stadt der Verlage, Schriftsteller und Künstler, und knüpfte als alleinstehende Frau viele Beziehungen. Mit Robert Blum, dem radikalen Demokraten und Herausgeber der *Sächsischen Vaterlandsblätter*, und seiner Frau war sie eng befreundet. Als 1846 ihr Roman *Schloss und Fabrik* erschien, hatte zuvor der staatliche Oberzensor eingegriffen und damit das Aufsehen um die mutige Verfasserin und ihr sozialkritisches Werk noch vergrößert.

Zwei Jahre danach, im Februar 1848, jagten die Pariser ihren König davon, und der revolutionäre Funke sprang auf die deutschen Länder über. Studenten und Professoren, Kaufleute, Rechtsanwälte und Handwerker gingen auf die Straße und forderten in hitzigen Versammlungen von ihren Landesfürsten Freiheit und demokratische Verfassungen. Zum Zeichen ihrer Solidarität und demokratischen Gesinnung ließ Louise Otto an ihrem Haus in Meißen »triumphierend« die schwarz-rot-goldene Fahne flattern, das Symbol der Revolution. Es blieb nicht bei symbolischen Handlungen.

»Wohlauf denn, meine Schwestern,« fordert sie in der ersten Nummer der *Frauen-Zeitung* im April 1849, »vereinigt Euch mit mir, damit wir nicht zurückbleiben, wo alles um uns und neben uns vorwärts drängt und kämpft. Wir wollen auch unser Teil fordern und verdienen an der großen Welt-Erlösung, welche der ganzen Menschheit, deren eine Hälfte wir sind, endlich werden muss. Wir wollen unser Teil fordern: das Recht, das Rein-Menschliche in uns in freier Entwicklung aller unserer Kräfte auszubilden, und das Recht der Mündigkeit und Selbständigkeit im Staat.« Über ein Jahr alt war die Revolution nun. Triumph und Scheitern lagen dicht beieinander.

In den deutschen Fürstentümern und Königreichen hatten die Herrscher unter dem öffentlichen Druck die Minister des alten Regimes entlassen und liberale eingesetzt; die Zensur bei Zeitungen und Schriften aller Art abgeschafft, gleiches Recht für alle versprochen. Und der revolutionäre Schwung sollte mit der Freiheit auch die nationale Einheit bringen. Im Mai 1848 versammelten sich in der Frankfurter Pauls-

Louise Otto unterstützt die Revolution von 1848, gründet die erste gesamtdeutsche Frauenzeitung, schreibt populäre Romane, engagiert sich für die Arbeiterinnen und fordert 1871 Mitbestimmung der Frauen im Deutschen Reich.

kirche rund achthundert Abgeordnete zum ersten gesamtdeutschen Parlament, gewählt von Männern über fünfundzwanzig, die einen selbständigen Beruf hatten. Es sollte eine Verfassung beschließen für einen Staat, in dem endlich alle Deutschen – so wie Engländer oder Franzosen – in einer Nation zusammenlebten.

Nach endlosen Debatten, von vielen Frauen auf der Galerie der Frankfurter Paulskirche mit Missfallen oder Zustimmung begleitet, einigte sich die Mehrheit der Abgeordneten auf eine Verfassung für ein einiges Deutschland. An der Spitze des neuen Deutschen Reiches sollte als Kaiser der Deutschen der König von Preußen stehen, nicht als Fürst von Gottes Gnaden, sondern ein Souverän des Volkes. Im Januar und März 1849 wurden die »Grundrechte des deutschen Volkes« und die neue Verfassung rechtskräftig als Reichsgesetze verkündet.

»Dem Reich der Freiheit werb' ich Bürgerinnen«: Louise Ottos Unternehmung einer *Frauen-Zeitung* hatte mit den Erfahrungen zu tun, die Tausende von Frauen im Revolutionsjahr 1848 gemacht hatten. Als Gefährtinnen im Kampf für die Freiheit, die demokratische Frauenvereine zur Unterstützung gründeten, Geld sammelten, Fahnen bestickten, Flugblätter entwarfen und verteilten, gefährliche Kurierdienste taten, vereinzelt sogar auf Barrikaden standen, waren sie den Männern willkommen. Doch wo es ums Grundsätzliche ging, da standen die Helferinnen abseits und alleine. Louise Otto hat gleich auf der zweiten Seite der ersten Nummer der *Frauen-Zeitung* scharf und nüchtern analysiert, was die Revolution den Frauen gebracht hat: »Und nun lasst uns einmal fragen, wie viele Männer gibt es denn, welche, wenn sie durchdrungen sind von dem Gedanken, für die Freiheit zu leben und zu sterben, diese eben für *alles* Volk und *alle* Menschen erkämpfen wollen? Sie antworten gar leicht zu Tausenden mit *Ja!* Aber sie denken bei all ihren endlichen Bestrebungen nur an *eine* Hälfte des Menschengeschlechts – nur an die *Männer*. Wo sie das Volk meinen, da zählen die Frauen nicht mit. Aber die Freiheit ist unteilbar!« Ein kurzer Blick in die Gesetze für den neuen deutschen Staat, der doch ein demokratischer sein soll, genügt: Louise Otto fordert eine Revolution in der Revolution. Denn am Eingang zum Reich der Freiheit, das die Paulskirchen-Männer geschaffen hatten, steht: Für Frauen kein Zutritt.

In den Grundrechten der neuen Verfassung heißt es in Artikel 2 § 7: »Die Deutschen sind vor dem Gesetze gleich.« Und in Artikel 6 § 28: »Es steht einem jeden frei, seinen Beruf zu wählen und sich für denselben auszubilden, wo und wie er will.« Die Sprache verrät es: damit waren nur die Männer gemeint. Die Diskriminierung der Frauen in allem, was Politik, Bildung, Rechte und Teilnahme am öffentlichen Leben betraf, war so tief verankert, dass es keiner Worte bedurfte.

Eine berufstätige Bürgerstochter? Unmöglich, undenkbar: Für Mädchen war auch im demokratischen Staat nicht an eine schulische Bildung gedacht, die über das Abitur an die Universität führte – das blieb Männersache. Wer unbedingt über Sticken und Klavierspielen hinaus tätig werden wollte und kein Talent zum Schriftstellern hatte, für den gab es seit den 1840er Jahren private höhere Töchterschulen mit angeschlossenem privatem Lehrerinnenseminar. Bedingung für diesen einzigen bürgerlichen Frauenberuf mit Ausbildung, so diffus sie auch war: zölibatär zu leben. Wenn eine Frau heiratete, war sie automatisch entlassen, denn mit der Heirat hatte sie ja ihren eigentlichen Beruf ergriffen: als Ehefrau und Mutter zu leben. In der Politik galt das gleiche Ausschlussverfahren: Die Revolutionäre von 1848/49 hatten nur Männern das Wahlrecht zugestanden, um männliche Abgeordnete für den Reichstag zu wählen. Wähler oder wählbar ist »jeder unbescholtene Deutsche« heißt es im Reichsgesetz vom 12. April 1849, und das war wörtlich zu nehmen.

Louise Otto will die Opferrolle von Frauen abschaffen. Die *Frauen-Zeitung* ist ihr Angebot und eine Plattform für alle »Schwestern«, den Kampf für Freiheits- und Menschenrechte selber in die Hand zu nehmen: »Wir wollen unsere Kräfte aufbieten, … dass wir den großen Gedanken der Zukunft: Freiheit und Humanität (was im Grunde zwei gleichbedeutende Worte sind) auszubreiten suchen in allen Kreisen, welche uns zugänglich sind …« Eine tollkühne Vision, quer zu allen Strömungen und Machtverhältnissen der Zeit: Für Louise Otto gehört die »Frauenfrage« in die Mitte von Politik und Gesellschaft. Bescheidenheit ist weder Frauen-Zier noch weibliche Tugend. Die Frauen »werden sich vergessen sehen«, wenn sie »vergessen, selbst an sich zu denken«.

Die Botschaft von politischer Freiheit und Emanzipation der Frauen geht an Leserinnen aus bürgerlichem Hause. Aber Louise Otto legt ihnen eindringlich ans Herz: auch mit denen solidarisch zu sein, »welche in Armut, Elend und Unwissenheit vergessen und vernachlässigt schmachten«. Gemeint sind die Arbeiterinnen. Auch das ist eine revolutionäre Forderung, denn zwischen ihnen und den Frauen des Bürgertums klafft ein Abgrund. Die Herausgeberin schließt ihr Editorial selbstbewusst mit einem Appell: »Wohlauf, meine Schwestern, helft mir zu diesem Werke!«

Drei Tage nach dem erstmaligen Erscheinen der *Frauen-Zeitung* lehnte der preußische König am 24. April 1849 ab, wofür sich die Mehrheit der Nationalversammlung in der Frankfurter Paulskirche ausgesprochen hatte: Er sollte Kaiser aller Deutschen werden. Doch im Berliner Schloss dachte man anders: Ein Herrscher von Volkes Gnaden – niemals. Ein König war nur seinem Gott verantwortlich. Damit lag die gesamte Verfassungskonstruktion für das neue Deutsche Reich in Trümmern. Für die adligen Machthaber in den übrigen deutschen Ländern war es das Signal, die liberalen Minister wieder zu entlassen, die mit liberalen Bürgern besetzten Parlamente aufzulösen und die alten feudalen undemokratischen Zustände wiederherzustellen.

Nicht alle, die auf die Freiheit gesetzt hatten, resignierten. In Sachsen, im Rheinland, in Baden brachen Aufstände aus und Frauen machten mit. In der fünften Ausgabe vom 19. Mai 1849 – die *Frauen-Zeitung* erschien immer samstags – stand unter der Rubrik »Blicke in die Runde«: »An dem Kampf des sächsischen Volkes in Dresden vom 3. bis 9. Mai haben auch viele Frauen teilgenommen, und zwar aus allen Ständen. Viele halfen mit am Barrikadenbau, schleppten Steine und Meublen herzu … Noch andere nahmen sich der Verwundeten an, verbanden sie … mitten unterm Kugel-Regen auf offner Straße oder trugen sie in ihre Häuser.« Und sie waren auch Kämpferinnen: »Eine Jungfrau, deren Bräutigam, ein Turner, am ersten Tag gefallen war, hat eine Barrikade drei Tage lang mit Löwen-Mut verteidigt und mit ihrem Pistol viele Soldaten niedergeschossen, bis sie selbst von einer feindlichen Kugel gefallen ist.«

Preußen schickte seine Truppen los. Nach blutigen Gefechten im Südwesten Deutschlands musste das restliche Heer der Aufständischen, die in der Festung von Rastatt eingeschlossen waren, im Juli 1849 kapitulieren. Führende Köpfe, Frauen inbegriffen, flohen außer Landes; die Zahl der deutschen Auswanderer in die Vereinigten Staaten von Amerika stieg in diesem Jahr auf 250 000. Die Sieger vollstreckten 27 von 61 Todesurteilen und warfen Tausende ins Gefängnis, die sich für Freiheit und Einheit engagiert hatten, sei es mit dem Schwert, sei es mit der Feder. Die bürgerliche Revolution von 1848 war gescheitert.

In den deutschen Staaten hatten wieder die konservativ-reaktionären Kräfte das Sagen. Zwar blieben die Verfassungen, die erst 1848 durchgesetzt worden waren, bestehen, aber um entscheidende Rechte bereinigt. Die deutschen Fürsten waren wieder die Herren im Land – von Gottes Gnaden. Der Adel als eigener Stand war nicht abgeschafft, wie es die demokratische Reichsverfassung vorgesehen hatte. Das Bürgertum, seine männliche Hälfte vor allem, musste weiterhin in allen Belangen hinter den Privilegien des Adels – der ein Prozent der Bevölkerung ausmachte – und seinem Herrschaftsanspruch zurückstecken. Auch den Frauen, die während der Revolution in großer Zahl gegen ihre traditionelle Geschlechterrolle rebelliert hatten, erteilte die neue alte Obrigkeit eine Lektion.

Zu den kleinen Freiheiten nach 1849 gehörte die Möglichkeit, sich je nach politischer Richtung in festen Strukturen zu verbinden. Liberale und konservative Politiker gründeten Parteien; die Arbeiter fanden sich in Vereinen zusammen. Nur die Männer natürlich, das musste nirgendwo festgeschrieben werden. Von den Liberalen bis zu den Arbeiterführern, von Rechts bis Links war man sich einig: Politik blieb Männersache. Doch die Obrigkeit war misstrauisch geworden. Die Frauenvereine, die sich während der Revolution und noch nach deren Scheitern gebildet hatten, um die Familien der getöteten und gefangenen Revolutionäre zu unterstützen, waren ihr ein Dorn im Auge. Was konnte die Frauenzimmer, waren sie erst auf den Geschmack gekommen, daran hindern, sich in Zukunft mit Männern zusammenzutun? Auch auf die Männer war kein Verlass, das hatten die vergangenen Monate gezeigt. Das Schlupfloch, das die Vereine boten, musste geschlossen werden.

Am 18. Mai 1850 schreibt Louise Otto einen langen bissigen Artikel über das neue preußische Vereinsgesetz, »eine Herabwürdigung des weiblichen Geschlechts«, die »unseres Jahrhunderts und einer aufgeklärten zivilisierten Nation unwürdig« sei. Der Kern des Gesetzes stellt die Frauen auf eine Stufe mit den Minderjährigen, den Unmündigen: »Für Vereine, welche bezwecken, politische Gegenstände in den Versammlungen zu erörtern, gelten … nachstehende Beschränkungen: a) sie dürfen keine Frauenspersonen, Schüler und Lehrlinge als Mitglieder aufnehmen; b) … Frauenspersonen, Schüler und Lehrlinge dürfen den Versammlungen und Sitzungen solcher politischen Vereine nicht beiwohnen.« Falls dennoch Frauen angetroffen werden und sich nach Aufforderung der Polizei nicht entfernen, »so ist Grund zur Auflösung der Versammlung oder der Sitzung vorhanden«.

Mit dieser Maßnahme, so Louise Otto, seien die Frauen »der heiligsten Menschenrechte beraubt« worden. Offenbar fürchte die Obrigkeit die Teilnahme der Frauen am öffentlichen Leben und verbanne sie aus den Vereinen, um sie in »Küche und Kinderstube zu kasernieren«. Wie könne Preußen, der »Staat der Intelligenz«, nur so dumm sein, denn »Gedanken sind und bleiben ewig zollfrei … trotz diesem

Vereinsgesetz«. Die »deutschen Frauen« haben erkannt, »dass wir allein nur die wahre Begeisterung in der Seele der zartesten Kinder erwecken können, dass in unserer Hand die Zukunft der deutschen Freiheit liegt«. Louise Ottos Kampfgeist war ungebrochen. Doch bis 1908 wird das Vereinsgesetz als abschreckende Drohung über allen Aktivitäten von Frauen schweben, die auch nur im Ansatz politisch genannt werden können. (Das preußische Gesetz war Vorbild für ähnliche in Bayern und Sachsen, womit de iure weit über die Hälfte der deutschen Frauen betroffen waren und de facto alle: Dass Hamburg, Bremen, Baden und Württemberg solche Verbote nicht kannten, blieb mehr als fünfzig Jahre unbekannt.)

Die Zeiten waren rauh geworden für alle, die sich keine Untertanenmentalität zulegen wollten. Doch die Herausgeberin der *Frauen-Zeitung* verspricht im Juni 1850 ihren Leserinnen, »ihrem Wahlspruch unwandelbar treu« zu bleiben, auch wenn sie davon ausgeht, »unter polizeilicher Aufsicht« zu stehen. Louise Otto macht keine Abstriche an der politischen Ausrichtung ihrer Zeitung, die inzwischen über Deutschland hinaus gelesen wird, in der Schweiz und in Frankreich, sogar aus New York kommt ein begeisterter Leserinnen-Brief. Als Anfang Dezember 1850 der Artikel »Ein Blick auf die politischen Gefangenen« von Louise Otto erscheint, fühlt sich die Obrigkeit von dieser Kritik so herausgefordert, dass die Ausgabe nachträglich konfisziert wird.

In der *Frauen-Zeitung* vom 21. Dezember 1850 informiert Louise Otto über den »§ 12 des Entwurfs eines Pressgesetzes für das Königreich Sachsen«, die nächste Diskriminierung: »Die verantwortliche Redaktion einer Zeitschrift dürfen nur ... männliche Personen übernehmen oder fortführen ...« Das gilt auch für die Mitredakteure. Die Herausgeberin nennt es eine »neue Unmündigkeitserklärung der Frauen«. Selbst in diesen reaktionären Zeiten ein starkes Stück, »wenn man Frauen durch ein solches Gesetz sagt, dass sie nicht fähig oder würdig sind für einen Beruf, der ihnen bisher noch niemals und nirgends streitig gemacht worden ist«.

Louise Otto will das Heft des Handelns behalten. In der folgenden Ausgabe erscheint zum 31. Dezember 1850 ihr »Abschiedswort«. Ausführlich erinnert sie an ihr »Programm« in der ersten Nummer vom

21. April 1849 und ist überzeugt: »Die Frauen-Zeitung hat gehalten, was sie versprochen … Sie hat ›dem Reich der Freiheit Bürgerinnen geworben‹, sie hat unzählige Frauen aufgeweckt aus ihrem Halbschlummer und angeregt, ›ihr Teil zu fordern‹…« Louise Otto stellt ihre *Frauen-Zeitung* von sich aus ein, bevor die Umstände sie dazu zwingen, und sie nimmt den Trost mit, »dass die Frauen-Zeitung heute nicht für immer begraben wird. … Es werden wieder andere, menschlichere Zeiten kommen … Dann wird die Frauen-Zeitung wieder erstehen mit neuer Kraft in dem altem Geist«. Getreu ihrer Maxime, die Sache der Frauen stets in einem politischen Gesamtzusammenhang zu sehen, stellt sie unter den Augen der Zensur ihre Vision in die Öffentlichkeit: »… dann werden wir wieder frei sprechen und schreiben dürfen, und … man wird dann keines mehr uns weigern von alle den Rechten, die jetzt vielleicht noch in Frage sind. … Bis dahin, lebet wohl – *auf Wiedersehen! Die Redaktion.*«

Es war nicht das Ende der *Frauen-Zeitung*. Von Briefen und Aufmunterungen überwältigt, den einzigartigen überregionalen Leuchtturm der Frauensache zu erhalten, macht Louise Otto am 5. Februar 1851 weiter. Um vor dem sächsischen Pressegesetz geschützt zu sein, liegt der neue Druckort in Gera im Fürstentum Reuß jüngere Linie, und die Herausgeberin gibt die Redaktionsleitung an die dortige männliche Verlagsleitung ab. Eine Formalität, Louise Otto schreibt weiterhin. Und sie nennt ihren Leserinnen den Preis für das journalistische Weiterleben: Politischen Klartext konnte sie nicht mehr schreiben, sie will sich vor allem »sozialen Angelegenheiten« zuwenden. Sie vertraut darauf, dass ihre Leserinnen zwischen den Zeilen lesen und den »Ideenschmuggel« erkennen können. Im November 1851 verspricht sie stolz, »wenigstens mit den Ketten zu klirren, die man nicht lösen kann«.

Das sächsische Innenministerium hatte inzwischen die Obrigkeit im Fürstentum Reuß informiert, dass Louise Otto sich mit ihrer Zeitung das Ziel gesetzt habe, »die Grundlagen des bestehenden Rechts und der gesellschaftlichen Ordnung zu untergraben« und »das weibliche Geschlecht zum Umsturz geneigt zu machen«. Das Frauenzimmer sei immer noch »gemeingefährlich«. Prompt durchsucht die Polizei die Druckerei und verhört den Verleger. Doch nichts Belastendes wird gefunden, die *Frauen-Zeitung* erscheint ungehindert bis Ende Juni 1852. Dann gibt es keine weiteren Ausgaben mehr, auch keine Erklärung, keinen Hinweis, warum. Anfang 1853 taucht sie genau so rätselhaft wieder auf, gedruckt in Leipzig, wo der neue Verleger auch die redaktionelle Leitung hat. Sie heißt nun *Deutsche Frauen-Zeitung*, aber Briefe von Louise Otto lassen keinen Zweifel, dass es die Fortführung ihrer Zeitung ist und sie daran redaktionell mitarbeitet.

Allerdings mehren sich die Auseinandersetzungen mit dem neuen Leipziger Verleger, sie betreffen den persönlichen Umgang wie den Inhalt der Zeitung. Zum 1. Juli 1853 wird der dritte Versuch der *Frauen-Zeitung* scheitern. Diesmal ist es endgültig, und Louise Otto schreibt erleichtert, »jetzt denke ich nur an den Ärger, den ich bei jeder Nr. hatte, Druckfehler u. Anderes, u. bin vollkommen ausgesöhnt mit diesem Ende«.

Die Korrespondenz mit diesen Informationen führt zu August Peters, der im Königreich Sachsen eine Zuchthausstrafe als politischer Gefangener verbüßt. Im Revolutionsjahr 1848 hatte Louise Otto den engagierten Demokraten als Herausgeber der Dresdener Wochenzeitung *Die Barrikade* brieflich kennengelernt. Sie schrieb für seine Zeitung, es entwickelte sich eine intensive Brieffreundschaft. Der gescheiterte Aufstand im Mai 1849 brachte Peters als aktiven Kämpfer in den Kerker. 1852 haben sich Louise Otto und August Peters verlobt. Im Sommer 1856 wurde er entlassen, gezeichnet von den brutalen Haftbedingungen. Die beiden heirateten und lebten seit 1860 in Leipzig, wo sie zusammen die *Mitteldeutsche Volkszeitung* herausgaben. August Peters starb 1864.

Die enorme schriftstellerische Produktion nach dem Ende ihrer *Frauen-Zeitung* legt Zeugnis ab, dass die vierunddreißigjährige Louise Otto ungebrochen die nächste Etappe ihres Lebens gestaltete. Fast jährlich erscheint ein Roman, mindestens in drei Bänden, in dem sie die Revolution von 1848 oder Frauenthemen behandelt. Ungebrochen ist auch ihre Fähigkeit, Menschen zu gewinnen und Netzwerke unter Frauen aufzubauen. Zu den neuen Freundinnen in Leipzig zählt bald Auguste Schmidt. Die junge Lehrerin hatte es 1861 von Breslau in die lebendige sächsische Großstadt gezogen. Leipzig bedeutete für Auguste Schmidt einen Karrieresprung, denn sie wurde Leiterin einer

Auguste Schmidt ist Leiterin einer angesehenen höheren Töchterschule in Leipzig und gründet 1865 mit Louise Otto und Henriette Goldschmidt den Allgemeinen Deutschen Frauenverein (ADF). Ihre Forderung: gleichberechtigte Bildung für Frauen.

angesehenen »höheren Privattöchterschule«. Es dauerte nicht lange, bis die beiden Zugezogenen mit Henriette Goldschmidt bekannt wurden, der Frau des liberalen Leipziger Rabbiners. Sie engagierte sich für eine Reform der Frauenbildung und für moderne Kindergärten nach dem Modell des Pädagogen Friedrich Fröbel. Die drei Frauen trafen sich regelmäßig und haben nicht nur eine Tasse Tee getrunken.

Der Blick auf ihre Zeit war ernüchternd. Bei den Bürgern war der 48er-Ruf nach Freiheit und demokratischer Beteiligung – der Männer – an den Staatsgeschäften verstummt. Sie hatten sich den reaktionären Machtverhältnissen angepasst, zumal eine positive Wirtschaftsentwicklung steigenden Wohlstand brachte. Und dann wurde 1862 vom preußischen König ein neuer Ministerpräsident eingesetzt, der zwar nichts von Freiheit hielt, aber die frustrierten Liberalen mit der Aussicht köderte, unter seiner und Preußens Führung die deutsche Einheit zu verwirklichen. Welchen Weg er dazu einschlagen würde, verkündete Otto von Bismarck, der neue Ministerpräsident, im September 1862 im preußischen Abgeordnetenhaus: »Nicht auf Preußens Liberalismus sieht Deutschland, sondern auf seine Macht … nicht durch Reden oder Majoritätsbeschlüsse werden die großen Fragen der Zeit entschieden –, das ist der große Fehler von 1848 und 1849 gewesen – sondern durch Eisen und Blut.« Die Liberalen verstanden. Ihr Scheitern als Revolutionäre unter dem Motto »Durch die Freiheit zur Einheit« lag an der falschen Reihenfolge. »Einheit und Freiheit« hieß nun die Parole, für die sie sich begeisterten. Der Einheit musste sich alles unterordnen.

Louise Otto-Peters, Auguste Schmidt und Henriette Goldschmidt haben dem resignierenden Zeitgeist nicht ihre Ideale geopfert – gleiche Rechte für Frauen in allen Bereichen als Teil der Freiheits- und Menschenrechte. Sie fanden einen Weg, dem Verbot politischer Anteilnahme und Betätigung zum Trotz, wie es das Vereinsgesetz von 1850 für Frauen festschrieb, die Sache der Frauen weiterzubringen und in der öffentlichen Aufmerksamkeit zu halten.

Im März 1865 gründeten die drei Frauen den Leipziger Frauenbildungsverein; im Oktober luden sie zu einer deutschen Frauenkonferenz nach Leipzig ein und gründeten den Allgemeinen Deutschen Frauenverein (ADF). Sein Hauptzweck wurde mit § 1 der Statuten am 17. Oktober 1865 von der Konferenz verabschiedet: »Der Allgemeine deutsche Frauenverein hat die Aufgabe, für die erhöhte Bildung des weiblichen Geschlechts und die Befreiung der weiblichen Arbeit von allen ihrer Entfaltung entgegenstehenden Hindernissen mit vereinten Kräften zu wirken.« Wenn das kein politisches Ziel war, so umständlich und wenig konkret es formuliert war. Und gerade darin liegt die listige Klugheit der Gründerinnen: Bildung als Schlüssel zu erkennen, der eine ganze Welt aufschließt und hinausführt aus den traditionellen Bezügen und Fesseln, dazu fehlte den Aufsehern, Zensoren und Machthabern in den Amtsstuben jedes Vorstellungsvermögen. Der Verein wurde zum gesamtdeutschen Katalysator. In Städten und Gemeinden bildeten sich lokale Frauenvereine, um sich als gemeinsame Front in der Öffentlichkeit Gehör zu verschaffen und Forderungen zu stellen.

Den drei Frauen war daran gelegen, nicht nur die Lage der bürgerlichen Frauen zu verbessern. Sie kritisierten die elenden Arbeitsumstände von Fabrik- und Heimarbeiterinnen und organisierten in Leipzig Abendschulen und Fortbildungskurse, zu denen Arbeiterinnen eingeladen waren. Dass ein moderner Verein auf die Macht der Medien angewiesen war, musste diesen Pionierinnen niemand erzählen. Schon ab Dezember 1865 gaben Auguste Schmidt und Louise Otto die Vereinszeitschrift *Neue Bahnen* heraus, benannt nach einem Roman von Louise Otto, der im Jahr zuvor erschienen war und sich mit dem Thema weiblicher Berufstätigkeit befasste.

Interessierte Männer waren willkommen bei der ersten gesamtdeutschen Frauenkonferenz, auch wenn der Allgemeine Deutsche Frauenverein ausdrücklich ein Verein von Frauen für Frauen war. Der Drechslermeister August Bebel, Vorsitzender des Leipziger Arbeiterbildungsvereins, war 1865 unter den Eingeladenen. Er kannte und schätzte die drei Gründerinnen. Dreieinhalb Jahre später, im April 1869, gehörte Bebel als Vorsitzender des Verbandes Deutscher Arbeiterbildungsvereine bei einer Konferenz in Eisenach zu den Mitbegründern der Sozialdemokratischen Arbeiterpartei. Als es um die Grundsätze der neuen Partei ging, votierte die Mehrheit der Teilnehmer für die Forderung nach einem Allgemeinen Wahlrecht für alle Männer ab Zwanzig. August Bebel zählte mit seinem Antrag, auch Frauen in das Wahlrecht einzuschließen, zur Minderheit.

Und überhaupt: Wen interessierten schon Frauenfragen in diesen aufregenden politischen Zeiten. Nur neun Monate nach Gründung des Allgemeinen Deutschen Frauenvereins, im Sommer 1866, hatte die preußische Armee in einem Blitzkrieg Österreich geschlagen, und damit die brisante Frage entschieden, unter welcher Führung sich die einheitliche Deutsche Nation bilden sollte – Österreichs oder Preußens. Otto von Bismarck, dem preußischen Ministerpräsidenten, der diesen Bruderkrieg bewusst eingefädelt hatte, jubelte die Mehrheit der Deutschen zu und wartete gespannt auf seinen nächsten politischen Schachzug.

Louise Otto hatte den Leserinnen in der ersten Nummer ihrer *Frauen-Zeitung* eingeschärft: Es liegt an den Frauen, aktiv zu werden. Im November 1867 trauten sich einundneunzig großbürgerliche Frauen in Berlin und gründeten einen Verein für Frauen mit einem revolutionären praktischen Ziel. Es war der Verein der Berliner Künstlerinnen und Kunstfreundinnen, der schon 1868 soviel Geld von Spenderinnen und Spendern zur Verfügung hatte, dass in seiner neuen

Mal- und Zeichenschule mit dem Unterricht begonnen werden konnte. Junge Frauen erhielten durch den Verein erstmals in Deutschland eine professionelle Ausbildung zur Künstlerin, denn das Studium an den Kunsthochschulen war ihnen verboten. Von einer prominenten Absolventin werden wir noch hören: Paula Modersohn-Becker wird nach der Jahrhundertwende nach Paris aufbrechen, und es in die Avantgarde der modernen Malerei schaffen.

Der Aufbruch der Frauen, die sich als »Neue Frauen« empfanden, ist eine Erfolgsgeschichte und Teil des Aufbruchs der deutschen Gesellschaft im Kaiserreich bis zum August 1914, als der Große Krieg einen tiefen Einschnitt brachte. Es ist überfällig, diesen Prozess als die Erfolgsgeschichte der Frauen zu erzählen. Sie bedeutet eine historische Zäsur, eine Revolution, die in die Geschichte von Freiheits- und Menschenrechten gehört.

Es gab innerhalb der Frauenbewegung Diskussionen und Widersprüche, heftigen Streit inbegriffen. Ja warum denn nicht? Was im Rückblick zählt, sind die radikal neuen Lebensentwürfe, die Frauenvereine erkämpften und einzelne Frauen als Pionierinnen lebten. So gesehen, wirft die Frauengeschichte auch ein Licht auf das zweite Jahrzehnt des 21. Jahrhunderts, als die »Frauenfrage« plötzlich wieder Gesellschaft und Politik beschäftigt und als »zeitgenössischer Feminismus« Schlagzeilen macht. Ungelöste Fragen erscheinen modern und aktuell, für die schon vor über hundert Jahren engagierte Frauen gerechte Lösungen gefordert haben.

So wie die Wurzeln der Frauenbewegung bis in die Revolution von 1848 reichen, gehört zum Kern deutscher Geschichte, wie im Kaiserreich zwischen 1871 und 1900 Frauen Breschen in ideologische Mauern schlugen, und sich zusammentaten, um Reformen einzufordern. Diese Zeitspanne, als vieles im Werden war und sich die Gegner der Emanzipation mit schrillen Pamphleten Gehör verschafften, hat jene Frauen geprägt, die dann nach 1900 auf breiter Front in die Öffentlichkeit traten und der Neuen Frau endgültig Kontur gaben.

»Also vorwärts«: Studium jenseits der Grenze

Franziska Tiburtius: Examen in Zürich, Ärztin in Berlin – Bürgerinnen im neuen Reich – Hedwig Dohm: Menschenrechte haben kein Geschlecht – Professor Treitschke: Gegen Frauen und Juden – Erste weibliche Poliklinik

Aufgebrochen war sie weit im Osten, von der Insel Rügen, wo sie den Bruder gesundpflegte, der sich ein Jahr zuvor, mitten im deutsch-französischen Krieg, als Militärarzt mit Typhus angesteckt hatte. Es war ein »melancholischer« Tag im Herbst 1871, als Franziska Tiburtius quer durch Deutschland in Richtung Südwesten fuhr, am Schwarzwald den Rhein entlang nach Süden. Der Tag »ging in einen finstern, sternenlosen Abend über, als der Zug in den Bahnhof von Zürich einfuhr«, schreibt sie Jahrzehnte später im Rückblick auf ihr Leben. Am nächsten Morgen war der Blick frei auf den See und die Weite der Berge – »also vorwärts«.

Erinnerungen hatten die lange Bahnfahrt begleitet. In der Rückschau sah Franziska Tiburtius »jenes kleine braune Ding mit den fliegenden Zöpfen, wehendem Kleidchen und flinken Beinen, das wie ein getreuer Pudel hinter einer ganzen Schar Knaben und Mädchen herläuft, die über den Gutshof rasen ...« und fragte sich, »ob ich das wirklich bin«. Es war eine Kindheit auf dem väterlichen Gut nahe dem berühmten Kap Arkona von Rügen, und sie das jüngste von neun Geschwistern. Der Wunsch war stark, zu lernen und sich zu beweisen, und da blieb für eine junge Frau kaum eine Wahl: Sie ging hinaus als Erzieherin, erst auf das pommersche Festland, dann, im Frühjahr 1870, zu einer Familie nach England, das war schon etwas Besonderes. Zwischen ihr und dem älteren Bruder gingen Briefe hin und her, und irgendwann deutete er vorsichtig an, dass sie ebenso wie er Talent zum ärztlichen Beruf habe.

Nein, dachte sie lange, »ich kann es nicht. Das geht nicht«. Kein weiteres Nachdenken. Aber dann lernte sie eine Kollegin ihres Bruders kennen, die in den USA das Zahnarztexamen bestanden hatte, und zurück in Deutschland, wo Frauen Abitur und Studium verboten waren, nach zähem Verhandeln die Approbation erlangte und in Berlin eine Praxis aufmachte. Als Henriette Tiburtius wird die Kollegin wenig später Franziskas Schwägerin und mit dem gelebten Beispiel ermutigt sie Franziska, etwas zu wagen, das zwar nicht in Deutschland, aber innerhalb Europas in der Schweiz realisierbar war.

An der Universität Zürich, 1833 gegründet, dürfen Frauen seit 1864 studieren. Drei Jahre später legte die erste Studentin, eine Russin, ihr Medizinexamen ab. Franziska Tiburtius ist 1871 eine von 21 Studentinnen in Zürich, 1872 werden es schon 112 sein. Die Achtundzwanzigjährige wird bei der Immatrikulation vom Rektor persönlich freundlich begrüßt, akzeptiert die Studenten-Regel, nachts keinen Lärm auf den Straßen zu machen, ein Handschlag, »und die Sache war abgetan«.

Beim ersten Erscheinen im Präpariersaal wurde es unangenehm für die wenigen Studentinnen inmitten der männlichen Übermacht: Geschrei, Gejohle, Pfiffe. Als der Professor erscheint, erwartet die Studenten ein Donnerwetter, dass ihnen der Spott für immer vergeht. Von nun an begleitet Wohlwollen die Frauen bei ihrem Studium und gerechte Behandlung. Franziska Tiburtius bleiben die folgenden fünf Studienjahre in Zürich »hell und leuchtend« in Erinnerung.

Vor allem, weil sich gleich in den ersten Tagen eine dauerhafte Freundschaft zwischen ihr und Emilie Lehmus entwickelte. Die Dreißigjährige kam aus einem Pfarrhaus in Fürth und hatte schon ein Zürcher Jahr als erste deutsche Medizinstudentin hinter sich. Die beiden Frauen arbeiteten diszipliniert zusammen und genossen an den Sonntagen die Umgebung: »Wir waren beide gut zu Fuß, liebten das Wandern .... in irgendeinem Bauernhaus gab es wohl Brot und Milch und Käse oder gute Butter. – Abends zum See zurück, um noch den Anschluss an einen Dampfer zu gewinnen, den ›Lumpensammler‹, der die verspäteten Ausflügler heimbrachte.« Es war ein glückliches, freies Leben im Schatten umwälzender politischer Veränderungen.

Als Tiburtius und Lehmus sich im Herbst 1871 in Zürich treffen, ist die eine, aus Rügen gebürtig, eine Staatsangehörige im Königreich

Franziska Tiburtius geht 1871 als eine der ersten deutschen Frauen zum Medizinstudium nach Zürich, weil in Deutschland Frauen nicht studieren dürfen. 1876 eröffnet sie in Berlin eine Praxis, 1898 wird sie mit anderen berufstätigen Frauen den ersten Berliner Frauenclub gründen.

Preußen, die andere hat die Staatsbürgerschaft des Königreiches Bayern, in dem Fürth lag. Dass sie Deutsche sind, ist mit keinem offiziellen Papier belegt, sondern eine diffuse Bezeichnung aus gemeinsamer Vergangenheit, als diese beiden Länder zum Heiligen Römischen Reich deutscher Nation gehörten, das unter dem Ansturm Napoleons 1804 auseinandergebrochen war. Als die beiden Frauen ihr Studium begannen, hatte der preußische Kanzler Otto von Bismarck gerade durch »Eisen und Blut« sein Ziel glorios erreicht: die deutsche Einheit. Nach dem siegreichen Krieg gegen Österreich 1866, war am 2. September 1870 Frankreich von einem gemeinsamen deutschen Heer unter preußischer Führung bei Sedan vernichtend geschlagen worden. Nun gab es auf dem Kontinent kein Land mehr, das sich einem einheitlichen Deutschen Reich widersetzen würde.

Überall in Deutschland brach Jubel aus über den nationalen Kreuzzug. Bei einer Siegesfeier in Leipzig im Neuen Theater stimmte am 3. September der Prolog in die nationale Begeisterung ein: »Gott hat gerichtet! Unser ist der Sieg! / Voll Lorbeern blühen die Gräber unserer Toten ... es sind / Der ganzen Weltgeschichte größte Wochen!« In Berlin verkündete am nächsten Tag die *Vossische Zeitung*, das sei »der endliche Sieg der Wahrheit über die Lüge, ... der Sittlichkeit über die Verdorbenheit, der Gesundheit über die moralische Fäulnis«. Der evangelische Pastor Friedrich von Bodelschwingh, Gründer der Anstalten in Bethel für chronisch Kranke und Behinderte, wird für den »Sedanstag« als nationalen Feiertag werben, weil an jenem Tag »die Hand des lebendigen Gottes so sichtbar und kräftig in die Geschichte eingegriffen« hat. Die sozialdemokratischen Zeitungen distanzierten sich vom »Preußenhass« einiger weniger »Vaterlandsverräter« und waren vom nationalen Gedanken »beseelt«. Nur die Katholiken standen voller Misstrauen abseits und erwarteten nichts Gutes von der preußisch-protestantischen Dominanz, wenngleich sich auch das katholische Bayern in das neue Deutsche Reich eingliederte.

Kühl kalkulierend schaffte es Bismarck in den folgenden Wochen und Monaten, auf der Woge nationaler Begeisterung und mit zähen Verhandlungen aus den deutschen Königreichen, Fürstentümern und Stadtstaaten erstmals einen einheitlichen deutschen Staat zu zimmern. Eingegangen in das kollektive historische Gedächtnis der Deutschen ist der 18. Januar 1871, als im eiskalten Spiegelsaal zu Versailles, dem Symbol einstiger französischer Größe, der preußische König zum deutschen Kaiser ausgerufen wurde. Kein Abgesandter eines Parlamentes der deutschen Länder war zugegen, dafür prägen über sechshundert Offiziere in bunten Uniformen und glänzend schwarzen Stiefeln das Bild. Noch war Krieg, und die deutschen Armeen belagerten Paris. Doch nur zehn Tage später musste Frankreich in einen Waffenstillstand einwilligen und am 10. Mai 1871 in Frankfurt am Main den endgültigen Friedensvertrag unterzeichnen. Am 28. Juni rollte in Berlin ein Zug mit neun Eisenbahnwagen ein, beladen mit der ersten Rate von insgesamt fünf Milliarden Goldfrancs Kriegsentschädigung, die das besiegte Frankreich zu zahlen sich verpflichtet hatte.

Am 10. Dezember 1871 war das Werk der nationalen Einheit vollendet: Der Norddeutsche Reichstag, das entscheidende Gremium, nimmt die Verfassung des Deutschen Reiches an, mit dem preußischen König als deutschem Kaiser. Als Kaiser wird er den Reichskanzler ernennen, – das neue gesamtdeutsche Parlament, der von Männern ge-

Emilie Lehmus, in Zürich 1875 zum Dr. med. promoviert, zählt mit Franziska Tiburtius zu den ersten Ärztinnen in Deutschland. Die beiden gründen, obwohl ihnen die Approbation verweigert wird, in Berlin die erste Poliklinik für Frauen.

wählte Reichstag, hat keinen Einfluss darauf. Der Reichskanzler wird auch immer preußischer Kanzler sein. Otto von Bismarck übernimmt als erster beide Ämter. Die nationale Einheit, ein Ziel der gescheiterten Revolution von 1848, ist endlich erreicht, auch wenn die schwarz-rot-goldene Flagge, die für Freiheit und Demokratie steht, vom neuen Deutschen Reich nicht übernommen wird. Bismarck hält von beidem nichts. Das Deutsche Reich hat am Anfang auch keine einheitliche Hymne. Dennoch: Die beiden deutschen Frauen, die mit ihrem Medizinstudium am Anfang der 1870er Jahre in Zürich einen »Sprung ins Dunkle« ohne jedes Vorbild wagen, werden in ein verändertes Vaterland zurückkehren.

Der Jubel um die siegreich heimkehrenden Soldaten und um das neue deutsche Kaiserreich war bei den Deutschen nahtlos übergegangen in den Taumel um das Goldene Kalb, der fast die gesamte Bevölkerung erfasst hatte: Gründerzeit heißt die kurze Spanne Zeit zwischen Sommer 1871 und Frühjahr 1873 und das ist wörtlich zu nehmen. Es wird gegründet, was das Zeug hält: Aktiengesellschaften, hinter denen sich windige Klitschen verstecken oder die nur auf dem Papier existieren, werden angepriesen als gewinnträchtige Zukunftsinvestitionen. Die Milliarden Goldfrancs Kriegsentschädigung aus Frankreich kommen nicht nur dem Eisenbahnbau und der Schwerindustrie zugute; auch die Renten der Kriegsopfer werden aufgestockt. Die Aussicht auf schnellen Gewinn ist zu verführerisch, grenzenlos der Glaube an unendliches Wachstum. Zwischen 1871 und 1873 werden 726 neue Aktiengesellschaften gegründet, von 1790 bis 1870 waren es 276. Wie im Rausch wird das Geld von Groß und Klein ausgegeben und angelegt, wie im Fieber steigen die Kurse.

Nicht jeder verliert im Rausch über nationale Größe und große Gewinne seinen Verstand. Die renommierte Schriftstellerin Louise Otto, die in Leipzig lebt und als erste Vorsitzende – zusammen mit Auguste Schmidt – den Allgemeinen Deutschen Frauenverein (ADF) leitet, nutzt die veränderte politische Konstellation und den nationalen Aufbruch als neuen Schub für die alten Frauen-Forderungen. Sie hat das Leitmotiv der Revolution von 1848/49, als sie mit der *Frauen-Zeitung* dem »Reich der Freiheit« Bürgerinnen warb, nicht vergessen: Freiheit und Einheit – das eine ist ohne das andere nichts.

1872 erscheint Louise Ottos Roman *Deutsche Wunden*, der in vier Bänden einen weiten aktuellen Bogen schlägt von der Misere deutscher Kleinstaaterei vor 1871 bis zum Stolz auf das neue Einheitsgefühl und den mutigen Einsatz der Frauen in den Lazaretten während des Krieges, dem Dienst der Soldaten ebenbürtig. Dem Erfolg nach außen müssen aber Reformen im Innern der Nation folgen, zu denen »die Frauen so gut berufen wie die Männer« seien, »auch wenn sie noch nicht gleichberechtigt sind«. Die jetzt dreiundfünfzigjährige Louise Otto schließt den letzten Band der *Deutschen Wunden* mit einer radikalen Vision: Die Gründung des neuen Reiches sei erst vollendet, wenn die Töchter Germanias, »wie es schon in den ältesten deutschen Zeiten der Fall war, mit abzustimmen haben, ob Krieg sein soll oder Frieden – erst dann werden alle deutschen Wunden geheilt sein«.

Zwei Jahre zuvor, als im Kriegsherbst 1870 der Sieg der deutschen Armeen absehbar war, hatte Auguste Schmidt in der Zeitschrift des Allgemeinen Deutschen Frauenvereins den politischen Umbruch genutzt, um für die Frauen politische Forderungen zu stellen. Alle, die seit langem für die »Frauenrechte« eintreten, schrieb sie in den *Neuen Bahnen*, hätten stets darauf hingewiesen, »dass die Frauen mit ihren Interessen sich nicht nur beschränken und beschränkt werden sollen auf das Haus, auf die Familie ... Fordern wir nicht Alle, dass die Frau bürgerliche Rechte und Pflichten übe und erlange, wie der Mann, dass sie nicht nur Glied der Familie sei sondern auch Glied des Staates: Bürgerin?« Mit der offiziellen Aufgabenstellung, für gleiche Bildung und freie Berufsmöglichkeiten der Frauen einzutreten, hatte der ADF 1865 auf die reaktionäre Stimmung reagiert und auf das Vereinsverbot für Frauen, das jede politische Tätigkeit unmöglich machte. Louise Otto und Auguste Schmidt ließen mit dem Beginn des Kaiserreichs keinen Zweifel, dass sie im Dienst der Frauenbewegung ihren politischen Kopf weiterhin einsetzen und für die Frauen gleiche Rechte in allen Bereichen einfordern würden. Die Reaktion männlicher Zeitgenossen ließ nicht lange auf sich warten.

Die dröhnenden Parolen, die angesehene und gebildete Männer ab 1870 Schlag auf Schlag gegen die Frauenbewegung ins deutsche Land schicken, offenbart, dass die Rufer auf breiter Front von Angstfantasien bedrängt werden. Die Herren beschwören die traditionelle Aufteilung zwischen den Geschlechtern, wie sie von der Natur und von Gott für alle Zeiten vorgegeben sei: Frauen gehören ins Haus, den Männern gehört die öffentliche Bühne.

Der Bonner Geschichtsprofessor Heinrich von Sybel, Jahrgang 1817, macht 1870 den Auftakt mit seiner Schrift *Über die Emanzipation der Frau*: »So hat es die Natur gewollt, und so wird es im wesentlichen bleiben, ... Das Gebiet der Frau ist das scheinbar Enge und Einförmige des inneren häuslichen Lebens; die Dömane des Mannes ist die weite Welt da draußen, Wissenschaft, die Rechtsordnung, der Staat.« Die Frau sei allein für »die innere Beseelung des Hauses« zuständig.

Es folgt Philipp von Nathusius, Jahrgang 1842, der sich als Verteidiger radikalkonservativer Positionen in Politik und protestantischer Theologie hervortut, 1871 mit dem Pamphlet *Zur Frauenfrage*: »Ihnen gelehrte Bildung zu geben, ... ist eine Erniedrigung der Frauen ... und zugleich eine Beraubung der Männer, die in ihrer eigenen Wissens-Plackerei darauf angewiesen sind, eine Erquickung an der ungelehrten und deshalb sehr oft klügeren und weiseren Frau zu haben.«

Die Naturwissenschaftler dürfen nicht abseits stehen, wenn es darum geht, die Bastion der männlich dominierten Welt mit allen ihren Privilegien zu verteidigen. Der Münchner Professor für Anatomie Theodor Bischoff, Jahrgang 1807, veröffentlicht 1872 seinen Beitrag *Das Studium und die Ausübung der Medicin durch Frauen*: »Es fehlt dem weiblichen Geschlechte nach göttlicher und natürlicher Anordnung die Befähigung zur Pflege und Ausübung der Wissenschaften und vor Allem der Naturwissenschaften und Medizin.« Grundlage dieser Feststellung ist Bischoffs Überzeugung, dass die Frau »in allen Beziehungen dem Kinde näher steht als dem Mann«. Der Professor vergisst nicht zu prophezeien, die Anwesenheit von Frauen in Gymnasien und Universitäten »gefährde das sittliche Wohl der männlichen Teilnehmer auf das allerschlimmste«.

Die Gründung von Frauenvereinen und deren Forderungen hatten die führenden Männer des öffentlichen Lebens bisher mit Nichtachtung übergangen. Doch das Netzwerk der Vereine und Frauenzeitschriften, das die Forderungen der Emanzipation im Schneeballsystem quer durchs Kaiserreich anwachsen ließ, erschreckte die Herren der Schöpfung. Und seit die Universität von Zürich Frauen offen stand und 1870/71 die ersten beiden deutschen Frauen dort mit dem Medizinstudium begannen, war Totschweigen nicht mehr möglich. Schlimmer noch: Zur gleichen Zeit erklärte ein Zürcher Professor auf die Frage: Sind die Frauen fähig, Medizin zu studieren? in der Berliner Zeitschrift *Frauen-Anwalt*: Frauen seien nicht nur in diesem Fach befähigt »den männlichen völlig ebenbürtige Leistungen zu erreichen«. Er geht davon aus, »dass sie sich dem Studium der Theologie, der Jurisprudenz, der Geschichte und der Naturwissenschaften mit dem gleichen Erfolg zuwenden« werden. »Wir in Zürich«, erklärt der Kollege aus der Schweiz, »sehen nicht ein, warum nicht auch Frauen umfassende Kenntnisse in Volkswirtschaft und Statistik, in Finanzwissenschaften und Verwaltungswesen sich erwerben und in öffentlichen Stellungen verwerten sollen.« Ausdrücklich bezeichnet er höhere politische Ämter als Frauen-kompatibel.

Für Deutschland eine Horrorvorstellung. Wer hier Rang und Namen hatte, vom äußersten rechtskonservativen bis zum liberalen Flügel, fühlte sich in den 1870er Jahren berufen, sich mit schärfsten Attacken gegen den Untergang der männlich regierten Welt zu stemmen. Selbst der Mediziner Rudolf Virchow, eine Leuchte seines Faches, berühmt für seine bahnbrechenden Forschungen wie seine fortschrittlich-liberale Haltung in sozialen und politischen Fragen, reiht sich ein in die Front derer, die vehement das traditionelle Frauenbild verteidigen.

Über die Revolutionäre von 1848, in deren Reihen auch Virchow kämpfte, hatte Louise Otto nüchtern bemerkt, wenn sie lautstark »Freiheit« rufen, dann »zählen die Frauen nicht mit«. Für die einflussreichen Liberalen im Deutschen Kaiserreich hatte sich daran nichts geändert, das machte Professor Virchow in seinem Aufsatz *Das Weib und die Zelle* überdeutlich: »Das Weib ist eben nur Weib durch seine Generationsdrüse; alle Eigentümlichkeiten seines Körpers und Geistes oder seiner Ernährung und Nerventätigkeit: die süße Zartheit und Rundung der Glieder ... jener schöne Schmuck der Kopfhaare ... diese Tiefe des Gefühls ... diese Sanftmut, Hingebung, Treue – kurz alles, was wir an dem wahren Weibe Weibliches bewundern und verehren, ist nur eine Dependenz des Eierstockes.« Eine Zelle, das ist logisch, hat keinen Anspruch auf Selbstbestimmung und Freiheitsrechte.

Das Gesetz von 1850, das Frauen verbot, an politischen Versammlungen teilzunehmen oder sich gar in politischen Vereinen zu organisieren, galt auch im neuen deutschen Kaiserreich. Die Strategie der Leipziger Gründungsfrauen Louise Otto und Auguste Schmidt bewährte sich: Als der Allgemeine Deutsche Frauenverein mit seinen vielen »Ablegern« in ganz Deutschland ab 1865 gleichberechtigte Bildungschancen forderte, öffnete sich zugleich eine Diskussionstür für politische Gleichberechtigung, ohne dass die Obrigkeit gemäß dem Vereinsverbot gegen die Frauenvereine vorgehen konnte. Denn Otto und Schmidt erkannten, dass Politik sich keineswegs nur auf Parteien und Wahlrecht, – so wichtig sie sind –, beschränkt, sondern in der modernen Gesellschaft über viele Organisationsformen gestaltbar ist.

Ein Glücksfall kam hinzu: Eine kluge Einzelkämpferin widerlegte mit Ironie, Witz und scharfem Verstand in vier Schriften zwischen 1872 – *Was die Pastoren von den Frauen denken* – und 1876 – *Der Frauen Natur und Recht* – die Vorlagen der elitären Verteidiger der »Herrenrechte«. Hedwig Dohm, Jahrgang 1831, hatte 1853 das Lehrerinnenexamen gemacht, aber sogleich in Berlin Ernst Dohm, den Chefredakteur der politisch-satirischen Zeitschrift *Kladderadatsch*, geheiratet. Fünf Kinder hatten die beiden und führten einen gastlichen Salon, wo sich Theodor Fontane, die Schriftstellerin Fanny Lewald, Franz Liszt und andere Größen aus der Kultur und dem sozial-liberalen politischen Spektrum wohlfühlten. Außer Haus trat Hedwig Dohm nicht in Erscheinung. Umso mehr Aufsehen erregte ihr »Kampf auf dem Papier«, wo sie radikal für die Frauenemanzipation eintrat, die für sie selbstverständlich eine politische Emanzipation war: »Solange es heißt: der Mann will und die Frau soll, leben wir nicht in einem Rechts-, sondern einem Gewaltstaat.«

Stichwort »Frauenstudium«: »Die Frau soll studieren … weil jeglicher Mensch Anspruch hat auf die individuelle Freiheit, ein seiner Neigung entsprechendes Geschäft zu treiben«. Frauen sind keine Männer. Hedwig Dohm setzt auf die Differenz der Geschlechter und begründet so die Kreativität und den Eigenanteil der Frauen in allen Bereichen, also auch in der Wissenschaft. Frauen besitzen »eine vom Manne verschiedene geistige Organisation« (verschieden aber nicht von geringerer Qualität); deshalb sind sie imstande »neue Formen der Erkenntnis, neue Gedankenrichtungen der Wissenschaft zuzuführen«.

Hedwig Dohm konnte prägnant und einprägsam formulieren. Der letzte Satz aus ihrer Schrift *Der Frauen Natur und Recht* von 1876 hat Karriere gemacht durch alle folgenden Epochen: »Die Menschenrechte haben kein Geschlecht.« Damit nahm sie den Faden auf, den Louise Otto in ihrer *Frauen-Zeitung* ausgelegt hatte – »die Freiheit ist unteilbar«. Die Forderung, die Hedwig Dohm daraus ableitet, ist politischer Sprengstoff: »Für mich liegt der Anfang alles wahrhaften Fortschritts auf dem Gebiet der Frauenfrage im Stimmrecht der Frauen. … die Gewährung des Stimmrechts ist der Schritt über den Rubikon.« Die zierliche, zurückhaltend bis schüchterne Hedwig Dohm besuchte keine Versammlungen, hielt keine öffentlichen Vorträge. Zwar hatte sie Kontakt zu Berliner Frauen, die in Frauenvereinen ähnliche Gedanken vertraten. Doch sie konnte ihre politischen Ansichten offen vertreten ohne auf Institutionen Rücksicht nehmen zu müssen.

Louise Otto und Auguste Schmidt, die Herausgeberinnen der *Neuen*

Hedwig Dohm tritt nicht öffentlich auf. Doch in ihren Schriften fordert die fünffache Mutter mit beißender Ironie ein Ende der »Herrenrechte« und als der »Frauen Natur und Recht« 1876 eine radikale rechtliche und politische Emanzipation.

Bahnen, Zeitschrift des Allgemeinen Deutschen Frauenvereins, mussten dagegen die Folgen ihrer Artikel bedenken. Jede politische Andeutung war dem Verein laut Gesetz verboten. Zudem gab es unter den inzwischen rund 10 000 Vereinsmitgliedern unterschiedliche Meinungen. Das hinderte die Zeitschrift nicht, entschiedene Ansichten zu vertreten: »Macht das Weib stark und geachtet durch … einen gründlich erlernten Beruf, der ihr Unabhängigkeit sichert auch ohne einen Ernährer, ohne die Tugend-Leibwache, d. h. den Ehemann, Vater, Bruder etc. hinter sich zu haben.« Eine »wahrhaft gebildete, geistig überlegene Frau« muss nicht mehr demütig und unterwürfig durchs Leben gehen.

Hedwig Dohm war bewusst, dass ihr unverblümter Kampf für die politischen Rechte der Frauen eine radikale Zukunftsverheißung war und vielen Frauen in der aktuellen Situation eine »Torheit«. Sie hatte deshalb Verständnis für die Vertreterinnen der Frauenbewegung, die Schritt für Schritt vorgingen und nicht mit dem Kopf durch die Wand steinharter Traditionen und Machtverhältnisse wollten. Ihr Rat war, dem »Grundsatz praktischer Leute« zu folgen und »nur das Erreichbare zu wünschen«. Hedwig Dohms Vision aber traf die Männerherrschaft ins Herz. Ihre besten Vertreter fühlten sich aufgefordert, den neumodischen Ideen entgegenzutreten.

Heinrich von Treitschke, Professor an der Berliner Humboldt-Universität, war der absolute Meinungsführer, was die Glorifizierung preußisch-deutscher Geschichte und die nationale Größe des neuen Kaiserreichs betraf. In seinen Vorlesungen, die er ebenso außerhalb Berlins hielt, prägte er die männliche Studenten-Elite auch mit seinen gesellschaftspolitischen Vorstellungen. Für Treitschke waren »unsere germanischen Vorfahren von gesundem Sinne, wenn sie die Weiber von der Regierung ausgeschlossen haben«. Fakten musste der angesehene historische Experte nicht liefern, seine Autorität genügte: »Obrigkeit ist männlich; das ist ein Satz, der sich eigentlich von selbst versteht.« Dazu noch ein handfestes Argument: »Regieren bedeutet: bewaffneten Männern gebieten, und dass bewaffnete Männer sich den Befehl eines Weibes nicht gefallen lassen.«

Einen interessanten Blick in sein männliches Innenleben fügt der Professor noch hinzu, um die gesamte »Frauenfrage« ins Lächerliche zu ziehen und jede weitere Argumentation für überflüssig zu erklären. Ein prominenter Verbündeter der Emanzipation war der englische Philosoph John Stuart Mill, für den die Freiheit der Ausgangspunkt aller Überlegungen war. Von seiner Frau Harriet Taylor Mill beeinflusst, wie er öffentlich betonte, kämpfte er in England für das Frauenstimmrecht und ein reformiertes Scheidungsrecht. 1869 erschien Stuart Mills Schrift *Subjection of Women*. Unter dem Titel *Die Hörigkeit der Frau* löste die kurz danach erschienene deutsche Übersetzung heftige Diskussionen aus. Treitschke meinte, Mill entschuldigen zu können: »Er hatte einen entsetzlichen Blaustrumpf zur Frau, mit der ich nicht acht Tage hätte zusammen leben können. Das imponierte aber dem gutmütigen Mann, und er kam zu der verflixten Idee, dass die Frau gleichberechtigt sei dem Manne.«

Während in Deutschland die Professoren – samt den Studenten – verächtlich von »Blaustrümpfen« redeten, bestanden in Zürich die beiden ersten deutschen Medizinstudentinnen »sehr gut« ihre Examina und erwarben den Titel »Dr. med.«, Emilie Lehmus 1875, Franziska

Tiburtius 1876. Wie ihre männlichen Kollegen mussten sie anschließend ein Jahr als Volontärärztin in einem Krankenhaus absolvieren, ohne Gehalt versteht sich. Auf ihre Anfragen erhielten beide Frauen von allen deutschen Kliniken Absagen – bis auf die Königliche Entbindungsanstalt in Dresden. Hier machte Dr. Lehmus ihr praktisches Jahr und ging 1875 nach Berlin, als erste ausgebildete Ärztin für »Kinder und Frauen« in Deutschland. 1876 folgte ihr Dr. Tiburtius, ebenfalls nach einer Assistenzzeit in Dresden. Beide Frauen waren entschlossen, sich in der Reichshauptstadt als Ärztinnen mit eigener Praxis niederzulassen.

Wieder war es ein »Sprung ins Dunkle«, denn alle zuständigen Instanzen in Ministerien und Berufsverbänden erklärten rigoros, dass die Zürcher medizinische Ausbildung in Deutschland nicht anerkannt werde, die beiden Frauen deshalb keine Approbation erhielten und nach deutschem Recht unter die Kurpfuscher zu zählen seien. Wenn sie es dennoch versuchen wollten, bitteschön, die Obrigkeit würde nicht die Polizei schicken. »Unter diesen Umständen«, schreibt Franziska Tiburtius später in ihren *Erinnerungen,* »war es besonders vorteilhaft, dass die beiden ersten weiblichen Ärzte zusammenstanden. ... Lehmus und ich wussten genau, dass wir uns in jedem Fall aufeinander verlassen konnten.«

Kaum hatte jede ihre eigene Praxis im Haus der Geschwister eingerichtet, »fanden wir uns auch zusammen in einer regelmäßigen gemeinsamen Arbeit«, von der die beiden seit Zürich träumten. Ein reicher Industrieller, dessen Frau von der Zahnärztin Henriette Tiburtius, Franziskas Schwägerin, behandelt wurde, stellte unentgeltlich eine Wohnung im Hinterhof eines seiner Häuser in der Alten Schönhauserstraße zur Verfügung. Mit einfachster Einrichtung entstand hier eine Poliklinik für Arbeiterfrauen, und schon in der ersten Sprechstunde fanden sich zwölf Frauen in dem kleinen Wartezimmer ein. Bald waren es vierzig, mehr konnten die beiden Ärztinnen auch mit langer Nachtarbeit nicht behandeln. Wer konnte, zahlte zehn Pfennig, das reichte für Beleuchtung und Heizung.

Tiburtius und Lehmus griffen für die erste weibliche Klinik oftmals in die eigene Tasche. Das fiel umso leichter, da sich langsam aber stetig ihre privaten Wartezimmer füllten. Die Satire-Blätter, die sich die umstrittene Frauen-Premiere nicht entgehen ließen, waren daran nicht unbeteiligt: »Der ›Kladderadatsch‹ brachte eine reizende Darstellung der Ereignisse in der Klinik der weiblichen Ärzte, Dr. Romulus und Dr. Remus, die sich natürlich beide in den gleichen Patienten verlieben und in bittere Feindschaft zu einander geraten. Es erwies sich als vorzügliche Reklame.« Irgendwann allerdings reichte es den Ärztinnen. Als Franziska Tiburtius in einer Gesellschaft Ernst Dohm kennenlernte, Chefredakteur des *Kladderadatsch* – und Ehemann von Hedwig Dohm –, hatten die beiden »eine überaus anregende Plauderstunde«. Am Ende versprach der Zeitschriftenmacher, »uns künftig in Ruhe zu lassen, was er auch treulich gehalten hat«. Auch der Herausgeber des *Ulk* verzichtete nach einem Gespräch auf »weitere scherzhafte Angriffe«.

Die ärztlichen Fachzeitschriften, wenn sie überhaupt von den weiblichen Kollegen Notiz nahmen, waren von der »völligen Hoffnungslosigkeit des Unternehmens« überzeugt. Kommentar von Franziska Tiburtius: »Die beiden Ärztinnen standen der Kontroverse kühl gegenüber: – abwarten!« Ähnlich gelassen meisterten die beiden Frauen auch die persönliche Begegnung mit ärztlichen Kollegen, die ihnen unverhohlen ihre Geringschätzung zeigten: »Da hieß es ruhig bleiben, das Gesicht wahren, unentwegt seines Weges gehen …« Nur einmal in den Anfangsjahren wurde Franziska Tiburtius fast aus der Ruhe gebracht. Ein Kollege, mit dem sie die Diagnose einer todkranken Patientin besprechen wollte, beendete das Fachgespräch schnell und fuhr unvermittelt fort: »Aber sagen Sie mal, warum haben Sie nicht geheiratet?« – »Ich bin selten so überrascht gewesen«, heißt es in den *Erinnerungen*. Franziska Tiburtius blieb ledig und hat sich sehr bald im Netzwerk Berliner Frauen engagiert, das noch vor der Jahrhundertwende fortschrittliche Frauenprojekte ideell und materiell unterstützte.

Risikobereitschaft, Einsatz und ärztliches Können der ersten beiden Ärztinnen wurden belohnt, zumal ihnen trotz fehlender staatlicher Genehmigung niemand ihre Berufsausübung streitig machte: »Von Anfang oder gegen Mitte der achtziger Jahre an standen L. und ich schon ziemlich fest auf gewonnenem Boden; wenn auch nicht de jure, so hatten wir doch de facto die gleiche Stellung mit anderen praktischen Ärzten: das Publikum wusste von keinem Unterschied.« Zuerst hatten die vornehmen Familien ihre kranken Köchinnen und Hausmädchen geschickt, um die Medizin-Pionierinnen zu testen. Dann erschienen die Kinder samt Erzieherinnen und am Ende in der Regel »die gnädige Frau selbst«.

Die 1870er Jahre, an deren Ende Lehmus und Tiburtius ihre Aufsehen erregenden Karrieren begannen, waren insgesamt ein turbulentes und vom hitzigen öffentlichen Streit geprägtes Jahrzehnt. Auffallend ist, wie sich die Bilder gleichen: Die Häme und Aggression, mit der Emanzipationsforderungen von Frauen abgeschmettert wurden, wendeten Professoren und andere bürgerliche Meinungsmacher ebenso gegen die jüdischen Bürger. Auch hier ging es Schlag auf Schlag. Wilhelm Busch, der populäre Dichter-Zeichner, gab 1872 in seiner Bildgeschichte *Die fromme Helene* den Ton an: »Und der Jud mit krummer Ferse / Krummer Nas' und krummer Hos' / Schlängelt sich zur hohen Börse / tiefverderbt und seelenlos.« 1873 erscheint ein Pamphlet des Journalisten Wilhelm Marr, das bis 1879 zwölf Auflagen erlebt: *Der Sieg des Judentums über das Germanentum*. Der Autor gibt sich den Anschein, aus wissenschaftlich-objektiver Sicht – »vom nicht confessionellen Standpunkt aus« – vor der jüdischen »Rasse« zu warnen, die nach »Weltherrschaft« strebe. Seine Wortschöpfung »Antisemitismus« sollte dem Judenhass einen neutralen Ansatz verschaffen.

1873 ist das Jahr, in dem auf die rauschhafte Goldgräber-Stimmung der Gründerzeit ein veritabler Kater folgte. Im Frühjahr stürzten an den Börsen in Wien und Berlin die Kurse ins Bodenlose; die Aktien-Hausse erwies sich als ein papierener Schwindel, hinter dem keine konkreten Werte standen. Im deutschen Kaiserreich brach die Hochkonjunktur ein, den großen wie den kleinen Spekulanten blieben statt der künstlichen Gewinne nur sehr konkrete finanzielle Verluste. Schock, Empörung und die schnelle Suche nach einem Sündenbock: Der Liberalismus hatte Schuld. Doch der war nicht fassbar. Wer steckte dahinter? Die Juden. Die Juden hatten Schuld.

1874 begann *Die Gartenlaube*, eine beliebte Familienzeitschrift mit rund zwei Millionen Lesern, eine Artikelserie über den »Börsen- und Gründungsschwindel in Berlin«. Kapital an sich ist nichts Schlechtes, wurde das Publikum belehrt, wenn es sich um das »schaffende Kapital« der Christen handelte. Von Übel ist das »raffende Kapital« der Juden und das habe zum Börsenkrach, zu Wirtschaftskrise und Depression geführt. Als Konsequenz solle man sie allerdings nicht »abschlachten«, sondern ihnen die Luft zum Atmen nehmen.

1875 legte die konservativ-protestantische *Kreuz-Zeitung* mit einer anti-jüdischen Artikel-Serie nach. Ihr Vorwurf: »Wir werden ja zur Zeit von den Juden eigentlich regiert.« Damit wurde indirekt auch Reichskanzler Bismarck angegriffen, denn das geneigte Lesepublikum wusste, dessen Vermögensverwalter war ein bekannter jüdischer Bankier. Die einflussreiche katholische Zeitung *Germania*, von einem Kaplan geleitet, wollte nicht fehlen, wenn es gegen den »verjudeten Liberalismus« ging. Sie nannte die Juden »Reichsfeinde« und propagierte 1875 die Losung: »Kauft nicht vom Juden«.

1878 gründete der protestantische kaiserliche Hofprediger Adolf Stoecker die Christlich-Soziale Arbeiterpartei. Sie soll die Arbeiter dem »unpatriotischen« und »unchristlichen« Einfluss der Sozialdemokratie entreißen. Als die Arbeiter diesem Angebot nicht Folge leisten, machte Stoecker seine Gruppierung zur ersten deutschen antisemitischen Partei. 1879 verkündet er als Parteiprogramm »Unsere Forderungen an das moderne Judentum«. Bei dem »Kampf ums Dasein« zwischen Christen und Juden stehe »Rasse gegen Rasse«. Bei höheren Positionen wie Richtern, Lehrern, Direktoren müsse die Zahl der Juden deutlich beschränkt werden.

Gegen Ende des Jahres 1879 goss der Historiker Treitschke in den angesehenen *Preußischen Jahrbüchern* noch Öl ins antisemitische Feuer. Scheinheilig beklagte er in einem Aufsatz die »Roheit« der Kritik an den Juden, um dann die allgemeine »Unruhe« in Bezug auf die »Judenfrage« positiv aufzunehmen und dem »Semitentum« eine »schwere Mitschuld an jenem schnöden Materialismus unserer Tage« zu geben. Treitschke, dessen Ansehen unter den Eliten des Kaiserreichs kaum zu überschätzen ist, breitet ein Sündenregister gegen »den Juden« aus und schließt den Kreis scheinheilig-infam mit einer Parole, die sich angeblich in Kreisen höchster Bildung ausbreite: »Die Juden sind unser Unglück.« Der Berliner Professor hat mit diesem Aufsatz den Antisemitismus im Bürgertum des Kaiserreichs salonfähig gemacht. Es ist der gleiche Treitschke, dessen Tiraden gegen Blaustrümpfe, Emanzipation und Gleichberechtigung im gleichen Jahrzehnt von Studenten – nicht nur in Berlin – als wissenschaftliche Fakten aufgesogen wurden. Zur gleichen Zeit arbeiten in der Klinik in der Alten Schönhauserstraße unaufgeregt und erfolgreich die zwei Ärztinnen, die allein durch ihre Existenz solche Tiraden als das Pfeifen im dunklen Wald entlarven.

Als Franziska Tiburtius und Emilie Lehmus ihre Poliklinik für Arbeiterinnen einrichteten, war das revolutionär. Im Rückblick erzählt Franziska Tiburtius von Fabrikarbeiterinnen, die erst Patientinnen waren und dann Freundinnen wurden. Der Kontakt blieb, die Arbeiterinnen schickten prächtige Glückwunschkarten, und die Frau Doktor lud sie über die Jahre immer wieder zum Kaffee ein: »Es sind wirklich intelligente Frauen und ich freue mich über ihr gesundes Urteil.« Ein anregendes Zusammensein von Bürgerfrauen und Arbeiterinnen war nach den gesellschaftlichen Konventionen im letzten Drittel des 19. Jahrhunderts skandalös. Nur bürgerliche Frauen, die sich selbstbewusst einen eigenständigen Platz in der Gesellschaft erkämpft hatten, konnten sich eine solche Regelverletzung leisten.

Höhere Töchter: Zur Heirat verdammt?

Das »Paradepferdchen« bricht mit dem Bürgertum – Gabriele Reuter: Aus Ägypten in die Provinz – Agnes Bluhm: Umweg als Lehrerin – Clara Zetkin: Harte Jahre in Paris – Ein Backfisch träumt vom hohen Turm – Helene Langes »Gelbe Broschüre« macht Schlagzeilen – Die Kronprinzessin: Das Ende der Hoffnungen

Es war kein »Sprung ins Dunkle«, aber doch ein Umbruch, verbunden mit einem Neuanfang, als der Dorflehrer Gottfried Eißner mit seiner Familie 1872 aus dem kleinen Wiederau im Königreich Sachsen ins nahe gelegene Leipzig zog. Seine Frau wird diese Veränderung, für sie eine Rückkehr in die Heimat, begrüßt haben. Josephine, die Tochter eines französischen Offiziers, der nach Napoleons Untergang in der sächsischen Metropole sesshaft wurde und eine Leipzigerin heiratete, war in erster Ehe mit einem Leipziger Arzt verbunden. Dann heiratete sie den Dorflehrer in Wiederau. Dort war im Schulhaus am 5. Juli 1857 Clara Eißner zur Welt gekommen, ein Bruder und eine Schwester folgten. Die Eltern wollten, dass der Sohn und die Töchter eine gute Ausbildung erhielten, deshalb der Umzug nach Leipzig.

Für Clara kam als Frau nur der Lehrerinnenberuf in Frage, und Leipzig bot eine höhere Töchterschule mit angeschlossenem Lehrerinnenseminar, die beide einen guten Ruf hatten. Direktorin war Auguste Schmidt, die 1865 mit Louise Otto und Henriette Goldschmidt den Allgemeinen Deutschen Frauenverein gegründet hatte und ihr Engagement und ihre freie Zeit in diese Bewegung steckte. Wahrscheinlich war es Claras Mutter, die den Kontakt zu Auguste Schmidt aufnahm, um ihrer Tochter eine fortschrittliche Erziehung und Ausbildung zu verschaffen. Clara Eißner wurde in die Töchterschule aufgenommen, und dank sehr guter Leistungen ging es 1874 nahtlos im Lehrerinnenseminar weiter.

1878 hat Clara Eißner im Seminar das Abschlussexamen mit Auszeichnung bestanden. Sie war das »Paradepferdchen« von Auguste Schmidt, so hat es Clara viele Jahre später erzählt, und wurde von ihr und Louise Otto, den beiden Führungspersönlichkeiten im Kampf um Gleichberechtigung, so manchen Nachmittag zum Tee eingeladen. Gut vorstellbar, dass die beiden Frauen in der begabten Schülerin eine Nachfolgerin sahen, die die Fackel der Emanzipation weitertragen würde. Clara Eißner fühlte sich wohl in der anregenden Atmosphäre, das hat sie noch viele Jahre später betont und doch mussten sich die Wege trennen. Die junge Fachlehrerin für moderne Sprachen setzte ihr Selbstbewusstsein und ihre Durchsetzungskraft so entschieden für ihren Lebensentwurf ein, dass es zum Bruch mit ihren Förderinnen kam.

Die Einundzwanzigjährige war nicht bereit, Kontakte, die sich während ihrer Ausbildung zu russischen Emigranten und sozialdemokratischen Kreisen in Leipzig ergeben hatten, aufzugeben. Nächtelang diskutierte sie mit den jungen Russen über radikale sozialistische Visionen von einer gerechten Welt. Die Emigranten waren vor den Schrecken des Zarenreiches nach Leipzig geflüchtet. Hier hatte die Sozialistische Arbeiterpartei Deutschlands, 1875 gegründet, viele Anhänger unter den Gesellen und Handwerkern. Hier lebte einer der führenden Köpfe der SAPD: der Drechslermeister August Bebel, dessen Werkstatt vor allem seine Frau Julie führte, während er im Reichstag oder im Gefängnis saß.

Dass Welten zwischen den bürgerlichen Salons und den armseligen Verhältnissen der Tagelöhner- und Arbeiterfamilien lagen, hatte Clara Eißner schon in den ersten zehn Lebensjahren im dörflichen Wiederau erfahren, wo Webstühle in fast jedem Haus standen. Weil der karge Lohn der Männer nicht reichte, mussten die Frauen mit ihren Kindern stundenlang Heimarbeit leisten, um die Familie notdürftig über Wasser zu halten. Gerade für Auguste Schmidt und Louise Otto war die »Arbeiterfrage« kein Tabu. Louise Otto hatte schon 1848 gefordert, die Lage der Arbeiterinnen zu verbessern, und der Leipziger Frauenverein bot ab den 1860er Jahren Abendkurse an. Doch niemals hätten sie 1878 Sympathien für russische Sozialisten und deutsche Sozialdemokraten gezeigt, denn die Zeiten hatten sich geändert.

Clara Zetkin, ausgebildete Lehrerin, hatte als Anhängerin der Sozialdemokratie Berufsverbot. Ab 1882 lebt sie mit Mann und zwei Kindern in ärmlichsten Verhältnissen in Paris. Ihr Lebensziel wird der Kampf für eine bessere Welt.

Für Bismarck waren die deutschen Sozialdemokraten und ihre Führung Staatsfeind Nummer eins. Ende 1878 gelang es dem Reichskanzler, im Reichstag eine Mehrheit für sein »Sozialistengesetz« zu gewinnen: Die Partei selbst war nicht verboten, aber alle sozialistischen Vereine und Versammlungen, alle Schriften, Bücher, Zeitungen und Zeitschriften, und kein Lied durfte mehr am Grab eines Genossen gesungen werden, das von der »Morgenröte einer neuen Zeit« kündete. Parteifunktionäre konnten aus ihrer Heimatstadt und sogar außer Landes gewiesen werden. Für Sozialdemokraten und alle, die der Partei nahestanden, begann eine Zeit von Not und Verfolgung. Von neunhundert ausgewiesenen Männern waren rund fünfhundert Familienväter, deren Verdienst Frauen und Kindern bitter fehlte.

Selbst die Mehrheit der Liberalen stimmte im Reichstag für das »Sozialistengesetz«, das Gesinnungen verfolgte, und damit gegen alle Rechtsstaatlichkeit. Bismarcks Ziel war es, die deutsche Sozialdemokratie zu zerschlagen. Die überwältigende Mehrheit des deutschen Bürgertums wollte mit den roten »Vaterlandsverrätern« nichts zu tun haben. Distanz zu den Sozialisten war ab 1878 auch für Frauenrechtlerinnen das Gebot der Stunde, wollten sie nicht in die gesellschaftliche und politische Isolation geraten.

Auguste Schmidt machte ihrer Lieblingsschülerin klar, dass eine weitere Verbindung zu sozialdemokratischen Kreisen nicht nur ihre Beziehung beenden, sondern alle Aussichten auf eine berufliche Karriere und Einfluss innerhalb der bürgerlichen Frauenbewegung vernichten würde. »Ich kann nicht gegen meine Überzeugung handeln«, soll Clara Eißner erwidert haben. Schwer wird ihr das gefallen sein, denn sie schätzte Auguste Schmidt, die nur das Beste für ihre Lieblingsschülerin wollte. Jetzt wandte sich die Erziehung zur Eigenständigkeit gegen die Lehrerin: Clara Eißner war überzeugt, dass nur mit den radikalen Ideen der Sozialisten das Elend der unteren Klassen gewendet werden konnte, nicht Reformen, sondern Revolution würden eine gerechte Welt schaffen. Die junge Frau trat noch 1878 der Arbeiterpartei bei.

Damit waren alle Brücken zu ihrem bisherigen Umfeld, auch zu ihrer Familie, gekappt. Clara Eißner wusste, dass die Polizei ihre Aktivitäten – wie die aller Sozialdemokraten – überwachte, und dass sie als Sozialistin keine Chance auf eine Anstellung in staatlichen oder privaten Schulen hatte. Aber vor Weltrevolution und Klassenkampf ging es ums Überleben. Sie war einundzwanzig Jahre und ganz auf sich selbst gestellt. Viel wissen wir nicht über Clara Eißner in den folgenden Jahren: Sie verließ Leipzig und schlug sich vier Jahre lang, erst in der sächsischen Provinz, dann in Österreich, als Hauslehrerin durch. 1882 werden wir ihr wieder begegnen. Vielleicht brauchte Clara Eißner Zeit zum Nachdenken: Wie wollte sie ihr Leben außerhalb der bürgerlichen Ordnung gestalten? Welcher Art waren ihre Gefühle für den russischen Emigranten Ossip Zetkin, sieben Jahre älter, der ihr in Leipzig bei den Zusammenkünften mit seinen Landsleuten leidenschaftlich von seinen sozialistischen Idealen erzählt hatte?

Im gleichen Jahr 1872, als die fünfzehnjährige Clara Eißner mit ihrer Familie vom Dorf in die Großstadt nach Leipzig zog, durchlebte die dreizehnjährige Gabriele Reuter, im Internat einer höheren Töchterschule nahe bei Wolfenbüttel untergebracht, einen unermesslichen Verlust. Ihr Vater, den sie sehr liebte, war gestorben, und die Mutter hatte sich auf die lange Reise nach Ägypten gemacht. Sie wollte die

Im- und Exportfirma ihres Mannes in Kairo auflösen und hoffte, mit dem Gewinn einen standesgemäßen Lebensunterhalt für sich und ihre fünf Kinder zu bestreiten. Kam ein Brief der Mutter aus dem Orient, las ihn Gabriele Reuter abends, wenn die Mitschülerinnen schliefen, beim Schein der Kerze.

Es war Winter, als Gabriele Reuter den Brief aus Ägypten in den Händen hielt, auf den sie »gleichsam mit angehaltenem Atem gewartet hatte«: »Es ist nun entschieden. Von dem, was Dein lieber Papa mit so viel Fleiß verdiente, ist nichts mehr für euch Kinder übrig geblieben. Wir sind ganz arm geworden – aber Gott sei Dank, wir stehen ehrenvoll da, und kein Makel ruht auf seinem Namen.« Der Kompagnon in Kairo war mit allen Waren und Einlagen durchgebrannt. Der materielle Verlust jedoch verlor jeden Schrecken vor dem, was die Mutter in den folgenden Zeilen als Zukunft aufzeigte: »... Papa pflegte immer zu sagen, Du habest einen guten Stil – vielleicht kannst Du in diesem Jahr noch so viel lernen, dass Du einmal kleine Geschichten für die Jugend schreiben und Dir auf diese Weise Dein Brot verdienen kannst. ... Ach mein Kind, er hatte Dich so lieb und hielt so viel von Deiner Begabung.«

Dieser Augenblick in der Schlafkammer der höheren Töchterschule entschied über ein Leben. Geboren 1859 in Alexandria an der Mittelmeerküste, aufgewachsen in der uralten Hafenstadt und in Kairo, wo der Vater erfolgreich seine Geschäfte tätigte, von kurzen Aufenthalten bei der Großmutter in Dessau unterbrochen, hatte Gabriele Reuter bei der endgültigen Rückkehr nach Deutschland im Frühjahr 1872 reiche Erinnerungen an »orientalische Bilder« mitgebracht: das weiße Elternhaus am Kanal, die leuchtenden Blüten in verwunschenen Gärten mit ihrem schweren Duft, das ölige Blau des Meeres und das Rosenrot der blühenden Aprikosenbäume, der tief blaue Himmel. Zu diesem Schatz von Erinnerungen kam nun etwas Kostbares hinzu. Das junge Mädchen hatte das Gefühl einer »wundervollen Erleuchtung«, die ihre Seele »in eine Atmosphäre von Leichtigkeit, Mut und göttlichem Feuer emporhob«. Alle Ängste nach dem Tod des Vaters »waren wie mit einem Schlage von mir genommen«.

Die Dreizehnjährige machte sich keine Illusionen, dass viele Jahre harter Arbeit vor ihr lagen. Aber das schreckte Gabriele Reuter nicht.

Der Brief ihrer Mutter mit der väterlichen »Stimme aus dem Grabe« war ihr Unterpfand: »Von dem Abend an wusste ich, dass ich eine Schriftstellerin werden musste.« Und mit »kleinen Geschichten für die Jugend« würde sie sich nicht zufrieden geben, sie wollte höher hinaus. Im Frühjahr 1873 verlässt Gabriele Reuter die höhere Töchterschule und zieht zur Mutter und den drei jüngeren Brüdern nach Magdeburg. Dort entdeckt ihre Mutter bei der Zeitungslektüre ein Preisausschreiben für die »beste christlich-soziale Volkserzählung« und fordert Gabriele, an deren Talent sie glaubt, auf, mitzumachen.

Den Preis gewann Gabriele Reuter nicht. Aber ein Anfang mit dem Schreiben war gemacht. Die nächste Gelegenheit kam, als die *Magdeburger Zeitung* Schilderungen kleiner bunter Feuilletons über Ägypten, die Gabriele Reuter unter dem Namen der Mutter schrieb, begeistert druckte und ständig Nachschub anforderte. Zwischen der »Schreibarbeit« liegen Tanzveranstaltungen, ein Hofball in Dessau, Besuche bei den Verwandten ringsum. Doch wichtiger ist das eigene Sparbuch, das sich mit Honoraren füllt. Eine gute Bekannte vermittelt eine Novelle an die *Elberfelder Zeitung*, sie wird gedruckt. Von nun an schreibt Gabriele Reuter unter ihrem eigenen Namen.

Eines Tages präsentiert die Tochter der Mutter ihr Sparbuch: 200 Mark »eigenverdientes Geld«. Das reicht für einen größeren Umzug – auf nach Weimar. 1879 findet sich in der Stadt Goethes und Schillers eine Wohnung an der Stadtmauer mit einem Gärtchen. Gabriele Reuter ist zwanzig, bereit für das Weimeraner Künstlerleben, das sie ihrem Ziel, eine große Schriftstellerin zu werden, hoffentlich näher bringt.

»Die Räume des Künstlervereins befanden sich zu jener Zeit in einem Hintergebäude des Hotels zum Russischen Hof, über einem Pferdestall. … Gab es Tanzabende mit Damen, so legten die ritterlichen Kunstschüler große Steine in die tiefsten Pfützen … die Treppe war halsbrecherisch … Die Künstlerkneipe selbst, aus zwei ziemlich großen Räumen bestehend, war niedrig und verräuchert, aber äußerst gemütlich. … In diesem primitiven Lokal haben wir so manchen fröhlichen Abend gefeiert.« Niemand hatte Geld, ein Glas Bier, eine Tasse Kaffee und Thüringer Krapfen mussten ausreichen. Die Kunststudenten waren »brave, ehrliche Kerle, manche plumper, manche feiner«.

Und weiter heißt es in Gabriele Reuters »Geschichte meiner Jugend«: »Es konnte nicht fehlen, dass sich hier und da Liebeleien anspannen, von denen die eine oder andre auch zu einer regelrechten Verlobung auswuchs. Dergleichen hier zu suchen, wäre mir freilich nicht eingefallen.«

So sehr sie das neue Leben in Weimar genoss, Gabriele Reuter wollte mehr: »Ich begann, mich mit dem Plane eines Romans zu beschäftigen.« Gabriele Reuters Ausrichtung auf das Ziel Schriftstellerin und damit finanziell unabhängig zu werden, unterschied sie von der Mehrheit junger Töchter aus gutem Hause. Doch es war kein Ausbruch aus ihrer bürgerlichen Familienwelt, wie ihn Clara Eißner wagte, zumal Gabrieles Mutter die Lebensplanung der Tochter unterstützte.

Auch Agnes Bluhm musste keinen Abbruch ihrer persönlichen Beziehungen befürchten, als sie sich im Wintersemester 1884/85 in Zürich zum Medizinstudium einschrieb. Das war knapp fünfzehn Jahre nachdem Emilie Lehmus und Franziska Tiburtius es als erste deutsche Frauen gewagt hatten – und immer noch waren Abitur, Studium und Ausübung des ärztlichen Berufs für Frauen im Kaiserreich verboten.

Agnes Bluhm wurde 1862 in Konstantinopel geboren, wo der Vater General in türkischen Diensten war. Ab 1874 lebte sie mit Mutter und zwei Schwestern in Berlin-Charlottenburg. Der Vater verbot ein Studium, die Tochter fügte sich vorerst und machte 1881 das Lehrerinnenexamen. Drei Jahre später hatte sie vom Gehalt genug Geld gespart, und fuhr, von der Mutter ermutigt, nach Zürich. Der Vater war beeindruckt und unterstützte nun doch seine studierende Tochter.

Im Wintersemester 1884/85 studierten in Zürich neunzehn Frauen, davon zwölf Medizin und von denen kamen wiederum vier aus Deutschland. Die Studentin Agnes Bluhm legte Wert darauf, nicht als »Dame im Sinne des Salons« aufzutreten, und fühlte sich gerade deshalb von Studenten und Professoren als »vollberechtigte akademische Bürgerin« behandelt. Sie empfand Zürich als gute Vorbereitung, um sich als Frau »auf einem neuen Terrain zu behaupten« und selbst für ihr Handeln einzustehen. Nachgeben im Kleinen, standhaft bleiben im Großen: unter diesem Motto erlaubte sich die gelernte Lehrerin Ruderpartien, Schlittschuhlaufen, Schwimmen, Rodeln, gemeinsame Lektüre und Diskussionen – »im freundschaftlichen Verkehr mit Collegen«. Freiheiten, die den Töchtern, die unter Aufsicht der Eltern lebten, meist untersagt blieben.

Schnell hatte sich die Dreiundzwanzigjährige mit Elisabeth Winterhalter angefreundet, die 1856 in eine Münchner Arztfamilie geboren wurde, und ebenfalls den Weg über den Lehrerinnenberuf genommen hatte. Ihre Mutter war gegen ein Studium; 1884 brach die Tochter dennoch nach Zürich auf. Als Dritte im Bund der jungen Frauen, die am Zürichsee Freundinnen wurden, gehörte die Malerin Ottilie W. Roederstein dazu. 1859 in Zürich geboren, hatte Ottilie Roederstein sich für den Beruf der Malerin entschieden, ebenfalls gegen den heftigen Widerstand ihrer Mutter. Nach professioneller Ausbildung in Zürich und Berlin hing 1884, als Agnes Bluhm ihr Studium in Zürich begann, schon ein Bild von Roederstein in der jährlichen Ausstellung des berühmten Pariser »Salon«. Von ihr werden wir noch hören.

Den Studentinnen Bluhm und Winterhalter fallen im Wintersemester 1885/86 im Medizin-Hörsaal drei Neulinge mit ihrer verwegenen Reformkleidung auf, eine Art Jägeranzug, mit weißem Kragen verziert. Zu zweien von ihnen, Carl Hauptmann, dem Bruder des Dichters Gerhart, und zu Alfred Ploetz, spinnen sich freundschaftliche Fäden, besonders zwischen Agnes Bluhm und Alfred Ploetz. Zum Wintersemester 1887/88 kommen die Frauen der beiden Hauptmann-Brüder in die große gemietete Villa am Zürichsee, wo sich an vielen Abenden ein Kreis wissbegieriger, kommunikationsfreudiger Menschen zusammenfindet und über Kunst und Literatur, Vererbungslehre, radikale Gesellschaftsreformen und ideale Lebensentwürfe diskutiert.

Für den Mann wäre das größte Glück, so der siebenundzwanzigjährige Alfred Ploetz, eine gesunde Frau germanischen Typs zu finden, die die freie Forschungsarbeit ihres Mannes nicht nur begreifen sondern dank ihrem reichen Erbe auch unterstützen kann. Zu den Zürcher Gästen zählt Auguste Forel, ein Psychiater von internationalem Ruf, Leiter der Nervenheilanstalt Burghölzli, der für das Frauenstudium und ebenso vehement gegen jeden Tropfen Alkohol streitet. Alkoholismus ist nach Forels Überzeugung erblich, bei trunksüchtigen Männern gäbe es nur ein Gebot: Kastration. Mancher in der Runde wird ab sofort zum Abstinenzler.

Elisabeth Winterhalter gehört zur Generation der Ärztinnen, die auf elterlichen Druck erst Lehrerin werden mussten. Sie macht 1891 in Frankfurt am Main die erste weibliche Praxis auf. Mit ihrer Lebensgefährtin Ottilie W. Roederstein wird sie vorurteilslos in die führenden bürgerlichen Kreise aufgenommen.

Bald munkelt man in der geselligen Runde von einer Verlobung zwischen Alfred Ploetz und Agnes Bluhm. Ein gesunder germanischer Typ wäre sie schon, aber Ploetz entscheidet sich für eine Schweizer Medizinstudentin als Ehefrau. Agnes Bluhm grollt und meidet eine Weile die Abende in der Hauptmann-Villa. Doch die Freundschaft zwischen ihr und Ploetz überdauert. Sie studiert in Zürich unter angenehmen Umständen, über die Finanzierung muss sie sich nicht den Kopf zerbrechen.

Clara Eißner dagegen hatte 1882 eine Entscheidung getroffen, die sie radikal wegführt aus der Welt der Bürger und der wohlanständigen Frauen, und das Ende eines geregelten Einkommens bedeutete, so gering es auch war. Sie unterrichtete nicht mehr als Hauslehrerin und reiste nach Zürich. Die wohlhabende Stadt am See war nur eine Zwischenstation, um Kontakte zu führenden deutschen Sozialdemokraten zu knüpfen, die vor Bismarcks Sozialistengesetz in die Schweiz geflüchtet sind. Dann geht es weiter nach Paris, seit langem Exilort für Europas freie Geister, ob Literaten, Journalisten, Sozialisten.

In Paris hatte sich der russische Sozialist Ossip Zetkin niedergelassen, nachdem ihn die sächsische Obrigkeit 1880 aus Leipzig ausgewiesen hatte. Mit ihm traf Clara Eißner im Herbst 1882 in Paris zusammen, teilte mit ihm das möblierte Zimmer am Boulevard de Port Royal Nr. 64 und ab sofort offiziell auch den Namen. Dort wurde im August 1883 Maxim geboren, Clara Zetkins erster Sohn. 1885 kam Kostja zur Welt, der zweite Sohn. Ossip Zetkin beglaubigte seine Vaterschaft, aber die Eltern heirateten nicht. »Aus Prinzip«, wird Clara Zetkin Jahrzehnte später erklären. Ebenso wichtig war ihr, dass sie ihre deutsche Staatsangehörigkeit behielt und die Kinder keine Staatsbürger des verhassten russischen Zarenreiches wurden.

Im fernen Weimar genießt die zwei Jahre jüngere Gabriele Reuter in einer verräucherten Kneipe ab und an mit Kunststudenten für ein paar fröhliche Stunden eine harmlose Provinz-Bohème. Was für eine Idylle im Vergleich zum Leben der Zetkins in Paris. Das ist Elend pur, denn das bisschen Geld, das gemeinsame Übersetzungen und Sprachunterricht einbringen, reicht weder zum Leben noch zum Sterben. Ist die Miete für die ärmliche Behausung über Monate nicht bezahlt, kommt die Polizei: Raus! Und die Eltern müssen mit den Kindern tagelang von einem hilfsbereiten russischen Emigranten zum nächsten ziehen, bevor sie eine neue feste Bleibe in der Weltstadt finden.

Aber die visionäre Flamme einer gerechten Welt erlischt unter diesen Bedingungen nicht. Sie treibt Clara Zetkin umso heftiger an, sich jede Minute für ihre politische Bildung abzusparen; sie liest Marx und Engels, russische und französische Revolutionäre. Die Abende sind ausgefüllt mit Diskussionen in den sozialistischen Emigranten-Zirkeln, die Kinder schlafen im Nebenzimmer. Unter den Augen der Polizei finden Versammlungen statt, Clara Zektin besucht verhaftete Genossen im Gefängnis. Sie befreundet sich mit Laura Lafargue, der jüngsten Tochter von Karl Marx, die mit ihrem Mann, Arzt und Sozialist, in Paris lebt. Sie hilft Genossen aus Deutschland und Italien, wenn sie eine Übersetzerin ins Französische brauchen.

Clara Zetkin, die sich in ihren Briefen »Mädchen für alles« nennt – »Hofschneider, -koch, Wäscherin« –, beginnt für französische Parteizeitungen Artikel zu schreiben, korrespondiert mit deutschen Sozialdemokraten. »Geld ist zwar Dreck«, schreibt sie an Karl Kautsky, den führenden Theoretiker der deutschen Arbeiterpartei, »aber Dreck ist leider kein Geld.« Da ist sie dreißig Jahre alt. Das Überleben fordert alle ihre Kräfte. Zugleich wachsen Wut und Verachtung für ein System, in dem das Kapital der Wenigen regiert und die Mehrheit der Menschen, Frauen wie Männer, in Unfreiheit und Armut gehalten wird. Und dann erkrankt 1887 Ossip Zetkin an Tuberkulose. Es gibt kein Heilmittel, bald ist der Achtunddreißigjährige permanent bettlägerig, und Clara Zetkin Tag und Nacht auf den Beinen, als Pflegerin, Mutter und einzige Verdienerin. Aus einem Brief an Kautsky: »Ich schlage mich wie ein Mann, aber trotzdem fällt es unsagbar schwer.«

Die Medizin ist gegen Ende des 19. Jahrhunderts in vielen Krankheitsfällen noch ratlos, unabhängig vom Geldbeutel der Patienten. Während Clara Zetkin in Paris ihren todkranken Mann pflegt, ist in Berlin die fünfzehnjährige Alice Salomon noch ganz gefangen in ihrer Traurigkeit um den Vater, der kurz zuvor gestorben ist. Zur Trauer gehört der Abschied von einer Kindheit in großbürgerlichem Luxus, im verzauberten Garten mit Teich und Rehen, Hühnern, Fliederbüschen und Weinpergola hinter der elterlichen Villa an der Königsgrätzer Straße. Arm hatte der Tod des Vaters sie nicht gemacht, doch dass die Witwe mit den fünf Kindern sich »kleiner setzen« musste in einer Mietwohnung, empfand sie als unverdienten Schicksalsschlag. Umso strenger achtet die Mutter darauf, dass ihre Kinder gemäß ihrer gesellschaftlichen Stellung heranwachsen. Für Alice Salomon, die 1887 die höhere Mädchenschule abgeschlossen hat, bedeutet das ein striktes Nein, als sie den Wunsch äußert, auf ein Lehrerinnenseminar zu gehen. Eine Tochter aus gutem Hause ergreift keinen Beruf, sondern wartet auf den standesgemäßen Mann, der sie heiraten wird.

Rückblickend schreibt Alice Salomon: »In der Tat war diese Zeit – von meinem fünfzehnten bis zum zwanzigsten Jahr – die unglücklichste Zeit meines Lebens.« Sie macht Koch- und Schneiderkurse, auch Sprachunterricht im Viktoria-Lyzeum, eine Art Volkshochschule für Frauen, ist erlaubt. Und fünf Jahre lang sitzt Alice Salomon vier bis fünf Stunden täglich über dem Stickrahmen, in Gedanken verloren über den Sinn eines solchen vergeudeten Frauenlebens. Eine traurige

Ausnahme gibt es, als 1889 ihre vierzehnjährige Schwester Edith an Diphtherie erkrankt: »Meine Mutter brach vollständig zusammen; sie konnte nicht einmal bei dem sterbenden Kind bleiben. Käte, eine Krankenschwester und ich waren während ihres grausamen Todeskampfes bei Edith.« Obwohl die Mutter Autoritätsperson bleibt, wird Alice Salomon sich lebenslang für sie verantwortlich fühlen und bis zum Tod der Mutter mit ihr zusammenleben.

Vater oder Mutter, Bruder oder Schwester sterben zu sehen, ist für viele Heranwachsende eine prägende Erfahrung. Wie Alice Salomon wurde die gleichaltrige Hermine Edenhuizen früh Halbwaise. Sie war zwölf und hatte sechs Geschwister, als 1884 ihre Mutter starb. Der Vater, ein geachteter Landarzt im ostfriesischen Dorf Pewsum bei Emden, »ein kluger, gütiger Mensch«, versank so in seiner Trauer, dass er seinen Kindern eine dreijährige Trauerzeit auferlegte, in der sie schwarze Kleidung trugen und Weihnachten nicht gefeiert wurde. Als älteste Tochter teilte Hermine Edenhuizen ein weiteres schweres Los mit der Berliner Bürgertochter. Hermines älterer Bruder erkrankte an Tuberkulose, sie pflegte ihn im Elternhaus zusammen mit einem Pfleger und war »bei seinem schweren Sterben drei Tage hindurch zugegen.... Das zu erleben war für eine 16jährige schwer«. Zwei Jahre zuvor, 1888, hatte Hermine Edenhuizen eine private höhere-Töchter-Schule beendet und seitdem beim beliebten friesischen Krocketspiel »mit Stöcken die Zeit totgeschlagen«. Auch das Klavierspiel gehörte zu den akzeptierten Beschäftigungen. Als Siebzehnjährige brachte der Vater sie zu drei Damen in Berlin »in Pension«, damit sie den letzten Schliff als angehende Ehefrau bekomme. Nach einem Jahr ging es zurück ins dörfliche Ostfriesland. Einziger Lichtblick dort waren die Fahrten nach Emden, wenn Hermine – wie alle ihre Geschwister – sich auf Kosten des Vaters in der Buchhandlung so viele Bücher kaufen durfte, wie sie tragen konnte. Ansonsten schien es für die Arzttochter auf dem Land – wie für Alice Salomon in Berlin – nur eine Perspektive zu geben: eine standesgemäße Heirat.

Die Eltern von Alice Salomon waren Juden, doch ihrer Religion sehr fern. Die Tochter wurde auf eine private evangelische Mädchenschule geschickt, und davon kein Aufhebens gemacht; auch an den jüdischen Feiertagen ging der Vater nicht in die Synagoge. Das war bei Else Schüler anders, die 1869 in Elberfeld, heute ein Stadtteil von Wuppertal, geboren wurde, ebenfalls in eine wohlhabende jüdische Familie. Else Schülers Leben ist nicht zu denken ohne die beiden Stränge des Judentums, die in ihrer Familie zusammenfanden: aus dem Westfälisch-rheinischen die väterliche Linie, aus dem Spanisch-sefardischen die mütterlichen Vorfahren. Noch bevor Denken und Bewusstsein einsetzten, nahm die jüngste Tochter des Bankiers und Immobilienmaklers Aron Schüler die Geschichten über ihren Urgroßvater Rabbi Zwi Hirsch Cohen aus dem westfälischen Geseke in sich auf.

Der Vater liebte es, Geschichten zu erzählen. Kaum wurde 1888 in Elberfeld das Stadttheater eröffnet, gehörte Aron Schüler zu den Stammgästen in der ersten Reihe. Jeanette Schüler, die Mutter, war für Else eine Dichterin von spanischer Leichtigkeit und Eleganz, die Französisch sprach und Goethe verehrte. Alle fünf Geschwister waren wesentlich älter als die jüngste Tochter; mit dem acht Jahre älteren Bruder Paul verband Else Schüler eine besondere Zuneigung. Er kannte jeden Baum, wenn die beiden durch die nahen Wälder spazierten; seine Liebe zu Pflanzen, Bäumen und Steinen und zum heimatlichen Bergischen Land übertrug sich auf die Schwester. Auf dem Dachboden des Hauses zauberte er für die kleine Schwester mit seinem Chemiekasten eine Farbe nach der anderen.

Mit sechs oder sieben Jahren kam Else Schüler in die nahe gelegene höhere Mädchenschule, die einen guten Ruf hatte. Sie war eine verträumte Schülerin, was ihr Strafarbeiten einbrachte und In-der-Ecke-Stehen. Die Namen afrikanischer Flüsse kamen ihrer Fantasie entgegen, dafür gab es ein Lob. Ansonsten waren ihre Leistungen wohl eher mäßig. Was die anderen von ihr dachten, verrät die wohlmeinende Aussage einer Lehrerin gegenüber der Mutter, »die Else ist gar nicht außergewöhnlich dumm im Grunde«. Ab dem siebten Schuljahr wurde Englisch unterrichtet.

Von Bruder Paul konnte die kleine Schwester annehmen, dass er versuchte, ihre schulischen Lücken mit Nachhilfeunterricht zu füllen. Ob Else Schüler früh erfahren hat, dass seine Krankheit, die Tuberkulose, unheilbar war und in den Tod führte? Hat sie seine Leidenszeit und sein Sterben in der Familie miterlebt? Die Vermutung liegt nahe, doch wir wissen es nicht. Neun Tage vor Elses dreizehntem Geburtstag starb Paul Schüler, einundzwanzig Jahre alt, am 22. Februar 1882. Die Familienüberlieferung sagt, dass Elberfelds katholische Geistliche dem Sarg bis zum Jüdischen Friedhof das Geleit gaben, weil Paul Schüler zum Katholizismus übertreten wollte. Im Leben von Else Schüler behielt der geliebte Bruder seinen wichtigen Platz. Für sie war er »ein Heiliger, der Himmel sein blauer Dom«.

Else Schülers Erinnerungen an Ereignisse ihrer Kindheit, die mit ihrem jüdischen Glauben zusammenhängen, durchlaufen bei ihr mit der Zeit verschiedene Versionen. Sie erzählt von »antisemitischen Aufständen« auf dem Heimweg nach der Schule. Zuerst sind es die protestantischen Kinder, die sie mit Schmährufen verfolgen, später schließen sich die katholischen Mädchen an: »Ich betrat weinend unser schönes Haus; selbst meiner teuren Mutter Liebe vermochte mich nicht zu trösten. Doch von unserm hohen Turm wehte immer fröhlich die Fahne.«

Der hohe Turm steht für eine Kindheit über den bösen Dingen, für die Geborgenheit im Elternhaus, die alles klein und nichtig erscheinen ließ, was sie hätte ängstigen können. Hier war ein stolzer, sicherer Hafen. Jahrzehnte später wird sie, die unter dem Namen Else Lasker-Schüler als Dichterin berühmt wurde, sich an »feinfühlende christliche Menschen« erinnern, die »beinahe die Leiden meiner Kindheit heilten«. Beinahe: Im Exil in Jerusalem, den Mördern in Deutschland entronnen, rücken die erlebten Ängste aus längst vergangenen Zeiten wieder näher, und noch schmerzlicher wird die Trauer um die geliebte verlorene Heimat.

Zurück in die 1880er Jahre: Else Schüler war ein Kind mit intensiver Vorstellungskraft. Als sie im Religionsunterricht die Geschichte von Joseph hört, dem die Brüder Schreckliches antun, auch wenn sich dann alles für ihn zum Guten fügt, fließen die Tränen so heftig, dass der Rabbiner sie besorgt bittet, nach Hause zu gehen. Beim Tod des Bruders trug Else Schüler in der Schule einen schwarzen Flor am Arm und eine schwarze Perlenkette als Zeichen ihrer Trauer. Nach der Schulzeit war auch Else Schüler mit siebzehn Jahren eine Tochter aus gutem Hause, der nichts anderes zugedacht war, als auf die Heirat zu warten. Was sie mit ihrer freien Zeit machte, liegt im Dunkeln. Zwar besaß sie ein blaues Kinderklavier, aber das gab keinen Ton von sich.

1887, als Else Schüler achtzehn wurde, feierte Kaiser Wilhelm I. im März seinen neunzigsten Geburtstag und mit ihm ganz Deutschland. Die Reden auf unzähligen Festbanketten, die Predigten in Gottesdiensten, die Darbietungen bei den Schulfeiern, die Spenden, die der Gefeierte sich für wohltätige Zwecke erbeten hatte, kamen aus freudigen Herzen. Der alte Herr im Berliner Schloss verband persönliche Bescheidenheit mit selbstbewusstem Auftreten, ohne Pomp und falsches Pathos. Er kam zur Eröffnung der Bayreuther Festspiele und hielt keine Rede. Er lehnte es ab, den Sieg über Frankreich 1870 bei Sedan zum Nationalen Feiertag zu machen. Er wünschte in der Außenpolitik keine Erbfeindschaft gegenüber den Geschlagenen und hoffte im Innern auf einen Ausgleich zwischen den unterschiedlichen Klassen.

Aber Herr im deutschen Haus war der Reichskanzler Bismarck. Wollte Wilhelm I. sich den politischen Vorgaben des Kanzlers verweigern, scheute Bismarck nicht vor Wutausbrüchen oder Tränen zurück. Am Ende gab der Herrscher, nach der Verfassung die oberste Gewalt im Deutschen Reich, stets nach. »Es ist schwer, unter Bismarck Kaiser zu sein«, soll Wilhelm I. einmal geseufzt haben. Wer zu den Gegnern des Reichskanzlers zählte, hoffte auf die nächste Kaiser-Generation, den Kronprinzen Friedrich und seine Frau, die Kronprinzessin Victoria. Die älteste Tochter von Queen Victoria war von früh auf dazu erzogen worden, den deutschen Thronfolger zu heiraten, liberalen Geist ins Preußenland zu bringen und eine Allianz zwischen England und Deutschland zu befördern. Kronprinzessin Victoria, Hausherrin im Potsdamer Schloss, war eine selbstbewusste, gebildete moderne Frau, die in der Reichshauptstadt gleichgesinnte Frauen stützte und förderte in der Absicht, die Gesellschaft zu öffnen und zu verändern. Bildung war für sie ein ideales Mittel, um dieses Ziel zu erreichen.

Im Oktober 1887 erreichte das preußische Kultusministerium eine Petition von Berliner Frauen, die eine Reform der Mädchenbildung forderten. Die Ausbildung an den höheren Töchterschulen sollte nicht länger ohne echte Wissensvermittlung und Ziel bleiben, sondern ein anerkannter Schritt auf dem Weg zum Universitätsstudium für Frauen werden. Die Petition wäre beinahe, wie üblich, in den Schubladen des Ministeriums verschwunden. Aber ihr lag eine zusätzliche Broschüre bei über »Die höhere Mädchenschule und ihre Bestimmung«, und die schreckte vor polemischen Tönen nicht zurück. In allen Kreisen, die sich für Bildung interessierten, die Kronprinzessin Victoria inbegriffen, erregte diese »Gelbe Broschüre« Aufsehen, und ihre Verfasserin – Helene Lange – wurde mit einem Schlag bekannt.

Die Fakten weisen auf ein typisches bürgerliches Frauenleben in der zweiten Hälfte des 19. Jahrhunderts: geboren 1848 in Oldenburg, als sie sieben Jahre ist, erlebt auch Helene Lange den Tod der Mutter, mit sechzehn Jahren ist sie Vollwaise. Ihr Vormund lehnt eine Ausbildung zur Lehrerin ab, sie schlägt sich als Erzieherin und Gouvernante durch. Endlich mündig und mit einer kleinen Erbschaft versehen, geht Helene Lange nach Berlin und macht 1872 ihr Lehrerinnenexamen. 1876 wird sie fest angestellte Lehrerin und Leiterin einer angesehenen privaten höheren Mädchenschule mit Lehrerinnenseminar. Auf der Suche nach einer weiblichen Ärztin macht sie die Bekanntschaft von Dr. med. Franziska Tiburtius und deren Schwägerin Henriette, der ersten Zahnärztin in Berlin. Es entsteht ein »heiterer und ermutigender Gedankenaustausch über die uns gleichmäßig beschäftigenden geistigen Interessen der erwachsenen Frauenwelt«, schreibt Helene Lange in ihren *Lebenserinnerungen*. Die drei berufstätigen Frauen hatten wenig Zeit für »geselligen Verkehr«, dennoch trafen sie sich regelmäßig, und jede Begegnung »stand unter dem Zeichen warmer, freundschaftlicher Gesinnung«.

Helene Langes von ähnlicher Gesinnung getragenen Beziehungen erweiterten sich von bürgerlichen bis in großbürgerliche Kreise Berlins, wo Frauen entschlossen waren, ihren Töchtern eine andere, bessere Zukunft zu erstreiten, angefangen bei gleichen Chancen in Beruf und Ausbildung. Kronprinzessin Victoria traf sich regelmäßig mit diesen Pionierinnen und versuchte durch ihre Kontakte Pläne für eine gleichberechtigte Mädchenbildung zu fördern. Alle Hoffnungen waren auf die Zeit gerichtet, wenn Victorias Ehemann, Kronprinz Friedrich, seinem Vater auf den preußischen und den deutschen Thron folgen würde und Victoria als Preußens Königin und deutsche Kaiserin Bewegung in die Frauensache bringen könnte.

Die »Gelbe Broschüre« griff den Ton der aufmüpfigen Schriften von Hedwig Dohm gut zehn Jahre zuvor auf. Das Ziel der männlichen Pädagogik, so die Lehrerin Helene Lange ironisch, sei es, die Schülerin-

Helene Lange erregt 1887 Aufsehen, als sie in der »Gelben Broschüre« eine solide Mädchenbildung fordert, die zum Studium führen sollte. Lange wurde die einflussreichste Führerin der deutschen Frauenbewegung.

nen als zukünftige Ehefrauen so zu bilden, dass sie dem Ehemann zu Hause gehobene Unterhaltung böten. Zum Beweis zitierte Lange aus einer Denkschrift der deutschen Mädchenschulpädagogen. Die Bildung der Frau solle der »Geistesbildung des Mannes« nur aus einem einzigen Grunde »ebenbürtig« sein, »... damit der deutsche Mann nicht durch die geistige Kurzsichtigkeit und Engherzigkeit seiner Frau an dem häuslichen Herde gelangweilt« werde.

Dementsprechend schmalspurig und oberflächlich war der Unterrichtsstoff in den Mädchenschulen: »Von allem, was die Männer gründlich lernen, ... erfahren unsere Mädchen ein klein wenig; das Wenige aber selten so, dass das Interesse für spätere Vertiefung rege gemacht oder das Selbstdenken ernsthaft in Anspruch genommen würde...« Ein Lernen ohne Sinn und Verstand. So war es nur folgerichtig, dass von den Mädchenschulen – andere waren dem weiblichen Geschlecht verschlossen – kein Weg zu weiterbildenden Schulen und zum Studium führte; und dass der Mädchenunterricht in der übergroßen Mehrheit von Lehrern, nicht von Lehrerinnen, erteilt wurde. Der Ausweg aus diesem Teufelskreis, den Helene Lange forderte: eine streng wissenschaftliche, staatlich geprüfte Lehrerinnenausbildung und eine wesentlich größere Zahl von Lehrerinnen an Mädchenschulen. Die Herren der Pädagogik waren empört und wiesen die Reformvorschläge entschieden zurück.

Doch die Hoffnungen, die die Reformerinnen im Oktober 1887, als die »Gelbe Broschüre« erschien, auf die neue Kaiserzeit setzten, wurden durch ein tragisches Ereignis mehr als in Frage gestellt. Kronprinz Friedrich, ein starker Raucher, hatte Kehlkopfkrebs, davon jedenfalls waren die deutschen medizinischen Kapazitäten seit Mai 1887 überzeugt. Was folgte, war ein Drama von shakespeareschen Ausmaßen. Dem erbitterten Streit zwischen deutschen und englischen Medizinern über Diagnose und Behandlung folgten heftige Spaltungen am Berliner Hof, die zu politischen Komplikationen zwischen Deutschland und Großbritannien führten. Kronprinzessin Victoria, die sich mit ihrem Mann, dem Kronprinzen seit dem Mai in San Remo aufhielt, verbreitete zum Jahresende 1887 Optimismus, widersprach der Krebsdiagnose und wurde, da sie ausschließlich dem englischen Experten vertraute, endgültig zum Hassobjekt ihres ältesten Sohnes Wilhelm und der deutschen Öffentlichkeit. Im Februar 1888 konnte nur ein Luftröhrenschnitt den siebenundfünzigjährigen Kronprinzen vor dem Schlimmsten retten, und seine elende physische Verfassung strafte alle Verschleierungen Lügen. Es war Krebs im weit fortgeschrittenen Stadium.

Im Berliner Schloss starb am 9. März 1888 im Alter von fast einundneunzig Jahren Kaiser Wilhelm I. Zurück von der Italienischen Riviera konnte sein ältester Sohn und Nachfolger Friedrich I. am 11. März nur von einem Fenster im Charlottenburger Schloss dem Trauerzug für seinen Vater salutieren. Der neue deutsche Kaiser und König von Preußen, todkrank und durch den Krebs seiner Stimme beraubt, sah, wie sein ältester Sohn Wilhelm, nun der Kronprinz, bei eisigem Wind allein hinter dem Katafalk ging, bevor über hundert Könige und Prinzen aus ganz Europa dem alten Kaiser die letzte Ehre erwiesen.

Friedrich I. regierte neunundneunzig Tage, und ebenso lang war seine Frau Victoria, die Prinzessin aus England, Kaiserin. Es waren Tage voll körperlicher Qualen und seelischer Verzweiflung. Wer am Berliner Hof Macht und Einfluss hatte, tat alles, um sich mit dem neunundzwanzigjährigen Thronfolger Prinz Wilhelm gut zu stellen, dessen gebrochene, hasserfüllte Beziehung zu seinen Eltern, vor allem zur Kaiserin Victoria, ein offenes Geheimnis war. Am Vormittag des 15. Juni 1888 starb Kaiser Friedrich I. im Charlottenburger Schloss. Damit war sein Sohn als Wilhelm II. deutscher Kaiser und König von Preußen. Eitel, sprunghaft und oberflächlich nannten die einen den jungen Herrscher und fürchteten sich vor seinem Regiment. Endlich ein moderner, fortschrittlicher Mann auf dem Thron, jubelten die anderen. Was niemand bestritt: Eine neue Zeit war angebrochen.

Die Emanzipation nimmt Fahrt auf

Als Journalistin für die SPD nach Stuttgart – Als fünfte Ärztin nach Berlin – Stille Tage in München und eine zündende Idee – Ein Frauen-Netzwerk entsteht – Alice Salomon und die »Mädchengruppen«

Am 25. Juni 1888 kamen fast vierhundert Abgeordnete ins Berliner Schloss, um der prächtigen Eröffnung des Reichstags durch die neue Majestät im weißen Saal beizuwohnen. Wie bei allen Eröffnungen seit 1871 gingen die sozialdemokratischen Abgeordneten nicht zu Hofe. Zum vorangehenden Gottesdienst im kleinen Kreis in der kaiserlichen Kapelle hatte Wilhelm II. seinem Hofprediger den Predigttext vorgegeben: »Von Gottes Gnaden bin ich, was ich bin.« Es war ein ehrliches Motto, das signalisierte: Hier führt einer Regiment, der sich als Auserwählter sieht, nur seinem Gott verantwortlich und keinem menschengemachten Rechtssystem unterworfen. Demut war für diesen Kaiser keine Tugend.

Nach außen überwiegen vorerst die populären Gesten: Im Gegensatz zu Vater und Großvater nimmt Wilhelm II. an Bierabenden in ausgelassener Männerrunde teil, zeigt sich kundig in neuesten technischen Entwicklungen, weiß charmant aufzutreten. Im Tagebuch der Baronin Hildegard von Spitzemberg, in derem exquisiten Berliner Salon sich die Größen von Politik, Kunst und Gesellschaft trafen, mit besten Beziehungen in allerhöchste Kreise, liest man dagegen von einem »ruhelosen« jungen Mann, der alles besser weiß und »seine Leute herumhetzt«: »Es könnte einem bange werden vor dem Übereifer.«

Eines ist überdeutlich: Der neue Kaiser will sich ein schneidiges Profil geben, und dazu sind Prunk und Zeremoniell notwendig, die um seine Person kreisen. Zum Jahresende wird die Order ausgegeben, dass der Kaisergeburtstag – auch dies anders als bei seinen Vorgängern –

von nun an groß gefeiert wird. So gibt es am 21. Januar 1889 einen festlichen Gottesdienst, und erstmals muss das gesamte Diplomatische Korps zur Gratulationscour im Berliner Schloss antreten.

Als Sozialistin ist Clara Zetkin eine Gegnerin jeden Kaisertums. Aber zu Beginn des Jahrs 1889 ist die Politik ihrem Leben sehr fern. Sie weiß, ihr Mann Ossip, der seit Monaten gelähmt ist und den sie pflegt, hat keine Zukunft mehr. Am 29. Januar sitzt Clara Zetkin in Paris in der winzigen Wohnung am Bett ihres Mannes. Sie hatte die Nacht durchgewacht, wie sie später einer Freundin schreibt: »Ich war allein mit dem Sterbenden u. den beiden kleinen Jungen«. Die Söhne waren sechs und vier Jahre alt. Clara Zetkin: »Ich erlebte alles wie im Traum. Klar, bewusst war mir nur das Eine, Furchtbare, Unfassbare: Ossip stirbt. Abends nach 8 standen Herz u. Atem still. Es war mir, als müsse auch mein Leben still stehen.« Ossip Zetkin wurde neununddreißig Jahre alt; Clara, nun seine Witwe, war einunddreißig. Seit Herbst 1882 hatten sie in Paris zusammengelebt, der verfolgte Sozialist aus dem russischen Zarenreich und die Bürgerstochter aus dem Königreich Sachsen, die trotz bester Zeugnisse in ihrer Heimat als Lehrerin keine Anstellung fand, weil sie sich zur sozialdemokratischen Arbeiterpartei bekannte.

Clara Zetkin beschloss, vorläufig in der Hauptstadt an der Seine zu bleiben, wo sie als allein lebende Frau mit zwei Kindern ihr Geld verdienen und sich für den Sozialismus engagieren konnte. Noch galt im deutschen Kaiserreich das Sozialistengesetz von 1878, das jede mündliche oder schriftliche Agitation für die sozialistische Sache unter Strafe stellte und mit Gefängnis oder Ausweisung drohte. Clara Zetkin schrieb weiterhin Artikel für Zeitungen der französischen, österreichischen und deutschen Arbeiterparteien, darunter der *Sozialdemokrat*. Als Brückenkopf der SPD in Frankreich hielt sie engen Kontakt zu führenden Parteifunktionären in Deutschland, und half bei der Organisation des großen internationalen Sozialistenkongresses, der am 14. Juli 1889 in Paris eröffnet wurde.

Aus rund zwanzig Ländern kamen an die vierhundert Genossen in die französische Hauptstadt, darunter sind sechs Frauen, eine von ihnen ist Clara Zetkin. Sie gehört zur fünfundachtzigköpfigen Delegation der deutschen Sozialdemokraten und ist auch als Dolmetscherin für Französisch und Italienisch sehr gefragt. In die Geschichtsbücher eingegangen ist dieser Kongress, weil auf ihm die II. Internationale der Sozialistischen Parteien gegründet wurde, die sich gegen Aufrüstung und Nationalismus einsetzte, bis sie beim Kriegsausbruch 1914 auseinanderbrach. Den Teilnehmern blieb der Auftritt von Clara Zetkin im Gedächtnis, die mit einer leidenschaftlichen Rede »Über die Arbeiterinnen- und Frauenfrage der Gegenwart« ein bisher von den Sozialisten vernachlässigtes Thema auf die Agenda setzte.

Frauenfrage und Klassenkampf hingen für Clara Zetkin untrennbar zusammen. Auch die Frauen mussten sich im Klassenkampf bewähren. Dann würde bei siegreichem Ausgang die Frauenfrage wie von selbst gelöst werden und Frauen und Männer sich frei und mit gegenseitiger Wertschätzung begegnen. Clara Zetkin war überzeugt davon und hämmerte es den internationalen Teilnehmern ein: »Die Frau hat darum für ihre volle Emanzipation nur von der Sozialistischen Partei etwas zu erwarten.«

Allerdings erwartete die deutsche Genossin von den männlichen Sozialisten, dass sie die Frau als Arbeiterin akzeptierten und in ihr keine Konkurrenz sahen, die es auszuschalten galt. Vehement kämpfte Clara Zetkin auf vielen Kongressen, die dem in Paris folgen sollten, gegen die Strömungen in der Partei, die Frauenarbeit am liebsten abschaffen wollten. Frauen müssen ökonomisch selbständig sein, sonst bleiben sie vom Mann abhängig, egal in welchem System. In diesem Punkt ließ die berufstätige, alleinerziehende Mutter Clara Zetkin nicht mit sich handeln. Friedrich Engels, der nicht in Paris war, wird Clara Zetkin vier Jahre später auf einem Kongress in Zürich treffen, von ihrer »ungeheuren Schaffenskraft und ihrer leicht hysterischen Begeisterung« schreiben und hinzufügen: »Aber ich habe sie sehr gerne«.

Clara Zetkins Rede in Paris ließ keinen Zweifel daran, dass sie entschlossen war, in der Partei eine aktive Rolle zu spielen und Karriere zu machen. Sie wird mit der SPD-Delegation über ihre Zukunft und eine Rückkehr nach Deutschland gesprochen haben. In den politischen Zirkeln der Reichshauptstadt war es ein offenes Geheimnis, dass der junge Kaiser die gewaltige Machtfülle des Reichskanzlers Bismarck nur schwer ertragen konnte und auf Änderungen sann. Eine versöhnliche Geste, eine einladende Politik seiner Majestät gegenüber der Arbeiterschaft würde sich anbieten, aus dem Schatten des Alten herauszutreten und sich als wahrer Kaiser des gesamten Volkes zu präsentieren. Vielleicht war das Ende des verhassten Sozialistengesetzes nahe. Doch die Lage war unsicher. Clara Zetkin blieb vorerst in Paris.

Auch Agnes Bluhm hatte einst wie Clara Zetkin das Lehrerinnenexamen als ersten Schritt zur Selbständigkeit gemacht. Dann war sie nach Zürich zum Medizinstudium gegangen, wo sie gegen Jahresende 1889 ihr Staatsexamen machte. In der Stadt an der Limmat, in der sie neben dem Studium in einem Kreis um die Brüder Carl und Gerhart Hauptmann fröhliche und anregende Stunden verlebte, hatte sie sich auch mit deren Frauen angefreundet. Jetzt schrieb die Siebenundzwanzigjährige an Marie und Martha Hauptmann in Deutschland: »Ihr könnt Euch denken, wie fidel ich bin.« Denn Agnes Bluhm hatte das medizinische Examen mit den besten Noten abgeschlossen.

Noch immer gab es nur einen einzigen Krankenhaus-Direktor in Deutschland, der examinierten Ärztinnen die nötige medizinische Weiterbildung anbot. Es war der gleiche, in dessen Klinik in Dresden die Ärztinnen Emilie Lehmus und Franziska Tiburtius 1875/76, als erste deutsche Frauen frisch vom Examen in Zürich kommend, offene Türen gefunden hatten. Inzwischen war Franz von Winckel als Direktor der Universitätsfrauenklinik nach München gewechselt. Im Sommer 1890 bezieht Agnes Bluhm ein Zimmer in der dortigen Universitätsklinik, um bei Dr. Winckel einen sechsmonatigen Lehrgang in Gynäkologie und Geburtshilfe zu absolvieren.

Nach dem erfolgreichen Praktikum in München ging Agnes Bluhm noch einmal zurück nach Zürich und wurde Mitte Dezember 1890 von der Universität zum Dr. med. promoviert. 1891 machte sie als »Ärztin für Frauen und Kinder« in Berlin eine Praxis auf. Damit war sie die fünfte niedergelassene Ärztin im Deutschen Reich, alle Frauen hatten im Ausland studiert, die meisten in Zürich. Die beiden älteren Kolleginnen Lehmus und Tiburtius waren hoch erfreut, weibliche Verstärkung in der Reichshauptstadt zu bekommen, zumal Agnes Bluhm neben der eigenen Praxis sofort in ihrer Poliklinik mitarbeitete, zupackend, erfolgreich, unkompliziert.

Während für Agnes Bluhm als berufstätige ledige Frau in Berlin ein neuer Lebensabschnitt begann, hatte Clara Zetkin mit ihren zwei Söhnen Paris hinter sich gelassen und traf im Januar 1891 in Stuttgart ein. Es war wieder ein Aufbruch zu neuen Ufern. Der sozialdemokratische Dietz-Verlag in Stuttgart hatte ihr Übersetzungsarbeiten zugesagt und bald wurde ihr die Leitung der neuen Zeitschrift *Die Gleichheit* übertragen. Sie sollte die »Interessen der Arbeiterinnen« generell und der Frauen, die der SPD nahestanden, fördern. Es war ein dünnes Blättchen, Friedrich Engels nannte die ersten Nummern »sehr dürftig und langweilig«. Clara Zetkin richtete sich die Redaktion in ihrer Wohnung in der Rothebühlstraße 147 ein, entschlossen, kein gefälliges sozialistisches Damen-Blatt zu kreieren, wie es den Männern in der Partei vorschwebte. In den Pariser Jahren war sie eine erfahrene Journalistin geworden, und so entwarf Clara Zetkin *Die Gleichheit* als ein informatives Kampfblatt, mit dem sie ihre Vorstellungen von proletarischer Frauenpolitik in die Öffentlichkeit brachte.

Möglich war der Neubeginn mit sozialistischer Agitation in Deutschland, weil das Jahr 1890 im Kaiserreich ein politisches Erdbeben gebracht hatte. Es begann mit dem Paukenschlag der Reichstagswahl im Februar 1890. Die SPD, der als Partei seit 1878 jede politische Aktivität verboten war, wurde mit 19,7 Prozent aller Stimmen stärkste Partei und gewann fünfunddreißig Sitze im Reichstag statt der bisherigen elf bei 10,1 Prozent. Für Reichskanzler Bismarck, den Verächter der Demokratie, gab es nur eine Konsequenz aus dem Wahlergebnis: Staatsstreich und gewaltsame Auflösung des Parlamentes. Doch so schneidig der junge Kaiser auftrat, vor einer Revolte von oben, die wohl einen blutigen Bürgerkrieg provoziert hätte, schreckte Wilhelm II. zurück.

Damit war die entscheidende Etappe im Machtkampf zwischen Wilhelm II. und seinem Reichskanzler eingeläutet. In Berlin wusste jeder, der Kontakt zu Politikern und Höflingen hatte, von diesem Kräftemessen und wartete gespannt auf den Ausgang. Am 21. März 1890 meldeten die Zeitungen »Der Lotse geht von Bord«. Nach fast dreißig Jahren im Dienst der Hohenzollern war Reichskanzler Otto von Bismarck, der unumschränkte Herrscher über die deutsche Politik, entlassen. »Es ist ein Glück, dass wir ihn los sind«, sagte der Romancier und Journalist Theodor Fontane. Liberale Zeitungen hofften, dass sich in Deutschland statt »dumpfer Passivität« nun ein »selbstbewusstes politisches Leben« entwickeln könnte.

Alle Erwartungen richteten sich auf den Kaiser: Endlich schien der Weg frei für Reformen, die Deutschland zu mehr Demokratie und einer offenen Gesellschaft führen würden. Doch statt des frischen Windes, den der junge, angeblich so moderne Kaiser mit seinem leutselig-hektischen Auftreten suggerierte, zeigte sich bald die Autoritätsfixierung dieses Monarchen. Demokratische Reformen für Teilhabe der Parteien und des Parlamentes an der Regierung waren nicht sein Ziel. Wilhelm II. wollte eine rückwärts gewandte Moderne erzwingen. Die Sozialdemokraten, und damit Millionen braver Arbeiter, blieben für ihn Feinde, die er weiterhin mit Hilfe des Sozialistengesetzes verfolgen und aus der deutschen Gesellschaft herausdrängen wollte.

Doch die Mehrheit der Abgeordneten verweigerte sich den Drohungen und Schmeicheleien von höchster Stelle und verlängerte Ende September 1890 das Sozialistengesetz nicht. Die Arbeiterpartei konnte wieder frei auftreten, die Arbeiter sich zu geselligen sozialistischen Vereinen zusammenschließen. Ebenfalls im September 1890 notierte Albert Graf von Waldersee, Chef des Großen Generalstabs, der den Regierungsantritt des jungen Kaisers herbeigesehnt hatte, in sein Tagebuch: Die Triebfeder des Monarchen sei »Eitelkeit«; er mache viel Wirbel, wünsche keinen Widerspruch und es zeigten sich »deutliche Spuren von Größenwahn«.

Mit dem Ende des Sozialistengesetzes war für Clara Zetkin der Weg frei geworden, von Paris nach Deutschland zurückzukehren und gewaltfrei an der Seite der SPD in den Klassenkampf einzugreifen. Seit ihrer Pariser Rede im Sommer 1889 war sie entschlossen, die »Frauenfrage« auf der Agenda der SPD zu halten und ihre Theorie unter den Arbeiterinnen populär zu machen. Clara Zetkins Waffe war das Wort, das geschriebene in den Artikeln der *Gleichheit*, aber auch das gesprochene. Das hatte sie im Lehrerinnenseminar zu Leipzig gelernt: klug zu argumentieren, auch Pathos zu wagen und als Frau selbstbewusst in der Öffentlichkeit aufzutreten. Die Genossen in Stuttgart, bei deren Zusammenkünften Clara Zetkin eine der wenigen Frauen war und dennoch ohne Scheu das Wort ergriff, schickten sie als Rednerin über Land und ab 1891 als Delegierte zu allen Parteitagen der SPD.

Kaum hatte sich Clara Zetkin in Stuttgart eingelebt, bekam sie eine Anzeige, weil sie und die zwei »unehelichen Kinder … nicht berechtigt seien, den Namen Zetkin zu führen«. Doch die Redakteurin der *Gleichheit* war auf solche Vorwürfe, die insgeheim eine Ausweisung vorbereiten sollten, vorbereitet. Die Stuttgarter Polizei konnte an den Pariser Papieren, die Zetkins legale Namensänderung und die Beibehaltung der deutschen Staatsangehörigkeit bestätigten, nichts aussetzen. Clara Zetkin ging erhobenen Hauptes nach Hause; dass die Polizei weiterhin jeden ihrer Schritte überwachen würde, gehörte zum Alltag einer Sozialistin, egal ob in Stuttgart oder Paris.

Mit Selbstbewusstsein hatte es auch zu tun, dass Gabriele Reuter seit Anfang des Jahres 1891 mit ihrer Mutter in einer behaglichen Münchner Pension lebte und nicht mehr in Weimar. Wenn es dunkelte, ließen die beiden Frauen »Tee und Abendessen heraufkommen« und »im Ofen prasselte ein Feuer«. Die Einunddreißigjährige, die sich nun Schriftstellerin nennen konnte, auch wenn der große Erfolg bisher ausgeblieben war, hatte sich im Herbst 1890 für »die nächsten Jahre ein Bohème- und Wanderleben« vorgenommen, und die alternde Mutter war bereit, mit ihr »alles zu teilen.« Gabriele Reuter fühlte sich nach diesem Entschluss wie innerlich befreit, und damit beantwortete sich die Frage nach dem neuen Lebensort von selbst: »München ist immer das Ziel der Befreiten.« Die Wohnung in Weimar wurde aufgelöst, die Zimmer in der Münchner Pension angemietet, und die beiden Frauen genossen schon das Oktoberfest. Die Tochter akzeptierte, dass sie fest an die Mutter gebunden war: »Wir hatten einfach kein Geld, getrennt zu leben, und sie hätte es nicht ertragen. Mir kam es auch mehr auf die innere Befreiung an.«

Gabriele Reuter ließ es langsam angehen. Sie besuchte einen literarischen Salon und wurde von einer Berufs-Kollegin in die »Isarlust« eingeführt, wo die Münchner Schriftstellerinnen bei Kaffee und Kuchen saßen: »Du lieber Gott, als welch ein blutjunges Küken kam ich mir vor neben diesen Versteinerungen aus vorsündflutlichen Zeiten.« Als sie im Gespräch erwähnte, dass ihr Pensionszimmer fußkalt sei, schallte es ihr entgegen: »›O – dann lege man dicke Teppiche!‹ Ja – dachte ich mir – wie sind die für mich armen Schlucker zu erwerben? Da lass nur alle Hoffnung fahren!« Aber das junge Küken brauchte keine Kolleginnen, die so ganz und gar nicht ihre Suche nach dem »Gegenwartsleben« erfüllten. Das fand sie in den Büchern: »Ich las die

Goncourts und den ganzen Zola … und Flauberts Madame Bovary und Maupassant, den ich am ernsthaftesten studierte, … und sonst noch vieles, was ich vor meiner Mutter sorgsam verbarg.«

Das Bohème-Leben blieb denn doch außen vor. Es waren stille Tage in München, die der Erinnerung Raum ließen: vor allem an die Erwartungen, die ihr früh verstorbener Vater in das schriftstellerische Talent seiner Tochter gesetzt hatte. Eine Erwartung, die ihr die Kraft gab, nicht nach einem Ehemann mit sicherem Auskommen Ausschau zu halten, sondern sich mit Erzählungen und einem Roman genug zu verdienen, um mit der Mutter ein bescheidenes selbständiges Leben zu führen. Die Lektüre der modernen französischen Autoren weckte unversehens »eine Sehnsucht, die nicht mehr krankhaft wie im stillen Weimar« an Gabriele Reuter zehrte, »sondern drängend, treibend, aufpeitschend wirkte«.

Ganz allein mit sich und ihren Büchern erlebte sie in München ihr schriftstellerisches Erweckungserlebnis: »Und plötzlich wusste ich, wozu ich auf der Welt war –: zu künden, was Mädchen und Frauen schweigend litten. Nicht die großen Schmerzen der Leidenschaften … Nein, – die stumme Tragik des Alltags wollte ich künden …« Denn da kannte Gabriele Reuter sich aus: »Diese Menschentragik verkörperte sich mir am reinsten und stärksten in dem Mädchen aus bürgerlichen Kreisen – in der Tochter aus guter Familie. … Hier konnte ich eigne Sehnsucht, eigne Bitterkeit strömen lassen.«

Die Schriftstellerin, im Februar 1891 zweiunddreißig Jahre alt geworden, hatte ihr Thema gefunden. Mit nüchternem Selbstbewusstsein peilt Gabriele Reuter ihr Ziel an: »Eine harte, ernste Arbeit lag vor mir. Doch ich hatte den Glauben, sie bewältigen zu können und etwas zu leisten, das zwischen den andern Werken der Strebenden einen Platz ausfüllen werde. … Ich hoffte, das Werk in wenigen Monaten fertig zu bringen.« Das allerdings sollte sich als Illusion erweisen. Die Mutter erkrankte so schwer, dass ein weiteres Wanderleben ihren Tod bedeutet hätte. Im Herbst 1891 ging es zurück in eine feste Wohnung nach Weimar: »Nahezu vier Jahre vergingen, in denen ich unter Hinderungen, die mich manchmal völlig verzweifeln ließen, an meinem Buch schrieb – stundenweise – immer auf der Ecke vom Stuhl, jeden Augenblick gewärtig abgerufen zu werden.« Einmal, als die Mutter nach ihr rief, sah sie ihre Tochter erschrocken an: »Kind – du bist ja grau geworden!« Die Zweiunddreißigjährige hatte es nicht einmal gemerkt. Das grau-weiße Haar war von nun an ihr Markenzeichen.

Gabriele Reuter entschied sich bewusst, die Pflege ihrer Mutter zu übernehmen. Wohl wissend, dass sie damit den größten Teil ihrer Selbständigkeit für eine ungewisse Zeitspanne aufgab. Aber sie igelte sich trotzdem nicht ein, sondern suchte neue Gesellschaft in Weimar, wo sie – ganz gegen ihre Gewohnheit – im kleinen Kreis ihre neueste Novelle vorlas. Literaten aus Berlin saßen unter den Zuhörern. Die Schreiberin war von der Reaktion überwältigt: »… wunderbar – höchst wunderbar! … das war der Ton, auf den ich so lange gewartet – den ich noch nie gehört! Man hatte mich gelobt … Hier waren Leute vom Metier, frisch aus dem Gebrause des Berliner literarischen Treibens!« Mit soliden Empfehlungen versehen, nimmt sich Gabriele Reuter die Freiheit, immer wieder für ein paar Tage von Weimar nach Berlin zu reisen, und fährt gleich durch in die Künstlerkolonie Friedrichshagen. Dort macht sie Bekanntschaft mit aufmüpfigen deutschen Dichtern, hört eine Lesung von August Strindberg, lernt den Verleger Samuel Fischer kennen und Gerhart Hauptmann: »Ich führte ein richtiges literarisches Bohemeleben, mit durchwachten Nächten und verschlafenen Morgenstunden.« Gabriele Reuter saß »allein unter all den Männern … mit den vielen Biergläsern und Weinflaschen«.

In München, als sie das große literarische Projekt begann, hatte Gabriele Reuter »den ›Frauenfragen‹ noch ganz fern gestanden, völlig befangen vom eigenen Leben«. Mit den Jahren in Weimar, als ihr Schreiben am Buch dem Ende zu ging, fühlte sie, »dass das Motiv in eine Bewegung, die in der Luft vibrierte, hineinklang«. Vielleicht waren es auch ihre Berlin-Reisen, die Gabriele Reuter dafür sensibilisierten, dass jene »Bewegung«, die die »Frauenfrage« auf ihre Fahnen geschrieben hatte, immer lauter in die Öffentlichkeit drängte und ihren Worten Taten folgen ließ. Gabriele Reuters zentrales Buchmotiv – »die stumme Tragik des Alltags der Tochter aus guter Familie« – fügte sich in das Bestreben der Frauenbewegung, die mit den Frauenvereinen dafür kämpfte, diese Tragik aufzubrechen und zu beenden. Ausgangspunkt für ein eigenes aktives Frauen-Leben sollte eine seriöse Bildung sein, die zu weiterer Berufsausbildung – zum Beispiel einem Studium – führte.

Bildung war der Schlüssel zur Emanzipation, kein abgelegener sondern ein hochpolitischer Bereich. Das war der Lehrerin Helene Lange bewusst, als sie 1887 in ihrer »Gelben Broschüre« vom preußischen Kulturministerium eine gründlich reformierte Mädchenbildung forderte, unterstützt von der Kronprinzessin Victoria und von einem Kreis Berliner Frauen aus bürgerlichen Familien. Nichts hatte sich seitdem getan. Aber Helene Lange, die die traditionelle sinnlose Erziehung junger Frauen scharf an den Pranger stellte, hatte sich als Führungspersönlichkeit gezeigt und konnte auf weitergehende Unterstützung bauen. Zudem war in Berlin eine zweite Persönlichkeit in den Vordergrund getreten, entschlossen, Zeit und Arbeit in die »Frauenfrage« zu investieren. Minna Cauer, Jahrgang 1841, zweimal verwitwet, gelernte Lehrerin, die eine Zeitlang in Paris gelebt hatte, gründete 1888 in Berlin den Verein Frauenwohl und 1889 den Kaufmännischen Hilfsverein für weibliche Angestellte, um mit beiden Organisationen Druck in Richtung gesellschaftliche und politische Reformen zu machen.

Ob Helene Lange, Franziska Tiburtius oder Minna Cauer: Man traf sich, entwarf Projekte, koordinierte Pläne. Der Kreis wuchs, und wenn man auf die Schnelle organisatorische Hilfe brauchte oder einen finanziellen Beitrag, war Dr. med. Agnes Bluhm immer ansprechbar. Umgekehrt bat Minna Cauer als Vorsitzende des Käufmännischen Hilfsvereins für weibliche Angestellte 1893 Agnes Bluhm, die Stelle als Kassenärztin der »Hilfskasse« des Vereins zu übernehmen; eine regelmäßige Einnahmequelle. Mit Beginn der 1890er Jahre wurde aus den privat-persönlichen Beziehungen ein größeres Netzwerk. Und von der Reichshauptstadt liefen die Kontakte zu den vielen Frauenvereinen im ganzen Land, die im Allgemeinen Deutschen Frauenverein zusammengeschlossen waren. Den ADF führte seit der Gründung 1865 in Leipzig Auguste Schmidt, in deren Lehrerinnenseminar Clara Zetkin einst ihr glänzendes Examen gemacht hatte. 1893 holte sich der ADF auf Vorschlag von Auguste Schmidt erstmals eine Frau von außerhalb Leipzigs in den Vorstand – Helene Lange. Es war überhaupt ein Jahr, in dem sich einiges tat und die Signale der Frauenbewegung in die Öffentlichkeit zahlreicher wurden.

Nicht nur dass Helene Lange beschloss, eine Zeitschrift herauszugeben, *Die Frau*, als Plattform für Reformen, Diskussionen, Anstöße

Minna Cauer ist eine der führenden Persönlichkeiten in der Frauenbewegung, oft schärfer und radikaler als Helene Lange. Ab 1895 leitet sie die Zeitschrift *Frauenbewegung*, ein wichtiges und kritisches Sprachrohr der Emanzipation.

und Informationsbörse. Mit Hilfe der Berliner Frauenvereine und gefördert von Kaiserin Friedrich, wie nach dem höfischen Protokoll nun die ehemalige Kronprinzessin Victoria und Witwe des 99–Tage-Kaisers Friedrich hieß, gelang es der gelernten Lehrerin 1893, »Gymnasialkurse« für Mädchen einzurichten. Der Abschluss nach vier Jahren vor externen Prüfern war dem Abitur an Jungengymnasien gleichgestellt und sollte die Grundlage für eine »etwaige wissenschaftliche Tätigkeit« sein. Das zielte erst einmal auf ein Studium im Ausland, da die zuständigen Politiker in Deutschland Abitur und Universität für Frauen immer noch kategorisch ablehnten.

Es tat sich etwas: Im November 1893 las die einundzwanzigjährige Alice Salomon einen Aufruf an die »Mädchen des Berliner Westens« zur Gründung von »Mädchen- und Frauengruppen für soziale Hilfsarbeit«. Unterzeichnet hatte den Appell, der den »wirtschaftlichen und kulturellen Notstand in großen Bevölkerungskreisen« kritisierte und Abhilfe schaffen wollte, auch Minna Cauer. Franziska Tiburtius, der Direktor der Berliner Armenpflege und der angesehene Ökonomieprofessor Gustav Schmoller gehörten zu den Förderern. Für Alice Salomon war es wie eine Erlösung aus dem öden sinnlosen Töchterdasein in guter Familie: Weg mit dem Stickrahmen, keine Kanarienvögel mehr füttern, keine Blumentöpfe mehr gießen; ein Ende der endlosen Kränzchen und Kaffeebesuche bei Tanten und Freundinnen der verwitweten Mutter, die ihr eine Ausbildung zur Lehrerin verweigert hatte.

Am 5. Dezember 1893 saß Alice Salomon bei der Gründungsversammlung unter den rund sechzig Männern und Frauen im Bürgersaal des Berliner Rathauses. Minna Cauer machte in ihrer Rede deutlich, dass dieser Verein nicht weitere »Wohlfahrtsdamen« züchten wollte, die vom »Bazar-Bazillus« befallen waren, heute in der Volksküche und morgen in einem Waisenhaus sozialfürsorgliche Kosmetik betrieben, um sich die Langeweile zu vertreiben. In Gruppenarbeit sollten Mädchen professionell für Armen-, Kinder- und Gesundheitspflege ausgebildet werden, um eigenständig und unentgeltlich in sozialen Einrichtungen mithelfen zu können. Ein wichtiger Antrieb sollte sein: Als weibliche Angehörige der besitzenden Klasse die Kluft zu den Arbeiterfrauen schließen zu helfen und endlich »Interesse und Verständnis für die Anschauungen und Empfindungen der unbemittelten Klassen« zu zeigen.

Der unverkennbar sozialkritische Ansatz musste abgepolstert werden. Anwesenden Eltern bürgerlicher Töchter wurde im Berliner Rathaussaal versichert, hinter dem Programm der »Mädchengruppen« stünden »keine Emanzipationsbestrebungen«. Vielmehr sollten »junge Mädchen und Frauen zu ernster Pflichterfüllung im Dienste der Gesamtheit« herangezogen werden. Die Bürgertöchter könnten die soziale Arbeit jederzeit abbrechen, wenn ihre Heirat in Aussicht stand oder Krankenpflege in der eigenen Familie notwendig würde. Sie würden nicht mit schockierenden Verhältnissen in den Arbeitervierteln konfrontiert und abends stets pünktlich zum familiären Abendessen zurück sein. Die Gründer verfielen sogar auf den positiven Dreh, dass solches Engagement »dem übertriebenen Ballbesuch vorbeugen« würde.

Alice Salomon war nicht die einzige Bürgertochter im Westen Berlins, die die Chance nutzte, der lähmenden Langeweile und den Ansprüchen der Familie täglich für etliche Stunden zu entfliehen und einen Sinn für ihr weiteres Leben zu finden. Wer mitmachen wollte, meldete sich bei einem von vier Komitees, die Kontakte zu zweiundzwanzig an dem Experiment beteiligten Wohlfahrtsanstalten hatten. Mit der praktischen Arbeit verbunden war eine Ausbildung: Vorlesungen über Kinder-, Rechts- und Gesundheitspflege, Sozialpolitik, Ökonomie und vergleichende Institutionen in anderen Ländern. Schon im folgenden Jahr 1894 entwickelte das Projekt eine eigene Dynamik, neue Ansätze und Initiativen. Eine Mädchengruppe gründete eine Ferienkolonie für blinde Kinder und eine Leihbibliothek für Blinde, eine andere richtete eine Schulspeisung ein.

Der Idee der »Mädchengruppen« lag ein politisches Konzept zugrunde, auch wenn den Gründerinnen und Gründern daran gelegen war, solche Intentionen im Dunkeln zu lassen und jeden Verdacht auf »Emanzipation« zu leugnen. Seit Jahrzehnten forderte der Allgemeine Deutsche Frauenverein, dass Frauen in der kommunalen Armenpflege eingesetzt würden und nicht nur in privaten Vereinen und kirchlichen Institutionen ihre soziale Ader zeigen durften. Dem hatte sich der Zusammenschluss deutscher Armenpfleger bisher erfolgreich widersetzt: »Amtliche Armenpflege« gehöre »unter allen Umständen dem Manne«. Konkurrenz war unerwünscht. Hinter der Ablehnung steckte aber auch eine brisante politische Implikation: Wer – wie ein Armenpfleger – ein städtisches Amt innehatte, besaß automatisch das Wahlrecht. Dieses gesellschaftliche »Zwillingspaar« – wählen und damit Politik machen zu dürfen – wurde Frauen strikt verweigert. Das Verbot musste bleiben, wenn die seit Urzeiten bestehende Ordnung Bestand haben sollte.

Auch 1893 war das Gesetz von 1850 noch in Kraft, das Frauen verbot, in Vereine einzutreten, wo politisch agitiert wurde; Versammlungen – von Parteien und anderen Institutionen einzuberufen – waren für sie ebenfalls weiterhin tabu. Die Frauenvereine und alle Projekte, die für Teilhabe von Frauen am gesellschaftlichen und politischen Leben eintraten, mussten sich nach außen an dieses Gesetz halten, wollten sie sich nicht isolieren und mit einer Anzeige der Polizei rechnen.

In der Tradition der ersten Frauenvereine war Helene Lange überzeugt, dass sie mit ihrem »Gymnasialkurs«, dem ersten Schritt zu gleichberechtigter Mädchenbildung, eine Schneise in das Verbotsdickicht schlug. Bildung war der Schlüssel zur gesellschaftlichen und politischen Gleichstellung von Frauen und Männern.

Die Initiatorinnen der »Mädchengruppen« von 1893 setzten auf eine Doppelstrategie, um auf breiter Front voranzukommen. Auch die Mehrheit der Frauen, die an einem Studium nicht interessiert war, musste die Chance auf einen Beruf und damit auf ein emanzipiertes Leben bekommen. In den »Mädchengruppen« erhielten junge Mädchen und Frauen erstmals eine professionelle Ausbildung für verschiedene Sparten von Sozialarbeit. Als Voraussetzung reichte die höhere Töchterschule. Dennoch waren die Absolventinnen den kommunalen Armenpflegern – die für ihr Amt keinerlei Ausbildung vorzuweisen hatten – weit überlegen.

Die Leitung der Berliner »Mädchengruppen«, die bald in anderen Städten Nachahmung fanden, hatte Jeanette Schwerin. Sie war 1852 geboren, und wirkte, wie die zwanzig Jahre jüngere Alice Salomon in ihren Erinnerungen schrieb, »abgesehen von ihren lebendigen Augen, recht unscheinbar«. Doch wenn sie ans Rednerpult trat, hörten alle gebannt zu. Jeanette Schwerin lebte mit ihrem Mann, einem Arzt, und dem Sohn nicht im bürgerlichen Westen Berlins sondern in einem Viertel für die untere Mittelschicht. Allen in den »Mädchengruppen« schärfte sie ein, Arbeiterinnen nicht wie Almosenempfängerinnen zu behandeln.

Jeanette Schwerin hatte als erste die Vision, dass Sozialarbeit sich ganz besonders als Vehikel zur Emanzipation eignete. Eine Armenpflege, deren Wurzeln noch im Mittelalter steckten, war angesichts der sich rapide wandelnden Gesellschaft völlig überfordert. In Kürze würde eine erfolgreiche moderne Wohlfahrtspflege auf gut ausgebildete Sozialarbeiter angewiesen sein. Ein Berufsfeld, davon war Jeanette Schwerin überzeugt, für das die Frauen prädestiniert waren. Selbst die erbitterten Verteidiger der Männer-Herrschaft würden den unentbehrlichen Expertinnen letzten Endes die volle Teilhabe am beruflichen und dann zwangsläufig am gesellschaftlichen und politischen Leben gewähren müssen.

Allen beschwichtigenden Worten der Gründungsversammlung zum Trotz bekamen die Freiwilligen in den »Mädchengruppen« bald Einblick in die ärmlichen Verhältnisse der Arbeiterfamilien. Alice Salomon hätte im ersten Erschrecken über soviel Elend am liebsten die Teppiche aus der mütterlichen Wohnung gerissen und fortgetragen. Doch schnell war ihr – wie den meisten jungen Frauen – klar, dass Emotionen allein nicht weiterhalfen, sondern kluges Vorgehen gefragt war. Sie fiel auf mit ihrem Einsatz und ihrem Können: »Frau Schwerin mochte mich bald sehr gerne…«. Sie hatte »einen tiefen, dauernden Einfluss auf mein Leben«. Jeanette Schwerin förderte und forderte die Jüngere, delegierte fachliche und organisatorische Aufgaben, hielt Alice Salomon aber auch an, die Werke moderner Autoren zu lesen. Die engagierte Frauenrechtlerin war »außergewöhnlich belesen und kultiviert«. Alice Salomon wurde Mitte der 1890er Jahre Jeanette Schwerins rechte Hand bei der Mädchengruppen-Arbeit, fest überzeugt von der politischen Dimension ihrer Arbeit und dass dies der erste Schritt zu einer professionellen weiblichen Sozialarbeit war, die wirkliche berufliche Selbständigkeit bringen würde.

»Nicht bloß wegen der Männer auf der Welt«

Durch Heirat von Elberfeld nach Berlin: Else Lasker-Schüler – Zum Gymnasialkurs: Hermine Edenhuizen setzt sich durch – Lebensgemeinschaften – Skandalös: Gabriele Reuters Bestseller – Die Schlacht um das BGB – Minna Cauer: Radikal, aber solidarisch – Henriette Fürth: Acht Kinder und berufstätig

Um die gleiche Zeit als Alice Salomon den Gründungsaufruf der »Mächengruppen« las, stand im November 1893 in der *Elberfelder Zeitung* ein Artikel über den Vortragsabend »Die Ziele und Wege der Modernen in Literatur und Kunst«. Auf Einladung der Freien literarischen Vereinigung Elberfeld warb der Arzt Dr. Berthold Lasker, im Frühjahr erst von Berlin ins Wuppertal gezogen, für die moderne Literatur. Die Zeitung vergaß nicht zu erwähnen, es seien »eine Reihe von Damen« anwesend gewesen.

Darunter war offensichtlich Else Schüler, die mit vierundzwanzig Jahren immer noch unverheiratet und ohne weitere Ausbildung im väterlichen Haus lebte. Die Mutter war 1890 gestorben, für ihre Tochter war es die »Vertreibung aus dem Paradies«. Doch nun brach eine neue Zeit an. Am 3. Dezember 1893 zeigte Aron Schüler im *Täglichen Anzeiger* die Verlobung seiner Tochter Else mit Dr. med. Berthold Lasker an. Am 15. Januar 1894 war die standesamtliche Trauung.

Was für die nächsten Monate folgt, ist das Bild einer traditionellen bürgerlichen Ehe. Das Paar wohnt in einem Haus, das Aron Schüler gehört. Der Vater schreibt seiner ältesten Tochter in Straßburg, Else »kocht selbst«, sie sei mit der Ehe »ruhiger und häuslicher« geworden und stolz darauf, sich nun »Frau Doktor« nennen zu dürfen. Im August wird die Idylle im Wuppertal beendet, das Ehepaar zieht nach Berlin. Berthold Lasker, der einen angesehenen Rabbiner zu seinen Vorfahren zählt und sich neben der Medizin sehr für das Schachspiel und Sprachforschung interessiert, eröffnet mit großem Erfolg ein »Institut für chronische Haut- und Beinleiden«. Seine Frau Else nimmt Malunterricht, sie hat Talent, und lässt sich in Kreise einführen, die zusehends das moderne, schräge Künstler-Leben in der Reichshauptstadt prägen. Hier fühlt sich Else Lasker-Schüler zu Hause. Während der Zeichenstunden, so erinnerte sich ihr Lehrer, bekam sie ab und an nervöse Ausbrüche und Herzbeklemmungen. Das bürgerliche Familienleben war nicht ihre Sache. Sie wollte hinaus, ihren Träumen und Fantasien künstlerisch Gestalt geben. Noch war sie auf der Suche: War es das Malen, war es das Schreiben?

Noch einmal zurück zum November 1893, als auch die einundzwanzigjährige Hermine Edenhuizen in ihrem ostfriesischen Heimatdorf auf der Suche nach etwas war, das ihrem Leben Sinn geben könnte. Als unverheiratete bürgerliche Tochter ohne Ausbildung war sie fest an das Haus des Vaters – Arzt und Witwer – gebunden. Bücher waren der einzige Lichtblick, um der Sinnlosigkeit des Daseins ein wenig zu entkommen und nicht nur mit »Stockschlagen« und Klavierspielen die Tage auszufüllen. Also fuhr Hermine Edenhuizen wieder einmal zur Buchhandlung nach Emden. Beim Stöbern fiel ihr zwischen den vielen Büchern zufällig die erste Nummer von Helene Langes neuer Zeitschrift *Die Frau* in die Hände. Auf der Stelle las sie den Aufsatz »Was wir wollen« über die Ziele der Frauenbewegung: »Wie ein Blitz schlugen die Gedanken bei mir ein. Es hatte mir niemand von dergleichen jemals gesprochen, aber unbewusst hatten wohl gleichgerichtete Vorstellungen tiefinnerst in mir gelebt.« Immer schon hatte Hermine Edenhuizen sich empört, wenn ihre Brüder »taten, als ob sie aus höherer Bestimmung heraus alles besser könnten als Mädchen«. Aber nie sei ihr »der Gedanke gekommen, dass diese herrschende Anschauung von der Superiorität des Mannes *falsch* sein konnte«. Im hinteren Teil der Zeitschrift entdeckte sie eine Notiz über die Berliner »Gymnasialkurse« von Helene Lange: »Mit dem Lesen dieser Notiz entstand bei mir der Plan, dass ich diese Kurse besuchen und dann Ärztin werden wolle.«

Wir können die quälend-schmerzhaften Wochen abkürzen, bis Hermine Edenhuizen sich zuhause durchgesetzt hatte: der Kampf mit dem Vater vor allem, der auf ihren Berufsplan mit einem Witz aus den *Fliegenden Blättern* über Frauenemanzipation antwortete; die entsetzte

Hermine Edenhuizen macht als erste Frau 1901 an der Universität Bonn das medizinische Staatsexamen und den Dr. med. Mit ihrem Mann schließt sie 1912 einen Ehekontrakt, der ihre Berufstätigkeit als Ärztin auch in der Ehe absichert.

Reaktion von Onkeln und Tanten, die von »Hysterie« und »Abenteuersucht« sprachen. Der Pastor warnte vor dem »Sündenbabel« Berlin. Nach einem halben Jahr erklärte die inzwischen Volljährige »mit Aufbietung aller Energie« dem Vater, »dass ich zum Herbst definitiv auf die Kurse gehen würde, ob er einverstanden sei oder nicht«. Und sie verlangte ihr mütterliches Erbe. Der Vater gab schließlich »schweren Herzens« sein Einverständnis, aber sie solle ihm daraus nie einen Vorwurf machen.

Es folgte die Fahrt in die Reichshauptstadt und der Antrittsbesuch bei Helene Lange in ihrer Wohnung in der Derfflingerstraße, eine aufregende Sache für das »ungewandte Landkind«. Doch kaum stand sie vor ihr, empfand Hermine Edenhuizen »neben dem Hoheitsvollen sofort das Gütige in ihrem Wesen«. Befragt, was sie denn zur Vorprüfung der Kursteilnahme mitbringen solle, antwortete Helene Lange: »Nur Ihren Kopf.« Mit der Arzttochter aus Ostfriesland begannen zehn junge Frauen im Herbst 1894 den zweiten Berliner Kurs zur Gymnasialausbildung für Mädchen – eine Ausnahme vom Gesetzesverbot im deutschen Reich. Zwei weitere Schülerinnen kamen im nächsten Jahr dazu.

Der zweite Gymnasialkurs erregte kaum noch Aufsehen, dafür war das Frühjahr 1894 für Helene Lange umso stürmischer gewesen. Sie gehörte zu den Frauen, die im März den Bund Deutscher Frauenvereine (BDF) als Dachverband für die unterschiedlichen Frauenvereine gründeten, die mit den Jahren quer durch Deutschland entstanden waren. Gemäß dem Vereinsverbot sollte der BDF unpolitisch ausgerichtet sein, um die Obrigkeit nicht zu provozieren. Das warf eine grundsätzliche Frage auf: Mit dem Ende des Sozialistengesetzes hatten sich Arbeiterinnenvereine und der Bund Sozialdemokratischer Frauen gebildet, die eine klare politische Ausrichtung hatten und deshalb permanent von der Polizei schikaniert wurden. Sollte man diese Vereinigungen – ungeachtet der politischen Differenzen zu den bürgerlichen Frauenvereinen – zur Mitarbeit im BDF einladen und sich damit automatisch den Verfolgungen durch die Obrigkeit aussetzen?

Helene Lange und die Mehrheit ihrer Mitstreiterinnen verließen sich darauf, dass die Gründung einer reichsweiten Frauenorganisation an sich schon ein unübersehbares Politikum war. Im Bruch bestehender Gesetze sahen sie keinen erfolgreichen Weg zur Emanzipation. Eine Minderheit, zu der Minna Cauer und Jeanette Schwerin gehörten, war gegenteiliger Meinung und kämpfte im März 1894 mit Reden und Artikeln für eine Zusammenarbeit von bürgerlicher und proletarischer Frauenbewegung im BDF. Liest man allerdings die Artikel, in denen Clara Zetkin in ihrer sozialdemokratischen Frauenzeitschrift *Die Gleichheit* die bürgerlichen »Damen« des BDF mit Hohn und Spott übergoss, waren die führenden Frauen im proletarischen Lager von vorneherein an keiner Zusammenarbeit interessiert. Für die deutsche Arbeiterinnenbewegung gäbe es keine »frauenrechtliche Harmonieduselei«, weshalb es keinem proletarischen Verband »auch nur im Traum eingefallen wäre«, Anschluss an den BDF zu suchen. Clara Zetkin sang das Loblied proletarischer Männer, die die »Gleichberechtigung voll und ganz anerkennen«, weshalb die Proletarierinnen »in enger Idee- und Waffengemeinschaft mit den Männern ihrer Klasse« kämpften.

Gegen den Klassenfeind mussten die Reihen geschlossen bleiben.

Intern jedoch redete Clara Zetkin unter den Genossen Tacheles, wenn sie in den Versammlungen saß. Sie war zu klug, um die Frauenfeindlichkeit in der eigenen Partei zu übersehen. 1893 hatte Clara Zetkin geschrieben: »Die Arbeiter müssen aufhören, in der Arbeiterin in erster Linie eine Frau zu sehen, der gegenüber man … sich Roheiten und Zudringlichkeiten erlaubt«.

Je mehr sich die Frauenbewegung organisierte, desto mehr Chancen gab sie Frauen, sich zu profilieren. Das Jahr 1894 brachte Helene Lange und Minna Cauer vollends auseinander. Beide waren starke Persönlichkeiten, die im kleinen Kreis wie in großen Versammlungen die Blicke auf sich zogen; groß und blond die eine, ein dunkler Typ mit dunklem Haar und Augen die andere, beide stets elegant gekleidet, gewandt im Auftreten, eloquent. Helene Lange und Minna Cauer hatten Charisma, gewannen Gefolgschaften. Schon zu Lebzeiten erschienen sie den Zeitgenossinnen als Antipoden der bürgerlichen Frauenbewegung. Die Geschichtsschreibung hat dieses Gegeneinander weiter stilisiert und etikettiert: Minna Cauer als die politisch-fortschrittlich »Radikale«, Helene Lange als unpolitische Frauenführerin, die sich mit Bildungsreformen zufrieden gab, eine »Gemäßigte« eben. Aus der zeitlichen Vogelperspektive zeigt sich in entscheidenden Fragen Übereinstimmung zwischen beiden Frauen, ohne die unterschiedlichen Profile, Temperamente und das ungleiche Reformtempo zu verwischen.

Am 2. Dezember 1894 machte Minna Cauer Schlagzeilen in Berlin. Als Vorsitzende des Vereins »Frauenwohl« hatte sie zur »ersten öffentlichen Volksversammlung bürgerlicher Frauen« für 11 Uhr 30 ins Konzerthaus in der Leipziger Straße eingeladen. Thema war »Die Bürgerpflicht der Frau«, und als Rednerin Lily von Gizycki angekündigt. Die Adlige wird 1896 den sozialdemokratischen Publizisten Heinrich Braun heiraten und später in die SPD eintreten. Ein Skandal in den Augen ihrer Familie. Mit einer roten Rose im Gürtel, die ihr Markenzeichen wurde, trat Lily von Gizycki im überfüllten Konzerthaus-Saal auf die Bühne, elegant in schwarz gekleidet, eine souveräne Rednerin, die das Publikum zu Beifallsstürmen hinriss. Ihr Vortrag war ein leidenschaftlicher Appell für das politische Stimmrecht der Frau, für freie Berufswahl und »überhaupt freie Bahn für unsere Entwicklung um unserer selbst willen … Wir verlangen Anwendungen der Prinzipien des modernen Staates – der allgemeinen Menschenrechte – auch auf die Hälfte der Menschheit, der Frauen«.

Was über den Schlagzeilen zu Minna Cauers Wahlrechts-Versammlung leicht vergessen wird: Helene Lange war nicht weniger überzeugt, dass es an der Zeit war, dieses Thema auf die Agenda der Frauenvereine zu setzen. Sie hatte in den Monaten zuvor in Köln und Berlin in öffentlichen Reden das Wahlrecht für Frauen gefordert. Doch die Zeitungen hatten ihren politischen Vorstoß zur »Frauenfrage« mit Schweigen übergangen. Helene Lange konnte damit leben, denn mindestens so wichtig wie das Echo in der Öffentlichkeit war ihr die Kärrnerarbeit nach innen: die bürgerlichen Frauen, die in ihrer Mehrheit nicht oder nur sehr zögernd gegen die traditionelle Rolle als Ehefrau und Mutter mit minderen Rechten aufbegehrten, für Emanzipation und politische Teilhabe zu gewinnen.

Wie sehr sich selbst in liberalen Kreisen Frauen rechtfertigen mussten, wenn sie ein wenig Selbständigkeit erstrebten, zeigt ein Brief, den Marianne Weber im Sommer 1895 schrieb. Die Frau des Freiburger Professors für Nationalökonomie Max Weber informiert vorsichtig ihre Schwiegermutter: »Nun muss ich Dir aber auch noch etwas beichten, was ich Dir eigentlich vorenthalten wollte. Ich höre nämlich auch bei Rickert ein 4stündiges Kolleg über Geschichte der neueren Philosophie als einzige Dame! Bitte falle nicht auf den Rücken ... Da das Kolleg auch nachmittags ist, brauche ich keine häuslichen Pflichten zu versäumen ...« Max Weber, der akademische Überflieger, war einunddreißig, seine Frau Marianne knapp fünfundzwanzig Jahre alt. Auf ihre Bitte, als Gasthörerin in seiner Vorlesung zu sitzen, hatte der Ehemann-Professor negativ reagiert, – »das erschien ihm unpassend«. Dafür bat er großzügig einen Kollegen von der geisteswissenschaftlichen Fakultät, seiner Ehefrau den Zutritt zur Vorlesung zu erlauben. Denn diese schmale Pforte zur Universität war den Damen inzwischen von der Obrigkeit geöffnet worden: Die Herren Professoren konnten Frauen ganz nach eigenem Belieben und Wohlwollen als Gasthörerinnen zulassen, jede Art von Prüfung oder Examen war weiterhin verboten.

Marianne Weber war glücklich, ihrem öden Dasein als Tochter aus gutem Hause 1893 durch die Heirat mit dem angesehenen Akademiker entronnen zu sein. Sie hatten einander versprochen, die traditionellen Ehe-Rollen hinter sich zu lassen. Aber selbst in liberalen bürgerlichen Kreisen war das einfacher gesagt als getan, vor allem für den weiblichen Teil. Marianne Weber wollte eigene Aktivitäten entwickeln und verfolgte die ansteigende Diskussion zur »Frauenfrage« mit großem Interesse. Nicht weniger klug als ihr Mann, fühlte sie sich aufgrund ihrer unqualifizierten »Höheren-Töchter-Schulbildung« gegenüber ihrem Mann auf dem akademischen Parkett und in der Öffentlichkeit unsicher und minderwertig. Marianne Weber, deren Sehnsuchtsziel ein Studium war, begann mit kleinen Schritten im kommunalen Bereich und warb im Freiburger Stadtrat dafür, solide Angebote für die Freizeit junger Mädchen zu entwickeln.

Die Spur des Ehemanns führt auf kürzestem Weg in die große Politik. Max Weber machte im Mai 1895 in akademischen und politischen Kreisen durch seine offizielle Antrittsvorlesung von sich reden. Der junge Professor erteilte dem nun vierundzwanzig Jahre alten neuen deutschen Kaiserreich eine Lektion, an der der junge Kaiser Wilhelm II. seine Freude haben konnte. Wer glaubte, die erstmalige deutsche Einheit als Nation, 1870/71 durch einen Krieg gegen Frankreich geschaffen, sei ein Wert an sich und müsse durch eine kluge Politik nach Innen und Außen abgesichert werden, dem entgegnete Max Weber: das sei keinesfalls ein »Abschluss« gewesen, sondern »der Ausgangspunkt einer deutschen Weltmachtpolitik«.

Nach Meinung des Professors, dessen Stimme im bürgerlich-liberalen Lager Gewicht hatte, musste die gesamte Volkswirtschaft im Dienst »expansiver Machtpolitik« stehen. Nicht »Frieden und Menschenglück« solle man den Nachfahren hinterlassen, sondern »den ewigen Kampf um die Erhaltung und Emporzüchtung unserer nationalen Art«. Max Weber beschwor Machtkampf, Machtinteresse und »Ellenbogenraum« als nationale Tugenden und befand sich dabei im Einklang mit seiner gesellschaftlichen Schicht. Wie sollte man auch nicht stolz sein und Ansprüche über die nationalen Grenzen hinaus stellen, wenn die Zeichen der deutschen Volkswirtschaft auf Hochkonjunktur standen. Die Stahl- und Kohleproduktion war dabei, Großbritannien, dem Mutterland der Industriellen Revolution, den Rang abzulaufen. Neue Industrien wie die chemische und die elektrische boomten und eroberten die internationalen Märkte; »Made in Germany« war zur weltweit begehrten Auszeichnung geworden.

Es war absehbar, dass Deutschlands Produkten größere Absatzmärkte als die europäischen offenstehen mussten, sollte der wirtschaftliche Höhenflug anhalten. Wie ein Echo auf Max Webers akademisch verbrämten Ruf, in der Weltpolitik fordernd mitzumischen, verkündete Wilhelm II. im Januar 1896 zum fünfundzwanzigsten Jubiläum jenes Tages, als mitten im Krieg im Spiegelsaal zu Versailles der Kaiser des neuen Deutschen Reiches ausgerufen wurde: »Aus dem deutschen Reich ist ein Weltreich geworden.« Einer weiteren Erklärung bedurfte es nicht, darin war sich der Kaiser mit seinem Volk einig.

Das neu gewonnene Selbstbewusstsein der deutschen Bürger galt auch für die Bürgerinnen, nur dass es sich bei ihnen aus anderen Quellen speiste. Anfang Oktober 1895 trafen sich Frauen aus ganz Deutschland in Frankfurt am Main zu einem Frauenkongress, der zugleich das dreißigjährige Gründungsjubiläum des Allgemeinen Deutschen Frauenvereins 1865 in Leipzig feierte. Beim Festbankett wurde den rund vierhundert Frauen und Männern außer feinen Speisen und Getränken etwas bis dahin Unerhörtes und Ungesehenes präsentiert: In Theaterstücken, Liedern, Klaviermusik und Ansprachen wurde eine Kulturgeschichte lebendig, die ausschließlich aus Werken von Frauen bestand, von der Vergangenheit bis in die Gegenwart. Eine Pionierleistung des »Vergnügungs-Komitees«. Im Laufe des Abends hielten führende Frauen der Bewegung wie selbstverständlich die Tischreden und sprachen ihr »Hoch« aus auf das Kaiserpaar und andere wichtige Persönlichkeiten.

Frauen gehörten ins Haus und den Salon und den Herren der Schöpfung war der öffentliche Raum vorbehalten? Frauen seien von Natur aus unfähig zu repräsentieren, kluge Gedanken zu fassen und vor einem Publikum auszusprechen? Frauen haben in der bisherigen Geschichte nichts geschaffen, das der Beachtung wert sei? Das Frankfurter Festbankett widerlegte alle Vorurteile und ideologischen Konstrukte der Männer, mit denen seit der Mitte des 19. Jahrhunderts die Forderungen nach Gleichstellung der Frauen abgeschmettert wurden. Auch wenn ihnen noch viele Rechte und Freiheiten verweigert wurden, die Frauen hatten es gegen Ende des Jahrhunderts geschafft, punktuell in der Öffentlichkeit in eigener Regie, selbstbewusst und unabhängig aufzutreten.

Ein harter Brocken für den Journalisten der *Frankfurter Zeitung*, die stolz war auf ihre liberale Haltung. Er lobte die »geschickte Propaganda der Frauenrechtlerinnen«, die einen »nicht bloß oberflächlichen Eindruck hinterlassen« habe, und »dass die weibliche Art zu debattieren sich sehen lassen« könne. Seine weitere Anerkennung des Kongresses wickelte er in eine negative Folie: »Aber angenehm aufgefallen ist, dass der oft behauptete weibliche Hang zur Weitschweifigkeit ... fast gar nicht hervortrat. Der Gedanke der Frauenemanzipation verliert seine abstoßenden Seiten, wenn man wahrnimmt, wie die echt weiblichen Eigenschaften der Weichherzigkeit, des Mit- und Feingefühls durch ihn keinerlei Abbruch erleidet.« Da kamen sie wieder zum Vorschein, die alten Schubladen mit den Etiketten »weiblich« und »männlich«. In der Sache selbst waren dem Berichterstatter offenbar die Argumente ausgegangen.

Was für die Außendarstellung beim Frankfurter Festbankett zutraf, galt auch für den privaten Bereich: Frauen nahmen sich zusehends Freiheiten heraus, die ihnen nach Recht, Tradition und bürgerlicher Lebensweise nicht zustanden. Dass ledige Frauen, auch wenn sie berufstätig waren, außerhalb ihrer Herkunftsfamilie lebten, also nicht bei Vater und Mutter, einem verwitweten Elternteil oder bei Bruder oder Schwester, verstieß gegen Sitte und den Anstand, war skandalös und deshalb undenkbar. Es waren Lehrerinnen, durch ihren Beruf gezwungen, unverheiratet zu leben, die den ersten Schritt aus dem Haus taten. Ihnen kam entgegen, dass geschäftstüchtige Wirtinnen im deutschen Kaiserreich Pensionen für genau diese Zielgruppe eröffneten und streng auf einen guten Ruf bedacht waren.

Als Helene Lange 1872 nach Berlin gekommen und Lehrerin geworden war, wohnte sie bis Ende des Jahrzehnts in einer Pension. Dann gründete sie ein »eigenes Heim«, und zog mit der Musiklehrerin Dora Sommer und deren Mutter zusammen. Aus der »warmen häuslichen Atmosphäre« dieser Gemeinschaft, so Lange in ihren Erinnerungen, habe auch ihre »geistige Arbeit unbewusst ihre Nahrung« gezogen. In der von Helene Lange gegründeten Zeitschrift *Die Frau* erschien mit den ersten Nummern Oktober 1893 eine Artikelserie »Allein durchs

Leben« von Mathilde Lammers. Die Lehrerin und Journalistin, Jahrgang 1831, wusste wovon sie schrieb: Sie lebte allein in einer Wohnung im Obergeschoss ihrer Bremer Schule; ihre Schwester lebte mit einer Freundin zusammen, beide Frauen waren Lehrerinnen. Die Artikelserie gab praktische Ratschläge, denn eine Wohnung zu mieten, ein Konto aufzumachen und sein Geld zu verwalten, abends allein ins Konzert zu gehen oder auf Ämtern selbstbewusst aufzutreten: alles war Neuland für Frauen. Während ihre Brüder mit vierundzwanzig Jahren volljährig waren, standen Frauen lebenslang unter der Vormundschaft ihres Vaters, Bruders oder bei Heirat unter der ihres Ehemannes. Der Ehemann allein war berechtigt, über das Erbe seiner Frau und das von ihr verdiente Geld zu bestimmen. Mathilde Lammers lässt in ihren Artikeln jedoch keinen Zweifel daran, dass hinter ihren Ratschlägen eine neue revolutionäre Sicht auf das Frauenleben steht. In Ehe und Familie gäbe es »nichts zum Leben unbedingt Notwendiges«. Hunderttausende von Frauen gingen ohne einen Mann durchs Leben, »ein deutlicher Fingerzeig, dass die Frauen nicht bloß wegen der Männer in der Welt sind«. Sie sind »ihrer selbst wegen da«. Und wenn auch für die meisten Frauen die Familienarbeit die Hauptaufgabe ist, »so ist doch jetzt für jeden, der sehen will, klar zu sehen, dass außerdem eine Menge anderer Aufgaben der Menschheit auf sie zukommt«.

1891, als die achtundzwanzigjährige Agnes Bluhm als Dr. med. von Zürich nach Berlin kam und eine Praxis eröffnete, ließen sich ihre beiden Freundinnen aus der Studienzeit in Frankfurt am Main nieder: Dr. med. Elisabeth Winterhalter, 1856 bei München geboren, wurde mit ihrem Schweizer Examen die erste Ärztin am Main, und mit ihr kam Ottilie W. Roederstein, die Winterhalter und Bluhm in Zürich kennengelernt hatte. Die in Paris ausgebildete Malerin hatte inzwischen einen Namen und sich auf Porträts spezialisiert. Eine junge Frau, die erfolgreich und finanziell unabhängig war, ohne einen Ehemann. Die beiden Frauen lebten zusammen und waren bald in die besten Kreise Frankfurts integriert. Winterhalter baute erfolgreich eine Poliklinik für Frauen auf, Roederstein konnte die Porträts kaum so schnell malen, wie die gut bezahlten Aufträge ins Haus kamen. Sie behielt ihr kleines Atelier in Paris, wo sie jeden Frühling für ein paar Wochen das internationale Flair genoss und ihre Beziehungen in der Kunstszene pflegte. Die Freundschaft aus Zürcher Zeiten hatte Bestand, ab Mitte der neunziger Jahre trafen sich die Frauen zu viert. Agnes Bluhm lebte nun mit Adrienne Hacker, Jahrgang 1858, zusammen, die im Berliner Adressbuch als »Privatière« verzeichnet ist. Ihr Vater war Justizrat in Königsberg.

Dass eine unverheiratete Frau mit Schwester oder Freundin einen Haushalt gründete, war mit Sitte und Anstand der bürgerlichen Welt vereinbar. Mathilde Lammers betont in *Die Frau*, dass es bei einer solchen Lösung nicht nur um ökonomische Einsparungen ging: »Manchmal wohl, in neuerer Zeit häufiger als früher, schließen sich zwei Freundinnen zu völliger Lebensgemeinschaft zusammen und haben davon vieles, was eine gute Ehe bietet, wenn man von ihrer geschlechtlichen Seite absieht.« Wenn etwas ausdrücklich ausgeschlossen wird, liegt stets die Vermutung nahe, dass es durchaus Realität ist. Doch ob es um die Lebensgemeinschaften von Helene Lange, Agnes Bluhm oder Elisabeth Winterhalter ging: Die Frauen nahmen sich die Freiheit, ihr Leben und ihre Beziehungen nach eigenen Vorstellungen zu gestalten und niemandem darüber Rechenschaft abzulegen.

Zu den traditionellen Glaubenssätzen über Ehe und Familie, über die Aufgaben von Mann und Frau gehörte das Postulat, dass Frauen »von Natur aus« asexuelle Wesen sind und in diesem Punkt erst und nur durch den Ehemann »erweckt« werden: gemäßigt-züchtig und wie es seinen Vorstellungen entspricht. Auf diesem Hintergrund war weibliches Zusammenleben gesellschaftlich erlaubt. Wer Böses dabei dachte oder aussprach, ging sozusagen in die selbstgestellte moralische Falle. Wie brüchig und verlogen diese Konventionen waren, legte ein Buch bloß, das Ende 1895 erschien und mit dem neuen Jahr 1896 zum Bestseller wurde; dem ersten im Berliner S. Fischer Verlag, fünf Jahre bevor Thomas Manns *Buddenbrooks* ein Leseereignis wurden. *Aus guter Familie. Leidensgeschichte eines Mädchens* hieß der Titel und war das große Projekt, mit dem Gabriele Reuter der Durchbruch als Schriftstellerin gelang.

Die *Münchner Neuesten Nachrichten* nennen es ein Buch von »fürchterlicher, aufrüttelnder Wahrheit, so ganz und gar überzeugend … und dennoch ist es künstlerisch in hohem Grade«. Aus der Kritik der *Breslauer Morgenzeitung*: »… ein Meisterwerk ersten Ranges. … Alles ist an diesem Buch bedeutend: Eigenart, Erfindung, Sprache, Gedankenwelt.« Im ersten Jahr erscheinen vier Auflagen, bis 1911 jedes Jahr eine weitere. Fünfundzwanzig Jahre später erinnert sich Gabriele Reuter in ihrem Lebensrückblick: »Ich war am Ziel. … Ganz Deutschland beschäftigte sich mit dem Buche. Es weckte einen Sturm in der Frauenwelt – die wildeste Erregung unter Vätern und Müttern.« Auf einen literarischen Erfolg hatte die Autorin gehofft – »den kulturellen Einfluss, den mein Buch auf die Entwicklung des deutschen Mädchens, der deutschen Familie haben würde, konnte ich nicht voraussehen!« Skandalös und gesellschaftlich relevant war der Roman über Agathe Heidling, weil diese Frau am vielleicht größten Tabu der bürgerlichen Welt zugrunde geht: der weiblichen Sexualität, die mit allen Mitteln, die Religion und Anstand hergaben, verdrängt, verzerrt und verteufelt wurde.

Aus guter Familie beginnt mit der Konfirmation und der anschließenden Familienfeier, auf der Agathe die Weihen und Formeln für ihr zukünftiges Leben erhält. Zuerst deutet der Pastor das Bibelwort: Alles ist euer – ihr aber seid Christi. Er verspricht »Glückseligkeit«, die auf Agathe, »das liebe Kind«, wartet: »Wie bald konnte sie Braut sein. Alles ist Euer!« Doch das »Alles« musste erläutert werden, gerade an der festlichen Konfirmationstafel: »… genießet als genösset ihr nicht! … Zügle Deine Phantasie, dass sie Dir nicht unzüchtige Bilder vorspiegele. Liebe – Liebe – Liebe sei Dein ganzes Leben – aber die Liebe bleibe frei von Selbstsucht … Du darfst auch glücklich sein – aber in berechtigter Weise … Agathe musste sehr weinen.«

Nach dem Pastor erhebt sich der Vater und fordert von seiner bald siebzehnjährigen Tochter, ihr Vorbild solle »die Wurzel« sein, die »stumme, geduldige, unbewegliche, welche kein eigenes Leben zu haben scheint und doch den Baum der Menschheit trägt«. An diesen Vorgaben, die Agathe Heidling getreulich zu erfüllen sucht, wird sie zerbrechen, weil sie erkennt, dass es nur heuchlerische Worte sind. Auf ihrem ersten Ball erlebt die junge Frau sich als sexuelle Ware, den heiratswilligen Männern zu Schau angeboten. Der Bruder, von dessen brutalem Verhältnis zum Hausmädchen sie erfährt, verbietet ihr, sich einzumischen. Nirgendwo aber sieht sie die Liebe, nach der sie sich verzweifelt sehnt.

Sie muss erkennen, dass die Männer sich nehmen, was sie wollen. Für die Frauen blieben nur Gehorsam und »Entsagung überall«. Liebe, Liebe, Liebe, wie der Prediger ihr vorausgesagt hatte? Es war »ein großer Betrug, den sie alle an ihr verübt hatten«. Eine Mischung aus Ohnmacht, Wut und unendlicher Traurigkeit treibt Agathe Heidling schließlich in den Wahnsinn.

Während Gabriele Reuters Roman *Aus guter Familie* erregter Gesprächsstoff in den bürgerlichen Salons und Familien ist, versuchen die Frauenvereine in einem letzten Anlauf, die rechtliche Situation der Frau – die Grundlage ihrer Unterordnung und Unterdrückung – zu ändern. Im Juni 1896 steht im Reichstag zu Berlin die dritte Lesung des Bürgerlichen Gesetzbuches (BGB) an, mit dem nach der Gründung des Deutschen Reiches 1871 erstmals in der deutschen Geschichte in zentralen Punkten ein einheitliches Recht für alle deutschen Länder geschaffen werden soll.

Alle bisherigen Versuche der Frauenvereine, die Männerwelt der Parteien und Abgeordneten mit Hilfe des BGB zu Reformen im Familienrecht zu bewegen, die Rechtlosigkeit der Frau aufzuheben und sie endlich dem Mann gleichzustellen, sind bisher gescheitert. 1896 soll ein »Frauenlandsturm« öffentlichen Druck aufbauen. Interne Differenzen und Animositäten werden hintangestellt. Die unterschiedlichen Frauenvereine veranstalten zusammen Kundgebungen, verfassen Broschüren, demonstrieren, und sammeln 25 000 Unterschriften für ihre Reformvorschläge des BGB. Auch Clara Zetkin beteiligt sich an den Aktionen, bereit, für diesen Fall die Kluft zwischen proletarischen und bürgerlichen Frauen zu überbrücken.

Doch für die Vertreter der alten Ordnung ist die bestehende Rechtslage in Sachen Ehe und Familie der Fels in der Brandung von Umbruch, Veränderung und den Forderungen nach Gleichstellung. Die traditionelle Familie, in der allein der Ehemann und Vater das Sagen hat, muss um jeden Preis erhalten bleiben. Kommt hier etwas ins Rutschen, ist die gesamte staatliche Herrschaftsordnung in Gefahr, wie der liberale Professor Friedrich Paulsen 1894 offen zugibt. Denn in der Familie, so sein Diktum, lernt der Mann »die ersten Elemente des Regierens«. Rechtsfragen sind Machtfragen, das haben die Frauen inzwischen gelernt. Aber sie schaffen es auch mit dem öffentlichen »Frauenlandsturm« nicht, das Machtgefüge im Rechtssystem zu ihren Gunsten zu verändern. Die Rechtskommission des Reichstags wischt die Reformpetition mit ihren 25 000 Stimmen vom Tisch.

In der dritten Lesung des BGB im Juni 1896 bleibt es nicht nur bei der bisherigen rechtlichen Ungleichheit zwischen Frauen und Männern. (Nur die SPD stimmte im Reichstag dagegen.) In einigen Paragrafen, sie betreffen die Scheidung, die elterliche Gewalt und die Rechtslage unehelicher Kinder und ihrer Mütter, werden sogar bis dahin für die Frau günstige Ländergesetze zu ungunsten der Frauen durch neue gesamtdeutsche Gesetze verändert. Und das sind die Kernpunkte im Familienrecht des Bürgerlichen Gesetzbuches, das am 1. Januar 1900 in Kraft treten wird:

Der Ehemann hat innerhalb der Familie weiterhin das letzte Wort »in allen das gemeinschaftliche Leben betreffenden Angelegenheiten«. Er ist berechtigt, den Arbeitsvertrag seiner berufstätigen Frau »ohne Einhaltung einer Kündigungsfrist zu kündigen«. Er allein hat das »Verwaltungs- und Nutznießungsrecht am Vermögen seiner Frau«.

Die totale Entmündigung der Frau im BGB zeigt sich auch im Verhältnis zu ihren Kindern. Obgleich die Mutterrolle von den Konservativen in den höchsten Tönen gelobt wird, werden der Mutter unter dem irreführenden Etikett »elterliche Gewalt« alle Rechte an der persönlichen Entwicklung ihres Kindes – Ernährung, Erziehung, Bildung, Berufswahl, bis hin zur Wahl des Ehepartners – entzogen. In allen Fällen entscheidet allein der Vater, er kann die Kinder sogar gegen den Willen der Mutter außer Haus geben. (Die meisten Familien-Paragrafen des BGB hatten bis zum Gleichstellungsgesetz 1958 Gültigkeit; erst die Reformen von 1977 schufen eine umfassende rechtliche Gleichstellung.)

Die Familie blieb ein »Schattenreich«, wo der Ehemann und Vater über Frau und Kinder herrscht. Als einzige konnte sich die unverheiratete Frau und Tochter durch das neue BGB verbessern. Sie wurde in Zukunft mit sechsundzwanzig Jahren – die Söhne mit vierundzwanzig – aus der väterlichen Vormundschaft entlassen, die zuvor bis zum Tod des Vaters galt. Ist es verwunderlich, dass es immer mehr Frauen in einen Beruf statt in eine Heirat drängte?

Die Schlacht um das neue Bürgerliche Gesetzbuch war verloren.

Aber sie brachte zugleich die unterschiedlichen Vereine, die sich für die Sache der Frauen einsetzten, näher zueinander. Alle waren sich einig, nicht klein beizugeben. Der Berliner Hausfrauenverein hatte die Idee, und die »bekanntesten Leiterinnen von Frauenvereinen und Führerinnen der Frauenbewegung« schlossen sich an. Im Sommer gingen Einladungen an Frauen in alle Welt hinaus: zum Internationalen Kongress für Frauenwerke und Frauenbestrebungen vom 19. bis 26. September 1896 in der Reichshauptstadt. Minna Cauer, die mit Dr. med. Agnes Bluhm, Jeanette Schwerin, der Leiterin der »Mädchengruppen« und anderen Berliner Frauen im Organisationskomitee saß, schrieb in ihrer Zeitschrift *Frauenbewegung* einen begeisterten Willkommensgruß: »Getragen von einer herrlichen Idee, finden sich die Frauen zusammen, ob alt, ob jung, ob reich, ob arm, ob aus dem freiesten Lande oder aus dem unterdrücktesten – ein Gedanke beherrscht sie, ein Gefühl beseelt sie: zu der Menschheit voll und ganz als gleichberechtigte Glieder zu gehören.«

Über vierhundert Gesinnungsgenossinnen brachten internationales Flair nach Berlin. Der Frauenkongress tagte im Rathaus und wurde vom Bürgermeister empfangen. Den Organisatorinnen war es gelungen, für die Veranstaltungen neue Köpfe zu gewinnen wie die Malerin Hermione von Preuschen, die sich in der männlichen Kunst-Welt durchgesetzt hatte. Sogar das Kaiserhaus besaß Bilder von ihr. Die Malerin schreckte in ihrer Rede auf dem Kongress nicht vor eindeutiger Parteinahme zurück: »Ich glaube an die Berechtigung der Frauenemanzipation – wie ich an die Sonne glaube. Sie liegt in der Luft, sie ist zeitgemäß, unaufhaltsam.« Und Hermione von Preuschen sprach aus eigener Erfahrung: »Wehe der Frau, die es wagt, ebenso Gutes oder gar Besseres zu leisten, als der Durchschnittsmann.« Dann folgte eine ironische Lektion für die vermeintlichen Herren der Schöpfung: »Und mit gütiger Erlaubnis ist das Genie so frei sich nicht ans Geschlecht zu kehren, es fliegt in die Seelen, wem und wie es will.«

Clara Zetkin, die erklärt hatte, sie komme nur als »Zuhörerin, nicht als Teilnehmerin«, nutzte den Kongress dennoch als Bühne. Als es um mögliche gemeinsame Reformanstrengungen von bürgerlichen und sozialdemokratischen Frauen ging, meldete sie sich zu Wort: »Wir sagen, nur her mit den Reformen, immer mehr Reformen! Aber die

Arbeiterklasse dankt Euch für diese Reformen nicht ... all diese Reformen sind für uns nur ein Linsengericht, und für dieses Linsengericht geben wir unser Erstgeburtsrecht, das Recht eine revolutionäre Klasse zu sein, nicht her.« Clara Zetkin, die Frau aus bürgerlicher Familie, kannte ihre Bibel und liebte es, zu provozieren. »Frau Zetkin hat hier den Umsturz gepredigt«, rief eine Zuhörerin empört, und Minna Cauer, die die Sitzung leitete, hatte alle Mühe, einen Tumult zu vermeiden.

Vielleicht wollte sich die Genossin nur ein wenig warmlaufen für ihren Auftritt Mitte Oktober 1896 beim Parteitag der Sozialdemokraten in Gotha. Angekündigt als »Frau Zetkin, Stuttgart« hielt sie dort das Grundsatzreferat über »Frauenemanzipation«. Überliefert sind die kompromisslosen Aussagen, mit denen sie fortführte, was sie – damals noch unbekannt – auf dem internationalen Kongress 1889 in Paris erstmals beschworen hatte: Die proletarische Frau braucht nicht gegen die Männer ihrer Klasse zu kämpfen, weil das »Endziel« für beide die politische Herrschaft des Proletariats ist«. Darum soll es in der SPD keine spezielle »Frauenagitation« geben. Es gelte, bei den Frauen das »Klassenbewusstsein wachzurütteln« für den gemeinsamen Klassenkampf.

Untergegangen sind über der ideologischen Grundstimmung die differenzierten Töne, mit denen Clara Zetkin in Gotha die Türe zur bürgerlichen Frauenwelt einen Spalt breit offen hielt: »Wir würden der bürgerlichen Frauenbewegung Unrecht tun, wenn wir sie nur auf rein wirtschaftliche Motive zurückführen wollten. Nein, sie hat auch eine tiefernste und sittliche Seite.« Bei allem Klassenkampf hat die Genossin Zetkin nicht vergessen, dass sie im bürgerlichen Lehrerinnenseminar von Auguste Schmidt angestiftet worden war, für Gleichheit und Frauenemanzipation zu kämpfen. Doch trotz dieser theoretischen Würdigung schließt Clara Zetkin weiter jede praktische Zusammenarbeit aus.

Aber es gibt Genossinnen, die dieser harten Abgrenzung widersprechen, eine von ihnen ist Henriette Fürth. Ausgerechnet in Clara Zetkins Zeitschrift *Die Gleichheit* zieht sie ihre ironische Bilanz des Gothaer Grundsatzreferats zur »Frauenemanzipation«: »Es war revolutionär zum ersten – revolutionär zum zweiten und revolutionär zum dritten Mal!« Die fünfunddreißigjährige Fürth wirft der »zielbewussten Proletariern« vor, dass sie »heute predigt, wie sie es vor zwanzig Jahren getan« und nennt sie »rückständiger als die bürgerliche Frau«, die zu gemeinsamem Vorgehen bereit ist. Damit es keine Missverständnisse gibt: »Ich selbst bin Sozialdemokratin ... aber ich nehme das Gute, wo ich es finde, und verdamme nicht jede Überzeugung einfach darum, weil sie keine proletarische ist«.

Natürlich lässt Clara Zetkin, vier Jahre älter, das nicht auf sich sitzen. Die Leserinnen der *Gleichheit* erleben eine heftige Debatte. Henriette Fürth habe »die Kernfragen nicht einmal gestreift«, habe gar nicht begriffen, was Klassenkampf bedeutet. Und zum Schluss die polemisch-rhetorische Retourkutsche: »Ich begreife ganz gut, dass es Leute gibt, die Sozialisten werden, aber ihrer Natur und Auffassung nach Spießbürger bleiben zum ersten, zum zweiten und dritten Mal.« Für Henriette Fürth wurde das Zeitschriften-Duell zum Entree in die Öffentlichkeit, wo sie engagiert und differenziert für die Frauenemanzipation und eine offene Gesellschaft werben und zwischen den verschiedenen Strömungen der Frauenbewegung vermitteln wird. Und Clara Zetkin wird sie Jahre später als Logiergast in ihrer Familie willkommen heißen.

Henriette Fürth, 1861 in Gießen geboren, wuchs in einer liberalen Kaufmannsfamilie auf, die dennoch stolz auf ihr Judentum war. In ihrem *Streifzug durch das Land des Lebens* heißt es: »Ja, es war schön, Kinder – eine goldene Jugend – wild und frei.« Das betraf Eltern und Großeltern, die vielen fröhlichen Familienfeste und die Erziehung, die eigentlich gar keine war. Aber schon das Kind bekam »Hass und Verfolgung« der christlichen Nachbarkinder zu spüren – und wehrte sich handfest mit langen Stöcken oder »tüchtigen Maulschellen«: »Wir wurden zu frohgemuten Kämpfern für unser Recht ... diese jüdische Familie war durchaus nicht gewillt, sich zu ducken...« Das war die eine Seite. Doch ebenso galt: »Es tut weh, ein Paria zu sein.« Besonders, wenn man ein Kind ist.

Das junge Mädchen lernte »leicht und schnell«. Glanzvoll besteht Henriette Fürth die Aufnahmeprüfung für die renommierte Frankfurter Elisabethenschule, wo sie das angeschlossene Lehrerinnenseminar besucht. Nach einem Semester meldet der Vater sie wieder ab: Die

Aussicht, als Jüdin eine Anstellung als Lehrerin zu bekommen, war minimal, und es hätte bedeutet, dass sie – die älteste Tochter – gemäß dem Beamtengesetz hätte ledig bleiben müssen. Die sechzehnjährige Henriette schrieb den Eltern aus dem Pensionat, dass sie gerne bleiben und der Direktor das sehr begrüßen würde. Die Antwort des Vaters: »Ich wünsche, dass Du nach Hause kommst, Deine Mutter wünscht, dass Du dort bleibst. Wenn Du Dich für Deine Mutter entscheidest, werde ich mich fügen und zahlen.« Gegen den Willen des geliebten Vaters zu handeln, lag schwerer auf der Seele der Tochter als die Mutter zu enttäuschen: »Damit war für mich die Sache entschieden.« Im August 1880 heiratet Henriette Fürth einen sieben Jahre älteren Vetter in Darmstadt. 1885 zieht das Ehepaar mit drei kleinen Kindern nach Frankfurt am Main.

Als mit Beginn der neunziger Jahre wieder eine Welle des Antisemitismus die deutsche Gesellschaft durchzieht und sechzehn dezidiert antisemitische Abgeordnete in den Reichstag gewählt werden, gründen führende jüdische Bürger im März 1893 den Centralverein deutscher Staatsbürger jüdischen Glaubens. Es ist ein Zeichen der Selbstachtung, sich nicht länger vornehm zurückzuhalten, sondern sich mit einer übergreifenden jüdischen Organisation professionell gegen die Attacken in den Zeitungen, der akademischen Welt und den Parteien vom rechten Spektrum zur Wehr zu setzen. Henriette Fürth gehörte zu den Gründungsmitgliedern des Frankfurter Ortsvereins des Centralvereins. Die Devise »Wehrt Euch!« hatte sie seit ihren Kindheitstagen verinnerlicht. Dabei legte sie Wert darauf, keine deutsche Jüdin zu sein sondern eine jüdische Deutsche. Das Judentum war für sie »eine Kulturgemeinschaft von Menschen, bereit, sich in den Dienst des reinen Menschentums zu stellen, das keine Konfession und keinen Religionshader kennt.«

Ehefrau und Mutter zu sein, füllt Henriette Fürth nicht aus. Wirtschaftliche Prozesse interessieren sie, und welcher Platz denen zugewiesen wird, die ebenfalls »Parias« der Gesellschaft sind – Frauen und Arbeiterinnen. Sie liest alles, was in Bibliotheken greifbar ist und meldet sich bei der volkswirtschaftlichen Abteilung des Freien Deutschen Hochstifts in Frankfurt, als diese 1896 ihre Mitglieder zur Mitarbeit an einer Enquete über die Heimarbeit in der Herrenkonfektion aufruft.

Henriette Fürth, Mutter von acht Kindern, wirbt ab 1903 mit Vorträgen, Artikeln und Schriften für die Sexualaufklärung von Jugendlichen, die Berufstätigkeit von Ehefrauen und Müttern und trägt mit den Einnahmen wesentlich zum Familieneinkommen bei.

Ihre Anfrage, ob sie mitarbeiten könne – auch wenn nur ihr Mann Mitglied sei –, bringt den Leiter sichtlich in Verlegenheit; schließlich erhält Henriette Fürth eine Einladung. Zu Beginn der ersten Sitzung standen zwölf bis fünfzehn Männer »in zwanglosen Gruppen plaudernd umher. Ab und zu flog ein Blick zu der einzigen Frau hinüber, in dem sich Verwunderung mit gutmütigem Spott mischte. Ich war und blieb seelenruhig und völlig unbefangen ...«

Noch im gleichen Jahr erschien ihre Untersuchung *Frauenarbeit in der Herrenschneiderei.* Henriette Fürth hatte »die Genugtuung, als *Erste* und *Einzige* zum festgesetzten Termin mit meiner Arbeit fertig zu sein, die ich den Herren als Muster vorlesen durfte«. Wer am Freien Deutschen Hochstift mitarbeitet, gehört zum führenden Kreis der Frankfurter Gesellschaft, und in dieser haben die jüdischen Bürger einen angesehenen Platz. In der Mainmetropole, wo der Anteil der jüdischen Bewohner bei zehn Prozent lag – der Durchschnitt im Deutschen Reich lag bei einem Prozent –, war der Antisemitismus nicht salonfähig.

Die Sektion des Allgemeinen Deutschen Frauenvereins in Frankfurt bittet Henriette Fürth zu einem Vortrag über ihre Untersuchung. Offensichtlich hat sie Eindruck gemacht. 1897 ernennt der Frauenverein sie zur Leiterin der neu gegründeten Rechtsstelle »von Frauen für Frauen«. Dorthin kommen bürgerliche Frauen, um sich nach der Möglichkeit einer Scheidung zu erkundigen, aber ebenso Arbeiterinnen, die kostenlos in Arbeitskonflikten beraten werden. Henriette Fürth hat inzwischen sechs Kinder. Wenn ihre Zeit knapp ist, wird mit den Besuchern während des Kochens in der Küche diskutiert. Sie schreibt Artikel für Zeitschriften und Fachpublikationen.

1898 befragt sie Mütter und »Pflegeeltern« in elenden Hütten draußen vor der Stadt. Die arbeitenden Mütter zahlen fast ihren gesamten Verdienst für die Unterbringung ihrer meist unehelichen Kinder bei Pflegeeltern, die – so Henriette Fürth in ihrer Schrift zum »Ziehkinderwesen« – nicht schuldlos daran sind, »dass die meisten ihrer Pflegekinder ohne den Umweg über das irdische Jammertal geradewegs in den Himmel kommen«. Die Sterblichkeit der Pflegekinder unter einem Jahr liegt bei fünfzig Prozent.

In Frankfurt gibt es bisher keine städtische Hilfe, während das Leipziger Pflegekinder-Modell mit bezahlten Pflegekräften unter ärztlicher Aufsicht nicht nur wesentlich menschenfreundlicher ist, sondern sich auch für die Volkswirtschaft auszahlt. Henriette Fürth wird nicht müde, sich für die »Ziehkinder« und ihre Mütter einzusetzen. Ihr Antrieb ist nicht Barmherzigkeit, sondern es gehört zu ihrem Politikverständnis, dass alle in Not geratenen Menschen einen Rechtsanspruch auf staatliche oder städtische Fürsorge haben. Ihre Vision ist eine Welt, in der es gerecht zugeht – für Frauen, Kinder, Arbeiterinnen. Und sie hat Erfolg. Die Polizeibehörde wird kooperativ und gibt Listen der Pflegekinder an die Rechtsstelle für Frauen weiter, die eine solide Beaufsichtigung und erstmals Generalvormundschaften organisiert. Es sind die Anfänge der Frankfurter Kinder- und Jugendfürsorge.

Die gründliche Arbeit von Henriette Fürth und ihr Engagement in Frauenthemen hatte sich inzwischen bis zu den Spitzen der Frauenvereine in Berlin herumgesprochen. Auf Anfrage von Jeanette Schwerin übernahm sie 1898 mehrere Stichworte für das *Illustrierte Konversations-Lexikon der Frau* – darunter »Kinderarbeit« – »Konfektionsarbeiterin« – »Industriearbeiterin«. Alle Möbel in ihrem Arbeitszimmer waren für die Recherche mit Büchern und Schriften bedeckt: »Als ich nun mit Trudel, der Fünfjährigen, zu einem Besuch bei der Großmutter rüstete, fragte mich das altkluge Gör: ›Mutter, bekommt jetzt Großmutter all die Unordnung?‹« Im Sommer 1898, Henriette Fürth ist wieder schwanger, hatte Trudel einen Rat an die Mutter: Sie solle »der Frau doch schreiben, dass jetzt mal eine andere die Arbeit tun könne«.

Aber die Schwangere befolgte diesen Rat nicht und saß »bis zu neun Stunden täglich am Schreibtisch«. Die Geburt der Zwillinge Anfang 1899 überlebte Henriette Fürth nur dank der ärztlichen Kunst von Dr. Elisabeth Winterhalter, die 1891 mit der Malerin Ottilie Roederstein nach Frankfurt gezogen war. Auch mit nun acht Kindern war die siebenunddreißigjährige Henriette Fürth entschlossen, weiterhin berufstätig zu sein.

»Das Recht der Frau, über sich selbst zu verfügen«

Frauenclubs: Für Arbeiterinnen und Bürgerfrauen – Demütigend: 2 Frauen unter 300 Studenten – Emanzipation in der Mädchenliteratur – Frauen gehen auf Kreuzfahrt – Paula Becker: Ein eigenes Zimmer in Worpswede – Clara Zetkin heiratet einen Jüngeren – Else Lasker-Schüler verrät den Vater ihres Sohnes nicht

Im Frühjahr 1899 hält die Baronin Spitzemberg ein Ereignis im Sportpark Friedenau vor den Toren von Berlin in ihrem Tagebuch fest: »Interessant war nur ein großes Dauerrennen von 100 km, das in ca. zwei Stunden rasendstem Tempo absolviert wurde.« Das Tempo hatte sich auf vielerlei Weise gewaltig beschleunigt, jetzt, wo es auf das Ende des Jahrhunderts zuging. Zwei Jahre zuvor schrieb die Zeitschrift *Die Jugend* – schwankend zwischen Abscheu und Bewunderung – über die neueste Erfindung: »100 000 Fahrräder registriert. Die Welt steht im Zeichen des Zweirads! Es ist ein Massenwahnsinn ohnegleichen über die Menschheit gekommen.« Es waren Maschinen, die eine neue Dimension in das Leben brachten. Wie gewohnt, sollten an dem neuen öffentlichen Vergnügen nur die Männer Anteil haben. Wie gewohnt taten die Herren Mediziner alles, um dieses Monopol kraft ihrer Autorität mit schwerem Geschütz zu verteidigen. Auf einem Sattel zu sitzen schädige den Unterleib – der Frauen natürlich – und gefährde die Gebärfähigkeit. Die männliche Fantasie schlug erstaunliche sexuelle Kapriolen: Wie ein Mann auf dem Sattel zu sitzen, was schon beim Reiten unschicklich und verboten war, biete den Frauen Gelegenheit zu vielfacher und unauffälliger Masturbation.

Doch die Kraft solcher Argumente und Drohungen hatte bei den Betroffenen merklich nachgelassen. 1897 erschien ein *Vademecum für Radfahrerinnen* und stellte fest, dass die Erfindung des Zweirads nicht nur die weibliche Mode, sondern zugleich das Verhältnis zwischen den

Geschlechtern gewaltig verändert hat. Auch wenn das Wort »Hosen« noch tabu war: »Hat die Frau durch diese Umgestaltung ihres Exterieurs den letzten Rest der conventionellen Schüchternheit abgestreift, so kann es ja leicht möglich sein, dass diese Frau immer mehr an Mut und Selbständigkeit gewinnt und dem Manne gar bald eine ebenbürtige Gegnerin wird, die nach einiger Zeit – so fürchten die Engherzigen – die Pantalons zur allgemeinen Tracht erklärt.«

Während die einen zu Radrennen gingen, hatte Alice Salomon die Idee, mit den »Mädchengruppen« der Töchter aus gutem Hause einen Club einzurichten, wo junge Arbeiterinnen am Abend bürgerliche Lebensart und Kultur kennenlernen und genießen konnten: »Dies war in Deutschland Pionierarbeit, und wir begannen mit dem Taschengeld einer Handvoll junger Mädchen. Wir gaben, was wir hatten. Mit meiner Mutter setzte ich mich über jedes Möbelstück im Hause auseinander, das ich für überflüssig hielt.« 1898 wurde in der Berliner Brückenstraße ein Raum gemietet, anfangs nur für die Abende: »Wir beschafften ein altes Klavier, … pflegten und förderten Lektüre, Schauspielerei und Nadelarbeiten.«

Es lief nicht alles nach den Vorstellungen der bürgerlichen Sozialarbeiterinnen. Alice Salomon schildert selbstkritisch ein Fest im Arbeiterinnenclub: »Das Programm nahm einen netten Verlauf, als plötzlich eine Textilarbeiterin, ansonsten ein gesittetes Mädchen, uns mit dem vulgärsten Schlager schockierte, den ich jemals gehört hatte. Es war wohl nicht ganz so einfach, wie wir gedacht hatten, Kultur zu vermitteln.« Vor allem musste Alice Salomon den jungen engagierten Mädchen vorsichtig vermitteln, dass sie im gepflegten Elternhaus im Berliner Westen nichts davon erzählten. Die Sozialarbeit der »Mädchengruppen« durfte nicht in Verruf kommen.

Ähnliche Vorfälle waren im ersten Berliner Frauenclub ausgeschlossen, der ebenfalls 1898 gegründet wurde. In der Potsdamer Straße 126 warteten Gesellschafts-, Lese- und Speisezimmer, eine Bibliothek und ein Schreibkabinett, um Damen »einen Vereinigungspunkt zu gewähren, wo sich gesellige Beziehungen anknüpfen« ließen, vorzugsweise für »alleinstehende Damen«. Finanziert wurde der Club durch die Mitgliedsbeiträge, was bei zwanzig Mark im Jahr die Begrenzung auf die höheren Gesellschaftsschichten bedeutete. Aber schon 1899 öffnete der zweite bürgerliche Frauenclub für sechs Mark Jahresbeitrag und wandte sich ausdrücklich an »die im Erwerbsleben stehenden Frauen«. Zu den Initiatorinnen gehörte Franziska Tiburtius, inzwischen sechsundfünfzig Jahre alt, die seit 1876 als Ärztin in Berlin praktizierte und sich stets für die Ausbildung und Berufstätigkeit junger Frauen eingesetzt hatte.

Der neue Club in der Schellingstraße sollte ausdrücklich »das Solidaritätsgefühl der Frauen und damit die große Idee der Frauenbewegung« stärken und fördern. Tatsächlich holten die bürgerlichen Frauenclubs in der Reichshauptstadt – denen weitere in anderen deutschen Städten folgten – Frauen heraus aus ihren Familien und privaten Salons, festigten und vergrößerten die weiblichen Netzwerke und besetzten am Jahrhundertende sichtbar ein weiteres Stück des öffentlichen Terrains.

Die Beschleunigung mit den neuen Erfindungen Eisenbahn, Auto, Fahrrad schien der Zeit selbst zunehmenden Schwung zu verleihen, als das neue Jahrhundert ins Blickfeld kam. 1898 ist das Jahr, in dem Hermine Edenhuizen aus dem fernen Ostfriesland in Berlin mit drei anderen jungen Frauen den Gymnasialkurs, den Helene Lange 1893 eingerichtet hatte, vor externen Prüfern mit der Note »gut« besteht. Zu den Reformschritten, die die Frauenbewegung durch unablässige Nachfragen und Petitionen erstritt, gehört, dass dieser Abschluss für Mädchen seit 1896 als vollwertiges Abitur gilt. Zwar werden Frauen immer noch nicht als normale Studentinnen zugelassen und dürfen sich an den Universitäten nicht immatrikulieren. Aber das Berliner Abitur erlaubt ihnen als Gasthörerinnen zu studieren und einen Universitätsabschluss zu machen. Allerdings unter einer Bedingung: Jeder Professor, dessen Vorlesungen und Seminare die Frauen besuchen möchten, muss persönlich seine Einwilligung geben. Die Abhängigkeit der Frauen vom männlichen Machtapparat bleibt.

Hermine Edenhuizen, die im Sommer 1898 in Berlin Medizin studieren wollte, klopfte an viele Professoren-Türen. Es war ein demütigender Gang. Bei seinem Amtsantritt hatte der Rektor das Frauenstudium erwähnt, immerhin. Aber nur um zu erklären, niemand dürfe die Dozenten zwingen, Frauen zu ihren Vorlesungen zuzulassen. Denn sonst würden die akademischen Lehrer »gerade in der medizinischen

Fakultät in der Freiheit und Unbefangenheit ihres Lehramtes beschränkt«. Ein Jahr zuvor hatte der angesehene Physiker Max Planck in der Anthologie *Die akademische Frau* verlauten lassen, »Amazonen sind auch auf geistigem Gebiet naturwidrig«. Nur in der Frauenheilkunde könne er sich vielleicht eine Medizinerin vorstellen, weil dieser Beruf der Natur der Frau entspräche.

Den Anatomieprofessor suchte Hermine Edenhuizen in seiner Wohnung auf, um die Zulassung zu seinen Vorlesungen und Seminaren zu erbitten – »und wurde nicht liebenswürdig empfangen«. Zuerst versteckt der Herr Geheimrat sich hinter seinen Studenten, er könne für deren Benehmen während der Vorlesungen nicht einstehen. Dann sagt er rundheraus, er möchte keine Vorträge vor Damen und Herren halten: »Unverrichteter Sache ging ich fort.«

Die Sechsundzwanzigjährige sieht darin ein Zeichen für »die damals noch herrschende Prüderie«. Ein junger Professor gab schließlich seine Einwilligung. In seinen Vorlesungen errötete Hermine Edenhuizen, »wenn von weiblichen Becken und anderen weiblichen Organen die Rede war. Es war ungeheuer peinlich für uns Einzelwesen unter so vielen Männern …« Sie und eine weitere Studentin waren 1898 die ersten und einzigen Berliner Medizinstudentinnen unter rund dreihundert Studenten, »und die kamen uns ja nicht als Kameraden entgegen, sondern als Feinde. … Wir mischten uns nur mit Grausen unter sie, die bei unserem Eintritt in den Vorlesungsraum als Äußerungen ihrer Missbilligung regelmäßig mit den Füßen scharrten und dazu pfiffen«. An der Berliner Humboldt-Universität studierten im Sommer 1898 genau 9992 männliche Studenten und Gasthörer, und 234 Frauen waren als Gasthörerinnen zugelassen. Selbst dieses höchst ungleiche Verhältnis empfanden die Herren offensichtlich als Bedrohung.

Nach dem Sommersemester erlaubte sich die junge Frau aus dem platten Ostfriesland ein Wintersemester in Zürich: Es war das Paradies verglichen mit den Erlebnissen in Berlin. Frauen wurden ohne Vorbedingungen immatrikuliert wie Männer, und waren sogar zahlreicher vertreten. Kein Scharren, keine dummen Witze; die jungen Männer und Frauen halfen sich gegenseitig im Präparierkurs: »Das alles wirkte befreiend. Ich atmete auf und fing mit neuem Mut wieder an zu arbeiten.« Dazu der gesellige Umgang im Studentinnenverein, eine freundliche Pensionswirtin, Ausflüge in die schöne Umgebung.

Ostern 1899 ging es schon zurück nach Deutschland, weil nur wenige Auslandssemester anerkannt wurden. Hermine Edenhuizen wählte die Universität in Halle, wo sich insgesamt vier Studentinnen auf das Physikum vorbereiteten. Sie machte sich auf Wohnungssuche und hörte an jeder Türe »studierende Frauen nehmen wir nicht auf«. Schließlich wurden die vier Studentinnen von einer Lokomotivführerfrau in einer Dreizimmerwohnung aufgenommen. Wieder musste jeder Professor einzeln um Erlaubnis gefragt werden, doch das ging diesmal glatt. Zusätzlich hätte Hermine Edenhuizen gerne Geologie gehört. Die Frau des Ordinarius öffnete die Wohnungstür. Als die Studentin sagte, sie hätte gerne die Erlaubnis in sein Kolleg gehen zu dürfen, würdigte die Frau Professor sie keiner Antwort, »sondern schlug die Tür knallend vor mir zu«.

Die Männer, die – so lange man denken konnte – unangefochten die Familie, die Gesellschaft und den Staat beherrschen, geben nicht kampflos auf. Aber wortlos vom Tisch wischen lassen sich die Forderungen und Ansprüche der Frauen nicht mehr. Der Deutsche Ärztetag von 1898 gibt eine Erklärung über die »Zulassung von Frauen zum Medizinstudium« ab. Wenn das Frauenstudium nicht noch weiter erleichtert werde, sei für die Zukunft weder »besonderer Nutzen noch Schaden« zu erwarten, heißt der großzügige Auftakt. Dann geht es zur Sache: Wenn es jedoch »weitere Zugeständnisse« an die Frauen geben sollte, dann würde daraus »mehr Schaden als Nutzen für die Frauen und eine Minderung des ärztlichen Ansehens« folgen. Die Mediziner hatten eine Stellvertreterfunktion: Langsam dämmerte es den Akademikern, dass das Medizinstudium für Frauen zum Schlupfloch werden konnte. Einmal innerhalb der akademischen Welt angekommen, würden sie sich andere Studienzweige erobern.

Wer lesen konnte, für den waren die Wegweiser in Richtung Zukunft unübersehbar. Maria Mancke, die viele ihrer Bücher unter dem Pseudonym Marie von Felseneck geschrieben hat, wurde 1847 in Dresden geboren und war im Kaiserreich eine der erfolgreichsten Autorinnen für Mädchenliteratur. In Dresden hatte sie die Ortsgruppe vom Allgemeinen Deutschen Frauenverein mit ins Leben gerufen. Nach dem Umzug in die Reichshauptstadt, wo sie unverheiratet mit ihrer Mutter lebt, wird sie Mitbegründerin des Deutschen Schriftstellerinnenbundes. Sie koordiniert in den 1890er Jahren einen Sammelband, der über Frauenberufe informiert – Lehrerin, Gärtnerin, Fotografin, Ärztin. Dann entdeckt sie ihr Talent zum Romanschreiben: Zwischen 1893 und 1916 erscheinen rund siebzig Romane, die Mehrheit erzählt von Bürgertöchtern, die folgsam das traditionelle Frauenbild erfüllen. Aber einige skizzieren neue Lebens-Entwürfe und setzen andere, moderne Vorbilder für junge Mädchen.

1898 erscheint »Fräulein Doktor«. Im Mittelpunkt steht Gerta von Waldstein, die den Vater in Berlin von ihrem Ziel überzeugt, so dass er sie in Zürich Medizin studieren lässt. Nach erfolgreichem Studienabschluss folgt sie einem Ruf nach Indien, wo sie in einem Harem als Ärztin praktiziert. Dann wird ihr in einer deutschen Privatklinik eine leitende Stelle angeboten, und sie kommt zurück. Der höchste Posten in der Klinik bleibt einem Mann vorbehalten, und eine Ehe einzugehen ist für Gerta von Waldstein unvereinbar mit einem so verantwortungsvollen Beruf. Doch mit diesem Lebensmodell einer willensstarken, selbständigen Frau hält die Emanzipation Eingang in bürgerliche Mädchenzimmer.

Auch in der deutschen Politik nahm das Tempo zu. Endlich wollten die führenden Männer für Deutschland einen »Platz an der Sonne« erobern, getrieben von der Angst, beim Wettbewerb um Absatzmärkte, Kolonien, Rohstoffe und Flottenstützpunkte weltweit zu spät und zu kurz zu kommen. Die Entschlossenheit, es vor allem mit der Welt- und Seemacht Großbritannien aufzunehmen, demonstrierte im März 1898 die letzte Lesung eines Gesetzes zum Ausbau der Deutschen Schlachtflotte. Gegen die Sozialdemokraten, ein paar verstreute Liberale und Zentrumsleute wurde das Erste Flottengesetz mit überwältigender Mehrheit im Reichstag verabschiedet. Die Abgeordneten wussten, wie populär diese nationalistische Großmannspolitik war.

Das Flottengesetz war nicht nur ein Herzensanliegen des Kaisers. Ob Kleinbürger, bürgerliche Beamtenklasse oder die gebildete Elite in Wirtschaft und akademischen Kreisen: Alle waren überzeugt, dass die deutschen Weltinteressen einer wesentlich verstärkten Kriegsflotte bedurften. Begeistert wurden sie Mitglied, als im April 1898 der Deutsche Flottenverein gegründet wurde, nicht ohne wohlwollende Lenkung im Hintergrund durch das Reichsmarineamt. Bereitwillig flossen für die Propaganda des Flottenvereins Gelder aus Schwer- und Werftindustrie. In der Fantasie des Bürgertums verbanden sich ökonomische und nationalistische Interessen mit der Vision von »Lebensraum« in Übersee, wo deutsche Menschen den primitiven Eingeborenen Fortschritt und deutsche Kultur bringen würden. Schon zwei Jahre nach seiner Gründung hatte der Flottenverein rund 270000 Mitglieder und die Vereinszeitschrift *Die Flotte* eine Auflage von 300000 Exemplaren.

Wer überzeugt war von der deutschen Weltmission, der scherte sich nicht um sensible politische Konstrukte. Das prekäre Gleichgewicht des Friedens beruhte seit der Gründung des Deutschen Reichs 1871 darauf, dass Großbritannien die deutsche Führung auf dem europäischen Kontinent anerkannte, während die Engländer unangefochten die stärkste Seemacht waren. Diese globale Balance durch gewaltige Aufrüstung der deutschen Kriegsflotte aus dem Lot zu bringen, war mehr als ein kalkuliertes Risiko. Wer so agierte, nahm insgeheim Angriff, sogar Krieg mit ins Kalkül.

Es waren die alten adligen Eliten, die nicht in den Jubel einstimmten und das protzige selbstbezogene Verhalten Wilhelm II. mit Misstrauen verfolgten. 1897 schrieb der preußische Gesandte in Bayern nach Berlin, dass »viele auch sagen, S.M. sei geisteskrank ... und eigentlich nicht mehr zurechnungsfähig«. Im Mai 1898 notierte die Baronin Spitzemberg in ihr Tagebuch: »Die neuliche Rede des Kaisers beim Diner für den Reichstag hat wieder viel Kopfschütteln hervorgerufen ...« Wilhelm II. hatte die Abgeordneten aufgefordert, jeder solle »seine Aufgabe so auffassen, dass, wenn er dereinst zum himmlischen Appell berufen wird, er mit gutem Gewissen vor seinen Gott und seinen alten Kaiser treten kann...« Das klang, als säße nach seinem Tod Wilhelm II. zur Rechten des himmlischen Vaters. War er einmal nicht mit Reden und Repräsentieren beschäftigt, so machte der Kaiser Randbemerkungen an Akten aus den Ministerien oder schrieb in die Depeschen der Diplomaten des Auswärtigen Dienstes, die ihm alle vorgelegt werden mussten, jener Beamte sei »eine üble kleine Kröte« und ein anderer solle sich »meinetwegen ... eine Pfauenfeder in den Arsch stecken«. War Majestät unter Männern, liebte er es, obszöne Witze und Bemerkungen zu machen.

Nach außen konnte die Etikette bei Hofe nicht ausgeklügelt genug sein, die Schleppen der Damen nicht lang genug. Bei den Bällen im Berliner Schloss waren auf Befehl des Kaisers die altmodischen Tänze wieder eingeführt worden. Ging Wilhelm II. auf Staatsbesuch oder inszenierte eine Fernreise nach eigenem Geschmack, herrschte eine Mischung aus Pomp und Moderne. So geschah es auch, als er mit großem Schiffskonvoi im Herbst 1898 erst den Sultan in Konstantinopel, dann Jerusalem und Palästina und zum Abschluss Damaskus besuchte. Für die Landfahrten gehörten zum kaiserlichen Tross unter anderem 120 Wagen, 230 Zelte, 1300 Pferde, 12 Köche und 60 Kellner. Wilhelm II. wollte partout hoch zu Roß in Jerusalem einreiten, also wurde neben dem Jaffa-Tor eine Öffnung in die Stadtmauer gebrochen. Anlass für die kaiserliche Visite war die Einweihung der evangelischen Erlöserkirche auf dem Ölberg am 31. Oktober – Reformationsfest – 1898.

Am gleichen Morgen, als Kaiser und Kaiserin in der Erlöserkirche dem Gottesdienst folgten, brach bei Sonnenaufgang eine Gruppe deutscher Touristen von ihrem Hotel vor dem Jaffator auf zu einem Ritt durch die Wüste in ein deutsches Aussätzigenasyl. Es waren vor allem Ärzte, unter ihnen die Berliner Ärztin Dr. Franziska Tiburtius, die Pionierin des Frauenstudiums. Aus ihren Lebenserinnerungen erfahren wir: »Im Herbst 1898 rüstete der Kaiser zur Fahrt nach Jerusalem … Die damals ersten Reiseinstitute, der englische Cook und der deutsche Stangen, rüsteten mehrere große Schiffe aus, und ganze Scharen moderner Kreuzfahrer drängten sich zur Fahrt nach dem heiligen Land.«

»Carl Stangen's Reise-Bureau seit 1868«: Es ist das erste und älteste deutsche Reisebüro, vermittelte Fahrkarten weltweit für Eisenbahnen und Dampfschiffe und bot Package-Touren an wie die nach Jerusalem. Ab 1890 war der Strom deutscher Auswanderer nach Übersee dank der Hochkonjunktur im deutschen Reich merklich zurückgegangen. HAPAG baute nun Auswandererschiffe, die nicht mehr gebraucht wurden, zu ersten Kreuzfahrtschiffen um, die ins Mittelmeer ausliefen. Die reisefreudige alleinstehende Franziska Tiburtius gehörte auch hier zu den Ersten: »Ich habe mehrmals an Stangenschen Reiseexpeditionen teilgenommen und habe stets die Sorgfalt und Umsicht der Leitung, die Großzügigkeit aller Einrichtungen, die Rücksichtnahme auf die Wünsche der Reisenden bewundert.« Die Medizinerin empfand das als »Berufsmensch« schon beim Betreten des Schiffes als »äußerst angenehm« und lobte die Reise nach Jerusalem: »Die Mittelmeerfahrt bei herrlichstem Wetter war köstliches Ausruhen, Erquickung für Leib und Seele.« Nur ein Jahr später, 1899, lief bei der Hamburger Werft Blohm & Voss das erste als reines Kreuzfahrtschiff konzipierte Schiff für HAPAG vom Stapel.

Eine ältere alleinstehende Dame aus guter Gesellschaft geht ohne Begleitung auf Reisen? Besteigt gar ein Schiff, das in ferne Länder aufbricht? Franziska Tiburtius, fünfundsechzig Jahre alt, traut sich was. Aber was soll eine Frau der ersten Generation, die sich fundamentaler Fesseln des traditionellen Frauen-Schicksals entledigte, noch schrecken? Paula Becker, 1876 in eine gutbürgerliche Familie geboren, mietet im September 1898 im Künstlerdorf Worpswede bei Bremen für sich allein eine gemütliche Stube, um ihrem Beruf als Malerin nachzugehen. Sie hat von der Frauengeneration vor ihr profitiert, die Pionierarbeit in Sachen Emanzipation leistete, wie der Verein der Berliner Künstlerinnen und Kunstfreundinnen, der 1868 eine Mal- und Zeichenschule gründete. In ihr wurden Frauen professionell als Malerinnen ausgebildet, während ihnen die staatlichen Kunsthochschulen bis 1918 verschlossen blieben.

Paula Becker hatte im Mai 1898 mit Bravour den Abschluss in der Mal- und Zeichenschule gemacht. Die Eltern hatten sie verpflichtet, zuvor eine Ausbildung als Lehrerin in Bremen zu machen. Danach war es die Mutter, die den Weg nach Berlin zur Malschule ebnete. Beide Eltern waren überzeugt, dass ihre Tochter entgegen der Tradition einen Beruf brauchte, um nicht – rein aus Versorgungsgründen – heiraten zu müssen. Im Frühjahr 1901 wird sie in Worpswede den Maler Otto Modersohn heiraten. Noch allein in ihrer Bauernstube, malt Paula Becker kühn lebensgroße Akte von »steinalten« Frauen und Dorfkindern. An ihre Tante in Berlin, eine gebildete emanzipierte Frau des Großbürgertums, schreibt sie im Sommer 1899: »Denn ich will aus mir machen das Feinste, was sich überhaupt aus mir machen lässt.« Dem Vater versichert sie auf dessen Kritik an ihren Bildern, »dass ich

Eure alte Paula bleibe, wenn auch ein Neues hinzukommt. Und wenn dies Neue Euch nicht gefällt, so tröstet Euch bei dem Gedanken, dass eine Zeit sein wird, wo dies Neue von Neuerem verdrängt wird …«

Es wird etwas Neues kommen, denn das letzte Jahr des alten Jahrhunderts ist angebrochen. In der Zeitschrift *Neue Bahnen* bespricht Auguste Schmidt, die Vorsitzende des Allgemeinen Deutschen Frauenvereins (ADF), die 1899 erschienene Broschüre *Der Student und das Weib*. Darin plädiert die Autorin für die Ehescheidung und eine »Ehe ohne Priester und Standesamt, solange gegenseitige Achtung und Liebe« herrschen. Sie fordert das »Recht der Frau« über sich selbst zu verfügen und in der Liebe »die Freiheit der Wahl« zu haben. Auguste Schmidt hat 1865 den ADF mitbegründet, sitzt im Vorstand des Dachverbandes Bund deutscher Frauenvereine (BDF) und präsidiert als ältere Dame in etwas altmodischer Kleidung immer noch in Sitzungen und Versammlungen. Die sechsundsechzigjährige Pionierin der Frauenbewegung ist überzeugt, das freizügig-fortschrittliche Plädoyer in Sachen Liebe und Ehe stehe in »voller Übereinstimmung mit der weitaus größten Zahl der Vertreterinnen der bürgerlichen Frauenbewegung«.

Der Artikel in den *Neuen Bahnen* ist ein öffentliches Zeugnis, dass die ehemalige Lehrerin Auguste Schmidt ihrer früheren Lieblingsschülerin Clara Zetkin Anerkennung und Sympathie nicht versagt, so gegensätzlich sich ihre Positionen in der Frauenbewegung auch entwickelt haben. Denn *Der Student und das Weib* basiert auf einem Vortrag, den die führende Frauenrechtlerin des proletarischen Lagers vor Heidelberger Studenten gehalten hat. Wenn Clara Zetkin für die Frauen eine selbstbestimmte Liebe in Anspruch nimmt, stehen eigene selbstbewusste Lebensentscheidungen dahinter. Zuerst die Ehe ohne Trauschein mit dem russischen Emigranten Ossip Zetkin und ihren zwei Kindern in Paris; in bitterer Armut, aber getragen von dem gemeinsamen Einsatz für eine neue gerechte Welt im Zeichen des internationalen Sozialismus. Diese Überzeugungsarbeit führte Clara Zetkin nach dem Tod ihres Mannes ab 1891 in Stuttgart als Redakteurin der Zeitschrift *Die Gleichheit* weiter. 1896 setzte sie sich als die führende Genossin für Frauenemanzipation auf dem Gothaer Parteitag der sozialdemokratischen Partei Deutschlands durch.

Paula Modersohn-Becker verlässt im Februar 1906 heimlich Worpswede, entschlossen, sich von ihrem Mann zu trennen. Wie im Rausch entsteht in den folgenden Monaten in Paris der größte Teil ihrer Bilder, mit denen sie zur europäischen Avantgarde gehört.

Im gleichen Jahr wurde aus der Bekanntschaft zwischen dem einundzwanzigjährigen Kunststudenten Friedrich Zundel und der achtzehn Jahre älteren Clara Zetkin Liebe, und die beiden lebten von nun an zusammen. Alles hatte damit begonnen, dass sie über ihren Nachbarn und Freund, den Industriellen Robert Bosch, dem Studenten Atelier und Arbeit verschafft hatte. 1898, nachdem Clara Zetkin es mit ihren beiden Söhnen besprochen hatte, ging das Paar zum Standesamt.

Es war wohl auch eine Konzession an die Parteigenossen, die in Sachen Ehe und Familie ähnlich bürgerlich dachten wie ihre politischen Gegner und denen diese ungleiche Beziehung nicht geheuer war. Ein formales Entgegenkommen, denn mit dieser Verbindung bekräftigte sie den Anspruch aus ihrem Heidelberger Vortrag, dass »die ideale ›neue Frau‹ ein weiblicher Vollmensch ist«. In der Stuttgarter Blumenstraße 34 bezog das Paar eine größere Wohnung. Friedrich Zundel wurde von Robert Bosch gefördert, bekam Aufträge als Maler. Clara Zetkin, die weiterhin unter diesem Namen auftrat, hatte Einnahmen als Redakteurin der *Gleichheit,* als Journalistin und gefragte Rednerin.

Wenn Clara Zetkin 1899 vor Studenten – alles junge Männer – die »Freiheit der Wahl in der Liebe« für die Frau reklamiert und das »Recht der Frau, über sich selbst zu verfügen«, tut sie den nächsten Schritt. Der erschütternden Negativfolie eines weiblichen Lebens in Gabriele

Reuters Roman *Aus guter Familie* stellt sie selbstbewusst das Bild einer neuen Frau gegenüber. Und es ist eine Dichterin, die im gleichen Jahr eine solche selbstbestimmte weibliche Liebe in unerhörte Bilder fasst: *Mein heißer Leib erglüht in seinem Hauch, / Er zittert wie ein junger Rosenstrauch, / Geküsst vom warmen Maienregen. / – Ich folge Dir ins wilde Land der Sünde / Und pflücke Feuerlilien auf den Wegen, / – Wenn ich die Heimat auch nicht wiederfinde …*

Das Jahr 1899 brachte für Else Lasker-Schüler in Berlin die Erfüllung ihrer Träume. Die *Realistische Wochenschrift für Litteratur, Kunst und öffentliches Leben* – kurz *Gesellschaft* genannt –, war erst 1895 in München gegründet worden und sogleich als Avantgarde-Blatt für moderne Literatur hoch angesehen. Im Sommer 1899 nahm die *Gesellschaft* vier Gedichte von Else Lasker-Schüler an. Seit dem Umzug von Elberfeld nach Berlin hatte sie, die sich gemäß den gesellschaftlichen Regeln nach ihrem Ehemann, dem angesehenen Arzt Berthold Lasker, »Frau Doktor« nennen durfte, Kontakte zu Literaten und Zeitschriften geknüpft. Das Malen war in den Hintergrund getreten, sie wollte als Dichterin gehört werden und Anerkennung finden.

Sie war beseelt von diesem Erfolg, zumal er mit einer ebenso seligen Zeit ihres persönlichen Lebens zusammenfiel. Else Lasker-Schüler war schwanger, endlich, sie hatte sich so sehr ein Kind gewünscht. Dass sie im Sommer 1899 nicht mehr mit ihrem Mann Berthold Lasker zusammenlebte, war für sie eine Erleichterung. Ihre Ehe hatte schon länger keine Zukunft mehr gehabt. »Zusammenwohnen ist Blödsinn«, schrieb sie der älteren Schwester, während sie auf Wohnungssuche war, und dabei von Berthold Lasker, auch mit Geld, geduldig unterstützt wurde. Am 24. August kam ihr Sohn zur Welt, Paul Lasker. Sie nannte ihn Paul nach ihrem früh verstorbenen Lieblingsbruder. Zeitlebens wird Else Lasker-Schüler darauf beharren, dass Berthold Lasker nicht der Vater ist. Aber wer der Vater ist, dieses Geheimnis gibt sie niemals preis.

Zur Seligkeit gehört, dass das erste ihrer vier Gedichte in der *Gesellschaft* just im August 1899 erscheint. Es ist jenes, das die Dreißigjährige im Blick auf ihr ungeborenes Kind geschrieben hat. Es heißt »Vorahnung«: *Verhöhnt mich auch lachend der Wirbelwind, / – Mein Kind, das ist ein Königskind, / Mit Locken, wie Sonnenscheinen. // Ich sitze sinnend unter dem Dach, / Bin in den Nächten fieberwach / Und nähe Hemdchen aus Leinen.*

Alleinerziehende Mutter, berufstätig, mit großen Plänen für ihren Sohn und ihre Dichtkunst und entschlossen, auf die Liebe niemals zu verzichten: So wird Else Lasker-Schüler vom 19. ins 20. Jahrhundert gehen. Welten liegen zwischen dem, was ihr 1869, im Jahre ihrer Geburt, als Tochter aus gutem Hause an bürgerlichen Lebenszielen in die Wiege gelegt wurde und dem Lebensentwurf, den sie sich als Frau gegeben hat.

Wenn ich die Heimat auch nicht wiederfinde: Wie die Dichterin brechen mehr Frauen als je zuvor auf zu anderen Zielen als ihnen anerzogen und anbefohlen wurden. Für sie trägt das neue 20. Jahrhundert viele Verheißungen. Noch sind sie eine Minderheit, doch sie sind überzeugt: Es führt kein Weg zurück.

Ab 1900

Von Männerbünden und weiblichen Marksteinen

Eine Welt ohne Scham und Zucht – Bei Siemens: Eine Frau übernimmt – Breslau: Clara Immerwahr, die erste Chemikerin – Karen Danielsen: Die »sexuelle Frage« taucht auf – »Die Frau als Hausärztin« klärt auf – Konkurrenz: Mit allen Mitteln gegen Ärztinnen – Alice Salomon: Kuchen und Sahne zur Promotion

Das 20. Jahrhundert fing gut an: »In der vorhergehenden Nacht hatte ein toller Jubel geherrscht, indem die Berliner, wohl das originellste aller Großstadtvölker, diesmal die Zylinderhüte einschlugen, wo es anging.« Das schrieb der Journalist und renommierte Theaterkritiker Alfred Kerr über den Jahreswechsel 1899 auf 1900 in seinem »Berliner Brief«, eine feste Kolumne in der *Breslauer Zeitung*. Das Zylindereinschlagen mussten sich die vornehmen Herren im Bereich Unter den Linden/Friedrichstraße gefallen lassen, denn an Silvester übersahen die Berliner Polizisten manches, was sie an anderen Tagen streng geahndet hätten. Nach diesem Schabernack ging es zum Schlossplatz, wo das Denkmal von Kaiser Wilhelm I. hoch zu Ross angestrahlt war und die dicht an dicht stehenden Menschen darauf warteten, dass im Lustgarten die Artillerie um Mitternacht den traditionellen Salut schoss, in fünf Minuten hundert Schuss aus sechs Geschützen.

Im Schloss hatte sich die kaiserliche Familie »abends mit Bleigießen vergnügt«, wie es die Gräfin Keller, Hofdame der Kaiserin, in ihrem Tagebuch überliefert. Um elf Uhr ging es in die Schlosskapelle zur »würdigen Feier des Eintritts in das neue, das zwanzigste Jahrhundert«. Danach hätte die Hofdame sich gerne »still zurückgezogen«. Doch das Protokoll verlangte eine »große Defilier- und Gratulationscour« im Weißen Saal des Schlosses. Immerhin: »Der Anblick war feenhaft: die glänzenden Toiletten, die Galauniformen der Hof- und Zivilbeamten wie der Offiziere …«

Ähnlich wie der Gräfin Keller ging es Bodo von dem Knesebeck, der als Kabinettsrat der Kaiserin an diesem pompösen Auftritt teilnehmen musste. Aus Bayreuth schrieb ihm am 31. Dezember 1899 tröstend seine Freundin Cosima Wagner: »… auch mir sagen diese Zeitübergänge so gut wie nichts … Ich werde an Sie denken heute abend und Sie mir bei dem Gepränge vorstellen – und es ist schon viel, sich inmitten des Geräuschvoll-Hohlen einen vorstellen zu können, der die Täuschung durchdringt.«

Während sich die einen einem verabscheuten Zwang beugten, feierten andere in fröhlicher Runde. Die *Neue Westfälische Volkszeitung* in Bielefeld ist voller Inserate zum Jahreswechsel. Der Zentral-Verband der Maurer lädt zum »Silvester-Ball«, Anfang 6 Uhr, Ende nachts. Der I. Bielefelder Athleten-Klub macht ein »Großes Winter-Fest« mit Ball, Konkurrenz-Stemmen und Wettringkampf. Der Arbeiter-Turn-Verein »Westfalia« hat ein »Großes Tanzkränzchen« an Silvester geplant, während der Rauchclub »Zur Esche« am ersten Tag des Jahres schon um 4 Uhr mit dem »Großen Neujahrsball« beginnt.

Im Hauptteil der *Neuen Westfälischen Volkszeitung* wird über das vergangene Jahrhundert eine gemischte Bilanz gezogen. Der »große Fortschritt« liegt im Blick auf die Außenwirkung der Nation klar zu Tage: »Wir sind geachtet von den Völkern der Erde. Unsere Rüstung zeigt kaum noch Lücken, durch die ein feindlicher Dolch hindurchdringen kann.« Der »schwere Rückschritt« wird mit dem Zustand im Inneren begründet: »Erschreckend ist die Lockerung der alten kirchlichen, staatlichen, gesellschaftlichen Bande … Ja, nicht bloß bei den sozialdemokratischen Massen, sondern auch bei den Hochgebildeten und Gelehrten findet sich ein Leugnen, dass Sünde Sünde ist, … finden sich Trunk und Spiel und Unzucht, ja sogar die freche, wahnsinnige Anmaßung, dass es … eine Welt ohne sittliches Gesetz, ohne Scham und Zucht gebe.«

Welches »sittliche Gesetz« dem Schreiber vor Augen stand, musste er seinen Zeitgenossen nicht näher ausführen. Es war die traditionelle Familie, die die Welt der Konservativen bisher zusammengehalten hatte, verbunden mit der unumschränkten Herrschaft des Mannes über Ehefrauen und Töchter – über familiäre, gesellschaftliche und staatliche Angelegenheiten. Es waren tatsächlich vor allem Kräfte aus den eigenen bürgerlichen Reihen, die dieser Welt von gestern den Kampf angesagt hatten. Frauen hatten begonnen, in die Welt der Männer einzudringen, Küche und Salon zu verlassen und sich in der Öffentlichkeit Gehör zu verschaffen.

Aber wichtige Stützen des alten Systems hatten bis jetzt standgehalten. Und das neue Bürgerliche Gesetzbuch, das am 1. Januar 1900, einem Montag, für das gesamte Deutsche Reich in Kraft trat, schrieb die traditionellen Rechts- und Machtpositionen des Mannes in Paragraf 1354 für das neue Jahrhundert fort: »Dem Manne steht die Entscheidung in allen das gemeinschaftliche eheliche Leben betreffenden Angelegenheiten zu.« Die *Deutsche Juristen-Zeitung* hatte Ernst von Wildenbruch, längst vergessen, aber damals als »Dichter der Nation« hoch angesehen, um einen poetischen Gruß zum Inkrafttreten des BGB gebeten. Der ließ es an holprigem Pathos nicht fehlen: »Es heischte neu geborenes Geschlecht / mit ihm gebor'nes ein'ges Recht. ... Nun wandelt durch das deutsche Vaterland / Gerechtigkeit im heimischen Gewand!« Die vom Dichter beschworene Gerechtigkeit gilt nur für den männlichen Teil des Vaterlandes. Das neue Recht, das die Frauen mit Demonstrationen, Versammlungen und Petitionen vor der Verabschiedung des BGB eingefordert hatten, war ihnen von den Männern, die im Reichstag über die Gesetze entschieden, nicht gewährt worden. Aber diese Kampagne war eine Lehre und ein Ansporn für das 20. Jahrhundert: beim Protest in der Öffentlichkeit nicht nachzulassen und zugleich zäh jede Möglichkeit zu nutzen, mit der Gleichberechtigung praktisch voranzukommen. Und dem Paragrafen 1354 des BGB zum Trotz bekam der Wandel zu Beginn des neuen Jahrhunderts kräftigen Auftrieb.

Das Land Baden war das erste im Deutschen Reich, das zum Sommersemester 1900 Frauen und Männer beim Studium gleichstellte. Frauen konnten sich nun regulär immatrikulieren und waren an den Universitäten Heidelberg und Freiburg nicht mehr gnädig auf »Gasthörerschaft« angewiesen. Versuche einiger Professoren, getrennte Vorlesungen für Frauen einzuführen, wurden unterbunden. Zur gleichen Zeit ließ Hermine Edenhuizen das ungastliche Halle und seine Universität hinter sich und setzte ihr Medizinstudium mit einer Freundin im Sommer 1900 in Bonn fort. Auf die junge Frau aus Ostfriesland wirkte »das sprühende Leben der Rheinländer zunächst verwirrend«. Aber eine nette Pension und die »generelle Hörererlaubnis« der Professoren für Gasthörerinnen, so dass die Studentinnen »keine Bittgänge zu den einzelnen Herren« antreten mussten, erleichterten das Einleben. (Dem Schritt zum regulären Frauenstudium in Baden hatte sich vorerst kein anderes deutsches Land angeschlossen; es blieb im preußischen Bonn bei Gasthörerinnen.) Doch obwohl die beiden Frauen in Bonn die ersten Medizinstudentinnen waren: Die Studenten dort hatten »bessere Umgangsformen als die in Berlin und Halle«. Kein Protestscharren im Hörsaal, keine anzüglichen Bemerkungen im Anatomieseminar, wenn die zwei Frauen ihre Plätze einnahmen.

Ein großer Schritt in Richtung Gleichberechtigung war es auch, als im Jahre 1900 die Leitung der Lackiererei bei Siemens in Berlin einer Frau übertragen wurde. Hinzu kam, dass die dreißigjährige verheiratete Emilie Mathias, die im September 1891 bei Siemens angefangen hatte, in ihrer neuen Stellung im Monat 37 Mark verdiente. Keine Arbeiterin des größten deutschen Elektrokonzerns hatte bisher mehr als zwanzig Mark im Monat nach Hause gebracht. Die Arbeiter sahen darin keinen Fortschritt: Unterstützt von den Gewerkschaften waren alle Arbeiterinnen für die Männer »Lohndrückerinnen«, die ihnen die Arbeit wegnahmen. Auch wenn die Statistiken bewiesen, dass bei Siemens und anderswo die Arbeiterinnen nur die übergroße Nachfrage füllten, und kein Mann dafür entlassen wurde. Die Geschäftsführung allerdings war entschlossen, das demonstrierte sie mit der neuen Chefin in der Lackiererei, auch in Zukunft auf Frauen zu setzen, wenn es den Interessen der Firma entsprach.

Mochten Arbeiterinnen keine Schlagzeilen machen, das Universitätsleben war bürgerlichen Zeitungen immer eine Schlagzeile wert. Zumal, wenn es sich um eine echte Sensation handelte. Am 22. Dezember 1900 versammelte sich um zwölf Uhr mittags in der Aula der Breslauer Universität ein bunt gemischtes Publikum, darunter auffallend viele Damen. Nur wenige Stunden später konnte es die ganze Stadt in der Abendausgabe der *Provinzial-Zeitung* lesen: »Unser erster weiblicher Doktor. Sonnabend Mittag fand in der Aula Leopoldina unserer Alma Mater die Promotion des Fräuleins Immerwahr statt. Die These, die sie »nach den Worten des Dekans ›wacker und taper‹ wie ein Mann verteidigte, lautete: ›Beiträge zur Löslichkeitsbestimmung schwer löslicher Salze des Quecksilbers, Kupfers, Bleis, Kadmiums und Zinks‹. … in der Disputation zeigte sich die Doktoranda überaus gewandt und schlagfertig«. Die dreißigjährige Clara Immerwahr hatte ihr Ziel erreicht: in Chemie zu promovieren. Sie tat es magna cum laude, als erste Frau in Breslau überhaupt und als eine der wenigen Studentinnen der Naturwissenschaften im ganzen Deutschen Reich.

Eingeschrieben war sie allerdings an der philosophischen Fakultät. Die Professoren der naturwissenschaftlichen Fächer hatten es einmütig abgelehnt, Frauen als Gasthörerinnen an ihrer Fakultät zu akzeptieren. Es war der Dekan der philosophischen Fakultät, der zum Abschluss der Promotionsfeier Clara Immerwahr, den »doctor novellus«, als »leuchtendes Vorbild« für alle Studenten pries. Jeder, egal welchen Geschlechts, welcher Konfession, welcher Rasse oder Nationalität sei der Wissenschaft willkommen. Doch sogleich folgt das große Aber, das die *Provinzial-Zeitung* an ihre Leserinnen und Leser weitergibt. Der Herr Dekan »wünschte nicht, dass jetzt eine neue Ära anbreche«. Die Frauen sollten nun keineswegs »in die Universitäten hineinströmen, sondern vielmehr nach wie vor ihre schönste und heiligste Pflicht erfüllen, ein Hort der Familie zu sein«. Clara Immerwahr, von der Zeitung als »zierliche Erscheinung mit dunkelblondem Tituskopf und geistvollen Gesichtszügen« beschrieben, denkt nicht daran, solche Ratschläge zu befolgen.

Auf eine akademische Karriere zu hoffen, wo sie eines Tages eine echte Frau Professor sein wird – und nicht mit dem Titel ihres Ehemannes durchs Leben geht –, das liegt jenseits aller Träume. Aber es gibt Zwischenstationen. Der gediegene Wohlstand ihrer bürgerlichen Familie – die Großeltern besaßen das florierende Immerwahr'sche Kaufhaus am Breslauer Ring, der Vater, auch promovierter Chemiker, ist Direktor einer Zuckerfabrik – gibt Clara Immerwahr die Freiheit, sich für eine »neue Ära« zu entscheiden. Nicht zuletzt, weil ihr Doktorvater das weit verbreitete Urteil nicht teilt, dass Frauen für das Reich der Naturwissenschaften, wo es um reine abstrakte Forschung geht, keinerlei Talente mitbringen. Er bietet seiner Doktorandin einen Arbeitsplatz innerhalb der Universität an. Mit dem neuen Jahr 1901 wird Clara Immerwahr Laborassistentin im Bereich physikalische Chemie an der Breslauer Universität. Ein unbezahlter Job, doch das kann sie sich leisten, da der Vater auch ihren nächsten Lebensschritt unterstützt: gegen alle Konventionen als Frau naturwissenschaftliche Forschung zu betreiben.

Im April 1901 reisen Professor und Assistentin zu einem Kongress der Deutschen Gesellschaft für Elektrochemie nach Freiburg. Clara Immerwahr trifft einen guten Bekannten aus Breslauer Jungmädchen-Tagen wieder, mit dem sie vor zehn Jahren mehr als freundschaftliche Gefühle verbunden hatte: Fritz Haber, außerordentlicher Professor für Chemie an der Technischen Hochschule Karlsruhe und entschlossen, alle Energie in eine akademische Karriere zu setzen und mit seinen Erfindungen in der chemischen Industrie viel Geld zu verdienen. Er macht ihr einen Heiratsantrag, schwärmt von einer gleichberechtigten Ehe mit zwei Schreibtischen im gemeinsamen Arbeitszimmer. Sie würde ihm bei seinen chemischen Untersuchungen eine große Hilfe sein, und er habe sie all die zehn Jahre nicht vergessen können. Clara Immerwahr sagt »nein«. Sie hat für ihr Leben andere Ziele, und traut den Versprechungen nicht, als Ehefrau ihre Aufgaben in der Familie mit beruflicher Selbständigkeit vereinbaren zu können.

Die Tochter aus gutem Hause war als Gasthörerin von der Breslauer Universität akzeptiert worden, weil sie zuvor als Externe ihr Abitur an einem renommierten städtischen Realgymnasium für Jungen bestanden hatte. Claras Vater hatte zugestimmt, seine Tochter mit teuren Privatstunden darauf vorzubereiten. Als Breslauer Bürger 1898 eine Eingabe an die Stadt machten und ein Mädchengymnasium forderten, damit eine auf das Studium gerichtete Bildung für Mädchen nicht länger eine Frage des Geldbeutels sei, lehnte die Schulverwaltung ab. Ein Zeitungsartikel unterstützte die Absage mit dem Argument, »die gesamte Nation und ihre Zukunft« hingen davon ab, »dass die deutsche Frau nicht in dem Schulstaub verkümmert«. Sie solle »gesund und frisch« den für sie wichtigsten Beruf ergreifen, »den Beruf als Mutter«. Aber die traditionelle Familienfront kam ins Wanken.

Nicht nur in Breslau waren um die Jahrhundertwende bürgerliche Eltern zusehends überzeugt, dass ihre Töchter nicht alternativlos auf den Beruf »Ehefrau und Mutter« zusteuern sollten, sondern ebenso wie die Söhne für ein Studium genug Hirn im Kopf hatten. Im Dezember 1900 berichtete das *Hamburger Fremdenblatt* erstmals von Plänen, ab Ostern 1901 in der Hansestadt Gymnasialklassen für Mädchen einzurichten. Sie sollten mit Obertertia beginnen und zum Abitur führen. Eine öffentliche Diskussion setzte ein, und es gab genug Väter, die ihre Töchter sofort für das Projekt anmeldeten.

Der Kapitän zur See Berndt Henrik Wackels Danielsen, der rund sechs Monate im Jahr von seiner Familie in Hamburg getrennt war, um eine Flotte von Dampffrachtern auf gefährlicher Route an die Westküsten Südamerikas zu lenken, zählte nicht zu den Befürwortern. Zwei Jahre zuvor hatte er seiner Tochter verboten, ein Gymnasium in Hannover zu besuchen. Doch von seiner Frau Clothilde – in der Familie nur Sonni genannt –, seinem Sohn Berndt, der sich gerade auf das Abitur vorbereitete, und Tante Klara beschworen, seiner fünfzehnjährigen Tochter Karen ihren sehnlichen Wunsch endlich zu erfüllen, gab Wackels nach. Am 19. Januar 1901 lässt Karen Danielsen in ihrem Tagebuch ihren Gefühlen freien Lauf: »Oh, ich bin so glücklich!! Und dankbar!!« Gegenüber dem lieben Gott, der Mutter und dem Vater – »Hurra!!«. Damit ist sie ihrem Berufsziel – Ärztin zu werden – einen entscheidenden Schritt näher gekommen.

Zwar ist die Familie soeben vom westlichen Rand Hamburgs in das idyllische, fast dörfliche Reinbek östlich von Hamburg gezogen. Aber das ist kein Hindernis. Gleich nach den Ostertagen besteigt Karen Danielsen am Reinbeker Bahnhof den kleinen Zug, der sie von nun an Tag für Tag in zweiunddreißig Minuten zum Hamburger Hauptbahnhof bringt. Allein, ohne Begleitung. Und nach dem Unterricht wird sie Hamburg erkunden, allein, ohne Begleitung: die feinen Villen um die Alster ebenso wie das proletarische Gängeviertel mit den krummen schmutzigen Gassen, durch die scharfe Gerüche ziehen und wo hoch in der Luft die Wäsche hängt. Hier stehen Kinder und Frauen in den Türen, deren Armut unübersehbar und doch einer Bürgertochter unbekannt ist. Karen geht in Museen und Theater und sieht – noch ahnungslos – im Hafenviertel Prostituierte, die auf Männer warten.

Die Gymnasiastin hat Zeit für Erkundungsgänge ins großstädtische Leben, denn der Unterricht macht ihr keine Probleme. Karen Danielsen liebt Mathematik und Latein und bringt stets die besten Noten nach Hause. Was ihr schwer fällt, und woran sie arbeitet, erzählt sie ihrem Tagebuch, das sie seit ihrem dreizehnten Lebensjahr führt: »Ich bin ein dummer Backfisch, ich will aufhören mit diesen ewigen Schwärmereien.« Mal war es ein Lehrer, mal eine Lehrerin, die sie glühend verehrt hatte. Schluss damit. Vorbei die Zeit, mit Karl Mays Büchern in die Welt von Winnetou und Old Shatterhand einzutauchen. Auf die Sechzehnjährige warteten andere Abenteuer. Sex hieß das neue, aufregendere Thema. Seit der Jahrhundertwende war Unaussprechliches sagbar geworden.

Begonnen hatte es mit der Abolitionistenbewegung, die gegen Ende der 1890er Jahre, von Amerika und England kommend, Deutschland erreichte. Es waren Frauen vor allem, und Frauenvereine, die für die Abschaffung (Englisch: abolition) der Prostitution kämpften und dieses Tabu-Thema ins Offene brachten. Von »Sittlichkeit« sprachen sie anfangs, aber bald sehr konkret von »Geschlechtskrankheiten«, um die doppelte Moral aufzudecken, die Männern alle Freiheiten ließ, aber die »benutzten« Frauen unter polizeiliche Kontrolle stellte. Und skrupellos in Kauf nahmen, dass ahnungslose Ehefrauen angesteckt wurden. Es waren ungeheuerliche Worte für bürgerliche Frauen, und sie zogen Kreise. Diese Worte tauchten in den Zeitungen auf, je öfter, umso geläufiger kamen sie den Lesern und Leserinnen von den Lippen. Neben der »Frauenfrage« gab es jetzt eine »sexuelle Frage«. Das gleichnamige Buch des Schweizer Psychiaters Auguste Forel wurde 1905 ein Bestseller. Der Zusammenhang zwischen beiden »Fragen«, den Gabriele Reuter mit ihrem Roman *Aus guter Familie* in bürgerliche Wohnstuben getragen hatte, war im Alltag angekommen. Mit dem neuen Jahrhundert verdoppelten sich im ersten Jahrzehnt die Zeitungsartikel zum Thema Sexualität.

Was für die Eltern von Karen Danielsen tabu war, darüber konnte die Generation ihrer Kinder sich austauschen. Auf jeden Fall mit der besten Freundin Alice. Gleich zu Beginn ihrer Gymnasiumszeit im Februar 1901 berichtet Karen Danielsen in ihrem Tagebuch von den ersten Gesprächen über sexuelle Annäherungen zwischen Frauen und Männern. Ihre Freundin, obwohl gleich alt, ist die Erfahrene, die Karen nicht nur aufklärt in manchen Dingen, sondern keck Meinungen vertritt, die mit der herrschenden Moral für Frauen unvereinbar sind.

Eines Abends steht die sechzehnjährige Freundin Alice mit der

Karen Horney macht 1906 Abitur und gehört zur ersten Generation deutscher Frauen, die ohne Hindernisse studieren kann. Ab 1909 lebt sie mit ihrem Mann in Berlin in einer »offenen Ehe«, wird die erste deutsche Psychoanalytikerin und widerspricht Freuds Lehre von der negativen Bestimmung weiblicher Identität.

gleichaltrigen Lisa im Regen unter einem Schirm, die beiden warten vergeblich auf ein Taxi. Da fordert ein »Gentleman« – sehr gut aussehend, sehr elegant, um die 40 – die beiden auf, mit ihm ins Café zu kommen, bis der Regen aufhört. Die beiden kommen mit, genießen den Kuchen und haben eine schöne und lustige Zeit. Zwischendurch fragt der Gentleman Alice, was sie denn von Liebe zwischen Frauen hält. »Wie schockierend«, fügt Alice kokett hinzu, als sie der verwirrten Karen Danielsen diese Geschichte erzählt. Was kann denn falsch sein, bemerkt Karen, wenn zwei Freundinnen sich lieben, wie sie und Alice zum Beispiel.

Das ist der Startschuss für Alice, die »kleine Karen« aufzuklären: dass solche harmlose Liebe nicht gemeint sei, und es folgt eine lange Ausführung »über Perversionen«. Es ist nur der Anfang. Karen erfährt, dass Lisa den Unbekannten am gleichen Abend später wieder treffen wollte – und ist entsetzt: Lisa wollte wirklich tun, was für ein Mädchen das Schlimmste ist, das sie tun konnte? »Warum nicht«, entgegnete Alice. »Es ist ganz einfach. Ich habe es fast selber schon getan.« Und sie erzählt, wie einmal ein Mann versuchte, sie zu verführen. Langes Schweigen. Dann sagt Karen: »Aber wenn Lisa ein Kind bekäme …« – »So dumm wird sie nicht sein«, entgegnet Alice. Karen ist sehr verwundert über die ganze Geschichte: »Ich dachte, dergleichen gibt es in unseren Kreisen nicht.« Alice lacht – »Jede Menge« – und schickt gleich den nächsten Schock hinterher: »Ein Mädchen in unserer Klasse hat es getan – und sogar mit ihrem Vater.« Lesbische Liebe, Verführung, Inzest – es fehlt nur noch die Prostitution. Und auch sie wird bald von den beiden Freundinnen abgehandelt.

Ihre Informationslust war geweckt. Zum einen ging Karen Danielsen nun mit geschärften Blicken durch die Straßen, wo die Prostituierten sich zeigten. Dann wurde die geliebte Karl-May-Lektüre abgelöst durch Maupassants Novellen und Zolas »Nana«, die bestrickende Courtisane für die Herren der besten Kreise. Diese und andere Lektüre bietet Stoff für wilde Fantasien. Keine Stelle ihres Körpers, die nicht von heißen Küssen bedeckt worden sei, schrieb Karen Danielsen in ihr Tagebuch. Soweit ihre Einbildungskräfte – »tatsächlich sind nicht einmal meine Fingerspitzen je geküsst worden«.

Verstörende Gedanken, die Karen nach den Gesprächen mit Alice nicht mehr verließen, tauchen im Tagebuch auf: Durfte sich ein Mädchen aus gutem Hause »außerhalb der Ehe einem Mann hingeben«? Für die Generation ihrer Mutter und die aller bürgerlichen Frauen davor wäre schon die Frage undenkbar gewesen. Denn für eine Frau vor 1900 war ihre Sexualität untrennbar mit ihrer Ehre verbunden. Die Folgen für eine Frau waren radikal und gnadenlos: Hatte sie vor der Ehe Sex mit einem Mann – und damit ihre sogenannte Jungfräulichkeit verloren –, war auch ihre Ehre perdu. Sie war nur noch eine Schande für ihre Eltern. Eine Ehefrau stand unter doppeltem Druck, denn sie war für die eigene und die Ehre des Ehemannes verantwortlich. Hatte sie Sex außerhalb der Ehe, war es mit ihrer Ehre dahin, und zwar unverzeihlich, unwiderbringlich. Ihr Ehemann konnte sich mit dem »Ehebrecher« duellieren und so – falls nicht erschossen – seine eigene Ehre wiederherstellen. Seine Frau blieb gebrandmarkt – und verstoßen für alle Zeit. *Effi Briest* erlebt in Theodor Fontanes gleichnamigem Roman, 1896 erschienen, diese unbarmherzige, zerstörerische doppelte Moral.

In ihrem Tagebuch ist Karen Danielsen nicht mehr bereit, sich als Frau solchen moralischen Maßstäben, die die Gesellschaft immer noch fordert, zu unterwerfen. Empört fragt sie: Wann hören wir endlich auf, Menschen nach ihrem Tun zu beurteilen? Es kommt auf die innere Einstellung an: »Es ist keine Frage, dass eine Frau, die sich freiwillig einem Mann hingibt ... unendlich höher steht als die tausenden von Mädchen, die den ersten heiraten, der auftaucht, nur um verheiratet zu sein.« Es sei absurd, den Charakter eines Menschen danach zu beurteilen, wie er es mit dem Sex hält. Nur die Wahrheit zählt. Für Karen Danielsen ist entscheidend, dass man sich frei macht von moralischen Konventionen.

Die bittere Wahrheit in der eigenen Familie ist, dass die Ehe der Eltern in diesen Jahren endgültig scheitert. So jedenfalls sieht es Karens Mutter, die darüber schwer krank geworden ist. Die geborene Holländerin war achtundzwanzig Jahre alt, als sie 1881 den vierundvierzigjährigen norwegischen Kapitän, einen Witwer mit vier Kindern, heiratete. Karen und ihr Bruder Berndt, die Kinder aus dieser Ehe, stehen auf Seiten der Mutter gegen den Vater, der in ihren Augen bigott, streitsüchtig, dumm – kurz unerträglich ist. Karen lässt die vielen Ehepaare, die sie kennt, Revue passieren. Gerade mal zwei davon würde sie als glücklich einschätzen. Nein, den kleinbürgerlichen Werten ihrer Familie, die sie mit dem Christentum verbindet, will Karen Danielsen nicht folgen. Vielleicht wird sie orthodoxe Jüdin, Pantheistin oder Atheistin, schreibt sie 1902 übermütig in ihr Tagebuch – »wer weiß?« Eine echte Leidenschaft, das ist es, was sich die Siebzehnjährige wünscht.

Und das ist der nächste revolutionäre Schritt. Denn Frauen, junge Mädchen zumal, so die verbindliche gesellschaftliche Norm, sind unschuldige asexuelle Wesen und kennen keine Leidenschaften. Sinnlichkeit, sexuelle Erregung, Lust – alles Männersache. Doch die Welt von gestern verliert nach der Jahrhundertwende nicht nur in den Tagebüchern junger Mädchen ihre Glaubwürdigkeit. »Nachdem die Natur beiden Geschlechtern die gleichen Organe gegeben, ist es selbstverständlich, dass sie ihnen auch ... sehr ähnliche Gefühle verliehen haben muss, sonst wäre ja die Befriedigung und der Genuss nur allein auf der einen Seite, Vergewaltigung, Leiden und Freudlosigkeit ganz auf der anderen Seite. Nein, so verteilt die Natur niemals! Ein liebendes Weib ersehnt den Mann seiner Wahl gerade so heiß, wie umgekehrt der liebende Mann das erwählte Weib.« Und auch ehelose Frauen, heißt es in diesem Zusammenhang, haben natürlich einen Geschlechtstrieb.

Mit solchen unmissverständlichen Worten entlarvte Dr. med. Anna Fischer-Dückelmann die bisherige Sexualmoral als »verkehrte Sitte«, mit der »viel Lüge, viel Heimlichkeit und Unnatürlichkeit in die Welt gekommen ist«. Jede und jeder konnte es nachlesen, und die Nachfrage war riesig. *Die Frau als Hausärztin* erschien erstmals 1901 und zehn Jahre später waren fast 900 000 Exemplare verkauft.

Die Ärztin, die in Loschwitz bei Dresden ihre Praxis hatte, stellte hinter ihren Namen »in Zürich promoviert«. Dort hatte sie 1890, verheiratet, drei Kinder, das Medizinstudium begonnen und 1896 als Vierzigjährige ihren Dr. med. gemacht. Anna Fischer-Dückelmann hatte mehr als eine Marktlücke entdeckt. *Die Frau als Hausärztin* wurde von Kollegen attackiert, die ihre offenen Worte kritisierten und sie als Anhängerin von Naturheilverfahren diskreditierten. Doch die Verkaufszahlen sprechen für sich: Das »ärztliche Nachschlagebuch«, als Aufklärungsbuch gedacht, holte mit Beginn des 20. Jahrhunderts die »sexuelle Frage« aus dem Schweigen und aus der Schmuddelecke schlüpfriger Romane.

Anna Fischer-Dückelmann wusste aus ihrer ärztlichen Erfahrung, wie mächtig die Interessengemeinschaft der Männer war, ihre Herrschaft gerade im Bereich der Sexualität mit allen Mitteln zu verteidigen. Wer die Ehefrau auf Kinder und Küche festlegt wie die Konservativen, für den darf es keine Geburtenkontrolle geben, schon gar keine, die von der Frau ausgeht. Für die Hüter der alten Ordnung darf Sexualität nur im Rahmen von Fortpflanzung praktiziert werden. Die einzige Ausnahme gilt für den Mann: Er darf legal ein Kondom nutzen. Die Ärztin aus Loschwitz hat sich in ihrem Buch klug und eloquent abgesichert, kommt nicht mit revolutionärer Attitüde daher, beklagt auch manche moderne Übertreibung, um anschließend nüchtern dafür zu plädieren, sich den Veränderungen zu stellen und Klartext zu reden. Vor allem die Frauen fordert sie auf, die »krasse Unwissenheit auf sexuellem Gebiet« abzulegen, weshalb »die größere Hälfte der in die Ehe tretenden Frauen den ehelichen und mütterlichen Aufgaben

Anna Fischer-Dückelmann, medizinisches Staatsexamen in Zürich, Arztpraxis bei Dresden, schrieb 1901 das Handbuch *Die Frau als Hausärztin*. Ein Bestseller, in dem die Frauen ermutigt wurden, selbst über ihre Sexualität, ihre Berufstätigkeit und über ihr Geld zu entscheiden.

nicht gewachsen« sei. Sie plädiert für Geburtenplanung, da zu viele Geburten die Frauen schwächen und oft bis an den Rand des Grabes bringen.

Zwar werden auch Verhütungsmittel für Frauen hergestellt, aber Werbung und Handel sind offiziell verboten. Im realen Leben allerdings sind die Zeitungen voller Anzeigen über »Hygienische Bedarfsartikel«; Hausiererinnen laufen mit ihrem Angebot in den Großstädten treppauf, treppab; in Drogerien und Apotheken sind Schwämmchen, Kondome, Pessare, Spritzen und chemische Produkte – nicht selten lebensgefährlich für die Frauen – käuflich.

Die Autorin der *Frau als Hausärztin* sichert sich bei diesem brisanten Thema gegen die bestehende Rechtslage und auch gegen die traditionelle sittliche Norm ab und betont, dass »Geschlechtsverkehr mit künstlicher Verhinderung seiner natürlichen Folgen unsittlich ist und stets bleiben wird«. Wer die Anzahl der Kinder kontrollieren möchte, müsse sich »vollständiger Abstinenz« unterwerfen, wenn er keine »ethischen Gefühle« verletzen wolle. Aber das ist nicht das letzte Wort der Medizinerin.

In epischer Breite schildert Dr. Fischer-Dückelmann, wie sexuelle Abstinenz die Ehen ins Unglück stürzt. Da werden »heitere, anmutige Frauen zu unerträglichen, verbitterten und unangenehmen Lebensgefährtinnen«. Und der »gemütlichste, brave Mann wandelt sich um zu einem gereizten Individuum, dem man zuhause am liebsten aus dem Weg geht«. Als nächstes nennt die Autorin beim Namen, was als Verhütung »sehr verbreitet« ist – coitus interruptus –, lehnt ihn aber ab. Er habe schreckliche Folgen für die Frauen, »jahrelanges Siechtum mit hysterischen Folgen«. Müssen die Ärzte angesichts eines solchen Dilemmas nach Auswegen suchen? Die Antwort kommt ohne Wenn und Aber: »Gewiss müssen wir das.« Nachdem sie Gesetz, Konvention und Moral genüge getan hat, informiert die Ärztin sechs Seiten lang ausführlich und mit detaillierten Zeichnungen über alle Verhütungsmittel, die heimlich oder offen auf dem Markt sind.

Mit diesem Buch sollen die Frauen aufgeklärt werden, damit sie in der Ehe als Sexualpartner selbstbewusster agieren können, das zieht sich wie ein roter Faden durch alle Kapitel. Bei den »Praktischen Regeln für die Ehe« nimmt sich Fischer-Dückelmann die Männer vor. Aufgrund einer »verkehrten Erziehung« würden für sie »andere Sittengesetze als für die Frau« gelten. Der »noch nicht ausgewachsene Jüngling« übe »ohne die wahre Liebe zu kennen, geschlechtlichen Verkehr aus und dazu in dem Wahne, dass dies für seine Gesundheit notwendig sei«. Die Folgen sind menschenverachtend: »Unzählige Infektionen, durch ansteckende Geschlechtskrankheiten entstanden, Überfüllung der Findelhäuser, seelisch und körperlich zugrunde gerichtete Mädchen«, die gegen »Geldgewinn die sogenannten Bedürfnisse der Männerwelt befriedigen: ein trauriges Bild, von dem sich alle ernsten Frauen nicht abwenden dürfen«. Da ist sie wieder, die doppelte Moral.

Die Ärztin aus Loschwitz zeigt sich als vehemente Gegnerin der Prostitution und ruft die Frauen auf, sich zusammenzutun, um auf Männer und Frauen einzuwirken, die Situation zu ändern. Frauenvereine und Abolitionistinnen erhalten ein Lob, weil der Druck gegen die Prostitution sich vergrößert, »dank der rastlosen Tätigkeit der voranschreitenden Frauenwelt von Jahr zu Jahr«.

Die Männer in die Schranken weisen, den Frauen Mut machen: Anna Fischer-Dückelmann kennt die Stimmen, die mit dem neuen Jahrhundert die alten Vorurteile und Diffamierungen wieder in die Öffentlichkeit bringen. Der Leipziger Neurologe Paul Julius Möbius hatte 1900 mit seiner Schrift *Über den physiologischen Schwachsinn des Weibes*« die Kampfansage seines Medizinkollegen Theodor Bischoff aus dem Jahre 1871 wieder aufgegriffen. Damals wollte Bischoff den Anfängen wehren, denn deutsche Frauen machten sich auf in die Schweiz, um Medizin zu studieren. Sein Pamphlet *Das Studium und die Ausübung der Medicin durch Frauen* sprach dem weiblichen Geschlecht generell die »Befähigung zur Ausübung der Wissenschaften« ab, und insbesondere in den Naturwissenschaften und der Medizin.

Diese Schlacht war verloren, als Möbius den »Schwachsinn des Weibes« zur Tugend erhob. Es praktizierten erfolgreich ein gutes Dutzend Medizinerinnen im Deutschen Reich. Seit 1900 konnten sich Frauen in Freiburg und Heidelberg immatrikulieren und eine reguläre Ausbildung zur Ärztin durchlaufen, ebenso an den meisten anderen deutschen Universitäten als Gasthörerinnen. Gründe genug für die Anhänger der männlichen Vormachtstellung, die alten Argumente wieder hervorzuholen. »Wichtige Gehirnteile des Weibes sind schlechter entwickelt«, behauptete Möbius. Deshalb waren für ihn Frauen, die sich als Gelehrte oder Künstlerinnen hervortaten, »entartet«. Wenn schon einzelne Frauen aus der Art schlugen, dann galt es umso mehr, den weiblichen Hintermännern das Handwerk zu legen. Der Neurologe forderte seine Medizinkollegen auf, »im Interesse des menschlichen Geschlechts die widernatürlichen Bestrebungen der ›Feministen‹ zu bekämpfen«. Die ideale Frau war nach seinen Maßstäben »gesund und dumm«.

Wer ab 1901 *Die Frau als Hausärztin* las, dem blieben solche Thesen erspart. Dr. Anna Fischer-Dückelmann war selbstbewusst genug, für das neue 20. Jahrhundert nur eine Wahrheit gelten zu lassen, so revolutionär sie auch klang. Anknüpfend an die Feststellung, dass »ein liebendes Weib« den Mann ihrer Wahl ebenso »heiß ersehnt« wie umgekehrt, setzt sie noch eins drauf: »Je geistig entwickelter das Weib wird, je wirtschaftlich unabhängiger, desto klarer und entschiedener werden auch seine Gefühle«. Das ist die Umkehrung der Möbius-These und des alten Frauenbildes: Die neue Frau ist sinnlich, klug und unabhängig. Doch gerade weil die Entwicklung unumkehrbar ist, mehren sich die Rückzugsgefechte derer, denen die ganze Richtung nicht passt.

In Berlin erklärt der preußische Kultusminister im März 1902, das Experiment der Mädchengymnasien werde abgebrochen. Die Gefahr sei zu groß, dass die »Eigentümlichkeiten der deutschen Frau« unter Abitur und Studium litten. Im gleichen Jahr wenden sich die Kliniker in Halle und Leipzig mit einem gemeinsamen Aufruf an die Kliniker aller deutschen Universitäten: »Wir fordern die Ausschließung der Frauen vom klinischen Unterricht.« Dieser Unterricht führe zu Situationen, »welche zu widerwärtig sind, als dass man sie, ohne Anstoß zu erregen, hier genauer präzisieren könnte«. Außerdem vertrage er sich nicht »mit dem Interesse eines gründlichen medizinischen Studiums«.

Was mit großen Worten im Namen von »Schicklichkeit und Moral« gefordert wird, verschleiert Existenz-Ängste um finanzielle Absicherung und gesellschaftlichen Rang. Als Emilie Lehmus und Franziska Tiburtius 1875/76 als erste deutsche Ärztinnen mit ihrem Schweizer Examen nach Berlin kamen, waren sie in den Augen ihrer männlichen Kollegen absolute Ausnahmen, über die man großzügig hinwegsehen konnte. Aber jetzt, an der Jahrhundertwende, sind die weiblichen Ärzte Konkurrenz geworden, allen männlichen Prophezeiungen zum Trotz für diesen Beruf geeignet, und die weiblichen Praxen durchaus nicht leer. Es galt, die Frauen gar nicht erst an die »medizinischen Brotkörbe« gelangen zu lassen oder mit juristischen Kniffen aus ihrer Tätigkeit zu drängen.

Letzteres musste Agnes Bluhm erfahren, die nach ihrem Studium in Zürich sich 1891 als fünfte deutsche Ärztin in Berlin mit eigener Praxis niedergelassen hatte und auch als Chirurgin im gynäkologischen Bereich mit großen Operationen erfolgreich war. Außerdem hatte der Kaufmännische und Gewerbliche Hilfsverein für weibliche Angestellte Agnes Bluhm 1893 als Kassenärztin angestellt. Als gegen Ende des Jahrhunderts weitere Ärztinnen in die Reichshauptstadt zo-

Agnes Bluhm eröffnet 1891 in Berlin als fünfte Frau in Deutschland eine Arztpraxis und macht erstmals große Operationen. Sie widerspricht der Auffassung, berufstätige Frauen würden ihrer Gebärfähigkeit schaden, und engagiert sich nach 1900 im neuen medizinischen Fach Rassenhygiene.

gen, wurde es dem »Geschäftsausschuss der Berliner ärztlichen Standesvereine« zu viel. In einer Beschwerde forderte er den Berliner Polizeipräsidenten auf, Ärztinnen, die im Ausland approbiert waren, die Berufserlaubnis als Kassenärztinnen zu entziehen. Das traf Agnes Bluhm und zwei weitere Ärztinnen, die in Zürich Medizin studiert und mit Staatsexamen und Promotion abgeschlossen hatten.

Das Polizeipräsidium folgte der Beschwerde. Die Krankenkasse der weiblichen Angestellten erhob Einspruch und beschäftigte die Ärztinnen vorerst weiter. Eine gut besuchte Versammlung von Frauen unterstützte die Ärztinnen mit einer Resolution; 3400 Frauen, die Kassenmitglieder waren, unterschrieben eine Petition zugunsten der Ärztinnen. Ein Ärztefunktionär beschimpfte die Medizinerinnen mit ausländischem Studium als Kurpfuscherinnen. Die Berliner *Welt am Montag* nannte es »Die Verfolgung weiblicher Ärzte«. Agnes Bluhm weigerte sich in einem Artikel, mit besagtem Funktionär »darüber zu streiten, was unlautere Konkurrenz und was ›Pfuschertum‹ ist«.

Da Frauen ab 1900 an deutschen Universitäten auch als Gasthörerinnen das Medizinstudium mit Approbation abschließen konnten, traf der Entzug der Arbeitserlaubnis nur einige ältere Ärztinnen. Sollten diese nach langer erfolgreicher Tätigkeit für Jahre ihre Praxis schließen, um sich wieder in den Hörsaal zu setzen und das Staatsexamen nachzuholen? Eine Zumutung. Agnes Bluhm schickte im Namen von zehn weiteren Kolleginnen aus dem ganzen Reich im März 1900 eine Petition an den Bundesrat und legte dar, dass es »einem allgemeinen Gefühl der Billigkeit entsprechen« würde, bei den wenigen betroffenen Ärztinnen eine Ausnahme zu machen. Sie sollten ohne weitere Prüfungen die deutsche Approbation erhalten. Der Bundesrat, nur von Männern besetzt, blieb stur – und lehnte ab.

Im Sommer 1900 starb der Vater von Agnes Bluhm, der einst in Konstantinopel – dem Geburtsort der Tochter – dem Pascha als General gedient hatte. Er hinterließ neben einem Haus in Berlin-Charlottenburg ein ansehnliches Aktienpaket, »Industriepapiere mit hohen Dividenden«. Agnes Bluhm konnte ohne Existenzängste überlegen, wie sie ihren medizinischen Beruf weiterhin ausführen wollte. Aber die Entscheidung wurde der Achtunddreißigjährigen aus der Hand genommen, als ein Kollege bei ihr »Rasseln auf der Lunge« diagnostizierte. Das sprach für Tuberkulose, auch wenn TB eine »proletarische« Krankheit war, die in der Regel schlecht ernährte Menschen in feuchten dunklen Wohnungen heimsuchte. Agnes Bluhm schloss vorläufig ihre Praxis und fuhr zum Jahresende zur stationären Behandlung in die Lungenheilstätte Belzig bei Berlin.

Ihre Lebensgefährtin Adrienne Hacker mietete sich von Zeit zu Zeit in Belzig ein. Im Januar 1901 blieb sie für acht Tage und brachte Weihnachtskuchen, im März leichte Kleidung für den Frühling. Am 2. April 1901 informiert Agnes Bluhm aus Belzig den Medizinkollegen Alfred Ploetz, mit dem sie als Studentin in Zürich heimlich verlobt gewesen war. Ploetz lebte inzwischen mit seiner Familie in Berlin, und aus der Verliebtheit war Freundschaft geworden: »Wir kommen am 7. Mai nach Berlin zurück«, schreibt Agnes Bluhm. »Mir geht es jetzt wieder ganz gut, ich hatte längere Wochen ganz leicht gefiebert und mich während dieser Zeit nicht recht wohl gefühlt, musste deshalb auch auf Eueren Besuch verzichten, was mir sehr leid tat.« Inzwischen habe sich der Lungenbefund »bedeutend gebessert«. Dann geht der Blick in die Zukunft: »In die Praxis soll ich erst in frühestens einem Jahr gehen, und es ist mir sehr zweifelhaft, ob ich es überhaupt je wieder tue und nicht lieber wissenschaftlich arbeite. Über unsere weiteren Pläne sprechen wir noch. Mit herzlichen Grüßen von uns beiden ...«

Zurück in Berlin bereitet Agnes Bluhm gleich einen Urlaub an der holländischen Nordseeküste vor. »Vom 13ten Juni abends ab ist unsere Adresse Domburg bei Middelburg (Holland)«, erfährt Alfred Ploetz. Diesmal gehen auch herzliche Grüße »an Hauptmanns«. Gemeint sind die Brüder Carl und Gerhart Hauptmann mit ihren Frauen, die Agnes Bluhm während der Studienzeit über Alfred Ploetz in Zürich kennengelernt hatte. Auch diese Kontakte waren geblieben, und Alfred Ploetz war im Juni 1901 mit Frau und kleinem Kind im stattlichen Haus der Hauptmanns im schlesischen Schreiberau zu Besuch.

Der Monat ist noch nicht zu Ende, da kommt eine begeisterte Postkarte aus den Niederlanden: »Uns geht es hier vortrefflich. Das Örtchen ist reizend gelegen, unser kleines Puppenhäuschen allerliebst.« Agnes Bluhm konnte sich dank der Erbschaft mit ihrer Partnerin ein freies Leben ohne feste Einkünfte leisten und lebte im Sommer 1901 am holländischen Meer erst einmal in den Tag hinein. Ende August erfährt Alfred Ploetz von Lebensträumen, die Gestalt annehmen. Agnes Bluhm überlegt noch einmal, ob sie »ganz bei der Wissenschaft bleibt« und in diesem Fall »werden wir uns wahrscheinlich ein Holzsommerhäuschen hier in Domburg aufstellen lassen«. Das Küstenklima bekomme ihr sehr gut und »die Winter würden wir dann in Berlin verbringen, um Arbeitsmaterial zu sammeln«.

Die Idee wird umgesetzt, nur dass Agnes Bluhm mit ihrer Partnerin im November von Holland nicht nach Berlin, sondern nach Heidelberg zieht. Vielleicht lockte das wärmere Klima. Auf jeden Fall wartet auf die Medizinerin in einer Klinik »ein sehr gut eingerichtetes Laboratorium«. Zunächst untersucht sie die vorliegenden Proben, um ihre »diagnostisch-mikroskopischen Kenntnisse zu befestigen; allmählich wird sich dann schon irgendeine Fragestellung ergeben«. Die Praxis in Berlin bleibt weiter geschlossen. Der Heidelberg-Aufenthalt dauert bis Juni 1902. Dann geht es wieder ins holländische Domburg, und den ersten Teil der Reise machen die beiden Frauen per Rad den Rhein entlang.

Vorbei ist der Ärger um Männer-Missgunst und die verweigerte deutsche Approbation. Agnes Bluhm war gerne praktizierende Ärztin, aber sie hat noch andere medizinische Interessen und Talente und ausreichend finanzielle Rücklagen. Ihren Beruf aufgeben oder sich vor der Männer-Kritik zurückziehen, das kam nicht in Frage für Agnes Bluhm, die sich an Versammlungen der Berliner Frauenvereine rege beteiligte und die Sozialarbeit der »Mädchengruppen« von Alice Salomon unterstützte.

Während mit dem Beginn des neuen Jahrhunderts Mediziner die alte These vom »physiologischen Schwachsinn des Weibes« wieder aufwärmten, um die »Feministen« zu bekämpfen, gab es 1902 von einer ganz modernen Wissenschaft Schützenhilfe für die Verteidiger der traditionellen Geschlechterrollen. In seiner Schrift *Altersklassen und Männerbünde* behauptet der Ethnologe Heinrich Schurtz, es seien die Männer, die in Urzeiten abseits der Familien eigene Männerbünde organisierten und mit diesen Männerteams zu »Trägern aller höheren gesellschaftlichen Entwicklungen« wurden. Frauen, durch ihren sexuellen Trieb ausschließlich an die Familie gebunden, seien zu selbständigen Kulturaufgaben unfähig.

Die Wissenschaftskollegen, auch aus dem Ausland, jubelten, nannten die These von Schurtz, der am Bremer Museum für Natur- und Völkerkunde arbeitete, einen »genialen Treffer«, zumal seine Schrift bewusst populär geschrieben und für ein breites Publikum gedacht war. Hatten sich die Männerbünde nicht quer durch die Jahrhunderte – von der Steinzeit bis ins 20. Jahrhundert – erhalten und bewährt: in Politik und Wissenschaften, in Kirche und Kunst, bei Pfadfindern und Wandervögeln! Natürlich, die Familie war lebenswichtig für die Gesellschaft, sie sollte auch weiterhin der Bereich der Frau bleiben. Aber der freie, der männliche Geist brauchte darüber hinaus einen Wirkungskreis, wo er unter seinesgleichen seiner Männlichkeit gewiss war, und sei es beim Trinkgelage einer Studentenverbindung.

Experte Schurtz verhehlte nicht, dass seine Forschung ihren Ausgangspunkt im Geschlechterkonflikt der gegenwärtigen Gesellschaft habe, wo »Heerscharen von Kämpferinnen für Gleichberechtigung« brutal gegen das Weltbild der Männer vorgingen. Er warnte die Frauen mit wissenschaftlicher Autorität, dass der von ihnen angezettelte Kampf sich am Ende gegen sie selber wenden und in »Weiberscheu« und »Antipathie« umschlagen würde.

Doch die Weiber ließen sich nicht beirren. Für jedes Jahr am Beginn des neuen Jahrhunderts wurde ein neuer Markstein in der Geschichte der Frauen gesetzt mit der Aufschrift »Das erste Mal«. Anfang April 1903 rief der Dekan der medizinischen Fakultät an der Bonner Universität Hermine Edenhuizen und ihre Freundin zu sich, die beide im November 1902 mit dem Examen begonnen hatten: »Er eröffnete uns, dass wir beide mit 1 bestanden hätten. Wir freuten uns des Prädikats, aber mehr noch des erreichten Zieles! Nach achteinhalbjähriger Vorbereitung waren wir nun deutsche Ärztinnen!« Die Frauen fühlten sich körperlich und geistig fit, »entgegen den finsteren Behauptungen und Prophezeiungen«. Umso mehr ärgerte sich Hermine Edenhuizen, dass es um sie herum plötzlich hieß: »Das sind Ausnahmen! ... aber der Durchschnitt der Frauen ist nicht dazu imstande.« Entschlossen machte sich die Zweiunddreißigjährige – und ihre Freundin – an die Doktorarbeit. Mit einer akademischen Feier wurden beide am 4. November 1903 für die Nörgeleien der Außenstehenden entschädigt.

Im Anschluss an die bestandene mündliche Prüfung führte der Universitätsdiener die beiden Frauen und zwei ebenfalls promovierte Studenten in feierlichem Zug in die voll besetzte Aula der Bonner Universität. Der Dekan bestieg das geschmückte Katheder. Er hielt, so Hermine Edenhuizen in ihren Lebenserinnerungen, »eine sehr ernste, ergreifende Ansprache, in der er das ganz Neue hervorhob, dass zum ersten Male in Bonn Frauen den Doktorhut erwerben wollten und damit ein Wendepunkt in der Geschichte der Medizin sich auch an dieser Universität vollziehe. ... Er könne sich denken, dass wir in den Beruf Neues einbringen würden, das der Menschheit zum Segen gereichen werde«. Dann legte jede den Schwur ab, immer nur an das Wohl der Kranken zu denken und dem ärztlichen Stand Ehre zu machen.

Die Ansprache des Dekans war ungewöhnlich, denn sie behandelt die beiden mit summa cum laude promovierten Frauen tatsächlich als Gleichberechtigte im Reich der Medizin. Kein Hinweis auf die Familie als natürlichen Frauenberuf, wie es sich Clara Immerwahr drei Jahre zuvor bei ihrer Promotion in der Breslauer Universität vom Dekan hatte anhören müssen. Auch das traditionsreiche Vorurteil, dass Frauen geschickt im Nachahmen und fleißig im Lernen seien, aber nicht Eigenes schöpfen könnten, wurde vom Bonner Dekan ausdrücklich ad acta gelegt. Er ermutigte die angehenden Ärztinnen, kreativ zu sein und den männlich geprägten Beruf zu verändern. Ein kluger und aufgeschlossener Vertreter der akademischen Welt, und Hermine Edenhuizen war stolz, dass »die hochstehende Rede des Geheimrats damals durch alle Blätter unseres Vaterlandes« ging. Andere, im Alten fest verhaftete Professoren waren jedoch längst noch nicht ausgestorben.

Im Jahr zuvor, 1902, saß Alice Salomon in der Berliner Universität dem Dekan der Philosophischen Fakultät gegenüber. Sie hatte nach dem Tod ihrer Mentorin Jeanette Schwerin 1899 die Gesamtleitung aller »Mädchengruppen« übernommen, und war als jüngste Frau in den Vorstand vom Bund Deutscher Frauenvereine (BDF) gewählt worden. Lernbegierig belegte Alice Salomon als Gasthörerin an der Königlichen Friedrich-Wilhelm-Universität zu Berlin ein Seminar über ökonomische Theorien und schrieb eine Arbeit über die Ungleichheit der Löhne von Männern und Frauen. Der Dozent war davon so angetan, dass er ihr vorschlug, diese Arbeit als Grundlage für eine Dissertation zu nutzen. Alice Salomon zögerte, sie hatte kein Abitur und würde zusätzlich noch Philosophie belegen müssen. Ihre Bedenken wurden zerstreut: ihre praktischen und theoretischen Kenntnisse in der Sozialarbeit lägen weit über einem Abiturabschluss und seien für eine Arbeit im Hauptfach Volkswirtschaftslehre mehr als ausreichend. Sie musste nur, die Zusage mehrerer Professoren im Rücken, die Zustimmung des Dekans einholen.

Alice Salomon hat diese Begegnung im Rückblick beschrieben: »Der Dekan der Fakultät, ein Ägyptologe, hatte etwas gegen Frauen in der Universität.« Es handelte sich »um einen Typus von Mann, der seiner Familie und seinen Untergebenen gegenüber als Tyrann auftritt. Meine Papiere kaum eines Blickes würdigend, warf er sie auf den Boden und sagte: ›Sie haben überhaupt keine Bildung.‹« Er lehnte es ab, den Antrag zur Promotion auch nur der Fakultät vorzulegen. Doch der größte Feind eines deutschen Professors ist sein Kollege: Die akademischen Förderer von Alice Salomon legten Beschwerde beim Kultusministerium ein. Im Februar 1903 konnte sie ihr Doktor-Studium aufnehmen. Im Jahre 1906 wurde Alice Salomon mit einer Arbeit über »Die Ursachen der ungleichen Entlohnung von Männer- und Frauenarbeit« an der Berliner Universität promoviert: »Um den weiblichen

Charakter des Ereignisses zu betonen und vielleicht auch, weil ich es so vorzog, gab es statt Bier und Wein Berge von Kuchen und Schlagsahne.« Persönlich sah Dr. Alice Salomon in dem akademischen Titel nicht mehr »als ein Abzeichen meiner Mitgliedschaft im Club der Gebildeten«. Aber in einer Gesellschaft, in der Titel über alles gingen, war der Doktortitel für ihr Lebensziel – Sozialarbeit als einen professionellen Beruf zu etablieren – die größtmögliche Empfehlung.

Die Begeisterung für die Entdeckung der »Männerbünde« als Träger aller Kultur durch den Ethnologen am Bremer Völkerkundemuseum hatte den Aufbruch der Frauen weder zurückdrehen noch aufhalten können. Im gleichen Jahr 1906, als Alice Salomon im preußischen Berlin als Gasthörerin ihre Promotion feierte, beschloss das Königreich Sachsen, dass sich ab sofort Frauen – wie schon in Baden – gleichberechtigt an den Universitäten des Landes immatrikulieren konnten. Und in Hamburg bestieg die zukünftige Medizinstudentin Karen Danielsen den Zug in Richtung Freiburg.

Nach vielen Gesprächen in Sachen Sexualität mit ihrer Gymnasiums-Freundin Alice und Gedanken über Sinnlichkeit und Leidenschaft, die sie im Tagebuch festgehalten hat, hatte sie Weihnachten 1903 ihre erste Liebe erlebt. Ein Freund ihres Bruders war zum Fest gekommen. Die achtzehnjährige Karen Danielsen und der zwei Jahre Ältere tanzten verliebt um den Weihnachtsbaum, wanderten um die Alster und küssten sich im Reinbeker Wäldchen. Karen fühlte sich wie neugeboren. Dann fuhr die große Liebe zurück nach Berlin und schrieb, es sei alles wohl ein Missverständnis gewesen.

Karen Danielsen litt schweigend, schrieb von Hass und Liebe ins Tagebuch, weinte heimliche Tränen. Aber eines Tages war es vorbei, und sie wollte nicht vergessen, was ihr im Rückblick auf diese erste Liebe in den Sinn kam: Sie hatte über allen Gefühlen, die über sie hereingebrochen waren, buchstäblich ihren Verstand verloren. Das sollte nicht mehr passieren, denn es hatte sie verwundbar gemacht. Dann kam ein junger Mann, der Gesang in Hamburg studierte, einer, bei dem sie sich freundschaftlich geborgen fühlte. Langsam wurde aus der Freundschaft Liebe. Aber als es in seinem Apartement eine »wilde Szene« gab, setzte Karen Danielsen ihm ein entschiedenes »Nein« entgegen. Sie trafen sich weiterhin, fast anderthalb Jahre. Karen Danielsen jedoch gab die letzte Distanz nicht auf, weil sie glaubte, nur so unabhängig bleiben zu können. Schließlich ging der junge Mann nach Graz, um dort seine Gesangstudien fortzusetzen.

Im Sommer 1905 verliebte sie sich aufs neue, »wie verrückt«. Die Mutter sah in diesem Kandidaten schon den zukünftigen Schwiegersohn. Diesmal hätte es Karen Danielsen gerne ausprobiert mit der Sexualität. Aber ihr dämmerte, dass auch er nicht der Mann war, auf den sie sehnlich wartete. Außerdem verlangten die Vorbereitungen für das Abitur im Winter 1905/1906 ihre ganze Konzentration. »Wenn ich das Abitur nicht schaffe, bin ich erledigt! Dann kann ich nicht weiterleben«, heißt es dramatisch im Tagebuch. Natürlich schaffte sie es. Und Ostersamstag 1906 fuhr Karen Danielsen, zwanzig Jahre alt, von Hamburg nach Freiburg, um dort Medizin zu studieren. Ein neues frisches Tagebuch war fällig.

Gegen viele Widerstände: Frauen erobern neue Berufe

Weibliche Profis im Fürsorgeamt – Das Frankfurter Modell – Die besseren Nerven: Das Fräulein vom Amt – Schrille Propaganda für die Frau am Herd – Erfolgreich: Der Internationale Frauenkongress – Am Kaiserhof: Verstaubter Glanz – Katholische Frauen emanzipieren sich

Anfang des 20. Jahrhunderts war eine Dame keineswegs in Trauer, wenn sie in schwarzer Kleidung auftrat. Schwarz war die Farbe der Eleganz und wurde zu feierlichen, durchaus auch zu vergnüglichen Anlässen angelegt. Hermine Edenhuizen trägt auf dem Foto von ihrem Bonner Promotionstag schwarz, bis zu den Knöcheln natürlich. Alice Salomon hat sich für die Promotion in Berlin ein neues langes schwarzes Kleid gekauft, sie ist schließlich eine Tochter aus gutem Hause. Aber trotz solchem Tribut an die bürgerliche Tradition fühlte sich Alice Salomon als »Neue Frau«. 1900 demonstrierte sie das auf dem Jahrestreffen des Bundes Deutscher Frauenvereine (BDF) in Hamburg, wo sie als Nachfolgerin der verstorbenen Jeanette Schwerin in den Vorstand gewählt wurde: »Das war ziemlich sensationell. Bis dahin war die Jüngste im Vorstand kaum unter sechzig Jahre gewesen. Ein zeitgenössischer Schriftsteller hatte die Frauen auf solchen Treffen als ›schwarze Schatten‹ beschrieben; und nun war ich da – sechsundzwanzig Jahre alt, in einem sehr kurzen, hellen Kleid, Eifer und unbändigen Enthusiasmus ausstrahlend.«

Es kam frischer Wind in die organisierte Frauenbewegung nach der Jahrhundertwende. Helene Lange, die Führungspersönlichkeit im BDF und im Allgemeinen Deutschen Frauenverein (ADF), durch ein enges persönliches Netzwerk mit vielen Frauen im ganzen Reich verbunden, war Jahrgang 1848. Doch es gelang ihr, die nächste Generation an die Frauenvereine zu binden. Im konkreten Kampf um Emanzipation fanden junge Frauen wie Alice Salomon Lebenssinn und bei den regelmäßigen Arbeitstreffen eine emotionale Nähe, die die elterliche Familie ihnen nie geboten hatte: »Es gab nicht nur lange Tage voller programmgemäßer Aktivitäten, sondern auch lange Nächte voller Privatgespräche. Wir nahmen alles durch: Arbeit, Familie, Liebe, Freundschaft – zwischen Frauen, zwischen einer Frau und einem verheirateten Mann; Liebe ohne Ehe, ... Politik und Feste, Menschen und Länder.« Für Alice Salomon und ihre Mitstreiterinnen bot die Frauenbewegung »einen Raum, in dem Frauen geschützt und offen diskutieren konnten«. Am Ende der Tagungen, wenn sie heimfuhren, »hatte das Feuer der Begeisterung« neue Nahrung bekommen: sich weiter entschlossen für das einzusetzen, was die Älteren in der Gesellschaft angestoßen hatten und noch lange nicht vollendet war.

Jede Mitarbeiterin an der Spitze der organisierten Frauenbewegung hatte ihr eigenes Arbeitsgebiet. Alice Salomon zählte sich »zu der Gruppe, die in den sozialen Dienst der kommunalen und staatlichen Verwaltung eindringen wollte«. Ein kommunaler Sozialdienst als professionelle Institution war mit dem Beginn des 20. Jahrhunderts erst im Entstehen. Die Ausgangslage hat Alice Salomon in ihren Erinnerungen beschrieben: »Männer leiteten die Armenkommissionen und die Schulbehörden; sie beaufsichtigten die städtischen Kindergärten und Krankenhäuser und genehmigten Pflegestellen für Kinder.« Mit einer geordneten, den sozialen Problemen angemessenen Verwaltung hatte das nichts zu tun. Und bei den Pflegern ging es ähnlich zu: »Die meisten Armenpfleger waren Männer der unteren Mittelschicht, die ihre Versammlungen in Bierwirtschaften abhielten. Sie tranken und rauchten unbekümmert, während sie ihre Entscheidungen trafen.« Armenpflegerinnen hätten solcher Männerseligkeit ein Ende gemacht. Was aber politisch entscheidend war: In die städtischen Armengremien durften nur wahlberechtigte Bürger gewählt werden. Frauen, die von jedem politischen Amt ausgeschlossen waren und nicht einmal Mitglied in den Parteien sein durften, waren damit automatisch von jeder kommunalen Sozialarbeit ausgeschlossen.

Alice Salomon reiste unermüdlich durchs Land, um in Frauenvereinen, Frauenclubs und sozial engagierten Vereinen für eine Ausbildung in professioneller Sozialarbeit zu werben. Außerdem ermutigte sie das

Netzwerk der Frauenvereine, in den Kommunen Druck zu machen mit Petitionen, endlich die städtische Sozialarbeit für Frauen zu öffnen. Das Argument, nur Männer, zumal ohne jede Ausbildung, seien für die Sozialarbeit mit Kindern, Alten und Kranken geeignet, verlor mit dem Wachsen der Städte und der sozialen Probleme jede Glaubwürdigkeit. Dabei hielten die Frauenvereine die politische Dimension fest im Blick: Wenn Frauen den Kampf um Ämter und Stellen in der städtischen Sozialarbeit gewannen, war ihnen das Wahlrecht – zuerst innerhalb dieser Ämter und dann in allen Gemeindegremien – auf Dauer nicht mehr zu verwehren. Und auch ohne Wahlrecht bedeutete schon die Mitarbeit von Frauen in der kommunalen Fürsorge politsche Mitgestaltung.

Es gab Widerstände, der Fortschritt brauchte einen langen Atem. Nach und nach wurden Breschen in die Männer-Bastionen geschlagen. 1901 empfahl der Preußische Städtetag den Kommunen, Frauen an der Armenpflege zu beteiligen. Die sozial gesinnte, Reformen gegenüber aufgeschlossene Bürgerschaft von Frankfurt am Main machte den Anfang. Sie war überzeugt, dass in einer modernen Stadt die traditionelle Almosen-Fürsorge von rechtlich abgesicherten, kommunalen Leistungen abgelöst werden muss. In Frankfurt am Main, das mit knapp 300 000 Einwohnern zu den zehn größten deutschen Städten gehörte, gab es schon erfolgreiche Modelle für professionelle Sozialarbeit. Der Verein »Hauspflege« war ein reiner Frauenverein, der mit angestellten Pflegerinnen, festen Sprechstunden und nachhaltiger Beratung Familien, die in Notlagen geraten waren, umfassende Hilfe bot. Die Frankfurter Koordinationsstelle zwischen städtischer und privater Wohlfahrtspflege wurde mehrheitlich von Frauen geleitet.

Der Leiter des städtischen Armenamtes, Karl Flesch, ein engagierter Reformer, warb 1901 mit einer Schrift über die *Soziale Ausgestaltung der Armenpflege* dafür, dass Frauen sich für städtische Ehrenämter zur Wahl stellen konnten. Die Stadtverordnetenversammlung verabschiedete einen entsprechenden Beschluss. In den nächsten beiden Jahren wurden in Frankfurt achtundfünfzig Frauen zu städtischen Armen- und Waisenpflegerinnen gewählt. Nach diesem ersten Erfolg aber stellten sich die Männer quer. Die Pflegerinnen wurden nicht, wie es ihnen zustand, zu den Versammlungen der jeweiligen Ämter zugelassen und konnten somit keinen Einfluss auf grundsätzliche Entscheidungen nehmen. 1906 endlich war die zähe Lobbyarbeit der Frauenvereine am Ziel: Städtische Pflegerinnen im sozialen Bereich durften mit gleichen Rechten wie die männlichen Pfleger an allen Sitzungen teilnehmen, und zwei von ihnen wurden sogar mit Sitz und Stimme in die Frankfurter Armenverwaltung gewählt. Das war ein außerordentlicher politischer Erfolg. Zur Erinnerung: Im gleichen Jahr wurden an der Bonner Universität die zwei ersten Frauen als Medizinerinnen promoviert.

Was ein Jahrhundert später selbstverständlich klingt, erhält seine Bedeutung, wenn man bedenkt, dass das Vereinsgesetz von 1850 auch 1906 noch Bestand hatte: Frauen durften an keiner politischen Versammlung teilnehmen, bei Veranstaltungen ihrer eigenen Frauenvereine keine politische Äußerung tun, nicht Mitglied einer politischen Partei sein. Ganz zu schweigen, dass sie von allen politischen Wahlen – vom kleinsten Gemeinderat bis hin zum Reichstag in Berlin – ausgeschlossen waren, als Wählerinnen und als Kandidatinnen. Eine Aufhebung dieses Verbotes, von den Frauenvereinen lange und nachdrücklich gefordert, wurde von allen gesellschaftlichen und politischen Institutionen und Kräften – die Partei der Sozialdemokraten ausgenommen – auch am Anfang des 20. Jahrhunderts vehement abgelehnt. Vor diesem Hintergrund war die Wahl von Frauen innerhalb städtischer Sozialämter ein epochaler Schritt. Wer in einem kommunalen Gremium Sitz und Stimme besaß, konnte dort politisch Einfluss nehmen und hatte zugleich den ersten Schritt zum Marsch durch die Institutionen angetreten.

Das Frankfurter Modell zeigte Wirkung, auch wenn die neue Offenheit in Leipzig anfänglich die bestehende Ordnung zementierte. Anfang 1902 machte das städtische Armenamt dort auf Vorschlag der Frauenvereine eine Umfrage unter den rund einhundert Leipziger Armenpflegern: Sollten Frauen gleichberechtigt zur Armenpflege herangezogen werden? Zwei Männer sagten »ja«, zehn enthielten sich der Stimme, die überwältigende Mehrheit sagte »nein«. Die Argumente waren vielfältig: Einerseits seien Frauen unfähig, über die Verteilung von Geldern mitzubestimmen; andererseits sei ihnen der Anblick von sozialem Elend nicht zuzumuten. Die »verehrte Damenwelt« würde so die leichteren Fälle bekommen, und die Männer hätten »die schmutzige Wäsche« zu erledigen. Folglich würde die Arbeit dann nach Geschlechtern verteilt und die armen Frauen von Pflegerinnen betreut. Der allergrößte Teil der Unterstützungs- und Pflegebedürftigen seien aber nun einmal Frauen – für die Männer bliebe nichts mehr zu tun.

In einer schriftlichen Zusammenfassung stellte der Amtsleiter klar, dass es den Frauen bei ihrem Kampf um die Arbeitsplätze »im letzten Grund nur um den Ehrgeiz« ginge, »den Namen einer städtischen Armenpflegerin zu führen und stolz darauf zu sein, wieder ein neues ›Recht‹ errungen zu haben«. Man müsse solches Vordringen unbedingt zurückweisen, da es sich »um einen weiteren Schritt zur Frauenemanzipation« handle. Der Mann hatte Recht.

Zum Glück für die Frauen war der neue Amtsleiter, der wenig später eingesetzt wurde, gegenteiliger Meinung und entscheidungsfreudig dazu. Er erklärte im November 1902, dass die Umfrage vom Frühjahr nicht rechtlich bindend sei und teilte den Frauenvereinen und der Leipziger Stadtverordnetenversammlung mit: Nach § 10 der Armenverordnung könne »jedes Gemeindemitglied« und deshalb auch »ein selbständiges Frauenzimmer zum Armenpfleger« gewählt werden. Er gab entsprechende Anweisungen. Die männlichen Pfleger in den jeweiligen Stadtdistrikten negierten die Vorschlagslisten der Frauenvereine so lange sie konnten. Aber die Frauen beharrten auf ihrem neuen Recht. Bis 1910 gab es sechsundzwanzig Frauen als Sozialarbeiterinnen in der Leipziger Armenpflege.

Auch in der Reichshauptstadt wurde 1902 eine neue Armenverordnung beschlossen: Ab sofort waren Frauen als Pflegerinnen und in den Armenkommissionen zugelassen. Zwar war der Fortschritt in Berlin eine Schnecke, aber nicht mehr aufzuhalten: Immerhin saßen 1905 dreißig Frauen in den städtischen Armenkommissionen und konnten ihre Stimme einbringen. Der Bund Deutscher Frauenvereine verteilte an die Frauenvereine in den Städten des Reiches in diesem Jahr ein Flugblatt, damit der Schwung nicht erlahmte. *Frauen in der Gemeinde –, Armen- und Waisenpflege* hieß der Titel und gab Argumentationshilfen für den Einstieg der Frauen in die Sozialarbeit. Im Jahre 1910 arbeiteten in 303 deutschen Städten rund 400 bezahlte Wohlfahrtspflegerinnen.

Die Verwaltung der wachsenden Städte musste seit dem Beginn des Jahrhunderts in nie gekannten Dimensionen denken, hatte nie gekannte Aufgaben zu bewältigen und bot hunderten von Menschen – in der Mehrzahl Männer, aber eben auch Frauen – neue Arbeitsplätze. Noch weit darüber hinaus ging die Nachfrage im sogenannten Tertiären Sektor, ein Kind der neuen Zeit. Er umfasste – nach der Landwirtschaft und der Industrialisierung im 19. Jahrhundert – in einer gewaltigen dritten Ausdehnung der Volkswirtschaft den Dienstleistungssektor. Herausragender Motor dieser Entwicklung waren technische Erfindungen, die in zunehmendem Tempo die Wirtschaft, aber ebenso das Leben der Menschen in allen Facetten veränderten. Und bei diesem Prozess waren Frauen von Anfang an beteiligt. Sie hatten buchstäblich ein ganz besonderes Händchen für eine moderne Technik, die einen Siegeszug ohnegleichen durch die gesamte industrialisierte Welt antrat – das Telefon.

Nichts verkörpert das neue Bild der Frau in der Öffentlichkeit so sehr wie das Fräulein vom Amt. Am Ende des Jahres 1897 arbeiteten rund 2800 Frauen in den deutschen Telefonzentralen; vierzehn Jahre später werden es 20000 sein. Dicht gedrängt nebeneinander sitzend, mit einem Mikrofon am Ohr, Schnüren und blinkenden Lampen überall, war jede von ihnen für zehntausend Anschlüsse – »Klinken« genannt – verantwortlich. Da hieß es, nicht nervös werden: Verbindungen herstellen und wieder trennen, Nachfragen beantworten und verärgerte Kunden am anderen Ende der Leitung besänftigen. Dabei stets an die fünfzig eingeübten Frage-Antwort-Formeln denken und nichts Unüberlegtes sagen. Immer freundlich bleiben und auch die Ruhe bewahren, wenn plötzlich die Aufsicht der Telefonkompagnie auftaucht. Der Kunde ist König. Er hat an seinem Telefonapparat zu Hause keine Wählscheibe sondern eine Kurbel, die ihn mit dem Fräulein vom Amt verbindet und ein Rohr, in das er seine Wünsche für besagtes Fräulein spricht.

Kritik wurde laut, die Frauen sollten ihre Plätze in den Telefonzentralen räumen: ungesund, krank, nervös und hysterisch machend sei diese Arbeit, blühende junge Mädchen sähen in kürzester Zeit »schlaff und blass« aus. Sogar die Abgeordneten im Reichstag erregten sich in einer Debatte darüber. Doch alles blieb beim Alten. Die männlichen

Telefonkunden wollten nicht auf die angenehme weibliche »Amtsstimme« verzichten. Und die Herren in den Chefetagen von Siemens, dem Monopolanbieter für Telefontechnik, hängten nicht an die große Glocke, wovon sie überzeugt waren: dass Frauen für die Hektik in den Fernsprechzentralen die besseren Nerven und schnelleren Reaktionen hatten als Männer. Zwar forderten die Arbeitgeber eine gute Schulbildung, und Fremdsprachenkenntnisse waren erwünscht. Aber für ihren harten Job erhielten die Telefonistinnen Arbeitsbedingungen, mit denen sie sich als Angehörige der Mittelschicht fühlen konnten: ein Acht-Stunden-Tag, bezahlter Urlaub, bei ärztlichem Attest eine finanzierte Kur, alles Privilegien, die für Arbeiterinnen noch in weiter Ferne lagen.

Ein anderes weites Feld der neuen Arbeitswelt, in dem sich bisher unbekannte Berufsmöglichkeiten auftaten, befand sich in Büros und Kontoren. Neue Geräte aus den USA, bei der Schreibmaschine angefangen, revolutionierten die Büroarbeit. Auch hier waren flinke und geschickte Hände gefragt, das Arbeitstempo stieg gewaltig. Die Männer mit weißen Hemdkragen in den adretten Anzügen, die bisher am Stehpult und an aufgeräumten Schreibtischen die Büroarbeit monopolisierten, hatten zu solchen Veränderungen wenig Lust. Nachdem sie sich die Aufsichtsposten in den Büros gesichert und die maschinelle Arbeit als Hilfsarbeit abgewertet hatten, durften die Frauen als »Tippmamsell« ihren Dienst antreten. Die jungen Mädchen ließen sich nicht abschrecken und ergriffen die Chance, die mehr Lebensqualität brachte als die Arbeit in einer Wäscherei, als Dienstmädchen oder ödes Nichtstun unter elterlicher Aufsicht. Und neben den Bürogehilfinnen wurden qualifizierte weibliche Kaufmännische Angestellte immer gefragter.

Die Frauenvereine ermunterten junge Mädchen, der Verlockung zu widerstehen, sofort nach Schulschluss als ungelernte Kraft ins Büro zu wechseln. Die Alternative war ein fester Arbeitsplatz als weibliche Angestellte. Eine Chance, von der die vorigen Frauen-Generationen nicht einmal träumen konnten. Ab Herbst 1900 waren die Gemeinden ermächtigt, Fortbildungsschulen für weibliche Handelsangestellte einzurichten. Und es gab die Möglichkeit, sich – anders als Dienstmädchen, die dem Herrn des Hauses ausgeliefert waren – solidarisch gegen Belästigung am Arbeitsplatz zu wehren: Der Hilfsverein für die Weiblichen Angestellten, von der Frauenrechtlerin Minna Cauer geleitet, rief seine Mitglieder auf, Listen von »zudringlichen Herren in Betrieben« anzulegen und versprach Prozess-Hilfe.

Widerstand blieb nicht aus. Frauen als Hilfskräfte mochte man noch dulden, aber dass Frauen als Qualifizierte gleiche Arbeit wie die Männer verrichteten, das verletzte die »Männerehre«. Auch im Büro hatte der hierarchische, von Gott und der Natur vorgegebene Abstand zwischen den Geschlechtern zu herrschen, und die Frauen sollten auf einer unteren Stufe verharren. Weibliche Angestellte wurden als »Schmutzkonkurrenz« verteufelt, auch wenn es den Tatsachen nicht entsprach, denn die Nachfrage nach Bürokräften war riesig, egal ob Männer oder Frauen. Wütend wurde die Abschaffung der Fortbildungsschulen für Frauen gefordert.

Sprachrohr dieser Angriffe war der Deutschnationale Handlungsgehilfenverband (DHV), 1893 gegründet mit der ausdrücklichen Ansage, keine Frauen und keine Juden als Mitglieder aufzunehmen. Dieser Kampfbund lockte mit seiner Mischung aus Antisemitismus, Antifeminismus und radikaler deutsch-nationaler Ideologie viele Männer an, die sich von der bröckelnden Herrschaft der Männer in Staat und Gesellschaft in ihrer Identität bedroht und als Verlierer der Geschichte fühlten. Der DHV machte geschickt Propaganda, um im Namen von Sitte und Moral die Frauen wieder von der öffentlichen Bühne zu verdrängen.

Der Hebel, mit dem Frauen den Zugang zu Bürotätigkeiten aller Art verwehrt werden sollte, war ihre zentrale Stellung in der völkisch-nationalen Ideologie als Mutter zukünftiger Deutscher. Durch Manipulation von Krankenkassenstatistiken behauptete der DHV, dass Frauen durch langes Sitzen im Büro nicht nur an Verdauungskrankheiten litten und ihr Nervensystem zerrütteten, sondern auch die weiblichen Geschlechtsorgane von dieser Berufstätigkeit geschädigt würden. Das führe zu Frühgeburten, unter denen »besonders die Männer ehemaliger Handlungsgehilfinnen« zu leiden hätten. Die Männer als Opfer – genau das war das Empfinden all derer, die von einer neuen Ordnung im Verhältnis der Geschlechter zutiefst verunsichert wurden. Und sie hatten auch im neuen 20. Jahrhundert noch genug Verbündete.

1904 hielt der Privatdozent Dr. med. Julius Heller vor der Berliner Gesellschaft für öffentliche Gesundheitspflege einen Vortrag, in dem er kraft ärztlicher Autorität behauptete, für Frauen sei allein Hausarbeit unbedenklich. Das war Wasser auf die Argumentationsmühlen des DHV. Er ließ den Vortrag drucken und als Broschüre verbreiten. Die Allianz von Medizinern und männlichen Berufsverbänden erreichte, dass in Sachsens Postämtern, denen die Telefonistinnen zugeordnet waren, weniger Frauen beschäftigt wurden. Aber dieser Erfolg war von kurzer Dauer, denn auch der Staat als Arbeitgeber setzte immer stärker auf Kundenzufriedenheit und reibungslose Abläufe, – die das »Fräulein vom Amt« garantierte –, und immer weniger auf althergebrachte Privilegien.

Aber der DHV ließ nicht locker, die Diskriminierung der Frauen wie die Existenzängste der Männer zu schüren. 1905 wurde ein eigener Ausschuss eingesetzt, denn neue Statistiken zeigten, dass zusehends junge Frauen aus der Arbeiterschicht den Beruf der Handelsgehilfin zum sozialen Aufstieg nutzten. Die Broschüren und Flugblätter, die mit schrillen Tönen diese Entwicklung aufzuhalten versuchten, zeugen von Schwäche, nicht von Stärke. Es waren Rückzugsgefechte, keine Etappensiege. Frauen hatten in der Öffentlichkeit Aufmerksamkeit für ihre Anliegen gefunden, und diesen Platz gaben sie nicht mehr auf. Im Gegenteil: Es ging darum, positive Schlagzeilen zu setzen, weibliche Kompetenz zu demonstrieren und die fehlenden politischen Rechte einzufordern.

Im Juni 1904 überschlagen sich die Meldungen in den Zeitungen, und in den Illustrierten berichten große Fotos über ein Ereignis in der Reichshauptstadt: Empfang beim Reichskanzler – Bertha von Suttner, die berühmte Pazifistin und Schriftstellerin, die 1905 den ersten Friedensnobelpreis erhalten wird, ruft vor rund viertausend Berliner Schülerinnen zum Widerstand gegen den Krieg auf – Empfang bei Ihrer Majestät, der Kaiserin Auguste Victoria. Auf den Fotos, die elegant gekleidete Frauen mit modischen Hüten zeigten, stand meist Susan B. Anthony, eine zierliche Vierundachtzigjährige, im Mittelpunkt. Die Ikone der amerikanischen Frauenbewegung hatte die Fahrt über den Atlantik nicht gescheut, um 1904 am Internationalen Frauenkongress in der Reichshauptstadt teilzunehmen. Als sie beim Empfang im Berliner Schloss der Kaiserin vorgestellt wurde, schüttelte Miss Anthony Ihrer Majestät kräftig die Hand. Während ringsum alles stand, der kaiserliche Hofstaat inbegriffen, ließ Auguste Victoria dem Gast aus den USA einen Lehnstuhl bringen, und erhielt dann, so die Zeitungen, ein »Privatissimum über die Frauenbewegung«. Die alte Dame war hartnäckig. »Sie müssen dies dem Kaiser sagen, Sie müssen das dem Kaiser sagen«, hielten die Reporter fest, und ebenso, was die Kaiserin »mit feinem Lächeln« antwortete: »Die Herren wollen aber nicht immer alles hören.«

Die zahllosen Empfänge waren neben köstlichen Buffets und einem abwechslungsreichen Unterhaltungsprogramm am Abend das gesellschaftliche Sahnehäubchen. Tausende von Delegierten und Besucherinnen aus der ganzen Welt absolvierten tagsüber ein volles Arbeitsprogramm in der Philharmonie, wo die Frauen zwischen vier thematisch unterschiedlichen Sektionen wählen konnten. Fast ein Jahr lang hatten einhundertfünfzig Frauen im Berliner Organisationskomitee Spenden gesammelt und den Kongress vorbereitet, zu dem alle fünf Jahre der internationale Frauenweltbund einlud. Die Leitung hatte Hedwig Heyl, eine Berliner Fabrikantenwitwe, deren soziales Engagement sich nicht in sporadischen »Bazar-Besuchen« erschöpfte. Sie unterstützte Reformprojekte für Kinder und Jugendliche aus Arbeiterkreisen, die Ausbildung von Sozialarbeiterinnen und die Gründung der ersten Gartenbauschule für Frauen. Als Mitglied im Verein der Künstlerinnen und Kunstfreundinnen von Berlin förderte die Vierundfünfzigjährige angehende Malerinnen.

Im Organisationskomitee war Alice Salomon, Jahrgang 1872, Hedwig Heyls rechte Hand: »Es war angenehm, mit ihr zusammenzuarbeiten, aber sie hatte seltsame Vorstellungen von den jüngeren Frauen mit akademischer Ausbildung und war davon überzeugt, dass keine von uns eine Scheibe Brot abschneiden oder Eier kochen könne. Als Gastgeberin für Tausende von Menschen auf dem Kongress war sie jedoch unübertrefflich.« Das Selbstbewusstsein der deutschen Frauenbewegung spiegelte sich im gesellschaftlichen Glanz, aber ebenso im politischen Schlusspunkt, den die deutsche Organisation zum Ende des Kongresses am 17. Juni 1904 setzte.

Eine Vertreterin der Frauenbewegung aus Neuseeland, wo das aktive Stimmrecht für Frauen seit 1893 Gesetz war, referierte über die »Praktische Notwendigkeit des Frauenstimmrechts«. Streng genommen waren nach dem deutschen Vereinsgesetz bei Versammlungen, an denen Frauen teilnahmen, Vorträge mit politischem Inhalt immer noch verboten. Die Polizei konnte solche Zusammenkünfte sofort auflösen. Im Schutz der internationalen Aufmerksamkeit ging die deutsche Frauenbewegung ein kalkuliertes Risiko ein. Und die Obrigkeit wagte es nicht, Damen auseinanderzutreiben, die von der Kaiserin mit großem Pomp empfangen worden waren.

Die Frauen aus aller Welt genossen die Tage in der Reichshauptstadt und in einem Land, dem es offensichtlich gut ging. Die Hochkonjunktur hielt auch im neuen Jahrhundert an. Das Deutsche Reich baute seine Spitzenposition als Industrie- und Wirtschaftsnation weiter aus: in der Chemischen Industrie und der Elektroindustrie, im Versicherungs- und Bankenwesen; rund dreißig Prozent des weltweiten Exports an Maschinen betraf Fabrikate Made in Germany. Nach 1900 lag die deutsche Stahlproduktion fünfzehn Prozent über der in England, dem Mutterland der Industrialisierung. Die Löhne stiegen. Die Jahrhundertwende hatte einen Modernisierungsschub gebracht, der auf den Straßen der Großstädte sichtbar wurde, wo sich hupend die Automobile ihren Weg zwischen den Pferdedroschken bahnten.

Am 29. Juni 1901 notiert die berühmteste Chronistin des Kaiserreichs, Hildegard von Spitzemberg, in ihrem Tagebuch: »Berlin steht unter dem Zeichen der Automobilwettfahrt. Heute früh sind die Fahrzeuge in Westend eingetroffen und von einem zahlreichen Publikum mit frenetischem Jubel begrüßt worden.« Von der Französischen Botschaft eingeladen, hatte die Baronin mit Familie und Freunden einen idealen Blick auf die Zieleinfahrt am Brandenburger Tor: »Kopf an Kopf stand die Menge Spalier, und als Fournier, der 1. Sieger, mit seinem bekränzten Ungetüm einfuhr, erscholl Jubelgeschrei und wurden Böllerschüsse gelöst. Eigentümlich mutete das friedliche Nebeneinander der deutschen und französischen Flaggen auf Gebäuden und Fahrzeugen an.« Die Tagebuchschreiberin, Jahrgang 1843, politisch interessiert und bestens informiert, wusste um die Spannungen zwischen dem Deutschen Reich und dem »Erbfeind« Frankreich, das im Krieg 1870/71 Elsass-Lothringen an die Deutschen verloren hatte.

Stolz und Wohlstand prägen das Reich der Deutschen und seine Bewohner, als das 20. Jahrhundert begonnen hatte. Aber tief im kollektiven Bewusstsein nagte das Gefühl, von den anderen Nationen nicht die Anerkennung zu erhalten, die man verdient hätte. Im Juni 1900 verabschiedete der Reichstag das zweite Flottengesetz, das eine weitere Aufstockung der großen gepanzerten Schlachtschiff-Flotte möglich machte. Weltmacht hieß ungebrochen das Ziel. Großbritannien, die seit Jahrhunderten weltweit führende Seemacht, konnte diese Provokation der deutschen Politik nicht hinnehmen und begann aufzurüsten. Im Reichstag stimmten nur die Sozialdemokratischen Abgeordneten gegen den Rüstungswettlauf. Es war eine einsame Position, denn die nationale Jubelstimmung brandete hoch – bei den akademischen Eliten, den Industriemagnaten, den groß- und kleinbürgerlichen Milieus, bei Männern wie Frauen.

Im Februar 1900 richteten die deutschen Frauenvereine in Helene Langes Zeitschrift *Die Frau* einen Aufruf an alle deutschen Frauen, sich hinter die kaiserliche Flottenpolitik zu stellen: »Den Frieden sichert heute nur noch die starke Hand … Darum wollen wir uns den Männern anschließen, die überall in Wort und Tat für die Errichtung einer starken deutschen Flotte eintreten.« Es war ein Einsatz mit hohem Preis: Von Natur aus dem Frieden verpflichtet, auch das stand in diesem Aufruf, beanspruchten die Frauen mit dieser Einmischung Teilnahme an politischen Diskussionen und Entscheidungen. Überzeugt, dass seine Zustimmung zur Flottenpolitik das bedrohte Deutschland schützte und letztlich dem Frieden diente, hatte der Bund Deutscher Frauenvereine keine Probleme, beim Frauenkongress 1904 in Berlin eine internationale Friedensresolution zu unterstützen.

Ein Land der Widersprüche. Wenn der Kaiser in Berlin ausritt, hoch zu Ross in bunter Uniform, eine Parade abnahm, im Kreis der Honoratioren moderne Bahnhöfe einweihte oder feierlich ein Denkmal seines Großvaters Wilhelm I. nach dem anderen enthüllte, brausten vielstimmig die »Hurras« auf. Doch zugleich schwoll im Hintergrund die Kritik an Wilhelm II. an, der im Oktober 1900 Bernhard von Bülow zum neuen Reichskanzler ernannt hatte, einen exzellenten Schmeichler, der die politischen Ansichten seines kaiserlichen Herrn fügsam umsetzte.

Der engste Vertraute des Kaisers, Philipp Fürst zu Eulenburg, schrieb im Februar 1901 an Bülow, den er durch seine Kontakte in das hohe Amt befördert hatte: »Die Stimmung gegen unsern lieben Herrn ist in Deutschland geradezu erschreckend.« Von unkontrollierten Wutausbrüchen war weiter die Rede; mit komplizierten Fragen dürfe Wilhelm II. nicht konfrontiert werden, denn sein Nervensystem sei sehr geschwächt. In den Zeitungen tauchte der Vorwurf des »Byzantinismus« auf, und jeder wusste, was gemeint war.

Wilhelm II. hatte für jede Gelegenheit eine eigene Uniform und zog sich mehrmals am Tag um. Zum Opernbesuch des »Fliegenden Holländers« schmückte sich der Kaiser mit der Uniform eines Seeoffiziers. Nach anfänglichem Misstrauen hatte Wilhelm II. eine Leidenschaft für das Automobil entwickelt. Wie »lächerlich« der Kaiser sich beim Zusammentreffen von alter und neuer Zeit machte, hielt die Baronin Spitzemberg Ende 1900 im Tagebuch fest.

Einer ihrer Bekannten hatte eine kaiserliche Ordre bekommen, »sich darüber zu äußern, ob es tunlich wäre, dass die Offiziere, wenn sie fahrend S. M. im Wagen begegneten, aus ihren Wagen stiegen, um zu grüßen !!! Das ist ein sehr bedenkliches Symptom …« Vor hundert Jahren sei das möglich gewesen, wenn die Herrscher in ihren Kutschen »langsam und würdevoll« ausfuhren. Die Tagebuchschreiberin kennt den Verkehr aus eigenem Erleben: »Wie aber soll ein solcher Gruß … jetzt ausgeführt werden, da der Kaiser in Windeseile vorübersaust inmitten von Droschken, Rädern, Omnibussen und Automobilen?! Alle Augenblicke würden solche Grüßenden zu Tode gefahren.« Dazu wird es nicht kommen. Erschreckend ist für die präzise Beobachterin von Menschen und Ereignissen, was hinter solchen kaiserlichen Gedankenblitzen steckt: »Aber tief traurig ist es, dass der ›Cäsarenwahnsinn‹ solche Schosse treibt.«

Auch wenn die Mehrheit der Deutschen stolz war auf die protzende nationale Politik, so erwartete man vom Kaiser doch Reden, die sich an die Standards der internationalen Diplomatie hielten. Am 27. Juli 1900 verabschiedete Wilhelm II. in Bremerhaven deutsche Soldaten, die als Teil einer europäischen Truppe Europäer in China schützen sollten. Dort war der sogenannte »Boxeraufstand« ausgebrochen. Das Auswärtige Amt versuchte vergebens, nur eine gekürzte Fassung der kaiserlichen Rede in die Öffentlichkeit zu bringen. Allen Warnungen zum Trotz schrieben die Zeitungen, was Wilhelm II. als Kampfauftrag für das Reich der Mitte seinen Soldaten zugerufen hatte. Sie sollten sich benehmen »wie vor tausend Jahren die Hunnen unter ihrem König Etzel«. Der Befehl war eindeutig: »Pardon wird nicht gegeben. Gefangene nicht gemacht.« Und das alles mit dem »Segen Gottes«. Die kaiserliche »Hunnenrede« hat bis heute die Deutschen in englischsprechenden Ländern, wenn die Emotionen hochgehen, als »Hunnen« abgestempelt.

Das Verhältnis Wilhelm II. zu Großbritannien, wo ein beträchtlicher Teil seiner Wurzeln lag – Queen Victoria war seine Großmutter, seine Mutter Engländerin –, war gekennzeichnet durch eine Mischung aus Bewunderung und tiefem Hass, gespeist von dem Gefühl, nicht ernst genommen zu werden. Reichskanzler und deutschen Diplomaten gegenüber erklärte er sich zum einzigen Experten, der die englische Politik deuten könne. Das tiefe Misstrauen des Inselreiches gegenüber der deutschen Aufrüstung zur See wischte er vom Tisch, das Auswärtige Amt durfte keine Kompromisse anbieten. Die Engländer würden sich schon von alleine den Deutschen als Verbündete anbieten.

1904 lag diese großmannssüchtige Politik in Trümmern. In einem Krieg hatte Japan das zaristische Russland besiegt, von dessen angeblicher Stärke als Stütze deutscher Politik Wilhelm II. zu Jahresbeginn noch fest überzeugt gewesen war. Zugleich hatten sich England und Frankreich in einer »Entente Cordiale« verbunden, der sich Italien und Japan anschlossen, und auch die USA zeigten Sympathie. Gegenüber warnenden Stimmen deutscher Diplomaten, die solche »Einkreisung« fürchteten und für eine geschmeidige Politik warben, hieß die kaiserliche Prophezeiung, »niemals« würden England und Frankreich sich zusammenfinden. Am Jahresende 1904, als Deutschland aufgrund der eigenen starren Positionen politisch isoliert war, klang die Parole trotzig »Jetzt erst recht!« Gegenüber Gästen erklärte der Kaiser mehr als einmal, wie unfähig seine Beamten seien, und dass er sich um alles selber kümmern müsse: »Die Schweinehunde vom Auswärtigen Amt haben mir … ein paar Stunden Arbeit gemacht.«

Ob es um die internationale Politik ging oder die »vaterlandslosen Gesellen« im eigenen Land: Wilhelm II. brüstete sich geradezu mit seiner brutalen, menschenverachtenden Sprache, die nichts als Konfrontation kannte. Als im Mai 1900 in Berlin die Straßenbahnfahrer und -schaffner streikten, schrieb der Kaiser an den Kommandanten von Berlin: »Ich erwarte, dass beim Einschreiten der Truppe mindestens 500 Leute zur Strecke gebracht werden.« Über 5000 Schaffner und Fahrzeugführer waren im Streik. Sie konnten sich auf das Wohlwollen breiter Kreise verlassen, die über die überhöhten Fahrpreise nicht weniger empört waren als über die extrem niedrigen Löhne. Viele Berliner halfen den Streikenden, die Streikbrecher wieder aus den Straßenbahnwagen zu vertreiben. Die berittene Polizei wurde aus den Fenstern mit Gegenständen beworfen und ihre Pferde von Umstehenden scheu gemacht. Der Streik endete mit einer Lohnerhöhung.

Bei der Reichstagswahl im Juni 1903 wählten über drei Millionen Deutsche die Sozialdemokraten, selbst in ländlichen Gebieten, bisher Feindesland, hatte die Partei erstaunliche Zugewinne. Die SPD kam von 56 auf 81 Sitze im Reichstag und war nach dem katholischen Zentrum die zweitstärkste Partei. Bei Hofe erinnerten Stimmen an die Französische Revolution. Der Kaiser, auf die Möglichkeit eines Umsturzes angesprochen, gab sich unbeirrt. In einem solchen Fall würde er alle Sozialdemokraten zusammenschießen lassen – »nachdem sie zuvor ordentlich Juden und Reiche geplündert« hätten. Solches unverantwortliches kaiserliches Geschwätz, das politisch nicht zu unterschätzen war, blieb nicht das letzte Wort.

Am 9. Januar 1905 breitete sich von der Zeche Bochum ausgehend im Ruhrgebiet ein Streik zum Flächenbrand aus. Eine Woche später waren rund 100 000 Kumpel im Generalstreik. Auch dieser Streik fand viele Sympathisanten unter der Bevölkerung. Der Kommentar Wilhelm II.: »Erst die Sozialisten abschießen, köpfen und unschädlich machen, wenn möglich per Blutbad, und dann Krieg nach außen.« Wichtige Forderungen der Streikenden wurden schließlich von der Reichsregierung in Berlin per Gesetz bestätigt.

Ein Kaiser der Widersprüche. Der Autopark seiner Majestät konnte nicht groß genug sein; 1910 umfasste er zweiundzwanzig Automobile. Bei dem kaiserlichen Segelschiff, mit dem Wilhelm II. in jedem Frühjahr auf Nordlandfahrt ging, kümmerte er sich um jede Einzelheit. Wenn er Fabriken inspizierte, wunderten sich die Experten über seine technischen Kenntnisse. Wilhelm II. war ein Tüftler, und das betraf auch den Prunk seines Hofes, der zwar einer der jüngsten in Europa war, aber gerade deshalb alle anderen übertreffen sollte. Allerdings nicht an Modernität, sondern an repräsentativem »Firlefanz«, wie gerade adlige Personen zunehmend kritisierten. Wilhelm II. entwarf Kostüme, Ordensmäntel und Rituale für feierliche Empfänge. Tänze aus dem Rokoko wurden bei Hofe wieder eingeführt, und manche Geladenen mussten zuvor den Tanzlehrer bestellen. Den Damen wurde eine extra-lange Schleppe vorgeschrieben.

Im Mittelpunkt des Hofes stand der Kaiser mit seiner Familie; darum herum gruppierte sich die aristokratische Hofgesellschaft, die sich nach der Hofrangordnung in zweiundsechzig Rangstufen gliederte. (Der Hof in Österreich, dem in Preußen an Tradition und historischer Bedeutung gewaltig überlegen, hatte fünf Rangordnungen.) Bei Hofe angestellt waren 3500 Beamte, zwei Drittel davon mit festem Monatsgehalt. Als im ersten Jahrzehnt des 20. Jahrhunderts ein preußischer Junker Einblick in die Hofliste bekam, wurde er bleich vor Entsetzen: »Ein Gewimmel von Hofchargen, Lakaien, Silberdienern, Kammerdienern, königlicher Bratenspicker, 9 Zeremonienmeister, zwei Leibärzte, einen eigenen für die Königin, ebenso für die Kronprinzessin, für 6 kaiserliche Prinzen mit Familie …« Der Staat stellte für den Hof jährlich 18,7 Millionen Reichsmark zur Verfügung, der Kaiser erhielt zusätzlich 3 Millionen Mark zur Disposition.

Der Anteil des Adels an der Bevölkerung im Reich lag bei 0,2 Prozent. Unter kaiserlicher Protektion behielt er in Preußen seine Sonderstellung in Heer und Verwaltung. Gesellschaftlich blieb er bewusst isoliert von der bürgerlichen Mehrheitsgesellschaft, auch vom Großbürgertum. Adel und Bürgertum lebten in getrennten Welten. Die bürgerlichen Eliten, in den großen Städten zu Hause, Mäzene von Bildung, Wissenschaft und Kultur, dachten nicht daran, sich mit dem rückwärtsgewandten ländlichen Adelsmilieu zu verbinden.

Was am Berliner Hof vor sich ging, hatte für viele Zeitgenossen einen falschen Glanz. Er gab Anlass zu Besorgnissen, wie sie Graf Robert Zedlitz-Trützschler im November 1903 aufzeichnete. Er fand es »sehr eigentümlich«, wie sehr der Kaiser, obwohl er krank war, sich um »Äußerlichkeiten und Prunk« kümmerte, zum Beispiel um das

»Ernennen von Palastdamen der Kaiserin«, und das »Neuschaffen von Herolden bei feierlichen Gelegenheiten«. Was den Grafen bekümmerte: »Wenn man bedenkt, wie brennend alle sozialen Fragen und Bedürfnisse bei uns an die Tür pochen und wie wichtig es ist, dass wir unsere Zeit besser verstehen … dann kann es einen eiskalt überlaufen, wenn man darüber nachdenkt, wieviel seit zweihundert Jahren vergrabener Plunder von uns wieder aus der Rumpelkammer hervorgeholt wird.« Es war Wilhelm II., der die Rumpelkammern weit geöffnet hatte. Als 1905 Helmuth von Moltke wieder einmal einen Einzug der überladen ausstaffierten Hofgesellschaft in den Weißen Saal des Berliner Schlosses erlebte, kam es ihm vor, »als ob die Toten auferstehen mit Zopf und Perücke«. An diesem Hof hatte die Frauenbewegung keinen Platz, und sie drängte sich auch nicht dazu.

Als 1900 die Evangelische Frauenhilfe gegründet wurde, übernahm Kaiserin Auguste Victoria jedoch freudig das Protektorat über diesen Frauenverein. Er war stramm konservativ-national ausgerichtet, und im Vorstand saßen nur Männer. Die Frauenhilfe war in den evangelischen Gemeinden verankert, meist hatte der örtliche Pastor den Vorsitz. Die Gründung war eine Kampfansage an den Deutschen Evangelischen Frauenbund (DEF), zu dem sich 1898 evangelische Frauen zusammengeschlossen hatten. Noch war ihnen der Bund Deutscher Frauenvereine zu modern, erst 1908 würden sie sich ihm anschließen. Aber der Evangelische Frauenbund verweigerte sich der traditionellen »Unterordnung des Weibes durch den Mann«, die die meisten Pastoren sonntäglich von der Kanzel forderten. Er warb für das Frauenstimmrecht bei Gemeindewahlen, engagierte sich ernsthaft im Kinderschutz, bot Dienstmädchen und Kellnerinnen Rechtsschutz und Versammlungsräume. Seinen Mitgliedern empfahl der DEF, sich über die Frauenfrage und die Situation der Arbeiterinnen zu informieren. Das war für konservative Protestanten Revolution im eigenen Haus. Kein Wunder, dass die Bitte des Frauenbundes um die Schirmherrschaft der Kaiserin den zuständigen Stellen bei Hofe keine Antwort wert war.

Fast noch revolutionärer war, dass sich katholische Frauen nicht mehr von ihren Priestern vertreten lassen wollten, die ihnen bisher strikt im Sinne des Apostels Paulus gepredigt hatten, in den Gemeinden zu schweigen. Die Mutigsten gründeten 1903 in Köln den Katholischen Frauenbund Deutschlands (KFD). Er bekannte sich öffentlich nicht zur Frauenbewegung, pflegte aber im Stillen mit dem Bund Deutscher Frauenvereine Austausch. Sein Ziel war die »Aufklärung der katholischen Frauen über Fragen und Probleme, welche die Entwicklung der Gegenwart mit sich bringt.« Nicht wie bisher durch geweihte Kleriker, denen niemand widersprechen durfte, sondern durch Katholikinnen, die sich »als wirksame Vertretung der allgemeinen Fraueninteressen« verstanden.

Der Katholische Frauenbund passt als weiterer Mosaikstein ins Gesamtbild: Mit dem neuen Jahrhundert setzte die sichtbare Dynamik der Frauenbewegung, aus vielen Quellen gespeist, in immer mehr Gruppen und gesellschaftlichen Milieus Entwicklungen in Gang und trieb die Fortschritte weiter voran. Frauen trauten sich etwas und immer mehr, weil sie merkten, sie waren nicht allein. Auch wenn sie mit ihren Vorstellungen von einem selbstbestimmten Leben noch in der Minderheit waren, sie waren keine Außenseiter mehr.

Weil die Frauenvereine nicht locker gelassen hatten, im Rahmen des bestehenden Systems Druck auszuüben und es, wie bei den professionellen Sozialarbeiterinnen, zu »unterwandern«, veränderte sich das Frauenleben. Weit hinein in die bürgerliche Gesellschaft fanden die Forderungen der Frauenbewegung inzwischen ein positives Echo. Eltern wie Töchter richteten sich nach einem neuen veränderten Frauenbild aus. Und es gab Männer, die das in der Öffentlichkeit anerkannten und begrüßten.

Der Internationale Frauenkongress in Berlin war der Auslöser für einen Beitrag von Martin Rade, Mitherausgeber der Zeitschrift *Christliche Welt*, im Jahre 1904. Der renommierte evangelische Theologe, Professor in Marburg, war überzeugt, dass die Frauenbewegung zwar noch manche Hindernisse zu überwinden habe: »Aber aufhalten wird die Bewegung Nichts und Niemand mehr. Es gehört zu den sichersten Zukunftsdaten, … dass die öffentliche, gesellschaftliche und ethische Stellung der Frau sich in absehbarer Zukunft von ihrer bisherigen stark unterscheiden wird. … Manches, was auch recht gescheite Leute heute für unmöglich halten, wird sich als möglich erweisen. Das zu sagen bedarfs keinen Prophetengeist, denn wir stehen in der sichtbaren Entwicklung schon mitten drin.«

Beruf und Familie – geht das? Es geht! Scheidung – geht das? Es geht!

Arbeitsehe in Worpswede: Der Ehemann ist einverstanden – Ein eigenes Zimmer: Clara Habers Ehemann grollt – Henriette Fürth ernährt die Familie – Das Ende des Tabus: Scheidung im Kaiserhaus – Else Lasker-Schüler: Die neue Liebe ist ein junger Mann – Lehrerinnen bleiben ledig – Neue Diakonissen werden selbständig

Zu ihrem fünfundzwanzigsten Geburtstag am 8. Februar 1901 erhielt Paula Becker von ihrem Vater einen langen Brief, gedacht für ihren Eintritt in einen neuen Lebensabschnitt. Pfingsten würde sie den Witwer Otto Modersohn heiraten. Der renommierte Maler in Worpswede brachte die dreijährige Tochter Elsbeth mit in die Ehe. Woldemar Becker, ein studierter Ingenieur, war ein Mann der neuen Zeit. Mit seiner Frau war er sich einig, dass ihre beiden Töchter auf eigenen Füßen stehen müssten. Keine sollte um des Geldes willen heiraten. Paula hatte zeichnerisches Talent, das erkannte der Vater gerne an. Doch ob es für einen ordentlichen Beruf reichen würde? Paula beugte sich dem Wunsch der Eltern und machte in Bremen das Lehrerinnenexamen. Dann wurde die Mutter ihre Verbündete, sie schaffte es mit ihren Kontakten, dass Paula Beckers Herzenswunsch sich erfüllte: Sie wurde Schülerin an der Mal- und Zeichenschule des Vereins der Berliner Künstlerinnen und Kunstfreundinnen und legte dort 1898 eine glanzvolle Prüfung ab. Es folgten eine Zeit als Malerin in Worpswede und 1900 sechs begeisterte Monate in Paris zur Weiterbildung.

Der väterliche Geburtstagsbrief ging davon aus, dass diese Zeit der Selbständigkeit für die Tochter mit der Heirat zu Ende ging: »Deine Pflicht ist es, ganz in Deinem zukünftigen Mann aufzugehen, ganz nach seiner Eigenart und seinen Wünschen Dich ihm zu widmen, sein Wohl immer vor Augen zu haben und Dich durch selbstsüchtige Gedanken nicht leiten zu lassen.« Woldemar Becker war kein Familientyrann, er hatte eine eigenständige Frau an seiner Seite. Das akzeptierte er – solange es im Hintergrund geschah. Doch seine Tochter Paula fühlte sich im 20. Jahrhundert zuhause und hatte sich einen Mann gewählt, der, obwohl elf Jahre älter als sie, nicht mehr dem Eheverständnis ihrer Eltern anhing.

»Rührend« nannte die junge Frau den Brief, als sie Otto Modersohn davon erzählte. Mehr war dazu nicht zu sagen. Beide waren entschlossen, im Künstlerdorf Worpswede ein Ideal umzusetzen, das keinen Bruch zwischen dem Leben vor und in der Ehe kannte. Vor allem: das die Ehefrau nicht mehr durch Kinder und Küche definierte, die in der verbliebenen Zeit dem Ehemann ein sorgenfreies Zuhause schuf. Zum Jahresbeginn hatte Otto Modersohn seinem Tagebuch anvertraut, was ihn an »meiner Paula« faszinierte und ihre Ehe auszeichnen sollte: »Sie strebt überall nach Freiheit … Muss es nicht auch in der Ehe sein … Warum heiratet man denn, um alsbald ein philisterhaft-spießbürgerliches Leben zu führen, einen ordentlichen Haushalt zu führen, in dem alles nach dem Schnürchen geht, um Kinder zu bekommen und großzuziehen – nein, das ist alles für mich nebenbei.« Die beiden hatten sich ausgiebig über ihre Vorstellungen ausgetauscht. Paula Becker ging nicht ahnungslos in diese Ehe, was das familiäre Zusammenleben betraf. Und die Realität entsprach zunächst dem, was das zukünftige Ehepaar sich versprochen hatte.

Nach der Heirat am 25. Mai 1901 und der Hochzeitsreise über Berlin und Dresden war die Heimkehr »wundervoll«. Elsbeth kam dem neuen Elternpaar mit lautem »Hurra« entgegengesprungen, wie ein Brief an die Hauptmanns berichtet: »Und wir? Wir fühlten uns im Himmel … Jetzt warten wir Beide ganz still auf unsere Arbeit, um uns ihr in Demut zu widmen … Ihre Paula Modersohn-Becker.« Die Ehefrau des Malers Otto Modersohn hat aus Liebe geheiratet und bleibt doch demonstrativ auch Paula Becker, meist wird sie von nun an mit ihrem doppelten Namen zeichnen. Der Familienalltag in Worpswede wird den Arbeitsstrukturen der Malerin angepasst, unabhängig davon, dass Paula Modersohn-Becker mit der Heirat auch für die kleine Elsbeth die mütterliche Rolle eingenommen hat. Und die beiden verstehen sich gut.

Die jüngere Schwester Herma Becker, ein gern gesehener Gast bei dem Maler-Ehepaar, hat das Gerüst eines normalen Werk- und Arbeitstages ihrer Schwester Paula skizziert: »Um sieben wurde aufgestanden, bis neun einiges Häusliche erledigt. Dann verschwand sie auf dem kleinen Pfad durch die Wiese hinter der Lehmkuhle nach dem Atelier … Um ein Uhr wurde Mittag gegessen. Nach zehn Minuten Schlafes erschien sie frisch und arbeitsfroh beim Kaffee und um drei ging das Malen weiter bis nach sieben.« Der Tageslauf lässt nur eine Deutung zu: Paula Modersohn-Becker ist eine berufstätige verheiratete Frau mit Kind, und das ist eine Selbstverständlichkeit, für sie wie für ihren Ehemann.

Den größten Teil des Haushaltes erledigt eine Hilfe, für die Kinderbetreuung ist die dörfliche Gemeinschaft ideal. Während die Eltern in getrennten Ateliers arbeiten, ist die kleine Elsbeth stundenlang mit den Dorfkindern zusammen und wird in deren Familien freundlich aufgenommen. Manchmal nimmt Paula sie auch mit in ihr Atelier, das Teil eines Bauernhauses ist. Von solchem vergnügten Zusammensein bei der Arbeit mit Elsbeth schreibt sie im September, ein halbes Jahr nach der Hochzeit: »Dort spielt sie mit Kühen und Ziegen und … wird von den Bauern behandelt wie ein kleines Fürstenkind. Und ich male währenddessen oder winde aus Blumen einen kleinen Kranz und setze ihn in ihr blondes Haar und denke an das, was ich einmal gerne malen möchte. Und dann habe ich ein Gefühl, als ob ich dem näher käme.« Paula Modersohn-Becker fühlt sich im Herbst 1901 auf dem besten Weg.

Ostersonntag 1902 hat das Hausmädchen frei. Während Paula das Essen zubereitet, und der Kalbsbraten im Ofen schmort, nimmt sie sich Zeit, nach einem Jahr Ehe Bilanz zu ziehen: »Es ist meine Erfahrung, dass die Ehe nicht glücklicher macht. … Man fühlt in der Ehe doppelt das Unverstandensein, weil das ganze frühere Leben darauf hinausging, ein Wesen zu finden, das versteht.« Eine niederschmetternde Erkenntnis, mit kühlem Blut zu Papier gebracht, während der Ehemann und Elsbeth nebenan auf das festliche Essen warten. Den Mann verlassen? Im Frühjahr 1902 ist das für Paula Modersohn-Becker keine Option. Sie ist als Malerin unbekannt, von ihrer Arbeit kann sie nicht leben. Eine ausweglose Situation, in der nur Anpassung und Resignation bleiben?

Immerhin: Vor dem Alleinsein hat sie sich nie gefürchtet: »Vielleicht ist die Einsamkeit gut für meine Kunst, vielleicht wachsen ihr in dieser ernsten Stille die Flügel.« Die Kunst – sie ist Lebenselixier und Lebensziel. Sie ist Berufung und Beruf, und kann nicht durch ihr Dasein als Ehefrau ersetzt werden. Paula Modersohn-Becker will dennoch nicht aufgeben, Beruf und Familie zu verbinden. Am Mittwoch nach Ostern schreibt sie in ihr Tagebuch: »Und dann reizt auch dies Hoffen allem und allen zum Trotz. Das gibt dem ganzen Menschen solch eine stolze Stärke.« Das Hoffen gilt ihrer Kunst, und ihrer Beziehung zu Otto Modersohn. Sie liebt ihn und weiß, dass sie von ihm geliebt wird und er an sie als Künstlerin glaubt. Im Sommer 1902 schreibt er einem Freund über die Malerei seiner Frau, sie sei »wirklich ernst zu nehmen, ich erhoffe sehr viel von ihrem großen Talent«. Und im Tagebuch hält der Ehemann fest: »Ein großes gemeinsames Streben verbindet uns – alle Tage.«

Am Jahresende wird bei Paula Modersohn-Becker die Sehnsucht nach Paris übermächtig. Otto Modersohn, den so gar nichts aus dem stillen Worpswede fortzieht, ist einverstanden, dass seine Frau Februar und März 1903 in Paris verbringt. Sie hat einen Zeichenkurs belegt, an den Vormittagen stöbert sie in den Galerien für moderne Kunst. Ihrem Mann schreibt sie begeistert von den neuesten Entwicklungen in der französischen Malerei. Er soll wissen, wie sehr sie ihm in der Ferne verbunden ist: »Weißt Du, ich denke hier auch viel mit an Deine Bilder. … Ich habe so einen großen Stolz auf Dich gesetzt, mein Rother.« Paula Modersohn-Becker hat im Frühjahr 1903 nichts aufgegeben: nicht ihre Kunst, nicht ihr Selbstbewusstsein und nicht die gleichberechtigte Künstler-Ehe mit Otto Modersohn, auf dessen dichten roten Bart der Kosename anspielt. Sie ist eine Kämpferin.

Im gleichen Jahr wie Paula Becker hat Clara Immerwahr, einunddreißig Jahre alt, in Breslau geheiratet. Im August 1901 hatte eine Breslauer Zeitschrift eine Schlagzeile im Blatt, die nicht witzig gemeint war sondern voller Hochachtung: »Fräulein Doktor – Frau Professor«. Sie meldete die Hochzeit von Clara Immerwahr, die Ende 1900 in der Breslauer Universität als erste Studentin, noch dazu magna cum laude, in Chemie promoviert worden war, mit Fritz Haber, außerordentlicher Chemie-Professor an der Technischen Universität

Karlsruhe. Im April noch hatte Dr. Immerwahr, nach deutschem Recht nun offiziell »Frau Professor Haber«, den Heiratsantrag ihres Kollegen zurückgewiesen, der von einer Ehe mit gemeinsamen Schreibtischen schwärmte. Offenbar traute sie diesem Versprechen nicht und setzte ihre Forschungsarbeit als Laborassistentin an der Breslauer Universität fort, unabhängig und unverheiratet.

Kein Dokument verrät, was dem Meinungsumschwung von Clara Immerwahr zugrunde liegt. Mitte September 1901 taucht sie als Clara Haber, geborene Immerwahr, wieder auf, mit einem Brief aus Karlsruhe. Ihrem Doktorvater – zu ihm und seiner Frau hat sich eine enge Freundschaft entwickelt – schreibt sie ins heimatliche Breslau, sie hätten sich schon ziemlich gut eingerichtet, etliche Familienbesuche hinter sich, »und vertragen uns immer noch gut«. Dann schneidet sie ein Thema an, das die Einunddreißigjährige, einen guten Monat verheiratet, offensichtlich beschäftigt: »Vorläufig gehe ich in Wirtschaft und Näharbeit so unter, dass ich nur zuhören kann, wenn Fritz mir etwas vom Lehrbuch erklärt.« Es geht um ein Lehrbuch, an dem ihr Mann arbeitet – und dabei offenbar auf die Mitarbeit seiner Frau setzt: »Später kann ich ihm dann gewiss helfen ...«

Erst der zweite Gedanke Clara Immerwahrs gilt den eigenen Forschungen: »... aber zum Arbeiten im Laboratorium werde ich wohl kaum mehr gelangen, denn mein Tag ist mit Arbeit reichlich angefüllt. Vielleicht später einmal wieder, wenn wir Millionäre sind und uns ›eine Dienerschaft‹ halten können.« Hat die promovierte Ehefrau schon resigniert, was ein eigenes selbständiges berufstätiges Leben innerhalb ihrer Ehe betrifft? Schnell fügt sie über die eigene Laborarbeit hinzu: »Ganz darauf verzichten kann ich selbst in Gedanken nicht.« Clara Haber geborene Immerwahr macht sich Mut, ohne ihre Lage schönzureden.

Im Gegensatz zu Paula Modersohn-Becker wird sie keinen Doppelnamen führen und bei Einladungen oder öffentlichen Auftritten immer Frau Professor Haber sein. Aber sie lebt auch in schwierigeren gesellschaftlichen Umständen: Das bürgerliche Milieu in Karlsruhe stellt andere Ansprüche an eine »Frau Professor« als die Künstlergemeinschaft an die Frau eines Malers im Künstlerdorf Worpswede. Clara Immerwahr bewegt sich unter ständiger Kontrolle, sobald sie das Haus verlässt. Jedes Anzeichen von zuviel Eigenständigkeit, jeder Schritt abseits der traditionellen Frauenrolle wird als Klatsch durch die Karlsruher Gesellschaft wandern und die Karriere ihres Mannes gefährden. Denn hier ist sie nichts anderes als die Frau an seiner Seite, die in ihrem »Mann aufzugehen« hat, »sein Wohl immer vor Augen«, wie es Woldemar Becker den Konventionen entsprechend an seine Tochter Paula im Februar 1901 zur Vorbereitung auf ihre Hochzeit geschrieben hatte. Die Malerin konnte solche Ratschläge als »rührend« beiseitelegen, weil auch ihr Mann keine Traditions-Ehe eingehen wollte. Ähnliches ist von Fritz Haber als Ehemann nicht bekannt. Vielmehr erwartete er, dass er seiner Frau Briefe diktieren konnte, wenn er spät abends abgearbeitet von der Hochschule nach Hause kam. Keine Rede mehr von einer gleichberechtigten Chemikerehe.

Am 1. Juni 1902 kommt Hermann Haber zur Welt. Es war eine schwere Schwangerschaft für Clara. Der Kleine ist kränklich und braucht viel von ihrer Zeit, zudem will der Ehemann gepflegt werden. »Schlechte Nerven, Ammen- und Kindersorgen verursachen nervöse Nacht und Überproduktion im Magen«, klagt Fritz Haber einem Freund. Als er das Angebot bekommt, sich vier Monate in den USA über den Stand der chemischen Industrie zu informieren, greift er freudig zu. Clara Immerwahr quartiert sich mit dem Säugling bei ihrem Vater in Breslau ein, viel Zeit zum Nachdenken. Als das Ehepaar Haber nach vier Monaten Trennung wieder den Karlsruher Alltag aufnimmt, beansprucht die Ehefrau von nun an ein Zimmer im Haus für sich allein. Ein Zeichen der Eigenständigkeit, immerhin, und der Hausherr ist darüber gar nicht amüsiert.

1901 ist auch für Henriette Fürth, die sich mit Zustimmung ihres Mannes für Kinder und Berufstätigkeit entschieden hatte, ein heikles Jahr. Über Frankfurt hinaus hat sich die Vierzigjährige in der Frauenbewegung einen Namen gemacht: mit sorgfältig recherchierten Arbeiten über Frauenarbeit, die unwürdige Situation der Pflegekinder und mit Beiträgen für Frauenhandbücher; 1898/99 leitete sie die Frankfurter Rechtsschutzstelle von Frauen für Frauen. Im Eigenstudium hat sich Henriette Fürth Kenntnisse in Ökonomie und Volkswirtschaft beigebracht. Seit Jahren rät sie ihrem Mann, die unrentable Lederhandlung aufzugeben. Doch es war ein Familienunternehmen, die übrigen

Teilhaber verweigern ihre Zustimmung und Wilhelm Fürth will aus Loyalität sein Geld nicht abziehen. 1901 ist die Geduld der Ehefrau am Ende: »Sobald ich den ganzen Umfang der vorliegenden geschäftlichen Erschütterung kennen gelernt hatte, bestand ich auf Liquidation des Geschäftes. … So standen wir Ende 1901 mit acht Kindern, von denen die jüngsten dreiviertel Jahre alt waren, dem Nichts gegenüber. Es war hart.«

Um nicht abzugleiten in Elend und Armut, gab es nur eine Alternative: eine feste Arbeit für beide Eltern, denn ein Haushalt mit insgesamt elf Personen – acht Kindern, Mutter, Vater und einer Hausangestellten – musste ernährt werden. Dank Henriette Fürths Beziehungen aus ihrer ehrenamtlichen Sozialarbeit in Frankfurt fand ihr Mann für 100 Mark monatlich eine Anstellung als Wohnungsinspektor, sie selbst »nahm einen Handlangerposten in der Zentrale für private Fürsorge an, der mir gleichfalls 100,– Mark monatlich bei siebenstündiger täglicher Arbeit brachte«. Mehr zu sein als Ehefrau und Mutter, war nichts grundsätzlich Neues für Henriette Fürth, sondern Teil ihres Selbstverständnisses. Ihre ehrenamtliche Arbeit und die Recherchen zur Lage der sozial Benachteiligten hatten direkt kein Geld eingebracht, aber Kenntnisse und Erfahrungen. Und die waren zur soliden Grundlage für bezahlte »literarische Arbeit und Vorträge« geworden, mit denen Henriette Fürth seit Beginn der 1890er Jahre zur Haushaltskasse beitrug. Selbst als sie mit Zwillingen hochschwanger war, und etliche ihrer Kinder ohnehin stets durch ihr Arbeitszimmer wuselten, saß sie am Schreibtisch.

Viel und unter Stress zu arbeiten empfand Henriette Fürth als positive Herausforderung. Aber sich nach Anweisungen zu richten und in ein striktes Zeitkorsett gespannt zu sein wie bei dem neuen »Handlangerposten«, war nicht nach ihrem Geschmack: »Wenn ich früh um viertel nach acht das Haus verließ, lag manchmal schon ein ansehnliches Stück Küchen- und Hausarbeit hinter mir. Zum Essen stürzte ich nach Hause und musste gleich wieder fort rennen, da ich nur eine knappe Stunde Tischzeit hatte. Um halb fünf oder etwas später kam ich nach Hause und auch dort wartete wieder Arbeit auf mich.« Schon im Winter 1901/02 begann sie mit einem Kursus über »Säuglingspflege und Kindererziehung« an der Mannheimer Volkshochschule ihre Vortragstätigkeit systematisch auszubauen. Das Jahr war noch nicht zu Ende, da hatte Henriette Fürth ein Thema gefunden, das so ganz ihrem aufklärerischen Sinn entsprach.

Für seine Herbsttagung 1902 in Wiesbaden setzte der traditionsreiche Allgemeine Deutsche Frauenverein einen Vortrag über ein Thema ins Programm, das langsam aus der Tabuzone ins Offene getreten war. Es blieb jedoch ein »revolutionäres Unterfangen«, und Henriette Fürth schien den »kühnen Pionierinnen« vom ADF dafür genau die Richtige zu sein. Henriette Goldschmidt, eine feine alte Dame, die 1865 den ADF mitbegründet hatte, saß auf dem Wiesbadener Podium und dankte zur Einleitung »Frau Fürth, dass sie es übernommen habe, ein derart heikles Thema zu behandeln. Der Vorstand habe aber gemeint, man dürfe an dem *Schmutz im Hause* nicht mit *geschlossenen Augen vorübergehen*«.

So schildert es Henriette Fürth in ihren Erinnerungen und fährt fort: »Das kam mir absurd vor. So leitete ich meinen Vortrag etwa so ein: Es tue mir herzlich leid, der verehrten Frau Vorsitzenden widersprechen zu müssen. Bei dem zu erörternden Thema handele es sich aber keineswegs um den Schmutz im eigenen Haus sondern lediglich um *unsere schmutzige Auffassung von reinen Dingen*. Dann ging ich mit allem Freimut, aber auch mit der gebotenen Sachlichkeit und der ruhigen Auffassung, die mir eigene Erfahrung und Nachdenken gegeben hatten, auf mein Ziel los.« Das Referat handelte von der »geschlechtlichen Aufklärung der Jugend«. Es erschien 1903 unter dem Titel *Die geschlechtliche Aufklärung in Haus und Schule* und brachte es in kürzester Zeit auf fünf Auflagen. Die Kernthese von Henriette Fürth: »Ich zeigte, dass man dem Kinde Wahrheit schuldig sei, auch hier mit Lessing (Erziehung des Menschengeschlechts) nur so viel Wahrheit, als es jeweils zu fassen vermöge. Die Hauptsache aber: immer nur die Wahrheit.« Der Rückgriff auf das mehr als ein Jahrhundert zurückliegende Zeitalter der Aufklärung, verbunden mit einem aktuellen Thema, war revolutionär für ihre Zeit und darüber hinaus.

Mit diesem Erfolg im Rücken, kündigte Henriette Fürth ihren Frankfurter »Handlangerposten« und riskierte ab 1903 eine freie Vortrags- und Autorentätigkeit, obwohl die Familienkasse weiterhin zu einem großen Teil auf ihren Verdienst angewiesen war. Ihr Vortrag über »Die geschlechtliche Aufklärung der Jugend« führte sie in die Schweiz. Ein anderer über »Das Geschlechterproblem und die moderne Moral« brachte ihr Einladungen nach Bochum, Berlin, Königsberg und Breslau. Eine »tausendköpfige Zuhörerschaft« war in diesen Städten keine Seltenheit. Verfängliche Fragen – »Wie denken Sie über die freie Liebe?« – brachten die Rednerin nicht aus der Ruhe. Eine Antwort darauf, erklärte sie, würde ins Uferlose führen und fragte das Publikum demonstrativ, ob sie darauf antworten solle. »Nein« erscholl es laut. Henriette Fürth legte die Frage beiseite.

Am Ende kam sie aus freien Stücken darauf zurück und hielt mit ihrer Meinung nicht hinter dem Berg. Ihr erschien »jedes Sexualverhältnis würdig und vertretbar, selbst wenn es außerhalb der standesamtlichen Fixierung« eingegangen sei, so lange es »auf gegenseitiger Liebe und Achtung beruhe«. Ungewöhnliche Worte von einer bürgerlichen Frau, über die nach ihrem Vortrag in Bochum die örtliche Presse schrieb: »Eine angenehme Erscheinung von blühendem Aussehen.« Das wiederum ärgerte Henriette Fürth, die nur nach ihren sachlichen Aussagen beurteilt werden wollte: »Als ob sie bei Männern auch etwas von äußerer Erscheinung etc. erwähnten!«

Aufklärung in Sachen Sexualität und ein Ende der Doppelmoral, die die Männer schützte: genau darum ging es der Deutschen Gesellschaft zur Bekämpfung der Geschlechtskrankheiten, die Anfang 1903 im brechend vollen Bürgersaal des Berliner Rathauses gegründet wurde. Über vierhundert Ärzte und Ärztinnen, Juristen, Sozialarbeiter und Vertreterinnen der Frauenvereine waren zur Unterstützung gekommen. Zu den Organisatoren des Ersten Kongresses der DGBG, der noch 1903 in Frankfurt stattfand, gehörte Henriette Fürth. Im Anschluss daran organisierte sie mit anderen Reformern und Reformerinnen, unter anderen die Ärztin Elisabeth Winterhalter und Bertha Pappenheim, die 1904 den Jüdischen Frauenbund gründete, die Frankfurter Zweigstelle der DGBG.

Auch die tatkräftige Henriette Fürth konnte nicht alle Grenzen überwinden, die Frauen hinderten, ihre Talente zu entfalten. Ihre Hausärztin Elisabeth Winterhalter setzte sich dafür ein, dass mindestens eine Fürth-Tochter studieren konnte. Sie machte ein jährliches

Stipendium von dreihundert Mark locker, doch das reichte nicht. Henriette Fürth klopfte an alle Türen jüdischer Stiftungen in Frankfurt, um ihrer Tochter Anna einen zusätzlichen Betrag zu verschaffen: »Ohne Erfolg. Die bezüglichen Stipendienstiftungen waren nur für Angehörige des männlichen Geschlechtes bestimmt und man brachte damals … nicht so viel Großzügigkeit auf, die Enge dieser Satzungen zeitgemäß zu erweitern.« Also machte Anna erst einmal ein Lehrerinnenexamen, mit besten Noten.

Stolz berichtet Henriette Fürth, dass die Tochter »ein besonders tüchtiger Mensch geworden« sei. Anna Fürth »gehörte zu den Begründern und Pionieren der Montessoribewegung in Holland, hat einen Montessorikindergarten und eine Schule ins Leben gerufen«. In Bussum bei Amsterdam, wohin sie heiratete, ist sie Stadträtin geworden. »So hat die Verweigerung des Stipendiums«, schließt Henriette Fürth diese Geschichte in ihren Lebenserinnerungen, »eine Kraft, die sich durchsetzen wollte und konnte, nicht zu behindern vermocht. So denn weiter im Kampf!«

Für ihre Vortragsreisen saß Henriette Fürth viele Stunden im Zug, war tagelang von zu Hause fort. Ihre Jüngsten, die Zwillinge, waren 1903 gerade vier Jahre alt. Nach ihrer Überzeugung waren Kinder kein Grund für eine Frau, Familie, Ehe und Berufstätigkeit nicht zu verbinden. Henriette Fürth ging mit ihrer Doppelbelastung bewusst in die Öffentlichkeit. Sie setzte auf das eigene Vorbild als Beweis, dass Berufstätigkeit gerade für Mütter eine Wohltat war: »So wird der Beruf aus einer Last zu einem Erlöser. So wird aus der schmerzhaften Analyse: Mutter oder Beruf die befreiende Synthese: Mutterschaft und Beruf.« Wer von »Mutterschaft« als Beruf spreche, müsse zugeben, dass diese eben nicht das ganze Leben einer Frau ausfüllt. Ironisch fragt Henriette Fürth, ob je »die Vaterschaft als Beruf« angesprochen werde.

An Kritik fehlte es nicht, sobald sich auf ihren Vortragsreisen herumsprach, dass die Rednerin nicht nur Ehefrau sondern auch Mutter war. In ihren Erinnerungen hält Henriette Fürth dagegen, »dass meine Kinder, mein Mann, und mein Heim durch meine öffentliche und literarische Tätigkeit nicht zu Schaden gekommen sind. Die Strümpfe waren immer gestopft und Kleider und Wäsche sauber.«

Auch in trüben Zeiten war es bei Familie Fürth »hell und behaglich«, und sie wusste die Feste zu feiern.

Henriette Fürth stand trotzdem als berufstätige Mutter unter permanentem Druck: ihr privates Leben durfte »keinerlei Angriffsflächen bieten«. Im Jahre 1904 waren Erschöpfung und Überarbeitung so groß, dass sie einen Zusammenbruch hatte und wochenlang das Bett hüten musste. Sehr gegen ihren Willen, denn Henriette Fürth war eine ungeduldige Patientin, auch wenn sie der Frankfurter Ärztin Elisabeth Winterhalter, die einst mit Agnes Bluhm in Zürich ihren Dr. med. gemacht hatte, fest vertraute. Aber Henriette Fürth zog Befriedigung und Stolz daraus, »... dass und wie ich – Mutter von acht Kindern – Mutterschaft und Beruf zu vereinen wusste und der Frauensache ungemein genützt« habe.

Auch wenn die Anzahl der verheirateten berufstätigen Frauen mit dem Jahrhundertbeginn bei wenigen Prozent lag, bewegte die Frage, ob Frauen Familie und Beruf vereinbaren könnten, ähnlich wie das Thema Sexualität mehr und mehr die Gemüter. Eine Entwicklung war in Gang gekommen, die sich nicht mehr aufhalten ließ. Mit jedem Fräulein vom Amt, jeder Handlungs- und Bürogehilfin, die in der Statistik auftauchte, drängte sich die Frage auf: Soll eine Frau mit der Heirat ihren Beruf aufgeben? Soll sie weiter arbeiten, bis Kinder kommen oder vielleicht sogar als Mutter berufstätig sein? Auch unter den Mitgliedern der lokalen Frauenvereine, die zu rund zwei Dritteln verheiratet waren, und bei den führenden Frauen an der Spitze der Frauenbewegung war die Meinung geteilt. »Mütterlichkeit« wurde zum Begriff, an dem sich die Geister schieden.

War Mutterschaft wirklich eine Qualität, die weibliche Identität auf einen Nenner brachte? Genügte es, zwischen der biologischen, die alle Richtungen innerhalb der Frauenbewegung als alleiniges Merkmal von Weiblichkeit ablehnte, und »geistig-seelischer« oder »sozialer« Mutterschaft zu unterscheiden, die jede Frau ausfüllen konnte? In den ersten Jahren des neuen Jahrhunderts wurde viel Papier vollgeschrieben, viele Vorträge wurden gehalten, und im Rückblick auf diese Debatte Differenzen zwischen »radikalen« und »gemäßigten« Frauen vergrößert, die keiner Seite gerecht werden. In den entscheidenden Fragen haben sie zusammengehalten.

Im ersten Jahrzehnt des 20. Jahrhunderts mussten sich die Reformerinnen der »Mütterlichkeits-Diskussion« stellen, weil sie massiv von den Gegnern der Gleichberechtigung angestoßen wurde. Es galt, die Frauenbewegung zu diffamieren und Unfrieden unter den Frauen und in den Familien zu stiften, die sich einem neuen Verständnis von Frau und Mann zuwandten, das deutlich auf dem Vormarsch war. Es ist müßig, diese Diskussion wieder aufzurollen. Alle Hinweise auf »Gott« und die »Natur« oder angebliche historische Fakten halten modernen Kenntnissen nicht stand. Wo der Streit um »Mütterlichkeit« im 21. Jahrhundert wieder angezettelt wird, sollten Frauen sich nicht in diese Falle locken lassen, sondern das Thema in die Abteilung »historisches Durchgangsstadium, abgelegt« verweisen.

Henriette Fürth stand mit ihrer Überzeugung, dass Mutterschaft und Beruf nicht nur vereinbar sind, sondern sich gegenseitig gut tun, nicht allein da. Sie hatte mit Dr. Anna Fischer-Dückelmann und deren Bestseller *Die Frau als Hausärztin* eine prominente Verbündete. Die Ärztin aus Loschwitz bei Dresden, die in Zürich studiert hat, bezeichnet alle »konservative Personen«, die »nichts von einer Reform der Ehe hören wollen«, als »unnatürlich, entartet«. Sie prophezeit, dass die Frauen »sich neue Sittengesetze schaffen, die ihnen selbst Freiheit und Rechte, dem Manne aber Bändigung seiner Genusssucht bringen«. Das ist erst der Anfang: »Und dann wird auch die Unzucht in der Ehe aufhören, die überall dort getrieben wird, wo die Frauen wider ihren Willen Kinder gebären und nicht aus Liebe, sondern der Versorgung wegen sich an einen Mann binden lassen.«

Die Medizinerin, Jahrgang 1856, zeigt den Frauen den einzigen Ausweg aus dieser Traditionsfalle – »ein eigenes Geistesleben, einen eigenen Beruf, wirtschaftliche Selbständigkeit und gesetzliche Gleichberechtigung«. Seit dem ersten Erscheinen 1901 stand *Die Frau als Hausärztin* hunderttausendfach in den Haushalten und forderte ihre Leserinnen zur Revolution auf: »Die fortschrittliche Frau … ist keine willenlose Geburtsmaschine mehr, sie wird nicht vom Fortpflanzungsgeschäft total verbraucht und stumpft im Ehejoch nicht ab.« Nicht jammern, keine Opfergeschichten erzählen, aktiv werden: »Sich selbst von Elend und Druck befreien, dies alles liegt in der Hand der Frau!« Henriette Fürth hat erfahren, dass eine Frau, die in die Öffentlichkeit trat und dort selbstbewusst das Wort führte, selbstverständlich als unverheiratet etikettiert wurde. Im Anschluss an ihre Vorträge über Säuglingspflege oder das Geschlechtsleben von Jugendlichen wurde sie oft gefragt, wie sie als Frau ohne Familie an diese Kenntnisse komme. Mit dem Hinweis auf acht eigene Kinder verstummte jede Kritik.

Das leidenschaftliche Plädoyer für eine Reform der konventionellen Ehe ging in dem Erfolgsbuch *Die Frau als Hausärztin* nahtlos in eine weitere revolutionäre Forderung über: »Stimmen die Gatten aber nicht mehr überein, hat sich die Liebe verloren, dann werden sie kein unwürdiges Verhältnis bestehen lassen, denn die Frau kann ohne den Mann auch leben.« Keine hasserfüllten Schuldzuweisungen? Kein unwürdiges Gezerre um die Kinder vor Gericht? Nein, nichts dergleichen muss sein, wenn das Paar sich an den Rat von Anne Fischer-Dückelmann hält: »Sie werden ruhig auseinandergehen, oder als ›Geschäftsführer der Kinder‹, ohne Ehe, für diese leben, wenn reiferes Alter ihnen die nötige Ruhe dazu gegeben hat.«

Eine menschenfreundliche Empfehlung, zu der Mut gehörte. Die Realität findet sich in einem Roman von Gabriele Reuter, der 1900 zum Jahrhundertanfang erschien, ein Jahr bevor *Die Frau als Hausärztin* auf den Buchmarkt kam. Die Autorin des Erfolgsbuches *Aus guter Familie. Leidensgeschichte eines Mädchens* setzte mit *Ellen von der Weiden* ihre kritische Sicht auf die bürgerliche Ehe fort. Wieder aus der Sicht der Frauen, wieder ein Erfolg. Ellen von der Weiden, mit einem renommierten Berliner Frauenarzt verheiratet, trifft, lange vor der eigenen Scheidung, eine alte Bekannte, deren Mann die Scheidung eingeleitet hat: »›Wollen Sie denn nun noch mit mir verkehren?‹« fragte sie mich bitter, fast höhnisch. ›Mit einer geschiedenen Frau? … Jetzt speien alle vor mir aus! Wo soll ich denn hin, was soll ich denn beginnen, wo mich verkriechen? Wie einen räudigen Hund sollte man mich totschlagen und einscharren! Hätte er mich lieber vergiftet, es wäre barmherziger gewesen!‹«

Wenn die Familie das Fundament war, auf das sich Staat, Gesellschaft und die christlichen Kirchen gründeten, dann musste die priesterliche Hochzeitsbeschwörung – »Bis dass der Tod Euch scheidet« – für alle Ehepaare ein »Lebenslänglich« bedeuten, an dem nichts und niemand rütteln durfte. Scheidung war tabu. Und wenn ein Ehemann sich dennoch dazu entschloss, traf ausschließlich die Frau die gesamte moralische Verachtung. (Bis weit in die 1950er Jahre hatten geschiedene Frauen unter dieser heuchlerischen Moral-Fassade zu leiden.)

Eine pikante Geschichte mit umgekehrten Vorzeichen, die gerade deshalb das Tabu Scheidung drastisch belegt, ereignete sich im November 1901. Zu Beginn des Monats erfuhr Kaiser Wilhelm II., dass sein Vetter, Großherzog Ernst Ludwig von Hessen-Darmstadt, mit dem ihn seit Kindertagen glückliche Erinnerungen verbanden, noch für diesen Monat die Scheidung von seiner Frau, eine Prinzessin aus dem Hause Sachsen-Coburg und Gotha, vorbereitete. »Duckie«, so ihr Spitzname, war eine lebenslustige junge Frau, der offensichtlich erst nach der Hochzeit aufging, dass ihr Mann eine Frau nicht »befriedigen« konnte. Diese Umschreibung für die homosexuellen Neigungen des Ehemanns wählte der Bruder des Kaisers in einem verschwurbelten Brief, mit dem er Wilhelm II. auf diese Verwandten-Scheidung vorbereitet.

Zehn Seiten lang war die Antwort, die der Kaiser umgehend dem Großherzoglichen Verwandten schrieb. Was Majestät umtreibt, ist allein »das böse Beispiel«, das sein Vetter gibt, »in dieser leichtsinnigen Zeit, wo die Scheidung fast schon zu den Zutaten der modernen Ehen in den mittleren und besseren Ständen gehört.« Dem Land werde »das Vorbild der Familie urplötzlich genommen und zertrümmert«. Und das alles, ohne dass »die Gattin eine besondere Schuld trifft, ohne ein schweres Vergehen ihrerseits, welches den Schritt erzwungen hätte«. Ein »Unheil« sei das Ganze, aber das Schlimmste: Warum muss man denn das Innerste nach außen kehren?

»Ich als älterer Ehemann«, schreibt Wilhelm II., »hätte es an keiner Mühe fehlen lassen, um Euch zusammenzuhalten, wenn auch nur äußerlich vor der Welt!« Wo es um traditionelle Moral und Sitte geht, die alle Familien zusammenhalten soll, muss der fürstliche Familien-Schein um jeden Preis gewahrt bleiben, und dafür nimmt der Kaiser sogar den lieben Gott ins Gebet: »Eine Form hätte sich gefunden, und Gott hätte uns schon geholfen. Ich kenne manche Ehe, in der es genau so zugeht wie bei Euch, und wo es doch nicht zur Scheidung gekommen.« Ein aufschlussreiches Dokument zum Stichwort »Scheidung«

am Beginn des 20. Jahrhunderts, auch wenn das Volk damals solche offenen Worte nicht zu Ohren bekam. *Die Frau als Hausärztin* gehörte sicher nicht zur Lektüre Seiner Majestät, aber auch dem Kaiser blieb nicht verborgen: Die traditionelle festgefügte Familie, Säule monarchischer undemokratischer Herrschaft, erhielt Stöße von vielen Seiten und geriet ins Wanken.

Im folgenden Jahr 1902 zog ein anderer, mindestens ebenso bekannter Ehemann wie der Großherzog vor Gericht. Diese Scheidung allerdings ging nicht diskret vor sich. Karl May, der Autorenvater von Winnetou und Old Shatterhand, tat alles, um seine Frau Emma, mit der er seit über zwanzig Jahren zusammen war, in der Öffentlichkeit zu diskreditieren. Damit die Scheidung für seine Frau »schuldig« ausging, erklärte der Anwalt des populären Schriftstellers, Emma May sei schwermütig und »pervers«, habe Verhältnisse mit Frauen und jungen Männern, ihren Mann um viel Geld betrogen und für »unnütze Anschaffungen« verschwendet. Das Ehepaar habe seit Frühjahr 1901 keinen Geschlechtsverkehr mehr. Noch 1902 wurde die siebenundvierzigjährige Emma May schuldig geschieden, Anfang März 1903 war das Urteil rechtskräftig. Am 30. März 1903 heiratete der einundsechzigjährige Karl May in zweiter Ehe die achtunddreißigjährige Klara Plöhm, über viele Jahre Emmas beste Freundin und seit Frühjahr 1902 seine Sekretärin.

Emma May musste wieder ihren Mädchennamen annehmen, Karl Mays Unterhaltszahlungen waren freiwillig und an das Wohlverhalten seiner Ex-Frau gekoppelt. Das Gericht hatte es abgelehnt, Emma May in den Zeugenstand zu rufen. Nur Klara Plöhm durfte vor Gericht aussagen, und sie beschwor alle Aussagen von Karl May unter Eid als der Wahrheit entsprechend. Der Schriftsteller, dem man wenig später nachweisen würde, dass er seine Biografie kräftig geschönt und in seinen Büchern Plagiat betrieben hatte, profitierte vom neuen Bürgerlichen Gesetzbuch (BGB), das am 1. Januar 1900 für das gesamte Deutsche Reich in Kraft getreten war. Vergeblich hatten alle Frauenvereine mit gemeinsamen Petitionen und Demonstrationen gefordert, jene Paragrafen rückgängig zu machen, in denen bestehendes Länderrecht zu ungunsten der Frauen verändert wurde. Das frühere »Gemeine Recht« hätte eine Scheidung mit Karl Mays unbewiesenen Vorwürfen nicht zugelassen. Nach dem Preußischen Allgemeinen Landrecht hätte das Gericht Emma May im Prozess zu Wort kommen lassen müssen. Doch mit dem BGB waren diese Regelungen außer Kraft gesetzt.

Zivile Ehescheidungen waren in Deutschland erst möglich geworden, nachdem 1875 gegen massiven Widerstand der christlichen Kirchen die zivile Eheschließung auf dem Standesamt eingeführt wurde. Sie war gültig, ohne dass eine kirchliche Hochzeit folgen musste. Der Prozentsatz der Scheidungen lag bei unter einem Prozent der Ehen, aber er stieg. Die Anzahl rechtskräftiger Ehescheidungen in Deutschland für 1891: 6678; für 1895: 8326; für 1899: 9563. Was aufhorchen lässt: Innerhalb dieser Minderheit wurde die Mehrzahl der Scheidungsanträge von Frauen gestellt. Sie taten einen Schritt ins Ungewisse, der großen Mut verlangte. Denn sie wurden von ihrem sozialen Umfeld geächtet, die eigenen Eltern oft eingeschlossen, waren in der Regel ohne finanziellen Rückhalt und riskierten, rigoros von ihren Kindern getrennt zu werden. Ob der Ehemann die Kinder von einer Haushaltshilfe versorgen ließ oder in eine Anstalt steckte, war ihm überlassen. Gewaltig muss der Leidensdruck für Frauen gewesen sein, wenn sie trotzdem aus den sicheren Familienverhältnissen ausbrachen.

Die neue Rechtslage durch das BGB, das Scheidungen mit dem 20. Jahrhundert für Frauen erschwerte, schlägt sich umgehend in der Statistik nieder. 1900 wurden in Deutschland »nur« 7928 Ehen gültig geschieden; 1901 waren es 7964. Doch dann ist der Schock bei den scheidungswilligen Frauen überwunden. 1903 sind es 9933 Scheidungen; 1904: 10 868; 1905: 11 147 Scheidungen. Auch wenn das Recht sie diskriminierte und die Gesellschaft sie im Stich ließ: Weiterhin waren es in der Mehrzahl Frauen, die den Schritt wagten, nach dem Motto der Bremer Stadtmusikanten: Etwas Besseres als den Tod finden wir überall. (Bis heute wird die Mehrheit der Scheidungsanträge von Frauen gestellt.)

Als sie am 24. Februar 1906 am Gare du Nord ankommt, zum vierten Mal in ihrem Leben, hat auch Paula Modersohn-Becker diesen Schritt gewagt. Noch am gleichen Abend schreibt sie im Hotel in ihr Tagebuch: »Nun habe ich Otto Modersohn verlassen und stehe zwischen meinem alten Leben und meinem neuen Leben. Wie das neue wohl wird. Und wie ich wohl werde in dem neuen Leben?« Am 8. Februar hatte sie in Worpswede mit ihrem Mann und der kleinen Elsbeth ihren dreißigsten Geburtstag gefeiert. Heimlich war alles seit Wochen von ihr für ein neues Lebensmodell außerhalb der Ehe vorbereitet worden. Nur Rainer Maria Rilke in Paris und seine Frau Clara, die Bildhauerin, mit der Paula befreundet ist, sind eingeweiht. Ihnen schreibt sie am 17. Februar: »Und nun weiß ich gar nicht wie ich mich unterschreiben soll. Ich bin nicht Modersohn und ich bin auch nicht mehr Paula Becker. Ich bin Ich, und ich hoffe, es immer mehr zu werden. Das ist wohl das Endziel von allem unsern Ringen.« Der Dichter hätte nicht treffender ausdrücken können, worum es geht.

Als Otto Modersohn am 24. Februar morgens aufwacht, ist seine Frau fort. Für ihn bricht eine Welt zusammen, auch wenn er wusste, dass die Ehe in einer schweren Krise steckte. Erst am 27. Februar wird Paula ihm aus Paris schreiben. Aber sie hatte einen Bremer Rechtsanwalt beauftragt, Otto Modersohn am Tag nach ihrer Abreise zu informieren. Mit ihm hatte sie auch über Scheidung gesprochen. Er riet, erst einmal abzuwarten – »das finde ich vernünftig und werde es auch tun«. Die Fahrt nach Paris hatte sie bewusst erst am 23. angetreten. Da waren ihre Mutter und der älteste Bruder auf einer Romreise unterwegs, und konnten sie nicht bedrängen, in Worpswede zu bleiben. Sie taten es, sobald sie zurück in Bremen waren und von dem Skandal erfuhren – eine junge Frau verlässt doch nicht den rücksichtsvollen, gut situierten Ehemann und ein Kind.

Was für Verwandte und Freunde auf der Hand lag, kaum hatten sie von der Trennung erfahren – wie kann eine Ehe gut gehen, in der die Frau intensiv ihrem Beruf als Malerin nachgeht –, daran war diese Verbindung nicht gescheitert. Die Arbeits-Ehe hatte sich bewährt. Was Paula Modersohn-Becker nach fast fünf Jahren Zusammenleben nicht mehr ertragen konnte, hat sie Carl Hauptmann, dem Bruder des Dichters und ein Freund von Otto Modersohn, im April 1906 in einem Brief entgegengeschleudert, als der ihr schwere Vorwürfe wegen der Trennung machte: »Ich habe mich ganz in Otto Modersohns Hände gelegt und habe 5 Jahre gebraucht, um wieder frei davon zu werden. Ich habe 5 Jahre neben ihm gelebt, ohne dass er mich zu seiner Frau machte, das war Tierquälerei. Und wenn er jetzt leidet, so habe ich wahrlich mein Teil schon vorher gehabt.« Die emotionalen Spannungen hinter der Maske einer perfekten Ehe konnte sie als Frau nicht mehr aushalten, und auch ihre Kreativität als Malerin würde daran zugrunde gehen. An die Mutter schreibt sie im Mai: »Ich fange jetzt ein neues Leben an. Stört mich nicht, lasst mich gewähren.«

Vom Februar 1906 bis März 1907 hat Paula Modersohn-Becker in Paris gelebt und gearbeitet, bei Tag und bei Nacht. Dutzende ihrer schönsten, großartigen Bilder, die zu den Meisterwerken der modernen europäischen Malerei im 20. Jahrhundert zählen, sind in diesen Monaten entstanden: bis zum September 1906 im Rausch der Freiheit, allein in ihrem kleinen Atelier; im Herbst und Winter bis in den Frühling 1907 in der Stille der Ernüchterung. Sie hatte zugestimmt, dass Otto Modersohn ab September mit ihr zusammen in Paris lebt. Und das war die entscheidende Erfahrung: »Das Brausen dem Einen zu«, wie sie die Wirkung der Kunst in ihrem Leben einmal beschrieb, hatte auch während dieser Zweisamkeit nichts von seiner Kraft eingebüßt. An Rainer Maria Rilke schreibt sie Anfang März, noch aus Paris: »Ich bin mit meinem Leben zufrieden.« Als sie im Frühjahr 1907 das Alleinsein in Paris wieder gegen das Familienleben in Worpswede tauscht, ist das nicht das Ende sondern ein neuer Anfang für die Künstlerin.

Paula Modersohn-Becker ist schwanger, aber das hindert sie nicht, während des ganzen Sommers täglich in ihr kleines Atelier zu gehen, und die vielen Bilder, die sie im Kopf hat, auf die Leinwand zu bringen. Anfang Oktober 1907 – die Geburt ist auf Ende des Monats berechnet – erfährt ihre Schwester Milly: »Ich male wieder und wenn ich eine Tarnkappe hätte, wollte ich es wohl noch länger so weiter treiben.« Die Einunddreißigjährige hat als Künstlerin neue Pläne und Wünsche an die Zukunft. »Ich wollte wohl gern auf eine Woche nach Paris reisen,« schreibt sie der Mutter am 22. Oktober. Am 2. November bringt Paula Modersohn-Becker ihre Tochter Mathilde zur Welt. Am 20. November 1907 sitzt sie im Lehnstuhl in der Stube des Worpsweder Hauses, hält ihre Tochter in den Armen. Alle Kerzen am Kronleuchter brennen. Sie freut sich riesig und meint: »Nun ist es fast so schön wie Weihnachten« – und stirbt Sekunden später an einer Embolie.

Hat sich die Liebe verloren, empfiehlt *Die Frau als Hausärztin*, dann soll man »ruhig auseinander gehen«. Im April 1903 wird die Ehe zwischen Else Lasker-Schüler und ihrem Mann Dr. Berthold Schüler in Berlin geschieden. Als ihr Sohn Paul im August 1899 geboren wurde, lebte Else Lasker-Schüler schon nicht mehr mit ihrem Mann zusammen. Man traf sich ab und an, er half ihr bei der Wohnungssuche, gab medizinischen Rat. Es war keine Feindschaft zwischen den beiden. Die Dichterin behielt seinen Namen, sie wollte nicht auslöschen, was hinter ihr lag. Und sie wollte weiterhin alles leben: ihren Beruf als Dichterin, ihre Verantwortung als Mutter und ihre Emotionen. »Habe noch immer keine Amore, finde nichts«, hatte Else Lasker-Schüler im Jahre 1900 an ihre ältere Schwester Anna geschrieben. Im November 1903 heiratet die Vierunddreißigjährige zum zweiten Mal, den fünfundzwanzigjährigen Herwarth Walden.

Als Georg Levin hatte Else Lasker-Schüler den Musikstudenten bei einem »Erotischen Abend« in der Neuen Gemeinschaft kennengelernt. Unter dem Namen Herwarth Walden lebte er von nun an weiter, wahrscheinlich der Fantasie der Dichterin entsprungen. Walden hatte für jenen Abend den Klavierpart übernommen. Die Neue Gemeinschaft mit angemieteten Räumen in Schlachtensee gehört zu den Lebensreform-Bewegungen, in denen sich um die Jahrhundertwende am Rand der Hauptstadt Männer und Frauen zu Wohngemeinschaften zusammenfanden. Religion und Kunst, Wissenschaft und Leben sollen endlich eine harmonische Einheit bilden, um aus dem nervösen Großstädter in freier Natur einen neuen Menschen zu schaffen. Eine ähnliche Gemeinschaft – Die Kommenden – hat sich in Friedrichshagen gegründet. Else Lasker-Schüler bewegt sich in beiden als Sympathisantin, trägt ihre Gedichte bei den kulturellen Veranstaltungen vor und knüpft Kontakte. Sie gewinnt Menschen, die für sie eintreten und ihre Partei bei Diskussionen ergreifen, wenn andere es an Respekt vor der Dichterin fehlen lassen.

Zwischen dem Auftreten in der Öffentlichkeit, dem lebhaften kleinen Paul, der Suche nach kleinen, preiswerten Wohnungen, die sie ständig wechselt, arbeitet Else Lasker-Schüler konzentriert an ihren Gedichten. Sie hat eine Botschaft an die Welt und will gehört werden. Die neue Ehe macht sie nicht zum Hausmütterchen, Herwarth Walden hat sich für eine »Neue Frau« entschieden. Die Kunst der Moderne, die Literatur vor allem, aber auch Malerei und Musik, ist das Zentrum dieser Ehe, für beide Partner. Sie sind ein gutes Team; jeder setzt sich für die künstlerischen Ziele des anderen ein. 1904 gründet Herwarth Walden den Verein für Kunst, der alle vierzehn Tage einen Abend mit Künstlern in der Wohnung Ludwigkirchstraße 1 anbietet, wobei es stets um Premieren geht und um lebhafte Diskussionen.

Das kulturelle Netzwerk des Ehepaares funktioniert. Was Rang und Namen in der Avantgarde hat, fühlt sich im Verein für Kunst zu Hause: Thomas Mann samt Verlobter Katja Pringsheim, die wiederum ihre Großmutter Hedwig Dohm, unerschrockene Frauenrechtlerin im frühen Kaiserreich, mitbringt. Es kommen die Komponisten Gustav Mahler und Richard Strauss, die Dichter Richard Dehmel und Maxim Gorki. Lasker-Schüler und Walden stecken alle ihre Kraft in den Verein: Programme schreiben und in den Druck bringen, verschicken, Geldgeber suchen, denn die großen Namen garantieren nicht das große Geld. Else Lakser-Schüler gestaltet ganze Abende mit eigenem literarischen Programm. Das ist beste Werbung und zudem kostenlos. Die Musiker für ein Hauskonzert, das Kompositionen von Herwarth Walden aufführt, müssen koordiniert und vor allem bezahlt werden. Trotzdem findet seine Frau immer noch Zeit, Gedichte zu schaffen.

1904 hat Else Lasker-Schüler genügend poetisches Material für einen neuen Band beisammen. Vom Gedichtband *Styx*, 1902 erschienen, waren nach einem Jahr 300 von 1050 gedruckten Exemplaren verkauft. Nach etlichen mahnenden Briefen erhält die Dichterin dafür ein Honorar von 100 Mark. Als sich für den nächsten Band kein Verlag findet, schließt Herwarth Walden dem Verein für Kunst einen Verlag an, damit *Der siebte Tag* mit dreißig Gedichten von Else Lasker-Schüler erscheinen kann. In einem davon heißt es: *Und ich werde heimwärts / Von Deinem Atem getragen, / durch verzauberte Märchen, / Durch verschüttete Sagen … // Es rauscht durch unseren Schlaf / Ein feines Wehen wie Seide – / Der weltalte Traum / Segnet uns beide.*

Die Poesie, das war die eine feine, verzauberte Welt. Der Künstler-Alltag war hart und mühsam. Mit dem Verein für Kunst schrammte

Else Lasker-Schüler wurde eine berühmte Dichterin. Doch sie ist auch eine berufstätige alleinerziehende Mutter, die 1913 in einem Aufruf in der *Fackel*, der angesehenen Literaturzeitschrift ihres Bewunderers Karl Kraus, um Spenden für das Schulgeld ihres Sohnes bittet.

das Ehepaar permanent am Bankrott entlang, jedoch gemeinsam entschlossen, nicht aufzugeben. Else Lasker-Schüler, eine stolze Person, hat keine Hemmungen, in Bettelbriefen an gut situierte kunstinteressierte Menschen um finanzielle Unterstützung für den »Verein« zu bitten. »Der Sommer war für uns ein Märtyrium«, schreibt sie im November 1905 an Harry Graf Kessler. Ihr Mann habe die »erdenklich größten materiellen Opfer gebracht«. Er sei der »größte Künstler und tiefste Idealist«, der ihr vorgekommen sei.

Für die berufstätige Ehefrau mit Kind kommt zu ihrer Arbeit als Dichterin und als Ko-Managerin des Vereins für Kunst die ständige Sorge, wie sie Betreuung für ihren Sohn Paul findet. Meist sind es Schulmädchen, die kosten nicht viel, aber an der Zuverlässigkeit hapert es. Und die Mutter ist anspruchsvoll, für ihren Paul will sie nur das pädagogisch Beste. Manchmal bittet sie in höchster Not die Schwester, die inzwischen mit ihrer Familie auch in Berlin lebt, einzuspringen.

Auch Clara Zetkin ist eine berufstätige, verheiratete Mutter und hatte niemals Zweifel, dass diese Doppelfunktion von einer Frau ausgefüllt werden kann. Wie Else Lasker-Schüler hat sie bei der Heirat 1898 nicht den Namen ihres zweiten, ebenfalls wesentlich jüngeren Mannes Friedrich Zundel angenommen. Mit ihrem Namen blieb die demonstrative Erinnerung an ihre gemeinsame Zeit mit Ossip Zetkin und ihren beiden Kindern in Paris, wo Ossip 1889 gestorben war. Seit 1891 hatte Clara Zetkin, die radikale Sozialistin und in der SPD für die »Frauenfrage« zuständig, in Stuttgart Arbeit und eine zweite Heimat gefunden. Sie übernahm die Redaktion der *Gleichheit* und machte ein streng ideologisch ausgerichtetes Kampfblatt für SPD-Frauen daraus. Doch als die Kritik innerhalb der Partei immer lauter und der Leserinnen-Zuspruch immer weniger wurden, zeigte sich, dass Clara Zetkin kompromissfähig war und bereit, ihr journalistisches Talent einzusetzen.

Die erste Ausgabe der völlig umgestalteten *Gleichheit* erschien vielsagend mit der Jahrhundertwende am 4. Januar 1900. Der Stoff war übersichtlich und lesbar aufbereitet, die Themen lebensnah. Und ab jetzt ging es stetig aufwärts: 1902 pro Heft 4000; 1904 schon 12 000 und 1905 ein gewaltiger Sprung auf 28 700 verkaufte Exemplare. Diese Steigerung, mit der zum ersten Mal schwarze Zahlen erwirtschaftet wurden, hing auch mit einer Erweiterung der Zeitschrift zusammen. Clara Zetkin hatte eingesehen, dass selbst proletarische Arbeiterinnen stark an Familienthemen interessiert waren. Die Ehefrauen mussten dank steigender Löhne der Arbeiter weniger arbeiten, verbrachten mehr Zeit zu Hause, lasen mehr, und ihre Familienideale entsprachen durchaus denen der bürgerlichen Welt. »Für unsere Mütter und Hausfrauen« hießen die neuen zusätzlichen Seiten, und auch »Für unsere Kinder« gab es etwas. Eisenhaltige Lebensmittel wurden empfohlen, Ratschläge gegen Stottern gegeben. Zudem war der Literaturbereich erweitert worden. Eine Reportage schildert, ganz ohne klassenkämpferische Töne, das Reich der Schauspielerinnen.

Neben ihrer Redaktionsarbeit führten die Anfragen der Genossinnen und Genossen Clara Zetkin das Jahr über zu Vorträgen in alle Teile des Reiches. Als sie im Oktober 1901 in Hamburg darüber sprach, was der neue Zolltarif für die Frauen, die meist das Haushaltsgeld verwalten, bedeutet, kamen rund vierhundert Frauen und zweihundertfünfzig Männer zu ihrem öffentlichen Vortrag. Bei den Parteiversammlungen waren die Männer jedoch weit in der Überzahl, »weil sie größtenteils den Frauen das Versammlungsgehen verböten, behauptend, dass sie nur den Haushalt zu besorgen, Strümpfe zu stopfen und dergleichen hätten«. Das ergab eine Umfrage unter den Arbeiterfrauen. Genossen wurden durch das Parteibuch keineswegs zu Kämpfern für Frauenrechte und Emanzipation.

Vorträge und Redaktionsarbeit bedeuteten ein festes verlässliches Einkommen für Clara Zetkin. Ihr Mann Friedrich Zundel machte sich langsam als Maler einen Namen, gefördert von ihrem alten Freund Robert Bosch. Die Sozialistin aus bürgerlichem Hause, mit dem exzellenten Lehrerinnenexamen, die Klassenkämpferin für eine bessere gerechte Welt, versagte sich einen bürgerlichen Traum nicht. Warum auch? Sie hatte alle ihre Energie und Intelligenz in die Arbeit für die Partei gesteckt. Das ständige Reisen hatte ihre Gesundheit zermürbt, aber ein anderes Leben konnte sie sich nicht denken. 1904 erwarb sie mit ihrem Mann ein Grundstück mit großem Garten in Sillenbuch bei Stuttgart. Auf der Wilhelmshöhe – heute Kirchheimerstraße 14 – entstand das, was befreundete Parteimitglieder, Bebel, Rosa Luxemburg und Lenin inbegriffen, liebevoll »Datscha« nannten. Hunde und Katzen gehörten zur Familie. Und manchmal saß Clara Zetkin am Klavier, auch das eine Erinnerung an die bürgerliche Erziehung, und begleitete ihren ältesten Sohn Maxim, der auf der Geige spielte.

1904 war das Jahr, als der Internationale Frauenkongress für eine Woche in der Reichshauptstadt Schlagzeilen machte, und Kaiserin Auguste Victoria eine Delegation der Damen aus aller Welt zu einem Empfang ins Berliner Schloss lud. Unter hunderten von Reden, die das Kongressprogramm anbot, erregte eine besonderes Aufsehen. Die stellvertretende Vorsitzende vom Verband der preußischen Volksschullehrerinnen plädierte dafür, dass Lehrerinnen, die nach dem Gesetz ledig bleiben mussten, ihre Sexualität und ihre mütterlichen Neigungen nicht länger unterdrücken sollten. Berufstätige Mütter seien zufriedener und deshalb bessere Vorbilder für ihre Kinder. Außerdem ermöglichten zwei Einkommen eine frühe Heirat, und die wiederum würde die Prostitution zurückdrängen. Die Vorsitzende erklärte ausdrücklich, dass sie eine Minderheiten-Position unter ihren Kolleginnen vertrat. Und dabei blieb es: Die Mehrheit war weiterhin dafür, dass eine Lehrerin zölibatär lebt und mit der Heirat ihren Beruf aufgibt. 1907 warb der Bund Deutscher Frauenvereine dafür, dass es »dem Ermessen der Frauen überlassen bleiben muss«, ob sie nach der Heirat ihren Beruf, egal welchen, weiter ausüben möchten. Aber auch dieser Vorschlag fand unter den Lehrerinnenvereinen keine Mehrheit.

Es waren freie Abstimmungen der betroffenen Frauen, die überzeugt waren, dass sie als Lehrerinnen ihre Kraft für ihre Schülerinnen brauchten. Hätten sie zudem noch Familie und eigene Kinder, würden beide Seiten darunter leiden. Ähnlich dachte auch Hermine Edenhuizen, die 1903 als erste Frau an der Universität Bonn ihr Staatsexamen als Medizinerin und ihren Doktor med. abgelegt hatte. Es folgten einige Jahre als Assistenzärztin. Anfang 1905, immer noch ledig, begegnete sie auf einer Gesellschaft dem Dichter Gustav Frenssen, »der damals auf der Höhe seines Ruhmes stand durch seinen Roman ›Jörn Uhl‹«. Die beiden »Waterkantsleute«, Hermine Edenhuizen war in Ostfriesland daheim, unterhielten sich prächtig, als der Dichter »das Problem der Liebe« anschnitt. Er wollte von der jungen Medizinerin wissen, »welche Lösung dies Problem in meinem Leben gefunden hatte«. In ihren Erinnerungen fährt Hermine Edenhuizen fort: »Als ich ihm den Tatsachen entsprechend antwortete, dass ich alle Liebe, die ich brauchte, in meinem Beruf fände und alle Liebe, die ich zu geben hätte, meinen Kranken gäbe, wandte er sich ärgerlich ab mit einem brummigen ›Unsinn‹.«

Man kann lange und tiefsinnig diskutieren, warum die Mehrzahl der Lehrerinnen oder einzelne Akademikerinnen sich Anfang des 20. Jahrhunderts aus Überzeugung gegen eine Heirat entschieden. Ob es wirklich ihre Berufsauffassung war, die sie dazu trieb – vielleicht ein Elitebewusstsein – oder Bindungen an das traditionelle Frauenbild, das der berufstätigen Frau eine eigene Sexualität – selbst innerhalb der Ehe – nicht zugestand. Das mag im 21. Jahrhundert fern und kritikwürdig erscheinen. Aber ein solcher eingeschränkter Blick verdeckt, was an den Beispielen neu und geradezu revolutionär ist.

Ein öffentlicher Vortrag wie 1904, dass auch Lehrerinnen Anspruch auf gelebte Sexualität haben, noch dazu von einer der führenden

Frauen des Lehrerinnenverbandes, wäre vor 1900 undenkbar gewesen. Da hätte eine Frau das »Tabuwort« nicht einmal hinter dicken Mauern ausgesprochen. Und beim Nachtisch als Frau über ihr Liebesleben ausgefragt zu werden, wie es 1905 Hermine Edenhuizen passierte und worauf sie die Antwort nicht schuldig blieb – keine zehn Jahre zuvor hätte es einen solchen Austausch nicht gegeben. Nur eine breite Sicht auf die damalige gesellschaftliche Entwicklung zeigt, welchen gewaltigen Sprung die Frauen im eigenen Selbstverständnis und im öffentlichen Raum nach 1900 gemacht haben. Natürlich gab es auch unter den Frauen viele, denen diese Entwicklung unheimlich, geradezu bedrohlich war. Aber der Trend ist klar und unumkehrbar.

Eine Gruppe, die um die Mitte des 19. Jahrhunderts zu den Pionierinnen weiblicher Berufstätigkeit gehörte, musste schmerzlich erfahren, wie die Zeit über sie hinwegging. Bis zum Ende des Jahrhunderts hatten die evangelischen Kaiserswerther Diakonissen – neben katholischen Ordensschwestern – das Monopol auf Pflege in den Krankenhäusern. Aufgrund moderner Medizin und dem Ausbau des Gesundheitssystems stieg die Anzahl der Krankenhäuser drastisch und mit ihm der Bedarf an Pflegepersonal. Doch die Diakonissen konnten nicht liefern: Die Anzahl evangelischer Frauen, die diesen Beruf wählten, um sich aus der elterlichen Familie zu lösen und aktiv tätig zu sein, ging zur Jahrhundertwende fühlbar zurück.

Es waren Reformkräfte innerhalb der evangelischen Kirche, die selbstkritisch erkannten: Auch unter evangelischen jungen Frauen, nicht wenige Pfarrerstöchter darunter, setzte sich ein neues modernes Frauenbild durch. Diakonisse sein, das hieß: dienen, nicht verdienen; wie in einer Familie mit anderen Diakonissen zusammenleben und der autoritären männlichen Leitung des Mutterhauses unterworfen zu sein, die entschied, wo eine Diakonisse eingesetzt wurde. Selbstbestimmung oder individuelle Freiheiten waren verpönt. Wer heiratete, schied automatisch aus dem Beruf aus, musste seine Diakonissentracht abliefern. Auch der Ausbildungsstand war den Kritikern zu niedrig, die laut fragten, ob man der gebildeten evangelischen Frauenwelt noch guten Gewissens ein Diakonissendasein als geeigneten Lebensentwurf empfehlen könne.

Der Evangelische Diakonieverein, der 1900 gegen großen innerkirchlichen Widerstand gegründet wurde und den Kontakt zu Frauenvereinen nicht scheute, sollte eine evangelisch geprägte Gemeinschaft von Krankenpflegerinnen umfassen, aber »ohne den straffen Zusammenhalt und die militärische Befugnis des Mutterhauses«. Anwärterinnen mussten das Zeugnis einer höheren Mädchenschule vorweisen, Volksschule reichte nicht mehr. Statt Taschengeld gab es einen ordentlichen Verdienst; Pflegerinnen im Diakonieverein hatten eine eigene kleine Wohnung, konnten selber bestimmen, wo sie eingesetzt wurden. Besuche von Theater oder Kino waren auch ihnen verboten, ebenso die Frisur der »Bubenköpfe«. Dennoch hatte sich der Radius der Selbstbestimmung im neuen Jahrhundert für diese bewusst evangelischen Krankenschwestern fühlbar erweitert. Ganz wichtig: Nach einer Heirat konnten sie ihren Beruf weiter ausüben. Der große Andrang von interessierten Frauen für die Ausbildung im Städtischen Krankenhaus Wuppertal-Elberfeld zeigt, wohin der Zug der Zeit führte. Die Zentrale des Evangelischen Diakonievereins zog bald aus dem Rheinland nach Berlin-Zehlendorf, weshalb diese »neuen Diakonissen« als Zehlendorfer Schwestern bis heute tätig sind.

Der Pflegenotstand in den Krankenhäusern hatte weitere Folgen: Er motivierte Frauen 1903, einen Verband von Krankenpflegerinnen außerhalb kirchlicher Organisationen zu gründen – die Berufsorganisation der Krankenpflegerinnen Deutschlands. Sie forderte eine neutrale Ausbildung, unabhängig von konfessioneller Ausrichtung der Krankenpflegerinnen. Das war, neben dem konfessionellen Diakonieverein, eine weitere starke Konkurrenz für die traditionellen Diakonissen, die sich empört, aber erfolglos, gegen diese »wilden Schwestern« wehrten. 1907 erließ Preußen eine staatliche Prüfungsordnung für Krankenpflege. Ein neuer säkularer Frauenberuf war entstanden und bot seitdem ungezählten Frauen Arbeit und Selbständigkeit, die bei Heirat und eigener Familie nicht aufgegeben werden mussten. Und die Anzahl der Krankenpflegerinnen war um ein Vielfaches größer als die der Lehrerinnen.

Ob aus historischer Vogelsperspektive oder mittendrin: Nach drei Jahrzehnten im neuen Kaiserreich zeigt die deutsche Gesellschaft am Beginn des 20. Jahrhunderts in der »Frauenfrage« Kraft, Schwung und Risikobereitschaft zu Veränderung und Aufbruch – was für ein

Gegensatz zu den Anfängen im einheitlichen deutschen Staat. Fortschrittsinseln haben sich festgesetzt, eine bunte, aufgemischte Landschaft nie erprobter Lebensentwürfe ist entstanden, Tabus sind aufgebrochen worden. Und alles ereignet sich im Licht der Öffentlichkeit. Die spannende Frage: Wird es so weitergehen?

Sex vor der Ehe – warum nicht? Mütter müssen immer bei ihren Kindern sein – eine Lüge!

Eine Beziehung zu Dritt und kein Duell – Heirat: Karen Horney, geb. Danielsen – Elisabeth Macke: Die Braut ist schwanger – Die Angst der Männer vor dem Weiber-Staat – Das Vereinsverbot fällt – Alice Salomons Werk: Die Soziale Frauenschule – Henriette Fürths Utopie: Ganztagsschulen – Paul genießt das Landschulheim

Für die Hamburgerin Karen Danielsen war am Ostersamstag 1906 die Reise in das romantische Schwarzwald-Städtchen Freiburg, fort von Eltern und dem älteren Bruder, der Start in ein neues Leben: Sie wollte Ärztin werden. An der Freiburger Universität gab es im Sommersemester 1906 insgesamt 2350 Studierende, davon waren 58 Studentinnen, und von ihnen wiederum studierten 34 Medizin. Seit 1900 war im Land Baden das Frauenstudium gestattet. In Freiburg scharrten Studenten nicht mehr mit den Füßen, wenn Frauen zu den Vorlesungen Platz nahmen. Auch wenn die Zahl der Studentinnen noch klein war: Für die Generation von jungen Frauen und jungen Männern nach der Jahrhundertwende war der Umgang innerhalb und außerhalb des Hörsaals ungezwungen und kameradschaftlich geworden. Karen Danielsen würde in den folgenden Semestern befreundete Medizinstudenten in Chemie coachen, weil sie einfach besser war. Und beim Sommerfest der Universität am 14. Juli 1906 feierten Studentinnen und Studenten fröhlich miteinander bis in den frühen Morgen.

Zum Schlafen war diese Nacht nicht gemacht. Und so wanderte die zwanzigjährige Karen Danielsen um drei Uhr in der Frühe beschwingt zur Stadt hinaus, an ihrer Seite zwei neue studentische Bekanntschaften, die sie sogleich mit Kosenamen belegte – Losch und Hornvieh. Losch, ein Jahr älter, Student der Medizin, war gut aussehend, elegant gekleidet und locker, meist mit Zigarre und kesser Mütze. Hornvieh, drei Jahre älter, Doktorand in Politischer Wissenschaft, war eher steif, ernst und zurückhaltend. Zwei Tage nach dem Fest kam es zum ersten Kuss zwischen Karen und Losch, und eine Beziehung begann, die nach ihren Worten von der Verliebtheit zur Freundschaft und dann zur Liebe führte. Das Tagebuch verzeichnet keine Skrupel der Studentin, die als Gymnasialschülerin noch mit sich gerungen hatte, ob Sex vor der Ehe einem bürgerlichen Mädchen angemessen und erlaubt sei.

Loschs starke Liebe mache sie ruhig und glücklich, notiert Karen Danielsen im September 1906 während ihrer Ferientage in der Lüneburger Heide. Zur gleichen Zeit geht eine Karte an das »geliebte Hornvieh« nach Braunschweig, wo Oskar Horney, so sein bürgerlicher Name, an seiner Doktorarbeit sitzt. Ob er nicht für ein paar Tage kommen könne, sie würde ihn so schrecklich gerne wieder lachen hören. Und philosophieren möchte Karen mit ihm, denn mit Losch, das wisse er ja, könne man nichts Vernünftiges reden. Einen Papier-Kuss gibt es auch zum Abschied.

Es ist nicht der erste Brief seit Karen Danielsen und Oskar Horney getrennt sind, und nicht der letzte. Wie von selbst hat sich im Spätsommer 1906 eine Dreier-Beziehung ergeben: Karen in der Mitte, Losch leibhaftig anwesend, sexuell anziehend, für die sorglosen vergnügten Stunden. Daneben läuft – Losch ist informiert – die immer dichter und vertraulicher werdende Korrespondenz mit dem abwesenden Hornvieh über philosophische Fragen, über den Sinn des Lebens. »Zu ihm kann ich aufblicken«, schreibt Karen Danielsen in ihr Tagebuch. Das Medizinstudium leidet nicht darunter.

Während der Semesterferien ist sie im August 1906 erstmals wieder in Hamburg. Ihre Mutter, die den Ehemann und Vater mit Zustimmung der Kinder verlassen hat, und Karens Bruder müssen nicht lange raten, welcher Art ihre Beziehung zu Losch ist – und sind entsetzt. Die Angst vor einer Schwangerschaft steht am Anfang aller Argumente gegen Sex vor der Ehe, verbunden mit der Drohung, kein Geld für eine Abtreibung zu geben. Wie kann die Studentin ihre Reputation aufs Spiel setzen, und damit möglicherweise den gesellschaftlichen Status von Mutter und Bruder ruinieren. Die Mutter, ohnehin unglücklich in Hamburg und stets in Geldsorgen, fährt noch vor Beginn des Wintersemesters nach Freiburg, mietet eine Wohnung und macht eine Studenten-Pension auf. Dort hat sie ihre Tochter unter Kontrolle, Losch wird einziehen und eine alte Freundin aus Hamburger Tagen. Karen Danielsen ist sehr einverstanden. Begeistert schreibt sie Oskar, dass alle wie eine große Familie einträchtig zusammenleben.

Tatsächlich driftet die intime Freiburger Beziehung 1907 leise auseinander, wird die Brief-Freundschaft immer intensiver. Im August sehen sich Karen Danielsen und Oskar Horney nach über einem Jahr wieder. Im Oktober 1907 kommt Hornvieh endgültig zurück nach Freiburg, um seine Doktorarbeit abzuschließen. Von nun an sind die beiden unzertrennlich. Karens Mutter klagt ihrem Sohn, dass sie die meiste Zeit alleine ist und die Tochter nur noch stundenweise in ihrer Pension auftaucht. Aus der Dreier- ist eine leidenschaftliche Zweierbeziehung geworden. Der Tochter gegenüber verliert die Mutter kein Wort mehr über Sex vor der Ehe, was sie anderthalb Jahre zuvor noch als skandalös verurteilt hatte.

Losch hat sich zurückgezogen, geht eigenen Interessen und Vergnügungen nach. Zehn Jahre zuvor hätte er als verlassener Liebhaber den Freund zum Duell herausgefordert, um seine Ehre wiederherzustellen. Doch solchen Zwängen fühlen sich die Söhne und Töchter der neuen Generation im 20. Jahrhundert, zumal wenn sie als Studenten das freie Leben genießen und die freie Liebe tolerieren, nicht mehr verpflichtet.

Ausgestorben ist das traditionelle Männerritual allerdings noch nicht, und damit auch nicht die Doppelmoral, nach der stets die Frau die Schuldige ist. 1909 wird in Blankenburg im Harz die achtzehnjährige Verlobte eines Oberleutnants von einem seiner Offizierskameraden sexuell belästigt. Die beiden Männer duellieren sich, wobei der zudringlich Gewordene den Tod findet. Die öffentliche Meinung erregt sich weder über die Zudringlichkeit noch über das Duell, sondern über die junge Frau. Es sei beschämend, dass sie »dergleichen nicht mit dem Missetäter und ihrem eigenen Gewissen« abgemacht hat, urteilt das *Berliner Tageblatt*. Dabei haben Frauen das Duell weder erfunden noch je eine Stimme in diesem ausschließlich von Männern inszenierten Ritual gehabt. Die Frauen waren bei einem Duell nicht nur zweitrangig, sondern am Ende das eigentliche Opfer.

Zu solchen Komplikationen kam es nicht zwischen den zwei Männern, die bisher Freunde waren, als Karen Danielsens Wahl im Herbst 1907 endgültig auf Oskar Horney fiel. Daraus folgte 1908 eine weitere Entscheidung: Nachdem Karen in der kürzest möglichen Zeit den ersten Teil des Medizinstudiums erfolgreich abgeschlossen hatte, ging sie für den folgenden Klinischen Teil an die Universität Göttingen. Oskar Horney war für den Abschluss seiner Doktorarbeit wieder in Braunschweig, und da lag Göttingen sehr viel näher als Freiburg.

Im Herbst 1908 teilten Karen und Oskar ihren Familien mit, dass sie Heiratspläne hatten. Mit dem neuen Jahr lag der Weg in eine gemeinsame Zukunft klar vor ihnen. Oskar Horney hatte ein interessantes und lukratives Angebot für einen Posten im Stinnes-Konzern in Berlin. Das gab den Ausschlag für die Reichshauptstadt, wo beide am 30. Oktober 1909 heirateten und eine Pension in Berlin-Dahlem bezogen. Für das junge Ehepaar war selbstverständlich, dass die Heirat die beruflichen Pläne der Ehefrau nicht beendete. Das medizinische Staatsexamen an der Universität war für Karen Horney das nächste Ziel.

Nur knapp drei Wochen davor heirateten in Bonn Elisabeth und August Macke. »Am Abend vorher hat man mir, halt Dich am Geländer fest, Frack!! angezogen. Stand ihm aber ganz gut«, schreibt August Macke nach der kirchlichen Zeremonie einem Freund, und beklagt sich, dass der Pastor kein Ende fand mit seiner Predigt: »Ich sah ihn jedesmal ganz wütend von der Seite an, damit er aufhören sollte. ... Aus alter Überlieferung darf nämlich der Bräutigam dem Pastor während der Traurede keine runterhauen.« Er war ein Draufgänger, der im Januar 1887 geborene Bräutigam.

Im Oktober 1904 hatte August Macke mit der sechzehnjährigen Elisabeth Gerhardt erstmals in Bonn »am alten Kirchhof umschlungen im Mondlicht auf einem alten Steinsarg« gesessen. Sie versuchte ihm »schluchzend« zu erklären, dass ein junger Mann, der gerade die Schule mit Mittlerer Reife verlassen und sich bei der Kunstakademie in Düsseldorf eingeschrieben hatte, weil er Maler werde wollte, nicht dem »praktischen Sinn« ihres Vaters entsprach. Das sei für sie das Einzige, »was sich einem endgültigen Versprechen entgegensetzte«. Für den Siebzehnjährigen gerade die richtige Herausforderung: »Da fühlte ich den alten Ehrgeiz wieder so recht entflammen: ›Wenn du der Welt nicht kannst entsagen, erobre Dir sie mit Gewalt.‹« Er beschloss, von jetzt ab »furchtbar zu arbeiten«, um »bemittelt vor den Vater zu treten«. Der Vater, das war ein wohlhabender Bonner Fabrikant. Der Händedruck der Verliebten zum Abschied an diesem Mondscheinabend »sagte alles« für August Macke. Am 8. November 1904 schon schloss er seinen Brief an Elisabeth mit einem »glühenden Kuss«.

Die Liebe war zweifellos eine herzerwärmende, leidenschaftliche. »Nun sei einmal fest umarmt und fühle noch einmal die ganze Glut meiner Liebe«, schreibt August Macke Anfang Mai 1905. Und zum Ende des Wonnemonats: »Ha, ich möchte Dich jetzt küssen, so heiß und tief wie damals in München so oft. … Wird denn nie die Stunde schlagen, da ich an Deinem Busen ruhen darf und über uns strahlt es in tausend Flammen und alle Himmelschöre stimmen ein.« Die Frage aller Fragen: Wie weit darf die Leidenschaft, die die Verlobten füreinander fühlen, ausgelebt werden?

Darauf gibt August Macke im Juli 1905 eine Antwort, als er in Düsseldorf mit anderen Studenten der Kunstakademie durch ein »sehr verrufenes Viertel« zieht, »in jedem Hause am Fenster ein paar Weiber. Nur dürftig bekleidet, winkten sie mit lüsternen Mienen den vorübergehenden Männern. Und in einer geschäftsmäßigen Weise, dass einem übel wurde«. Das war die Theorie, wie Elisabeth Gerhardt in einem Brief erfährt. Als der Achtzehnjährige die Frauen dann sieht, »da habe ich fast geweint. Ich hätte diesen Armen allen Geld reichen mögen, damit sie nicht mehr hinter den Fenstern zu sitzen brauchten und winken«. Und was schreibt August Macke, der umkehrt und nach Hause geht, der siebzehnjährigen Elisabeth über die Männer, die in diesen Häusern »verschwinden«? Er »verdammt sie nicht«, denn es seien »junge starke Männer, die ihre Sinnlichkeit nicht bändigen können«: »Sie tun das, weil die Gewohnheit es entschuldigt. Niemand darf darüber urteilen. Da wirken zu kolossale Kräfte.«

Dieser junge Mann, der sich als Mensch und als Maler einer anderen, modernen Zeit begreift, und den Frack verachtet, den er am Hochzeitstag tragen muss, verteidigt am Beginn des 20. Jahrhunderts die Prostitution mit einem Männerbild aus uralten Zeiten. Aber wie erklärt er seiner Verlobten den Unterschied zu seiner eigenen Sinnlichkeit – denn er ist doch ein Mann – und zu ihrer Liebe, die nicht nur auf dem Papier stattfindet. Da kommt der Verlobte in Schwierigkeiten. Die Liebe, die sie beide verbindet, philosophiert er, sei »geläuterte Sinnlichkeit«. Und was ist der Unterschied? August Macke versucht, ehrlich zu sein: »Ich weiß das auch nicht. … Ich bin sinnlich wie jeder gesunde Mensch. Doch ich liebe Dich, Du vertraust auf mich, und Du sollst mir trauen. Wir wollen uns immer tief in die Augen sehen können und keinen unwahren Fleck in diesen Augen dulden. Könnte ich Dich küssen, heiß, heiß, wie so oft, meine Liebe.« Damit verspricht der junge Mann im Juli 1905, trotz aller heißen Küsse seine Sinnlichkeit zu bändigen. Im Klartext: Gemäß den Sittenregeln ihrer bürgerlichen Eltern haben die beiden sich vorgenommen, mit der voll ausgelebten Sexualität bis nach der Hochzeit zu warten.

August Macke, der »furchtbar« arbeiten wollte, um vor seinem zukünftigen Schwiegervater bestehen zu können, verlässt 1906 ohne Abschluss die Düsseldorfer Kunstakademie. Er ist überzeugt, durch Reisen in die Kunstzentren Florenz und Paris und durch Praktika in den Ateliers berühmter Maler der Moderne seinen eigenen Weg, seinen eigenen Stil zu finden. Er hat das Glück, dass ihm ein wohlhabender Onkel von Elisabeth Gerhardt als Mäzen diese künstlerische Freiheit finanziert. Denn ob an der Kunstakademie oder im Atelier von Lovis Corinth in Berlin: Alle bestätigen August Macke Talent für eine Zukunft weit über dem Durchschnitt. Im Sommer 1908 begleitet ihn Elisabeth auf eine Paris-Reise. Die Hochzeit ist für den Oktober 1909 abgesprochen, die Eltern von Elisabeth sind einverstanden, dass das junge Paar von der Erbschaft ihrer Tochter leben wird. Doch die Zeit wird lang für die »geläuterte Sinnlichkeit«. Anfang September 1909 schreibt Macke seiner Verlobten rückblickend, er habe im Winter zuvor einen väterlichen Freund befragt »was gesund und richtig ist« in einer Beziehung wie der ihren. Und der habe ihm gesagt, »es sei meine heilige Pflicht, mit Dir zu verkehren, wie einem Mann mit der Frau geziemt«.

Die Erfüllung dieser »heiligen Pflicht« hatte Folgen – noch vor der Hochzeit. Als Elisabeths Mutter davon im August erfährt, ist August Macke im Manöver und seine große Liebe ist dem Entsetzen und den Vorwürfen ihrer Mutter ganz allein ausgesetzt. Jahrzehnte später

Elisabeth Macke heiratet 1909 den Maler August Macke. Er hat zwar ein konventionelles Bild über die Rolle von Ehefrau und Mutter im Kopf, schätzt aber ihren Rat in Bezug auf seine Bilder und die Kunst- und Ausstellungsszene.

schreibt Elisabeth in ihrer *Erinnerung an August Macke*: »Sie, die sonst die Ruhe und Würde selbst war in allen Situationen, riss eines Abends das Fenster auf und sagte: ›Am liebsten stürzte ich mich aus dem Fenster‹«. Die Mutter fühlte sich »hintergangen, in ihrem Vertrauen betrogen«. Zu diesen Vorwürfen schreibt August Macke in seinem Septemberbrief von 1909: » Meine gute liebe Lisbeth, ich bin in den Augen Deiner Mutter ein gemeiner Mensch, ein Schuft, ein Lügner.« Doch es geht nicht nur um Moral, wie der brotlose zukünftige Vater bitter bemerkt: »Ich kann nicht sagen, ich kann eine Frau und ein Kind ernähren.« Kurzfristig kommt sich August Macke »erbärmlich« vor. Aber der optimistische Draufgänger siegt: »Ich habe keine Sünden meiner Ansicht nach. Ich freue mich über meine zukünftige Nachkommenschaft, über den Regen, die Sonne, die Erde, über alles, alles.« Er kann der Schwiegermutter in die Augen sehen, »das ist mir die Hauptsache«.

Trotz allem mütterlichen Groll wird die schon vor der Hochzeit schwangere Tochter aus gutbürgerlichem Haus nicht verstoßen, und es wird ihr auch nicht die väterliche Erbschaft versagt, von der das Paar leben wird. Nach der Trauung am 9. Oktober geht die Hochzeitsreise über Frankfurt, Basel und Bern nach Paris. Im Dezember schreibt August Macke einem Freund, dass er sich mit seiner Schwiegermutter ausgesprochen habe: »Ich habe kein böses Wort gehört, obgleich sie uns nicht verstand, und sie ist so gut zu uns wie nie.« Elisabeth und August Macke lassen sich am Tegernsee nieder. Dort wird am 13. April 1910 Wolfgang, ihr erster Sohn, geboren.

In jeder Geschichte der Malerei des 20. Jahrhunderts wird August Macke als ein Vertreter des Expressionismus gefeiert, dessen heiter-elegante Bilder mit ihren leuchtenden Farben eine eigenständige Spur durch die Kunstlandschaft der Moderne gelegt haben. Ein selbstbewusster Mann, der in der Kunst und im Leben Grenzen überschritt, dessen erste und große Liebe seine Frau Elisabeth war, deren Märchen und Gedichte er in seinen Briefen aus der Verlobungszeit überschwänglich lobt. Eine moderne junge Frau, die – ähnlich wie die drei Jahre ältere Karen Horney – mit der traditionellen Moral bricht, nach der für Frauen Sexualität nur im Rahmen der Ehe erlaubt ist. Eine moderne emanzipierte Familie ist im Entstehen, dieser Gedanke liegt nahe.

Ein Blick in die Vorgeschichte zeigt, dass dieses Bild nicht ohne Widersprüche ist. Im September 1905 hatte sich August Macke bei seiner Schwester im Schwarzwald aufgehalten und einen Dr. Deubner aus Bonn und dessen Frau kennengelernt. Beeindruckt schrieb er darüber seiner Elisabeth: »Die beiden sind sehr glücklich, so etwa, wie wir es später erhoffen.« Dieses Glück hat für den Ehemann in spe nur einen Haken: »Doch finde ich, dass die Frau zu gelehrt ist. Sie kann Latein, Griechisch, Französisch, Italienisch und hilft ihrem Mann sehr viel.« Das allein entspricht offenbar schon gar nicht dem Frauenbild des Achtzehnjährigen. Aber es kommt für Macke noch schlimmer: »Dabei haben sie ein Kind, welches fünf Monate alt ist und augenblicklich bei der Schwiegermutter. Ich verstehe nicht, wie eine Mutter vier Wochen von ihrem Kind wegbleiben kann. Ich glaube, die Frau leidet unter dem gelehrten Bann. Die erste und heiligste Pflicht der Frau ist und bleibt die Mutter.« Wenn dies der »heilige« Lebensberuf der Frau ist, kann die scharfe Trennung von Drinnen und Draußen – und damit das männliche Monopol auf jede öffentliche Tätigkeit – nicht fehlen. Für August Macke ist es 1905 »geradezu lächerlich, wie die Emanzipierten noch dazu das Feld des Mannes, die äußere Tätigkeit in der Welt dazu haben wollen. Der Mann wirkt eben außerhalb, die Frau innerhalb der Familie. … Die Männer wollen ja auch nicht, dass sie in Stand gesetzt würden, Kinder zu kriegen«.

Wir wissen nicht, ob und wie die damals siebzehnjährige Elisabeth auf diese Vorstellung ihres zukünftigen Mannes zu einem idealen Frauenbild und Familienleben eingegangen ist. Allerdings hat sie nach der Höheren-Töchterschule keine berufliche Ausbildung begonnen. Dass sie dichtet und Märchen schreibt, entspricht Mackes Frauen-Ideal. Neben der Mutterschaft kann nach seiner Überzeugung eine Frau nur den Beruf der Künstlerin »gleich gut wie der Mann« ausfüllen, »da er auf Empfindung und Seele beruht«. Elisabeth und August Macke leben in einer Epoche des Übergangs. Sie sind geprägt von der alten und der neuen Zeit. Das Leben ist in Fluss gekommen, nicht mehr starr und schwarz-weiß. Schon die Generation ihrer Eltern hat Abschied genommen von ehernen Regeln, die vor 1900 die Gesellschaft im Großen und die Familien im Kleinen in feste Formen presste. Sie alle lernen, mit Widersprüchen umzugehen, mit den äußeren und denen, die sie in sich selber fühlen.

Die Männer wollen ja auch nicht Kinder kriegen: Was August Macke 1905 demonstrativ von sich wies, wurde im Jahr darauf als Möglichkeit einer geschlechterverkehrten Welt literarisch zu Papier gebracht. Bekannte Journalisten und Autoren machen sich in einem prächtigen Band unter dem Titel *Vom Über-Weiblichen* über den »Zukunfts-Weiber-Staat« lustig. Hinter der Maske der Lächerlichkeit verbargen sich Ängste über eine Zukunft, in der die vertraute Arbeits- und Machtverteilung zwischen den Geschlechtern an ihr Ende gekommen und der Mann zum »Haushaltssklaven« mutiert war: *Und er schaudert, wenn er ausmalt / Seiner eignen Zukunft Nacht … / Während Mutter / Auf dem Kutter / Eine Forschungsreise macht. / … Und er wird die Klöße kneten / Und die Stuben fegen rein.* Am Ende wird der »Herr des Erdplaneten« einerseits die Kinder »selber kriegen« und andererseits »eine olle Tunte« sein.« Zwei Jahre später, 1908, beschwor der Berliner Komiker Otto Reutter in seinem Couplet »Ach wie fein wirds in 100 Jahren sein« ebenfalls eine Welt, in der die Männer sich um die Kinder kümmern und die Frauen die Welt regieren.

Der gelungene Aufbruch der Frauen in die Moderne provoziert Gegenkräfte. Je dicker die Zerrbilder einer emanzipierten Gesellschaft aufgetragen werden, desto mehr verraten sie das frustrierende Gefühl ihrer Urheber, auf die Verliererstraße geraten zu sein. Gegen Ende des ersten Jahrzehnts im 20. Jahrhundert spüren alle, die für Gleichheit der Geschlechter und die Emanzipation der Frauen eintreten, Rückenwind wie nie zuvor. Es ist ein bunter Strauß von Erfolgen, mit dem sich 1908 die Frauenbewegung schmücken kann.

1908 fällt, endlich, das Gesetz, das seit 1850 Frauen von allen politischen Parteien und öffentlichen Versammlungen ausschloss und den Frauenvereinen jede politische Aktivität verbot. Das neue Reichsvereinsgesetz geht davon aus, dass Frauen »infolge der erweiterten, zum teil selbständigen und mit Verantwortung verknüpften Tätigkeit an der Lösung öffentlicher Aufgaben in der Gegenwart in weit höherem Maße beteiligt sind als früher«. Die Zeitschrift *Die Frauenbewegung* jubelt: »Die Bahn ist frei für das politische und öffentliche Leben der Frau!« Und sie warnt sogleich: »Töricht wäre es, besondere Frauenparteien zu gründen. Die Frauen müssen in das bestehende Parteileben sich einreihen.«

1908 können, endlich, auch im Königreich Preußen, dem größten und wichtigsten deutschen Land, Frauen sich an allen Universitäten immatrikulieren lassen, und zu den gleichen Bedingungen wie junge Männer ein Studium beginnen, ohne Professoren um Erlaubnis bitten zu müssen. Zum Wintersemester 1908/09 haben sich an den deutschen Hochschulen 1077 Frauen als Studentinnen eingeschrieben; im Sommersemester sind es schon 3772. Aus dem regulär möglichen Zugang zur Universität folgte zwangsläufig 1908 auch eine Reform der höheren Mädchenschulen, deren Abschluss bisher nicht zum Studium berechtigte.

1908 eröffnet Dr. Alice Salomon in Berlin-Schöneberg die erste Soziale Frauenschule im Deutschen Reich. Sie hatte nach englischen, amerikanischen und holländischen Vorbildern eine anspruchsvolle zweijährige Fachausbildung für Sozialarbeiterinnen erarbeitet, damit Frauen die ansteigende Nachfrage von Kommunen und privaten Institutionen als neuen Berufszweig nutzen konnten. Voraussetzung waren der Abschluss an einer Oberschule und Fremdsprachenkennt-

Alice Salomon hasst ihr Dasein als »Tochter aus gutem Hause«, bis die »Mädchengruppen« 1893 ihrem Leben Sinn geben. Ihre Soziale Frauenschule, 1908 in Berlin gegründet, ist eine Pioniertat und eröffnet Frauen nie gekannte Chancen in der Sozialpolitik.

nisse für die Fachlektüre. Der erste Kurs im Herbst 1908 begann mit 83 Mädchen und jungen Frauen zwischen 18 und 30 Jahren. 213 Frauen hatten sich als »Hospitantinnen« angemeldet, die bei einzelnen Lehrveranstaltungen mitmachen durften. In den nächsten fünf Jahren übernahmen dreizehn private und kirchliche Schulen im Kaiserreich dieses Konzept für die Ausbildung von Sozialarbeiterinnen.

Ebenfalls 1908 wurde Alice Salomon, seit acht Jahren im Vorstand vom Bund deutscher Frauenvereine (BDF) aktiv, vom Deutschen Verein für Armenpflege und Wohltätigkeit eingeladen, auf der Jahrestagung zu sprechen. Für Alice Salomon, deren Vortrag mehrmals von großem Beifall unterbrochen wurde, war es ein »goldener Tag« in ihrem Leben. Seit der Gründung der Berliner »Mädchengruppen« 1893 hatte sie als Pionierin mit kluger Entschiedenheit gegen vielfältigen Widerstand die Berufstätigkeit von Frauen in der öffentlichen Wohlfahrtspflege vorangetrieben. In einem bis 1900 rein männlichen Arbeitsfeld, ohne jede Ausbildung, hatten sich mit dem neuen Jahrhundert immer mehr Frauen als Expertinnen erfolgreich auf den Weg gemacht. Mit der neuen Sozialen Frauenschule in Berlin war diese Entwicklung unumkehrbar geworden.

1908 ist auch für die Entwicklung der institutionellen Frauenbewegung ein gutes Jahr. Der Deutsche Evangelische Frauenbund, 1898 gegründet, tritt dem BDF bei, um gemeinsam für eine »der männlichen gleichwertige nutzbringende Rolle der Frau im öffentlichen Leben« zu kämpfen. In Berlin gründen Frauen eine Frauenbank. In Frankfurt am Main wird im Haus der Loge Sokrates ein großzügig eingerichteter Frauenclub gegründet mit täglichem Mittagstisch, Schreib-, Tee-, Wohn- und Lesezimmer. Ein gemütlicher Treffpunkt für »gebildete Frauen aller Stände«, mit Ausstellungen, Konzerten und Lesungen von Frauen, bei denen Männer als Besucher willkommen sind. Schon 1907 war der Verband fortschrittlicher Frauenvereine (VfFV) Mitglied im BDF geworden, um zu demonstrieren, dass es in den grundsätzlichen Zielen der Frauenbewegung keine Spaltung gibt. Insgesamt ist die Zahl der Frauen, die unter dem Dach des BDF in den Frauenvereinen aktiv sind, seit 1900 von 7000 auf rund 20 000 gestiegen.

1908 meldet die Zeitschrift *Die Frau*, die dem gesamten Spektrum der Frauenvereine im BDF offen steht, Erfolg und Aufschwung bei Berufen, zu denen Frauen bisher keinen Zugang hatten. In Berlin hat eine städtische Irrenanstalt eine Ärztin angestellt; in Preußen gibt es jetzt fünf Gewerbeinspektorinnen; die Anzahl der Rechtsanwaltsgehilfinnen in der Reichshauptstadt hat sich seit 1895 verdoppelt. Der kleine Ausschnitt wird vollauf bestätigt, wenn man auf die aktuellen reichsweiten Berufsstatistiken für Frauen schaut. Im Juni 1907 wurde im gesamten Deutschen Reich eine »Berufszählung« gemacht, deren Ergebnisse alle mit dem Referenzjahr 1895 verglichen wurden. Der Anstieg der Frauen in bisher »männlichen« Berufen erklärt, warum die Emanzipationsgegner wieder vermehrt auf den Plan treten.

Der Deutschnationale Handlungsgehilfenverband (DHV), der weder Frauen noch jüdische Deutsche als Mitglieder aufnimmt, verteilt – bevorzugt von Lehrern und Pfarrern – rund 80 000 Broschüren und Flugblätter. Unter dem Motto »Was soll unsere Tochter werden?« wird an Eltern und junge Mädchen appelliert, »Frauenberufe« wie Dienstmädchen oder Blumenbinderin zu ergreifen. Auch das *Berliner Tage-*

blatt wirbt für »speziell weibliche Berufe« wie Garköchin, Hebamme, Schneiderin. Dass diese »Frauenberufe« zu den schlecht bezahlten gehören, zählt für diese Agitatoren nicht. Hauptsache, Frauen werden von den traditionellen »Männerberufen« ferngehalten.

Aber die Appelle aus einer alten, männerbeherrschten Zeit verfangen immer weniger. Das zeigt die »Berufszählung« von 1907. Die Autorin Marie Heller hat sie 1910 in ihrer Promotion über den *Wandel der Frauenarbeit seit 1895* ausgewertet. Die Anzahl der weiblichen Erwerbstätigen hat in diesen zwölf Jahren um 56,59 Prozent zugenommen, die der Männer um 19,85 Prozent. Es handelt sich um Frauen, »die ganz oder überwiegend ihren Hauptberuf in einer der Männerart gleichwertigen Erwerbstätigkeit sehen«. 1907 ruht fast ein Drittel der »gesamten volkswirtschaftlichen Erwerbsarbeit im Deutschen Reich« auf weiblichen Schultern. 1895 war es ein Viertel.

Wählen wir einige Beispiele quer durch alle Berufe. In der Forstwirtschaft stiegen 55 Frauen zu höheren Forst- und Jagdbeamtinnen auf und 21 in den höheren Verwaltungsdienst. Die technisch gebildeten Verwaltungsbeamtinnen brachten es dank der Ausweitung des Warenhandels von 8044 Stellen auf 48 606. Die Zahl der gelernten Arbeiterinnen in der Maschinen-, Werkzeug- und Instrumentenindustrie verdreieinhalbfachte sich von 1384 auf 4781. Im Bereich Holz- und Schnitzstoffe arbeiteten 1907 genau 4439 Frauen, 1895 waren es 1181. Im Post- und Telegrafenbetrieb stieg die Zahl der weiblichen Angestellten von 2795 auf 22 532, das weibliche Direktionspersonal in den oberen Rängen von 98 auf 1079. Selbst im Beruf der Makler und Agenten brachten es Frauen von 1383 auf 4085 Arbeitsplätze.

Kommentar der Autorin: Die Frauen haben sich »mit Energie und Ausdauer emporgearbeitet« und in fast allen Berufen »an Boden gewonnen«. Wichtig ist ihr, was auch andere Untersuchungen ergeben haben: dass Frauen neue Berufe erobern, geht nirgends auf Kosten der Männer. Arbeitende Frauen sind bezogen auf die Gesamtzahl aller Berufstätigen eine Minderheit. Entscheidend ist, dass sie mit dem neuen Jahrhundert erstmals ihren Fuß fest in die Tür zur Berufswelt gestellt haben: Wo noch wenige Jahre zuvor ausschließlich Männer wirkten, gehen jetzt auch Frauen ein und aus. Vor allem die Städte zeigen am Morgen und bei Arbeits- und Büroschluss ein anderes Gesicht. Der öffentliche Raum ist entschieden weiblicher geworden, auch wenn noch viel an Gleichberechtigung fehlt.

1908 erschien eine Schrift von Henriette Fürth, über »Die Berufstätigkeit des weiblichen Geschlechts und die Berufswahl der Mädchen«, darin ein Aufsatz über die Vereinbarkeit von Ehe, Kindern und Beruf. Die engagierte Frauenrechtlerin aus Frankfurt am Main, Mutter von acht Kindern, gefragte Vortragsreisende, beschwor die bürgerlichen Eltern: »Unsere Töchter müssen mit dem Gedanken erzogen werden, dass auch sie eines Tages sich für irgendeinen Beruf entscheiden müssen. In unseren Kreisen muss als ein Selbstverständliches die Auffassung sich durchsetzen, dass wir nicht nur unseren Knaben, sondern auch unsern Mädchen eine tüchtige berufliche Schulung schuldig sind. Die Auffassung, dass es nicht nur unsere Söhne, sondern auch unsere Töchter ehrt, wenn sie berufstüchtig sind, Geld verdienen und sich zu hervorragenden Stellungen emporarbeiten.« Henriette Fürth kennt alle die Vorurteile, Diskriminierungen und pseudowissenschaftlichen Analysen, mit denen Frauen seit ihrem Aufbruch in den 1870ern von gleicher Teilhabe am gesellschaftlichen und politischen Leben ferngehalten werden sollten. Die Siebenundvierzigjährige lässt nicht mit sich handeln: »Jedenfalls liegt kein zwingender Grund vor, an eine eingeborene unüberwindliche geistige Inferiorität des Weibes zu glauben.«

Mit dieser Feststellung hat Henriette Fürth im Jahre 1908 den allergrößten Teil der Frauen im deutschen Kaiserreich auf ihrer Seite. Dass Mädchen eine gute berufliche Ausbildung erhalten sollen, ist grundsätzlich nicht mehr umstritten, auch wenn die Realität noch um einiges hinter der Theorie hinterherhinkt. Aber in einem Punkt gibt es selbst unter führenden Persönlichkeiten der Frauenbewegung tiefe Meinungsverschiedenheiten: Soll eine berufstätige Frau, wenn sie heiratet und vor allem, wenn sie dann Kinder bekommt, ihren Beruf aufgeben – wie es das Gesetz bei Beamtinnen verlangt –, oder ist es möglich, dass Frauen einen Beruf ausüben und gleichzeitig gute Mütter sind? Henriette Fürth hat dieses heiße Eisen innerhalb der Frauenbewegung beherzt in die öffentliche Diskussion gebracht. Sie hat dazu eine klare Meinung und ist fest entschlossen, Überzeugungsarbeit zu leisten.

Marianne Weber, die sich innerhalb der Frauenbewegung besonders für die rechtliche Gleichstellung der Frau engagierte, hatte 1906 eine Schrift über *Beruf und Ehe* veröffentlicht. Sie plädiert dafür, dass eine berufstätige Ehefrau, wenn sie Kinder bekommt, sich zu hundert Prozent für die Kinder und damit für das Ende ihrer Berufstätigkeit entscheiden müsse. Zum einen seien praktische Erleichterungen wie geschulte Pflegerinnen in gut ausgestatteten Räumen, wo Kinder tagsüber außerhalb der Familie zufriedenstellend versorgt und erzogen würden »eine Utopie, der sowohl die Lebensfähigkeit wie auch die Lebensberechtigung abzusprechen ist«. Zum anderen argumentiert die Frau des angesehenen Soziologen Max Weber mit wissenschaftlicher Autorität: »Alle ärztlichen Untersuchungen« hätten ergeben, »dass auch die sorgfältigste Anstaltspflege für Kinder – speziell im Alter von 2 bis 5 Jahren – unzuträglicher ist als selbst eine noch so unsystematische ›individuelle‹ Wartung in der Familie«. (Diese Drohung kommt deutschen Müttern noch im Jahre 2014 sehr vertraut vor). Henriette Fürth, die berufstätige achtfache Mutter, ist genau entgegengesetzter Meinung.

In ihrem Aufsatz von 1908 redet sie Tacheles: »Von sentimentalen Seelen ist manchmal behauptet worden, dass es eine schmerzliche Entbehrung für eine Mutter sei, sich für 5 bis 6 Stunden des Tages von ihren Lieblingen zu trennen. Die so reden, sind entweder unwahr oder – sie kennen die Sache nicht.« Henriette Fürth, deren Kinder durchs Zimmer wuselten, während sie am Schreibtisch saß, fragt »alle ehrlichen Mütter, ob sie nicht froh sind, wenn sie mal eine oder einige Stunden Ruhe vor ihren doch so sehr geliebten Plagegeistern haben können?« Gegen die angeblichen Warnungen medizinischer Autoritäten stellt die Siebenundvierzigjährige ihre eigenen Erfahrungen. Wenn Kinder »gut aufgehoben« seien, werde das »keineswegs eine Entfremdung oder verminderte Einflussnahme auf die Seele der Kinder zur Folge haben«.

Henriette Fürth hat keine Angst vor Utopien, wenn es darum geht, grundlegende gesellschaftliche Veränderungen zu skizzieren. Wichtigste Voraussetzung für die Reform der Familien ist für sie die Reform des bestehenden Schulsystems, das Schichten und Geschlechter trennt. Es müsse eine »unentgeltliche Einheits- und Gemeinschaftsschule für beide Geschlechter« geben. Jungen und Mädchen sollen sich »im fröhlichen Spiel wie in der Arena des Geistes« zusammen tummeln. Und damit nicht genug der Revolution: »Diese Schule beginnt ihre Tätigkeit um 8 bzw. 9 Uhr vormittags und endet sie um 4 bzw. 5 Uhr nachmittags. Die Aufgaben werden in der Schule gemacht. Eine einfache, aber gut zubereitete und kräftige Mittagsmahlzeit wird allen gemeinsam gegeben.« Keine Pädagogik-Expertin entwirft 1908 dieses Modell, das über hundert Jahre später immer noch utopisch anmutet, sondern eine Frau, die nüchtern recherchiert, neuen Ideen gegenüber offen ist und an eine aufgeklärte gerechte Gesellschaft glaubt.

Die Kleineren, die noch nicht zur Schule gehen, werden in einer »Bewahranstalt« gut versorgt, ginge es nach Henriette Fürth. Das bedeutet: Der Ehemann und die Ehefrau können ihren Berufen nachgehen. Und die Utopie der Henriette Fürth geht weiter: »In den Spätnachmittagsstunden vereinigt sich dann die Familie wieder im eigenen Heim.« Man isst zusammen, verbringt die verbleibende Zeit gemeinsam, je nach Wetter zu Hause oder im Freien: »Und mit einem Schlage sehen wir die Familie nicht aufgelöst, sondern durch die Bande geistiger und gemütlicher Zusammengehörigkeit verknüpft.« Gegen alle Unkenrufe, dass berufstätige Mütter die traditionelle Familie zerstören – und damit die Grundlage von Staat und Gesellschaft – setzt die Frankfurter Frauenrechtlerin ihr Modell einer selbstbewussten und »liebevollen« Gemeinschaft zwischen Frauen und Männern, Eltern und Kindern. Sie ist überzeugt, dass die Berufstätigkeit der Frau eine »Vertiefung und Bereicherung des Familienlebens« mit sich bringt.

Für Henriette Fürth lebt eine Frau nicht nur für die Familie, geht nicht auf im Mutter-Sein. Berufstätigkeit ist für die neue Frau ein Wert an sich und macht sie vom Mann wirtschaftlich unabhängig. Damit wird »das Verhältnis der Geschlechter auf einen völlig neuen Boden« gestellt. Statistiken über verheiratete Frauen, die berufstätig sind, ernüchtern auf den ersten Blick: 26 Prozent sind es 1907, wenn man die Frauen mitrechnet, die in einem Familienbetrieb mitarbeiten; werden die Familienangehörigen abgezogen, bleiben 8,6 Prozent. Doch der Optimismus von Henriette Fürth ist berechtigt: Es bedeutet im Vergleich zu 1890 eine Verdoppelung weiblicher Berufsarbeit und ist eine Revolution im Vergleich zu vielen vorangehenden Jahrhunderten.

Auch Else Lasker-Schüler gehört zu den berufstätigen Müttern. Im Februar 1908 setzt die Dichterin den letzten Punkt hinter ihr neues Werk *Die Wupper*, ein Drama in fünf Akten über die Welt der Arbeiter, Unternehmer und Außenseiter. Es spielt im Bergischen Land, in der Heimat der Dichterin, das fest in ihrem Herzen verankert ist, so sehr sie inzwischen in der Metropole Berlin zu Hause ist. Keine Bühne will das Stück aufführen, so viele Briefe die Autorin auch schreibt. Der Verein für Kunst, den sie zusammen mit ihrem Ehemann Herwarth Walden gegründet hat, bringt mit seinen ehrgeizigen Abendprogrammen die Künstler der Avantgarde zusammen, aber keine Einnahmen. Trotzdem lässt das Ehepaar nicht von seinen hohen Kunst-Zielen, zieht in immer billigere Wohnungen. Wenn Alfred Döblin schreibt, er komme nur wegen Herwarths »Gattin« zu den Vereinsabenden, ehrt das die stolze Schriftstellerin, doch das Kindermädchen für ihren Sohn Paul kann sie davon nicht bezahlen. »Es geht mir dermaßen miserabel, *auf Ehrenwort*«, schreibt sie 1908, »dass ich den Tag ersehne, da ich endlich verdient habe für alle meine Bücher.«

Else Lasker-Schüler, der Ehefrau und Mutter, ist es nie in den Sinn gekommen ihren Beruf aufzugeben. Ihre Fantasie, ihr filigranes Sprachgefühl und ihr Gespür für Sinnlichkeit schaffen inmitten elender äußerer Umstände ein neues Werk. Im Mai 1907 erscheint – in eleganter, von der Autorin mit entwickelter Ausstattung – das neue Werk *Die Nächte der Tino von Bagdad*, das zehn Gedichte und neunzehn Prosatexte vereint, in denen die Düfte und Farben, die Sehnsuchtsorte und Liebesträume des Orients präsent werden: *Ich habe Dich gewählt / Unter allen Sternen. // Und ich bin wach – eine lauschende Blume / Im summenden Laub … An dem seligen Glanz deines Leibes / Zündet mein Herz seine Himmel an – // Alle meine Träume hängen an deinem Golde // Ich habe dich gewählt unter allen Sternen.*« Mit *Tino von Bagdad*, der großen Verliebten, deren Sehnen lebendig bleibt, weil es keine Erfüllung findet, hat Else Lasker-Schüler ihren festen Platz unter den Dichtern des 20. Jahrhunderts gefunden.

1909, Else Lasker-Schüler ist vierzig Jahre alt, fällt ihr eine drückende Sorge vom Herzen. Der zehnjährige Sohn Paul wird Schüler im Landerziehungsheim Schloss Drebkau in der Niederlausitz. Die Direktorin Frida Winckelmann leitete die Schule nach den Vorstellungen der Reformpädagogik. Jungen und Mädchen wurden zusammen erzogen und unterrichtet, in den Zimmern durften Schellackplatten aufgelegt werden. In einem Artikel über »Die rotbäckige Schule« für die renommierte *Vossische Zeitung* zitiert Else Lasker-Schüler ihren Paul: »Mutter, mir sind die Stunden dort lieber wie Ferien.« Die Mutter ist begeistert und erleichtert zugleich: Ihr Paul wird nach besten Kräften gefördert, das Schulgeld ist erträglich, und sie hat mehr Zeit für ihren Beruf als Dichterin.

In diesem Jahr 1909 schreibt August Bebel, Vorsitzender der Sozialdemokratischen Partei Deutschlands und seit Jahrzehnten eine markante Persönlichkeit der politischen Elite im deutschen Kaiserreich, ein Begleitwort zur fünfzigsten Auflage seines Bestsellers *Die Frau und der Sozialismus*. Dem Neunundsechzigjährigen, ein unerschrockener Kämpfer für den Sozialismus, der für seine Ideale einige Jahre im Gefängnis verbrachte, ist jeder Fanatismus fremd, eine Einstellung, die auch sein Buch auszeichnet. Seine Anerkennung im Begleitwort gilt allen, die für »politische und bürgerliche Gleichberechtigung der Frau« eingetreten sind: »Die Frauenbewegung – und zwar die bürgerliche wie die proletarische – hat in den dreißig Jahren, seitdem mein Buch erschienen, viel erreicht, und zwar in allen Kulturländern der Erde. Es dürfte kaum eine zweite Bewegung geben, die in so kurzer Zeit so günstige Resultate erzielte«. Wir leben, so August Bebel, »bereits mitten in der sozialen Revolution«.

Rassenhygiene: Die Neue Frau und der Neue Mensch

Gabriele Reuters »Tränenhaus«: Die Schande unehelicher Kinder – Wer ist Lili? – Der Bund für Mutterschutz und die freie Liebe – Zuchtwahl: Fremdbestimmung oder Emanzipation? – Ida Gerhardi: Kunstagentin zwischen Paris und Berlin – Zarathustra: Held der jungen Frauen

Am 29. November 1908 erfuhren die Leserinnen der *Hamburger Nachrichten*: »Ich habe kaum etwas Schöneres gesehen, als Gabriele Reuter in einem lang-wallenden, aus weichem, weißen, sich wonnig anschmiegendem Seidenstoffe gefertigtem Empirekleid; das weiße Haar mit einem goldig schimmerndem Lorbeerkranze gekrönt.« In ihren Erinnerungen hat die Schriftstellerin geschrieben, dass sie Aufruhr und Erfolg ihres Buches *Aus guter Familie. Leidensgeschichte eines Mädchens,* die 1896 über sie hereinbrachen, nüchtern auf Distanz hielt. Gerade deshalb spielte sie bei den vielen Vorträgen und Lesungen ihre Rolle als berühmte Autorin – »eine hohe, schlanke, vornehme Erscheinung« – mit professionellem Geschick. Der gekonnte Auftritt war der beste Schutz, ihr privates Leben vor jeder Neugier abzuschirmen, während sie ein Buch nach dem anderen schrieb. Und das Lob der Kritiker wie die Begeisterung der Leserschaft ließen nicht nach.

Das Jahr 1908 neigte sich dem Ende zu, da erschien, wieder im renommierten S. Fischer Verlag in Berlin, ein neuer Roman von Gabriele Reuter – *Das Tränenhaus.* Mit den Worten der Autorin wurde es in *Westermanns Illustrierten Monatsheften* als eines der »traurigsten Kapitel in der Leidensgeschichte des Weibes« angekündigt, bei dem es um »die Verfolgungswut des herrschenden Sittenkodex« gehe. Als Hauptfigur des Romans schuf Gabriele Reuter die renommierte Schriftstellerin Cornelie Reimann, unverheiratet, aber schwanger. Sie entschließt sich, in einer erbärmlichen »Pension« im ländlichen Württemberg, die eine skrupellose Wirtin genau zu diesem Zweck eingerichtet hat, ihr Kind zur Welt zu bringen. Abseits von Familie und Freunden, umgeben von Leidensgenossinnen, die von Eltern oder Kindsvätern hier versteckt werden, bis sie wieder in ihr Milieu zurückkehren, und – angeblich – auf Urlaub oder bei der Verwandtschaft gewesen sind. Niemand soll von der Schmach und Schande erfahren, die ein Kind für unverheiratete Frauen bedeutet.

So entwürdigend, wie die Gesellschaft uneheliche Kinder und ihre Mütter demütigt und ausgrenzt, schildert Gabriele Reuter den Aufenthalt der schwangeren Frauen unter der Herrschaft der »Uffenbacherin«. Die Pensionswirtin schikaniert, streicht das Geld ein, schafft die Neugeborenen mit Opium aus dem Weg oder bringt sie bei armen Witwen des Dorfes unter, wo plötzlich »in einem der bunten Vorgärten ein neuer Kinderwagen auftaucht«. Cornelie Reimann alias Gabriele Reuter verschont ihre Leser nicht mit dem äußeren und inneren Elend der meist jungen Frauen. Sie klagt eine heuchlerische Moral an, die Mutterschaft mal zum höchsten aller Ideale deklariert, mal zum Verbrechen stempelt.

Das Tränenhaus ist wie eine Fortsetzung der Tochter *Aus guter Familie*, die von der Doppelmoral der Gesellschaft zugrunde gerichtet wird. Doch diesmal geht die ungeschminkte Darstellung den Herren Kritikern zu weit. Sie fühlen sich »angewidert« und abgestoßen« von den Schicksalen im *Tränenhaus*. »Unmoralisch« sei das, was die fast fünfzigjährige Autorin bietet. Aber das *Neue Tagblatt* kann schon im Januar 1909 nicht umhin, den neuen Roman von Gabriele Reuter als »das meist genannte interessante Buch der Saison« zu bezeichnen.

Wer das Buch liest, fragt sich irgendwann, woher die Autorin ihre genauen Kenntnisse hat, sowohl um die äußeren Umstände in dieser »Pension« wie um die innere Verzweiflung und den tiefen Schmerz der ausgestoßenen schwangeren Frauen. Sie kommen in der Mehrzahl aus kleinen Verhältnissen, wenngleich auch Pfarrers- und Lehrerstöchter darunter sind. Sie können ihre Gefühle kaum in Worte fassen, weshalb Cornelie Reimann erschüttert beschließt, als Schriftstellerin »Zeugnis abzulegen für sich und die anderen«.

Sie verlässt das Schreckenshaus nach der Geburt ihrer Tochter mit neuem Lebensmut, denn endlich hat sie sich eingestanden: Der Vater ihres Kindes hat »hilflos und töricht versagt … nun durfte sie den Na-

Gabriele Reuters Bestseller *Aus guter Familie* schockiert 1896 bürgerliche Elternhäuser. Ebenso entlarvt *Das Tränenhaus* 1908 eine Doppelmoral, die Frauen ins Elend zwingt. Zugleich legt dieser Roman Spuren zum verborgenen Leben der erfolgreichen Autorin.

men des Mannes aus ihrer und ihres Kindes Zukunft löschen«. Für sie und ihr Kind wurde es »ein neu Beginnen. … Jetzt wollte sie das Dasein wieder leben. Wollte es mit ganzem Willen leben!« Nur ihre Mutter, mit der sie zusammen lebte – auch eine autobiografische Übereinstimmung mit Gabriele Reuter –, wusste noch von nichts. Und Cornelie Reimann dachte: »Wie kann ich dich an allen Schrecken, die deiner warten, linde vorüberführen.« Doch nachdem die Erfahrungen der Monate ihrer Schwangerschaft im *Tränenhaus* hinter ihr lagen, schreckte sie nichts mehr.

Als 1908 Gabriele Reuters neuer skandalöser Roman erschien, hatte sie zwei Umzüge quer durchs Land hinter sich. Im Jahre 1895 war sie mit ihrer Mutter von Weimar nach München gezogen, und dort – nicht ohne eine gewisse nüchterne Distanz – Teil der literarischen Bohème geworden. 1899, drei Jahre nach Reuters Durchbruch als Schriftstellerin, verließen Tochter und Mutter die barocke Stadt an der Isar und ließen sich in der Reichshauptstadt nieder. Die moderne Berliner Literaturszene war Gabriele Reuter von früheren Reisen wohl bekannt, Gerhart Hauptmann zählte zu ihren Freunden. Jetzt kamen neue hinzu. »Meine liebe gnädige Frau«, hatte Walther Rathenau am 29. September 1903 geschrieben, »Freitag gibt es ein neues Stück im Deutschen Theater. Wollen Sie mir die große Freude machen, sich meiner Begleitung anzuvertrauen? … Wenn ja: so wär' es sehr freundlich wenn Sie zuvor – so gegen sieben – eine Tasse Tee bei mir nehmen wollten.«

Der sechsunddreißigjährige Junggeselle Walther Rathenau, seit 1899 im Vorstand der von seinem Vater gegründeten AEG, hatte einen festen Platz im Berliner Kunstleben. Sein Alltagsberuf als Industrieller war für ihn familiäre Pflichterfüllung, seine Liebe galt der Malerei und Dichtung, Musik und Architektur. Als Schriftsteller mischte er sich mit kulturkritischen Aufsätzen und Büchern in die aktuelle gesellschaftliche Entwicklung. Aus dem gemeinsamen Theaterbesuch mit Gabriele Reuter wurde diesmal nichts. Aber schon am 15. Oktober 1903 kam das nächste Billet an die »liebe, gnädige Frau«: »Ihrer und Lilis werde ich Sonntag in München gedenken. … Ich grüße Sie in Verehrung und Ergebenheit. W. Rathenau«. Der Freund spielt auf Gabriele Reuters Münchner Jahre an – aber wer ist Lili, die offenbar auch in diese Münchner Zeit gehört?

Walther Rathenau wurde im Januar 1922, nachdem Deutschland den Ersten Weltkrieg verloren hatte und aus dem Kaiserreich eine Demokratie geworden war, zum Außenminister der Weimarer Republik ernannt. Fünf Monate später, am 24. Juni 1922, wurde er im offenen Wagen durch ein Attentat von rechtsradikalen Republikfeinden ermordet. In einem Aufsatz in der *Neuen Rundschau* schrieb Gabriele Reuter kurz nach dem feigen Mord »In memoriam Walther Rathenau«: »Er kam zuweilen auf eine Abendstunde und saß bei mir in der einsamen Arbeitsstube mit den alten Familienmöbeln, an denen er so viel Freude hatte, zeichnete für meine kleine Tochter phantastische Schlösser und Villen …« Im Jahr zuvor, 1921, hatte die seit Jahrzehnten ergraute Schriftstellerin in ihrer Autobiografie *Vom Kind zum Menschen* auf ihr Leben zurückgeblickt: »Liebe und Leidenschaft kreuzten den Weg der Frau mit den weißen Haaren, und die Seligkeit der Mutterschaft wurde ihr geschenkt.«

Elisabeth – Lili – Reuter wurde am 28. Oktober 1897 im Württembergischen Erbach geboren; sie war das uneheliche Kind von Gabriele Reuter, die als ledige Mutter zeitlebens das Geheimnis nicht preisgab, wer der Vater war. Erst im 21. Jahrhundert wurde es entschlüsselt: Gabriele Reuters Liebe während ihres zweiten München-Aufenthaltes war Benno Rüttenhauer. Er nur kann gemeint sein, wenn sie in ihrem Roman *Das Tränenhaus* die Schriftstellerin Cornelie Reimann über den Vater ihres unehelichen Kindes urteilen lässt, er habe im entscheidendsten Moment dieser Beziehung »versagt« und sie werde ihn aus ihrem Leben streichen. Rüttenhauer, Jahrgang 1855, war Lehrer, Schriftsteller, Übersetzer und liebte die Schwabinger Bohème. Walther Rathenaus Brief zeigt: Gabriele Reuter hat ihre Tochter in Berlin nicht versteckt, aber über den engen Freundeskreis hinaus strikte Diskretion gewahrt. Was das Publikum nicht ahnte: Die gefeierte Autorin war eine alleinerziehende berufstätige Mutter, die sich auf die Verschwiegenheit aller, die ihr nahe standen, verlassen konnte.

Das Tränenhaus ist also ein Schlüsselroman. Was manch ein Kritiker damals vermutet haben mag, war allerdings so ungeheuerlich, dass keiner es ausgesprochen hat. Und die Aura der großen etablierten Schriftstellerin, ihre beifallumrauschten Auftritte mögen für Gabriele Reuter ein Schutzwall gewesen sein. Trotzdem ist sie ein hohes Risiko eingegangen: Gabriele Reuter hat in diesem Roman so viel wie in keinem anderen von sich selbst preisgegeben, um ihr Versprechen gegenüber den unehelichen Müttern einzulösen, mit denen sie selbst in einem *Tränenhaus*, fern von der ehrenwerten Gesellschaft, auf die Geburt ihres Kindes wartete. Ihr Los allerdings war kein zerbrochenes Leben, deshalb wollte sie solidarisch mit ihren Mitteln als Schriftstellerin auf die menschenunwürdige Lage der Mütter unehelicher Kinder aufmerksam machen.

Dass das Buch gerade 1908 erschien, war kein Zufall. Eine Diskussion über die gesellschaftliche Verfemung und rechtliche Diskriminierung der Mütter unehelicher Kinder hatte sich Bahn gebrochen. Im Januar 1905 erschien unter dem Motto »180 000 uneheliche Kinder« der Aufruf zur Gründung eines Bundes für Mutterschutz. Dreiundfünfzig bekannte Persönlichkeiten warben mit ihrer Unterschrift dafür, darunter August Bebel, Max Weber, Sigmund Freud, Gerhart Hauptmann, erstaunlich viele Männer. 180 000 uneheliche Kinder wurden pro Jahr im deutschen Kaiserreich geboren. Nach dem 1900 eingeführten Bürgerlichen Gesetzbuch (BGB) waren sie nicht mit ihrem Vater verwandt – »filius nullius«; die Mutter war zur Versorgung verpflichtet, die elterliche Gewalt jedoch hatte ein Vormund, meist das Jugendamt. (Das Gesetz hatte Bestand bis zur Reform 1998.) Das physische Elend war nicht weniger erschreckend als das seelische: 34 Prozent der unehelich geborenen Kinder in Deutschland starben im ersten Lebensjahr, fast doppelt so viele wie bei den ehelich Geborenen, beide Raten sind aus heutiger Sicht unvorstellbar hoch.

Schon im Februar 1905 wurde auf der ersten öffentlichen und gut besuchten Versammlung des Bundes für Mutterschutz (BfM) im Berliner Architektenhaus eine Satzung verabschiedet, die in Paragraf 1 als Ziel des Bundes formulierte, »ledige Mütter und deren Kinder« vor wirtschaftlichen Nachteilen zu schützen und »die herrschenden Vorurteile zu beseitigen«. Zu den Mitgliedern an führender Stelle zählte auch Henriette Fürth. Sie hatte sich in einer ihrer ersten Frankfurter Untersuchungen mit den Lebensbedingungen von unehelichen Kindern und deren Müttern beschäftigt und sich für ihre Besserstellung eingesetzt.

In einem Aufsatz schrieb Henriette Fürth 1906 über den BfM, »dass hier zum erstenmal eine größere Anzahl unabhängiger, geachteter und sittlich einwandfreier Personen sich zusammentat unter der Devise: Schutz und Hochhaltung der Mutterschaft, auch wenn sie nicht innerhalb der legalisierten Form zustande kommt«. Die engagierte Frauenrechtlerin, Autorin, Vortragsreisende und Mutter von acht Kindern verurteilte jene »augenverdrehende Moralheuchelei, die in Dingen des Sexuallebens auf das Weib allen Schimpf häuft, dem Manne alles Verzeihen gewährt«. Auch Gabriele Reuter, die im *Tränenhaus* die gnadenlosen Folgen dieser Doppelmoral beschrieben hatte, wurde Mitglied im BfM und als Autorin der BfM-Zeitschrift *Mutterschutz* geführt, die ab 1908 *Die Neue Generation* hieß.

Treibende Kraft für die Gründung des BfM und seine Propaganda in der Öffentlichkeit war Helene Stöcker. 1869 in Elberfeld geboren, brach sie als junge Frau aus dem streng calvinistischen Elternhaus aus. Sie wurde Lehrerin, besuchte die bahnbrechenden Berliner Gymnasialkurse von Helene Lange, damals Voraussetzung für ein Studium in der Schweiz, wo sie 1901 in Kunstwissenschaft promoviert wurde. Helene Stöcker verstand ihr Engagement für ledige Mütter als Teil eines Befreiungskampfes der Frauen vom »Banne der asketischen Moral vergangener Kulturen und Traditionen« und »männlicher Weltanschauung, die wir widerstandslos angenommen haben«. Frauen sollen ein Recht auf Freiheit und ein Recht auf Liebe haben, beides zusammen könne nur in »freier Liebe« – jenseits von Standesamt und Kirche – gelebt werden. Helene Stöcker forderte für die Gesellschaft eine umfassende »Neue Ethik«. Sie selbst ging 1905 eine Beziehung ein, die sie demonstrativ ohne die Beurkundung durch ein Standesamt führte.

1908 hatte der Bund für Mutterschutz ein wichtiges Ziel erreicht: In Berlin und Frankfurt am Main wurden zwei Heime für ledige Mütter mit unehelichen Kindern eingerichtet. Keine »Tränenhäuser«, sondern geschützte Räume, wo Frauen frei von materiellen Sorgen und mit moralischer Unterstützung darauf vorbereitet wurden, ihr Leben in einer sie ablehnenden Gesellschaft selbstbewusst zu gestalten. Ein Erfolg, der fast unterging im Aufruhr über die freie Liebe, mit dem der Bund für Mutterschutz nun vor allem gleichgesetzt wurde. Helene Stöcker setzte sich mit ihrem Programm einer »Neuen Ethik« durch, das sich ab 1908 demonstrativ im neuen Namen ausdrückte – Bund für Mutterschutz und Sexualreform. Als Gabriele Reuter im Januar 1909 auf Einladung des Württembergischen Vereins für Mutterschutz zu einer Lesung aus ihrem *Tränenhaus* nach Stuttgart kam, wurde kurzfristig der Saal gesperrt. Die Richtung des Vereins passe der Herzogin von Württemberg nicht, wurde hinter vorgehaltener Hand kolportiert.

Neue Ethik und freie Liebe führten auch innerhalb der Frauenvereine zu heftigen Diskussionen. Was Helene Stöcker im Namen der Freiheit als Fortschritt in eine bessere Zukunft für Frauen sah, bekämpften führende Frauenrechtlerinnen wie Helene Lange und Alice Salomon im bürgerlichen Lager, aber auch die Sozialistin Clara Zetkin, als Rückschritt und »ethische Schwarmgeisterei«. Sie sahen in der Ehe eine Institution, die Frauen und Kinder vor Armut und Diskriminierung schützte. Wie Henriette Fürth, die aus Protest gegen die freie Liebe den Frankfurter Zweig des BfM verließ, forderten sie eine gründliche Reform der traditionellen Institution zu einer »freien Ehe«: »Sie ist ein freier, von den Standesbeamten zu beglaubigender, aber auf Wunsch beider oder auch nur eines der Ehepartner zu lösender Vertrag.« Als der Bund für Mutterschaft und Sexualreform 1910 den Antrag stellte, in den Dachverband Bund deutscher Frauenvereine aufgenommen zu werden, lehnte eine Mehrheit ab.

Das Jahrzehnt am Jahrhundertbeginn ist ausgefüllt mit unterschiedlichsten Ereignissen, Anstößen und Entwicklungen. Äußerlich unverbunden, unter der Oberfläche nicht selten mit feinen Fäden verknüpft – Merkmale einer Zeit in Bewegung. 1905, als der Bund für Mutterschutz gegründet wurde, trat auch die Gesellschaft für Rassenhygiene in die Öffentlichkeit. Angesehene Persönlichkeiten und führende Mediziner sind hier wie da Mitglied, Gerhart Hauptmann, dem Mutterschutz verbunden, wird Ehrenmitglied bei den Rassenhygienikern. Beide Institutionen verbindet das visionäre Bild einer besseren Welt, in der nichts dem Zufall überlassen ist. In ihrem Gründungsvortrag beim Bund für Mutterschutz prophezeite Helene Stöcker, der Mensch müsse »Herr werden über eine der wichtigsten Angelegenheiten der Menschheit: die Schaffung eines neuen Menschen.« Für dieses Ziel musste die Vermehrung des Menschen gesteuert und kontrolliert werden: »Man wird Mittel finden müssen, um unheilbar Kranke oder Entartete an der Fortpflanzung zu hindern«. Genau so hätte es im Programm der Gesellschaft für Rassenhygiene stehen können.

Zu den Gründungs- und Vorstandmitgliedern der neuen Gesellschaft gehörte auch Dr. med. Agnes Bluhm. Sie hatte sich nach der Promotion in Zürich 1891 in Berlin niedergelassen, als fünfte frei praktizierende Ärztin im Deutschen Reich. Ab 1900 hielt Agnes Bluhm ihre Praxis nur noch sporadisch geöffnet. Um ihr Lungenleiden, wohl Tuberkulose, in den Griff zu bekommen, machte sie Kuren und bewohnte monatelang mit ihrer Lebensgefährtin Adrienne Hacker ein Ferienhaus in Domburg an der holländischen Nordseeküste. 1905 schließt die zweiundvierzigjährige Agnes Bluhm endgültig ihre Praxis, weil »das Rasseln« sich immer wieder meldete. Dank der väterlichen Erbschaft kann sie sich auf Aufsätze, wissenschaftliche Untersuchungen und Vorträge konzentrieren, was ihrem analytischen Kopf großes Vergnügen macht. Ein Schwerpunkt ist wie bisher die Sozialmedizin, vor allem die Situation der Arbeiterinnen; als weiteres Arbeitsfeld fasziniert Agnes Bluhm die moderne Wissenschaft von der Rassenhygiene, in England und den USA Eugenik genannt.

1908 wird der erste Lehrstuhl für Eugenik in London errichtet, ab 1909 wird Rassenhygiene Teil der medizinischen Ausbildung an deutschen Universitäten. Ihr Ausgangspunkt ist ein biologistisches Welt- und Menschenbild, in dessen Zentrum Charles Darwins Postulat vom »Kampf ums Dasein« im Tierreich steht, das ohne Abstriche auf Menschen und Völker übertragen wird. Nur durch die »Ausmerzung der Untüchtigen«, so Agnes Bluhm 1909 in ihrer Schrift »Ethik und Eugenik«, können Völker auf die höchste »Kulturstufe« geführt werden.

Die deutschen Eliten in Wissenschaft und Wirtschaft hatten sich im 19. Jahrhundert den christlichen Kirchen und ihren Dogmen innerlich längst entfremdet. Die Vorstellung, dass nur die Stärksten überleben und ihr Sieger-Gen an die Nachfahren weitergeben, imponierte ihnen. Mit dem Siegeszug der Naturwissenschaften wurden die alten religiösen Verheißungen mühelos beiseitegeschoben. Die Industrialisierung brachte nie gekannten Wohlstand, die moderne Medizin versprach Erlösung von allen körperlichen und geistigen Übeln schon in dieser Welt. Die Mediziner mit ihren Kenntnissen in der »Fortpflanzungsfrage« – Verhütungsmittel, Vererbungslehre – erhoben den Anspruch, Politik und Gesellschaft den einzig wahren Weg in die Zukunft zu weisen. Viele führende Frauen der Frauenbewegung sahen in der modernen Wissenschaft eine große Chance für die »Neue Frau«.

Ein neuer Mensch – gesund und glücklich – in einer Welt, wo die ganze Menschheit nur noch höchsten ethischen und kulturellen Werten verpflichtet ist: War das nicht ein Ziel, das alle Mühe lohnte, dem sich jeder Einzelne verpflichten musste zugunsten des großen Ganzen? Helene Stöcker warb mit dem Bund für Mutterschutz leidenschaftlich für diese globale Vision: »Eine Verbesserung der menschlichen Rasse, eine menschliche Zuchtwahl, wie Professor Forel es nannte; Eugenik, wie der Vetter von Charles Darwin, Francis Galton, es genannt hat; ›race control‹, wie die englischen Begründer des Neumalthusianismus es vorschlugen; die Züchtung des ›Übermenschen‹, wie Friedrich Nietzsche es den Menschen ans Herz gelegt hat, das ist das Ziel, das uns alle eint …« Agnes Bluhm, die von Helene Stöckers philosophischen Auslassungen gar nichts hielt, war in rassehygienischen Fragen mit ihr sehr einig.

Die Berliner Ärztin Agnes Bluhm zählte innerhalb der Frauenbewegung zu den Rassenhygiene-Expertinnen und war vom Segen der neuen Wissenschaft für die Menschheit total überzeugt. Als ständige Mitarbeiterin der *Zeitschrift für die Erforschung des Wesens von Rasse und Gesellschaft* erwiderte sie den Frauenrechtlerinnen, die ihre Begeisterung kritisierten, dass der »Kampf ums Dasein« keineswegs bedeutet, sich vom Gebot christlicher Nächstenliebe abzuwenden, »der wir viele der feinsten Blüten unserer Kultur verdanken«. Es komme darauf an, diese alte Ethik »lediglich zu erweitern«, der »Begriff des Nächsten« bedürfe einer Neufassung: »Wir wollen festhalten an dem Schutz der schwachen Mitwelt, aber wir müssen sie davon abhalten, eine schwache Nachwelt zu erzeugen«. In diesem Punkt stimmte Henriette Fürth in ihrem Aufsatz »Das Bevölkerungsproblem und die Frauen« Agnes Bluhm zu: »Die Gesundheit des Volkes und darum möglichst nur Fortpflanzung der an Leib und Seele Gesunden, das sollte darum hier das oberste Gesetz sein und bleiben.« Für »kranke und entartete Elemente« soll es keine Zukunft geben, eine »planvolle Zuchtwahl« sei erlaubt. Die Frankfurterin ist allerdings überzeugt, dass »diese Härte« schon »tausendfach von Verständigen gegen sich selbst geübt wird« und es deshalb keiner Kontrolle von außen bedürfe. Im Ehealltag bedeutet das, »auf Nachkommenschaft, nicht auf Ehe« zu verzichten.

Der Verzicht auf »schwachen, untüchtigen, ungesunden« Nachwuchs ist die eine Voraussetzung, um im Sinne der Rassenhygiene ein starkes, gesundes Volk zu schaffen. Aber eine negative Menschenauslese allein reicht Agnes Bluhm nicht: »Will die Frauenbewegung die Lösung der Menschheitsfragen fördern, so hat sie dafür zu sorgen, dass erstens genügend *viel* und zweitens genügend *befähigte* Menschen zur Stelle sind.« Diese radikale Position schreibt sie den Frauenrechtlerinnen, die bei der Geburtenplanung wie Henriette Fürth auf Freiwilligkeit setzen, in einem offenen Brief im Frühjahr 1906 als »Mahnruf« ins Stammbuch. Der Vorstand des Berliner Vereins Frauenwohl hatte einen Vortrag beklatscht, der es den Frauen überlässt, die Anzahl des Nachwuchses zu beschränken und den Politikern keine Kinder

»als Kanonenfutter« zu liefern. Sentimental nennt Agnes Bluhm diese Einstellung, und sie ist von ihren Mitstreiterinnen enttäuscht, denen ein »scharfer Blick und ein kritisches Hirn« fehlten.

»Die Frauenbewegung ist stolz, die ›neue Frau‹ hervorgebracht zu haben«, schreibt Bluhm, »der ›neue Mann‹ ist erst im Werden.« Doch manche emanzipierte Frau »verblühe« über dem vergeblichen Warten auf diesen neuen Mann, und bleibe kinderlos – »und es gehen mit ihr viele gute Keime für den neuen Menschen unter«. Statt diese »Verschwendung« einfach hinzunehmen, solle die Frauenbewegung »den Besten« unter ihren Anhängerinnen »eine kräftige Vermehrung ans Herz« legen. Eine emanzipierte Frau, davon geht die Medizinerin aus, steht charakterlich und mit ihrer Begabung über dem Durchschnitt, und ist deshalb verpflichtet, ihre besonders guten Erbanlangen an möglichst viele Kinder weiterzugeben. Fünf sollen es mindestens sein. Die berufstätige kinderlose Medizinerin ist ehrlich genug zuzugeben, dass der Mutter einer solchen Kinderschar für Selbstverwirklichung im Beruf keine Zeit bleibt: »Dass darin für die geistig begabte und regsame Frau eine gewisse Tragik liegt, ist nicht zu verkennen.«

An diesem Entscheidungspunkt trennen sich die Meinungen innerhalb der Frauenbewegung. Die Mehrheit will die mühsam und noch längst nicht vollständig errungene Selbstbestimmung der Frau nicht aufgeben, um sich dem Diktat wissenschaftlicher Autoritäten zu unterwerfen. Für diese Freiheit streiten Helene Stöcker und Henriette Fürth gemeinsam gegen Agnes Bluhm und deren männliche Mitkämpfer in der Gesellschaft für Rassenhygiene. Mochten die Mediziner Eheverbote fordern, um unerwünschten Nachwuchs zu verhindern und auch gegen die Abschaffung des Paragrafen 218 votieren, der Abtreibung unter schwere Strafe stellte, um »gute Keime« zu retten, und von klugen Frauen fordern, für eine höher stehende Menschheit viele Kinder in die Welt zu setzen: Henriette Fürth sprach sich für die freie Entscheidung der Frauen aus, was diesen sensiblen, sehr persönlichen Bereich betraf. Sie ist überzeugt, dass im 20. Jahrhundert bei der Kinderzahl Qualität vor Quantität geht, weil die Mutter Anspruch auf ein eigenes Leben hat und Mutterliebe nicht »ohne Besinnen und ein ganzes Leben hindurch bis zur völligen Aufgabe seiner selbst« im Einsatz sein muss.

Aber sie hört schon die Gegenargumente: Eine geringe Kinderzahl dürfe nicht »der Willkür des einzelnen« überlassen bleiben, Gesetze müssen her, damit das deutsche Volk nicht aussterbe. »Ich glaube nicht«, entgegnet Henriette Fürth, die achtfache Mutter, »dass es möglich wäre, hier eine allseitig befriedigende und vor allen Dingen eine genau umgrenzte Lösung zu bewerkstelligen.« Sie rät, »nur allgemein verbindliche Grundsätze zu formulieren und auf Zwangsmaßnahmen möglichst zu verzichten«. Nüchtern widerspricht sie jeder Panik und ist überzeugt, »dass eine in das freie Ermessen gestellte Kinderzahl dem Fortbestand des Volkstums nicht gefährlich werde«.

Unabhängig von diesen tiefen Meinungsverschiedenheiten: Die Vision der Rassenhygieniker faszinierte Frauen, die sich seit Jahren für die Emanzipation einsetzten, nicht ohne Grund: Wenn der Weg zu glücklichen neuen Menschen über die »Fortpflanzungshygiene« führte, dann befand sich die Frau an der Schaltstelle zum Paradies. Männer glaubten, die Zukunft zu entwerfen und zu gestalten – den neuen Menschen konnten sie nicht gebären, und selbstbewussten Frauen war die Hoheit über die Fortpflanzung nicht zu nehmen. Das machte Henriette Fürth, die alle Argumente in dieser Sache aus dem Blickwinkel der selbstbestimmten Frau in die Waagschale legte, optimistisch und selbstsicher: »Hier aber wird die Frau … ein gewichtiges Wörtlein mitzureden haben, sobald sie sich alle diese Zusammenhänge erst einmal in ihrem ganzen Umfang klargemacht haben wird.« Im Gegensatz zu Agnes Bluhm wollte Henriette Fürth die letzte Entscheidung über Mutterschaft den Frauen überlassen und nicht außenstehenden medizinischen Autoritäten oder staatlicher Bevormundung. Grundsätzlich von der Kraft der Aufklärung durchdrungen, war sie überzeugt, dass Frauen auch in dieser wichtigen Frage die richtige und humane Entscheidung treffen würden.

Agnes Bluhm war eine entschiedene Verfechterin der Emanzipation, aber dem angestrebten neuen Menschen musste sich nach ihrem Verständnis das Selbstbestimmungsrecht der »Neuen Frau«, was die »Fortpflanzung« betraf, unterordnen. In anderen zentralen Punkten allerdings trat die Ärztin den männlichen Rassenhygienikern entschieden entgegen. Alfred Ploetz, mit dem sie als Studentin der Medizin in Zürich erst Liebe verband, woraus dann eine lebenslange Freundschaft geworden war, war der führende Kopf in der Gesellschaft für Rassenhygiene. Der ehemalige linke Utopist entwickelte die These, dass die gut gemeinte Sozialversicherung in Wahrheit das deutsche Volk schädige, indem sie Schwache und Kranke aufpäppelte, die sich zum Wohl des Ganzen besser nicht vermehren sollten.

Agnes Bluhm wollte es genau wissen und studierte alle verfügbaren Statistiken. Am Ende ihrer Recherchen stellte sie in einem Aufsatz fest, dass die These von Alfred Ploetz von den Fakten widerlegt wurde. Die Sozialversicherung zahlte die größten Beträge an Facharbeiter, die aufgrund ihrer diffizilen Arbeit ein hohes Unfallrisiko hatten. Aber gerade diese Spezialisten besaßen im Verständnis der Rassenhygiene ein besonders gutes Erbgut, das es zu pflegen und an möglichst viele Kinder weiterzugeben galt.

Bei allem Einsatz für die Rassenhygiene und ihre hohen Ziele blieb Agnes Bluhm der Emanzipation, die sie selbst verkörperte, treu, scheute Brüche und innere Widersprüche nicht. Lange genug hatte man Frauen verboten, ihren Verstand zu nutzen, umso mehr sollten sie ihn kritisch anwenden. Daher ihre Skepsis gegenüber dem von den männlichen Rassenhygienikern inflationär genutzten Postulat der Vererbung, das alle Gedanken über den Einfluss äußerer Umstände – und darüber, wie man sie vielleicht verändern könnte – beiseite schob. Schwierigkeiten beim Stillen der Säuglinge? Geschädigtes Erbgut, da lässt sich nichts machen: diese Mütter haben Alkoholiker zum Vater. Industriearbeiterinnen bringen eher schwächliche Kinder zur Welt? Das liegt an der Natur der Frau, die ausschließlich zur Mutterschaft gemacht ist: aufhören mit der Industriearbeit und am besten mit jeder Art von weiblicher Berufstätigkeit.

Agnes Bluhm überprüfte und verglich auch in diesem Fall alle erreichbaren Statistiken, machte eigene Tierexperimente und veröffentlicht ihre Ergebnisse im *Archiv für Sozialhygiene*. Maßgebliche Rassenhygieniker protestierten wütend, doch Agnes Bluhm ließ sich nicht einschüchtern: In den allermeisten Fällen war das Problem des Stillens auf Umweltfaktoren zurückzuführen: falsche Ernährung und Kleidung, ärmliche soziale Verhältnisse, zu wenig körperliche Betätigung. Vererbung war Schicksal, diese Umweltfaktoren jedoch ließen sich verändern. Ähnliches galt für die Arbeiterinnen: Sie hatten keineswegs von Natur aus eine schwächlichere Konstitution und waren nicht anfälliger für Krankheiten bei ihrer Arbeit als Männer; eine These, mit der die Gewerkschaften sich der Frauen als Konkurrenz am Arbeitsplatz entledigen wollten.

Seit Beginn des Jahrhunderts, als Agnes Bluhm begann, ihre Praxistätigkeit einzuschränken, galt ihre wissenschaftliche Arbeit verstärkt der Situation der Industriearbeiterinnen, und zweifellos auch ihre Sympathie. Auf der »2. Konferenz zur Förderung der Arbeiterinnen« konnte sie 1910 in ihrem Vortrag über den »Einfluss der gewerblichen Gifte auf den Organismus der Frau« eine eindrucksvolle Bilanz vorlegen. Kaum eine Industriearbeit, bei der nicht Blei verwendet wurde. Die Medizinerin schreckte nicht davor zurück, den »anwesenden Damen« eine drastische Schilderung der Krankheiten, Verstümmelungen und Spätfolgen aufzuzeigen, die Bleivergiftungen bei Arbeiterinnen auslösten, auch Fehlgeburten und Erkrankungen der Geschlechtsorgane gehörten dazu.

Die entscheidende Frage: Sind Frauen aufgrund ihrer weiblichen Konstitution anfälliger für alle diese Krankheiten als Männer, die offensichtlich nicht in demselben Maße darunter leiden? Nein, ist die klare Antwort von Agnes Bluhm, »denn in keinem einzigen Betrieb arbeiten Frauen und Männer wirklich unter denselben Bedingungen«. Tatsächlich arbeiten Frauen unter schlechteren Bedingungen, werden schlechter bezahlt, was unter anderem eine schlechtere Ernährung zur Folge hat. Nicht die Entfernung der Frauen aus der Industriearbeit ist für Agnes Bluhm die angemessene Forderung, sondern eine radikale Veränderung ihrer Arbeitsbedingungen: »Ersatz der Gifte durch unschädliche Stoffe«.

Die Expertin appelliert an die Politik, gesetzliche Vorgaben zur Einschränkung der giftigen Substanzen zu schaffen; an die Industrie, kürzere Arbeitszeiten und regelmäßige ärztliche Untersuchungen einzuführen. Die Gesundheit der Arbeiterinnen ist für Agnes Bluhm nichts weniger als eine nationale Verpflichtung, und die gefeierte chemische Industrie muss mehr dazu beitragen als »den Markt mit neuen Arzneimitteln zu überschwemmen«: »Möge sie künftig ihren Ehrgeiz darin setzen, mehr an der Verhütung als an der Heilung von Krankheiten mitzuwirken, zum Ruhm der deutschen Industrie und zum Heile der deutschen Arbeiterschaft und ihrer Nachkommen, d. h. zum Heile des deutschen Volkes.«

Die Thesen der Rassenhygieniker über »Zuchtwahl« und »unwertes Leben« wurden salonfähig, auch wenn die Experten kleine Zirkel bildeten und meist unter sich blieben. Folgen für die Gesetzgebung hatte dieser Medizinzweig im deutschen Kaiserreich nicht. Die Nachgeborenen jedoch können nicht ausblenden, welche Verbrechen im Laufe des 20. Jahrhunderts im Namen der »Rasse« vor allem von Deutschen begangen wurden. Mit Blick auf die Rassenhygieniker im Jahrzehnt vor dem Ersten Weltkrieg gilt es zu differenzieren: Der »neue Mensch«, von dem Alfred Ploetz und Auguste Forel, Agnes Bluhm und auch Henriette Fürth träumten, war kein germanischer »Herrenmensch«, der sich die Welt unterwerfen wollte. Agnes Bluhm verbat sich in diesem Zusammenhang ausdrücklich jeden »Hurra-Patriotismus«. In den verschiedenen Völkern, so ihre Vision, sollten »gesund- und deshalb glücklichgeborene« Menschen eine zufriedene Gesellschaft bilden, und alle zusammen im Namen einer »kosmopolitischen Eugenik« die kulturelle Entwicklung der Menschheit vorantreiben.

Aber am Beginn des 21. Jahrhunderts wissen wir, dass mit den pseudowissenschaftlichen Thesen, die »unwertes« menschliches Leben von »rassisch wertvollem« unterschieden, vor gut hundert Jahren Gedanken in die Medizin Einzug hielten, die sie für immer veränderten. Dieses Gedankengut zog Kreise in der Gesellschaft, es radikalisierte und politisierte sich immer mehr, und wurde ab 1933 in Deutschland zu einer tödlichen, verbrecherischen Staats-Ideologie, im Innern wie nach außen. Bei allen Unterschieden dürfen die ersten Anzeichen einer völkisch-nationalistischen Vereinnahmung der Rassenhygiene in den Jahren vor 1914 nicht verschwiegen werden.

Ein führender Funktionär des rechtsradikalen Alldeutschen Verbandes forderte 1907, »keine Ehe zwischen geistig oder körperlich Kranken oder Entarteten« zuzulassen. Der Deutschnationale Handlungsgehilfenverband (DHV), der Frauen und Juden als Mitglieder nicht zuließ und seit dem Jahrhundertbeginn Propaganda machte, dass Frauen in »Männerberufen« nichts zu suchen hätten, warb 1909 unter seinen über 100 000 Mitgliedern für die »germanische Ehe«. In einer Artikelserie der Verbandszeitschrift über die »völkischen Hochziele«

des DHV, nahm der »Rassengedanke« breiten Raum ein. Eine »zielbewusste Rassenzucht« müsse »Missgeburten des Körpers und der Seele« verhindern; das Leben von Kranken und Behinderten sei ein »Verbrechen an der Rasse« und habe keinen Platz in einer »germanischen Ehe«.

Es waren Entdeckungen, Erfindungen und Erfolge in Naturwissenschaft, Medizin und Technik, die die Gesellschaft veränderten und jedem und jeder Einzelnen nie gekannte Gefühle und Erfahrungen brachten. Der neue Mensch war zweifellos dabei, ein Stück Wirklichkeit zu werden, Aufbruch und Bewegung überall. Am 28. August 1909, einem Samstag, war ganz Berlin unterwegs, und von außerhalb kam eine Million Menschen in die Hauptstadt. Alle suchten einen günstigen Platz, um ein Jahrhundertereignis mitzuerleben: In Friedrichshafen am Bodensee aufgestiegen, über Nürnberg und Bitterfeld kommend, sollte an diesem Nachmittag »Zeppelin III« – die geniale Luftschiff-Konstruktion von Ferdinand Graf Zeppelin – auf dem Tegeler Schießplatz landen. Allein auf dem Tempelhofer Flugfeld, wo der Zeppelin vor der Landung in Gegenwart der kaiserlichen Familie in der Luft paradieren sollte, hatten sich Hunderttausende eingefunden. Aber auch im Zoologischen Garten und in den Grünanlagen, am Kreuzberg und auf dem Schlossplatz warteten die Massen.

Der Reporter der *Vossischen Zeitung* war »überwältigt«. Keine kaiserliche Parade hatte je so viele Menschen in Bewegung gesetzt, fröhlich, in freudiger Erwartung, mit Stullen und Getränken ausgestattet. Knapp zwei Millionen war die Schätzung, und nirgendwo musste Polizei eingreifen. Es war eine verblüffende Erfahrung, die manchem nicht ins autoritäre Weltbild passte: dass Menschenmassen friedlich zusammenkommen und ohne Krawall wieder auseinandergehen – selbst nach einer gewissen Enttäuschung. Denn Graf Zeppelin schwebte an diesem Samstag in Berlin nicht vom Himmel. Ein Bruch am Propeller hatte das Ereignis um einen Tag verzögert.

Am Sonntag, dem 29. August 1909, waren fast noch mehr Menschen auf den Beinen. Um 12 Uhr 30 die ersten Rufe auf dem Tempelhofer Feld: »Er kommt! Er kommt!« Das silberne Luftschiff schwebte die Tribünen entlang. Minutenlang intensive Stille, dann bricht der Jubelsturm los – »wie eine tosende Meeresbrandung, wie ein entfesselter

Orkan«, notiert der Reporter. Nach fünfzehn Minuten entschwebte der Zeppelin zu anderen zentralen Punkten der Stadt, auch der Osten um den Friedrichshain, wo die einfachen Leute wohnten, wurde nicht ausgelassen. Auf dem Tegeler Schießplatz, wo der Kaiser schon wartete, durchbrach das soignierte Publikum bei der Landung des Zeppelins die Militärsperren. Wilhelm II. küsste den Helden der Luftfahrt, die Menge stimmte die Nationalhymne an, und der stellvertretende Berliner Bürgermeister brachte Stimmung und Gefühl auf den Punkt: Die Begeisterung von drei Millionen habe gezeigt, dass »hier im Herzen des Landes, unter den Augen des allverehrten geliebten Kaisers, auch das Herz des Volkes« am lautesten schlage – »jedem großen Manne und jeder großen Tat!«

Der allverehrte Kaiser war diesmal nur einer unter drei Millionen Berlinern, die selbst entschieden, wer für sie der große Mann und was ihnen eine große Tat war. Die moderne Zeit mit ihren neuen Attraktionen spiegelte sich im Jubel der Massen und gewann daraus ihre Qualität. Da »verwischten sich im Gewoge alle Standesunterschiede«, erkannte der Reporter. Noch saßen die traditionellen Autoritäten und Hierarchien an den Hebeln der Macht. Das »Zeppelinfieber« jedoch zeigte, dass die Menge vom Straßenrand, wo sie bisher Spalier für Adel und militärisches Schauspiel bilden durfte, als Masse in die Mitte gerückt war. Nicht nur in Berlin, der Reichshauptstadt. Am 20. September 1909 schwebte Zeppelin III über das Ruhrgebiet. Wieder setzte das Luftschiff Millionen Menschen in Bewegung, die euphorisch zum Himmel schauten, und Tausende jubelten, als es mitten in Essen landete.

Die sensible Zeitzeugin Hildegard von Spitzemberg sah diese Entwicklung mit Unbehagen, denn sie fand keine »völlig genügende Erklärung« für die Zeppelin-Begeisterung. Noch am 29. August schrieb sie in ihr Tagebuch, »man greift sich an den Kopf, denkend, unser deutsches Volk ist übergeschnappt!« Sie muss zugeben, dass die »einmütige und tatkräftige Begeisterung aller Alter, Schichten, Provinzen« spontan ist, »nicht angeschürt, nicht offiziell – woher kommt das?« Sie spürt eine »Sucht« der Menschen, »zu feiern, zu festen, zu schreien und zu lärmen, anstatt in der Stille zu arbeiten«. Die sechsundsechzigjährige Baronin, so sehr sie sich mühte, ihre Zeit ohne Vorurteile zu betrachten, kam aus einer anderen Welt als die Massen, die dem Zeppelin zujubelten und dabei sich selbst in nie gekannter Freiheit erlebten. Die neue Masse hatte ein vielfältiges Gesicht, niemand war ausgeschlossen – Männer, Kinder und Frauen hatten darin ihren Platz. Die Masse war es, die 1909 dem Auftritt der Moderne in Gestalt des Zeppelin Glanz und Gloria verlieh, und nicht etwa die kaiserliche Gegenwart. Fortschritt und Freiheit der Moderne sind auf die Massen angewiesen, Missbrauch in jede Richtung eingeschlossen.

Es ist vielleicht das auffallendste Merkmal für die Moderne: wie nie zuvor mit Gegensätzen leben zu müssen. Die uniforme Gesellschaft, die dem Einzelnen Schutz und Zwang bedeutete, ist endgültig von Gestern. Frauen konnten nie gekannte Chancen ergreifen, auch wenn es das Leben nicht einfacher machte. Agnes Bluhm hatte im Sommer 1890 während ihres Klinischen Praktikums in München die gleichaltrige Ida Gerhardi kennengelernt, die an einer Münchner Malakademie für Damen ihre Ausbildung zur Malerin begonnen hatte. Ida, deren Vater, ein Arzt, früh verstorben war, bewunderte die kluge, begeisterungsfähige und zielstrebige Agnes Bluhm; sie fühlte sich von der Freundin bestätigt und angespornt in ihrem Entschluss, ein eigenes emanzipiertes Leben zu führen.

Als Agnes Bluhm 1891 in Berlin ihre Praxis als »Ärztin für Frauen und Kinder« eröffnete, ging Ida Gerhardi nach Paris, dem Mekka der Künstler, egal ob männlich oder weiblich. In der Weltstadt an der Seine tat sie, was ihr in Deutschland als Frau verboten war: sie besuchte erstens eine Kunstakademie, wo sie zweitens nach männlichen Akt-Modellen den menschlichen Körper zeichnen konnte, unerlässliche für jede, die in der Malerei etwas werden wollte. Die Freundschaft zwischen den beiden jungen Frauen erwies sich als verlässlich, und für Ida Gerhardi als ein besonderer Glücksfall. Denn Agnes Bluhm war seit Studententagen in Zürich mit der Medizinerin Elisabeth Winterhalter und deren Lebensgefährtin, der Malerin Ottilie W. Roederstein, befreundet, die ihre erfolgreiche Karriere in Paris begonnen hatte. Roederstein behielt ihr Pariser Atelier nebst kleiner Wohnung, als sie mit Winterhalter zusammen nach Frankfurt zog. Ida Gerhardi, über Agnes Bluhm auch mit dem Frankfurter Frauenpaar befreundet, konnte das Atelier jahrelang großzügig nutzen, denn bei ihr reichte das Geld nie für eine eigene Wohnung in Paris.

Ida Gerhardi macht ab 1890 Paris zu ihrem Lebensmittelpunkt. Weil sie als Malerin nicht genug verdient, wagt sie sich nach 1900 als Agentin in den von Männern beherrschten Kunstmarkt, und nutzt ihre Kontakte zwischen Paris und Berlin, ohne ihre Berufung als Malerin aus dem Auge zu verlieren.

In Frankfurt am Main war das Frauenpaar umgehend in die führenden Kreise der Gesellschaft integriert. Ottilie W. Roederstein mietete wie andere Maler ein Atelier im Städel und die Porträt-Aufträge nahmen kein Ende. Ähnlich erfolgreich war Elisabeth Winterhalter als erste Ärztin in der Main-Metropole. Sie engagierte sich im Frauenverein, im Bund für Mutterschutz und war für Henriette Fürth mehr als die geschätzte Hausärztin.

Erst mit dem 21. Jahrhundert haben einige wenige mutige Ausstellungen ans Licht gebracht, dass Ida Gerhardi zu den wichtigen Künstlern der europäischen Moderne zählt. Wie ihr ging es vielen zeitgenössischen Malerinnen, die damals einen Namen hatten. Die Kunstwissenschaft nahm sie nicht in ihren akademischen Kanon auf und die Museen nicht in ihre Sammlungen. Ein künstlerisches Todesurteil und bis heute Grundlage für die willkommene Legende, es habe in der Vergangenheit nun mal keine Malerinnen von Rang gegeben.

Nachdem sich in Berlin 1898 die »Secession« vom traditionellen Betrieb der bildenden Künstler gelöst hatte – unter Führung von Max Liebermann, auch vier Malerinnen gehörten zu den »Gründungs-Rebellen« – und erfolgreich eigene Ausstellungen organisierte, kam Ida Gerhardi nach Berlin, um Kontakte zu knüpfen. Gut vier Monate lang war sie ab Februar 1901 willkommener Gast bei Agnes Bluhm und deren Lebensgefährtin Adrienne Hacker, und so würde es bei etlichen weiteren Berlin-Aufenthalten sein. Diesmal reiste Ida Gerhardi nach Leipzig weiter, wo der berühmte Dirigent Arthur Nikisch sich von ihr porträtieren ließ.

Auch wenn es mit vielen Reisen verbunden war, war sie klug genug, das klassische Genre der Porträt-Malerei zu pflegen, um wenigstens etwas zu verdienen. In einem Brief nannte sie es »erlaubte Prostitution«. Ob van Dyck oder van Gogh, keiner der großen Maler hatte darauf verzichtet. Warum sollte man Frauen vorwerfen, dass sie in dieser Richtung aktiv waren, um Geld in die Kasse zu bekommen, statt allein auf die Gunst der Ausstellungsmacher zu hoffen?

Zwischendurch kümmert sich Ida Gerhardi um die schwer depressive verwitwete Mutter in Dortmund, die in einer Nervenklinik behandelt wird. Der Bruder ist wegen seiner Mediziner-Ausbildung unabkömmlich, für die unverheiratete Tochter gibt es keine Ausrede. Malerin? Berufstätig? Dann muss sie eben beides unter einen Hut bringen. In diesen Wochen malt Ida Gerhardi Tante und Onkel, um nicht unentgeltlich bei ihnen am Mittagstisch zu sitzen.

Schon 1900 hängt ein Bild von Ida Gerhardi in der Berliner Secessions-Ausstellung, 1902 eins in der Secession-München, weitere Porträtaufträge folgen: Erfolge, aber leben kann sie davon nicht. Ida Gerhardi ist bereit, neue Wege zu gehen – für eine Frau, denn die Männer sind im Kunsthandel als Galeristen und Agenten zeitgenössischer Maler längst im Geschäft. Gerhardis Vorteil ist ihre zweifache Verankerung: in der hochkarätigen Pariser Kunstszene – auch zum weltbekannten Auguste Rodin hat sie gute Beziehungen – und ihre genaue Kenntnis des deutschen Marktes. Als die vierzigjährige Ida Gerhardi 1902 den Kunstkenner und Mäzen Karl Ernst Osthaus aus Hagen kennenlernt, beginnt eine intensive Geschäftsbeziehung, und es wird ernst mit ihrer neuen Berufstätigkeit – »ich bin augenblicklich gar nicht Künstler, sondern Kunsthändler«. Der wohlhabende Osthaus braucht Anregungen und Nachschub für sein Museum Folkwang, das im Juli 1902 in Hagen eröffnet wurde und das Ruhrgebiet mit moderner Kunst in Berührung bringen soll.

Ida Gerhardi ist in ihrem Element. Hin und her gehen die Briefe

Ottilie W. Roederstein tritt schon 1884 mit einem Bild im Pariser Salon als Malerin auf. Sie ist eine gefragte Porträtistin, besitzt ein Atelier in Paris und mietet nach ihrem Umzug nach Frankfurt am Main zusätzlich ein Atelier im Städel.

zwischen Paris und Hagen mit Analysen über den Kunstmarkt, Preisangaben und Tipps für Werbekampagnen. Für Bilder und Skulpturen, die nach Hagen auf die Reise gehen, organisiert sie Kisten und Möbelwagen, macht eine Eilfracht möglich – aber »unversichert«. Sie vermittelt zwischen dem Pariser Bildhauer Maillol und Karl Ernst Osthaus, der unbedingt ein Maillol-Werk besitzen möchte. Sie schreibt dem Gründer präzise Vorschläge für die Gestaltung der Ausstellungen im Museum Folkwang: »Sie brauchen 1 Seitenkabinett, auf jede Wand ein großes Bild …« Ida Gerhardi macht ihren neuen Job nicht nur mit Begeisterung, sondern professionell. Kulturmanagement würde man das heute nennen.

Immer wieder geht es nach Berlin, wo die wichtigsten Galerien sind und Ida Gerhardi sich auch im Netzwerk der Künstlerinnen engagiert, das mit dem erfolgreichen Verein der Künstlerinnen und Kunstfreundinnen seine Wurzeln im 19. Jahrhundert hat. 1905 übrigens unterschreiben über zweihundert Künstlerinnen eine Petition an den preußischen Landtag, dass endlich die Königliche Kunst-Akademie in Berlin ihre Türen für Frauen öffnen soll. Präsident Anton von Werner, der das Ohr von Wilhelm II. hat und als Maler großer Historienbilder genau den kaiserlichen Geschmack trifft, lehnt ab. Erst 1918 wird hier das Verbot des Frauenstudiums fallen. Ein Grund mehr, dass die Frauen weiter ihre eigenen Räume schaffen. 1905 gehört Ida Gerhardi neben Käthe Kollwitz und der Ärztinnen-Pionierin Franziska Tiburtius zu den Gründerinnen des Deutschen Lyceum-Clubs in Berlin. Die gemütlichen Aufenthaltsräume und Übernachtungsmöglichkeiten des Clubs sind vor allem für Künstlerinnen, Akademikerinnen, Journalistinnen und Schriftstellerinnen gedacht.

1904 war Käthe Kollwitz für zwei Monate in Paris und wohnte nahe am Boulevard Montparnasse in der gleichen Pension wie Ida Gerhardi. Gerne ließ sie sich von der Jüngeren in Tanzlokale, Keller und Kneipen der Demimonde führen. Bürgerliche Frauen setzten dort keinen Fuß hin, aber bei den Frauen, die ihren Lebensunterhalt in der Unterwelt verdienten, war die deutsche Malerin bekannt und geschätzt. In Erinnerung an die schummrigen Etablissements von Paris wird Käthe Kollwitz später schreiben: »Eine Kollegin von mir, Ida Gerhardi, war jeden Abend da, um Skizzen zu machen. Die Kokotten kannten sie und gaben ihr immer ihre Sachen, während sie tanzten, zur Aufbewahrung.«

Eine Frau in den Vierzigern, selbstbewusst, auf sich gestellt, ohne Mann und Kind, immer in Bewegung im Radius Paris–Berlin, auch nach London reist sie, um mit Porträts Geld zu verdienen. In Pariser Kneipen von Ganoven und Prostituierten ist sie zu Hause. Was kosmopolitisch und aufregend scheint, ist ein mühsames kräftezehrendes Leben, das Verhältnis zwischen ihrem Einsatz und dem finanziellen Ertrag miserabel. Das erste Jahrzehnt des neuen Jahrhunderts schreitet voran, und Ida Gerhardi lebt in Paris weiterhin in kleinen Pensionen und ist froh, wenn sie das Atelier von Ottilie W. Roederstein nutzen kann.

Die Porträtmalerei, in der ihr Meisterwerke gelingen, bleibt Pflicht und Broterwerb, auch wenn sie »gehirnanstrengend« ist. Stets malt sie in den Wohnungen der Auftraggeber, in fremder Umgebung, niemals im eigenen vertrauten Atelier. Als Künstlerin schätzt Ida Gerhardi andere Herausforderungen, vor allem das Pariser Leben im Schatten der Boulevards und mondänen Etablissements. Immer wieder versucht sie, Menschen und Atmosphäre der kleinen Kellerkneipen oder im populären Tanzsaal »Bal Bullier« auf der Leinwand wiederzugeben.

Dort hätte sie Paula Modersohn-Becker treffen können, die dort auch gerne den Tanzenden zusieht.

Ida Gerhardi hält nichts von weiblicher Bescheidenheit und fordert Karl Ernst Osthaus immer wieder auf, ihren eigenen Bildern im Museum Folkwang ebenfalls Platz einzuräumen. Das geschieht von Zeit zu Zeit, eine eigene Ausstellung allerdings hat ihr der Hausherr nicht zugestanden. Glück hat sie mit Ausstellungen ihrer Bilder von Pariser Tanzlokalen in Weimar und Wiesbaden. Der Elberfelder Kunstverein jedoch, zu dessen Mäzen August von der Heydt sie gute Beziehungen pflegt, lehnt solche Sujets ab. Käufer dafür findet sie ohnehin nicht. »Wahrscheinlich sind meine Pariser Tanzbilder zu unmoralisch«, konstatiert die Malerin nüchtern.

Als Pionierin hat sie sich in der Malerei an Lebenswirklichkeiten gewagt, mit denen die männlichen Künstler der Avantgarde gegen Ende des 19. Jahrhunderts groß herausgekommen sind – Bardamen, ausgelaugte Tänzerinnen billiger Varietés, Prostituierte. Im ersten Jahrzehnt des 20. Jahrhunderts hatten Frauen sich als Malerinnen etabliert. Aber dass Pinsel in Frauenhand – wie bei den malenden Kollegen – die Rückseite der glitzernd-anrüchigen Vergnügungswelt und schwitzende Körper der Tanzenden auf die Leinwand bannten, war nicht gesellschaftsfähig.

Was als Pioniertat ins Auge fällt, ihre anstößigen Tanzbilder, macht fast vergessen, dass Ida Gerhardi nicht nur als Malerin, sondern auch als Kunstagentin Neuland betreten hat. Sie lebte eine berufliche Patchwork-Existenz, durch keine Ehe abgesichert, den Umständen angepasst und abgerungen, so weit sie es mit ihren Grundsätzen vereinbaren konnte. Undenkbar noch in der Frauen-Generation zuvor. Gejammert hat Ida Gerhardi nicht. Aber im Frühjahr 1904 lässt sie ihre Schwester ein wenig hinter die Kulissen blicken und bittet um eine Geldüberweisung: »Dieses geldlose Gefühl in dieser großen Stadt könnte einen schon spleenig machen …«

Für Frauen wie für Männer, in der zweiten Hälfte des 19. Jahrhunderts geboren, wurde Friedrich Nietzsches *Zarathustra* zum Kultbuch, zum Wegweiser und Ratgeber. Vor allem die Künstlerinnen fühlten sich angesprochen von der radikalen Neubestimmung aller Werte und dem Aufruf, eine neue Welt zu schaffen. Denn für Nietzsche und seinen Propheten Zarathustra war es der »Schaffende«, der schöpferisch kreative Mensch, der »der Erde ihren Sinn gibt und ihre Zukunft«. Sich von den Fesseln der Tradition zu befreien, bedeutete für Männer und Frauen jener Jahrzehnte eine unterschiedliche Kraftanstrengung. Gewiss, Söhne litten unter ihren Vätern und standesbewussten Müttern, waren rigoros in gesellschaftliche Strukturen eingebunden. Doch das Maß an Unfreiheit und Diskriminierung war für Frauen unendlich größer.

Gabriele Reuter, Helene Stöcker und Karen Horney, Paula Modersohn-Becker und Ida Gerhardi haben in Tagebüchern und Briefen euphorisch ihre Nietzsche-Begegnung beschrieben und was die *Zarathustra*-Lektüre für sie bedeutete. Das Werk, zwischen 1883 und 1885 entstanden, traf sie mitten ins Herz. »Ein köstliches Buch«, notiert Paula Becker 1899. »Es wirkt auf mich berauschend mit seiner morgenländischen Psalmensprache, mit seiner Fülle tropischer Bilder.« Nietzsche verlange »das Äußerste der Kräfte. Aber ist das nicht die wahre Erziehung?« Ida Gerhardi hatte im März 1896 ihrem Bruder geschrieben: »Ich habe nie etwa Schöneres gelesen wie Zarathustra. … Gibt es denn etwas Herrlicheres als diese Fröhlichkeitsphilosophie und dieses Streben zum Höchsten und Edelsten ohne Askese und Pessimismus.« Und für alle genannten Frauen gilt, was Ida Gerhardi im Mai 1896 ihrem Bruder als Folge ihrer Nietzsche-Lektüre offenbart: »… es ist ja eine wahre Befreiung, dieses unser Christentum hinter sich zu haben – so fängt man erst an wirklich zu leben.« Nietzsche-Bücher gehören für Ida Gerhardi zu den Unentbehrlichkeiten, die sie sich mehrfach bei ihren Reisen nachschicken lässt.

Selbst *Zarathustras* Fröhlichkeitsphilosophie machte nicht immun gegen viele Widerwärtigkeiten, mit denen sich die Malerin im Tagesgeschäft herumschlagen musste. Eduard Arnhold, Berliner Unternehmer und Mäzen, Erbauer der Villa Massimo in Rom, hatte Ida Gerhardi beauftragt, seine Frau Johanna mit den Enkeln zu malen. Der einflussreiche Berliner Kunsthändler Paul Cassirer ist als Agent zwischengeschaltet. Im Juli 1909 schüttet Ida Gerhardi ihrem Bruder Karl-August, dem Mediziner, ihr Herz aus: »Ich kann gar nicht schreiben welch eine Abneigung gegen Berlin in mir lebt.« Sie ist überzeugt, dass Cassirer insgeheim gegen sie arbeitet. Er hat verhindert, dass Bilder von ihr in Ausstellungen der Berliner Secession gezeigt werden. Und nun versucht Cassirer – der 20 000 Mark für ein Liebermann-Bild fordert – auch noch ihr Honorar für das große Arnold-Porträt auf unter tausend Mark zu drücken.

Frustriert fährt Ida Gerhardi zurück nach Paris, wo sie wieder die Wohnung von Ottilie W. Roederstein nutzen kann. Ist ihr Spagat zwischen den beiden Kunstmetropolen gescheitert? Ida Gerhardi gibt nicht auf. In diesem Jahr 1909 schreibt sie an Karl Ernst Osthaus in Hagen, sie wolle nach Annette von Droste Hülshoff »die zweite große Frau« Westfalens sein. Im Oktober, nicht gerade die beste Jahreszeit zum Reisen, geht es wieder nach London. Ein Porträtauftrag lässt sie das Schiff über den Kanal besteigen. Eine Frau, die geborene Schweizerin Bertha Stoop, wohlhabend nach England verheiratet und als Kunstmäzenin aktiv, wird sich von Ida Gerhardi porträtieren lassen.

Skandal: Der Kaiser und seine weibischen Freunde

Auf der Anklagebank: Homosexualität – Asta Nielsen: Das Kino ist weiblich – Hermine Edenhuizen: Flucht von Köln nach Berlin – Karen Horney schafft Familie und Studium – Else Lasker-Schüler: Ruhm, Scheidung und kein Geld – Frankfurt: Erfolgreicher Frauen-Protest

Im Sommer 1904, am Ende des glanzvollen Internationalen Frauenkongresses in Berlin, verabschiedeten sich die Frauen aus aller Welt auf ein Wiedersehen in Toronto 1909, denn der ICW (International Council of Women) tagte im Fünf-Jahres-Rhythmus. Alice Salomon, seit fast zehn Jahren im Vorstand des Bundes Deutscher Frauenvereine (BDF), Dr. phil. und Leiterin der von ihr 1908 initiierten Sozialen Frauenschule in Berlin, die erstmals und sehr erfolgreich einen professionellen Bildungsgang für Sozialarbeiterinnen anbot, hätte sich eine Reise ins ferne Kanada nicht leisten können. Seit dem letzten Jahrzehnt des 19. Jahrhunderts in der internationalen Frauenbewegung engagiert, sollte Salomon in Toronto zur Schriftführerin des ICW gewählt werden und erhielt deshalb eine vom Council finanzierte Einladung. Die anderen Repräsentantinnen des BDF fuhren auf eigene Kosten.

Dr. med. Franziska Tiburtius, die erste Berliner Ärztin, war mit sechsundsechzig Jahren eine rüstige, reisefreudige Pensionärin, und Dr. med. Agnes Bluhm, die Dank der väterlichen Erbschaft nach Schließung ihrer Praxis sich ein Leben als freie Autorin und Vortragsreisende leisten konnte, nutzte die Gelegenheit für eine Rundreise durch die USA mit ihrer Lebensgefährtin, bevor sie Ende Juni für eine Woche zur Generalversammlung in Toronto eintraf. Alle Frauen nahmen Anteil an der internationalen Friedenspolitik des ICW, waren aber auch stolz, das moderne Deutschland zu vertreten. Vielleicht waren sie gerade deshalb froh, für ein paar Wochen die innenpolitischen Verwerfungen, die in den letzten Jahren das Kaiserreich erschüttert hatten, hinter sich zu lassen.

Im Januar 1906 war Wilhelm II. siebenundvierzig Jahre alt geworden. Mit dem Frühjahr verdichteten sich die Stimmen, die dem Kaiser vorwarfen, immer noch der unreife, unbedachte, eitle junge Mann zu sein, der vor achtzehn Jahren das höchste Amt der stolzen deutschen Nation angetreten hatte. Er bringe die Menschen um sich herum dazu, »ihm nur das zu sagen, was ihm angenehm ist und was er wünscht«, urteilte Graf Zedlitz, der kaiserliche Hofmarschall, von Amts wegen zu Loyalität und Verschwiegenheit verpflichtet. Hohe ausländische Beamte bezeichnete Wilhelm II. in Telegrammen als »Halunken und Schurken«. Dann wieder schrieb er einen Brief an den US-Präsidenten Theodore Roosevelt in einem Ton, den der deutsche Botschafter in Washington empfand, als ob »ein verliebter Tertianer an eine Nähmamsell schreibt«. Am schlimmsten aber, verbreiteten Kenner des Hofes, sei des Kaisers »Täuschung über die wirkliche Lage der Dinge«.

Wilhelm II. war von Schmeichlern umgeben, und das Misstrauen verließ ihn nicht. Von Zeit zu Zeit griff er zur rhetorischen Keule, um jeden Zweifel auszuräumen, wer im Deutschen Reich das Sagen hatte. Anfang September 1906 wurden die jährlichen Kaisermanöver in Schlesien abgehalten. Zum abschließenden Festmahl in Breslau berief sich der Kaiser auf Gott als den »Alliierten Preußens« und brandmarkte die Kritiker: »Schwarzseher dulde ich nicht, und wer sich zur Arbeit nicht eignet, der scheide aus, und wenn er will, suche er sich ein besseres Land.« Im gleichen Monat beklagte der Botschafter Anton Graf Monts, dass die »leitenden Klassen so wenig politisches Verständnis« gegenüber den Arbeitern zeigen – der Kaiser allen voran mit seinem Hass auf die Sozialdemokratie. In ganz Deutschland sei die Stimmung »erbärmlich«, und »das Gottesgnadentum im Licht moderner Zeit nicht haltbar«.

Ob Wilhelm II. es wahrhaben wollte oder nicht: Der Kaiser stand im Zentrum der öffentlichen Kritik, und die Massenmedien – ein Phänomen des neuen Jahrhunderts – schonten ihn nicht. Hatten Zeitungen bisher ausschließlich und behäbig von ihren Abonnenten gelebt, setzten sie in den Jahren nach 1900 in den großen Städten vor allem auf den Straßenverkauf. Jetzt kam es auf die Schlagzeilen an, mit denen sich die Zeitungsjungen der verschiedenen Blätter lauthals überboten, um Käufer anzulocken. Wen der knallige Aufmacher zum Kaufen verführte, der wollte auch im Innern der Zeitung nicht mit drögem Allerlei gefüttert werden. Im November 1906 erreichte die Woge der Kritik am Kaiser die politischen Redaktionen. Die Journalisten nahmen kein Blatt vor den Mund. »Matthäi am – vorletzten« überschrieb das *Berliner Tageblatt* einen Artikel über die kritische Stimmung im Land. Allerdings sei mit einer »Besserung« der Lage nicht zu rechnen, weil der Kaiser in seinem fortgeschrittenen Alter sich nicht mehr ändern werde. Die Baronin Spitzemberg kommentiert am 11. November im Tagebuch: »Geradezu erschreckend … der Ton, den die Zeitungen aller Farben gegen das selbstherrliche Regiment des Kaisers anschlagen.«

Einer nutzte die weit verbreitete »Schwarzseher-Rede« und schrieb im Herbst 1906 ein Pamphlet mit dem pikanten Titel *Unser Kaiser und sein Volk! Deutsche Sorgen. Von einem Schwarzseher.* Es schlug ein wie eine publizistische Bombe. Baronin Spitzemberg las es »mit brennendem Interesse«. Der anonyme Verfasser kenne sich aus »in Militaria, in Politik, im Reichstage, in Personalien, bei Hofe«. Mehr noch: »Er muss auch persönlich mit dem Kaiser verkehrt haben. Bitterernst sieht er unsern Zustand im Innern und Äußern an.« Erschütternd war das meist gebrauchte Wort, mit dem das Fazit des »Schwarzsehers« über den deutschen Kaiser im ganzen Land kommentiert wurde.

Dieser Fürst wolle seinem Land »Kanzler und Generalstabschef, höchster Bischof der evangelischen Kirche, letzte Autorität in allen Fragen der Kunst und Wissenschaft, der Auswärtigen Politik, der Industrie« sein. Er müsse, rügt der Schwarzseher süffisant, »überall persönlich zugegen sein, wo ein Grundstein oder ein Schlussstein gelegt, ein Schiff getauft, eine Kirche oder Kaserne eingeweiht, ein neues Geschütz ausprobiert, ein Denkmal enthüllt, eine Ausstellung eröffnet, ein Musikfest gefeiert, ein Pferde- oder Automobilrennen gelaufen, eine Regatta begangen wurde«. Man sieht ihn vor sich, den rast- und ruhelosen Hans-Dampf-in-allen-Gassen, der für alle seine Auftritte ohne Unterschied Gottes Vorsehung und Auserwähltheit in Anspruch nahm. Was Wilhelm II. für sich reklamiert – »Der persönliche Wille des Herrschers als Anfang und Ende!« – nennt der »Schwarzseher« Verblendung, die den gesamten Staat – Parlamentarier, Beamte, Minister, Höflinge – korrumpiert, und »nirgends ein Gegengewicht«. Dieser Weg könne nur in die Katastrophe führen. Der erste Schritt dazu wurde im November getan, ohne dass die Beteiligten ahnen konnten, was für ein Skandal aus den Anfängen wachsen würde – »die Eulenburgsche Sache«.

Treibende Kraft in der »Eulenburgschen Sache« ist Maximilian Harden, der zur intellektuell-kulturellen Elite der Reichshauptstadt gehört. Von Haus aus Schauspieler und Theaterkritiker, seit 1892 Gründer und Kopf der Wochenzeitschrift *Die Zukunft*, die Deutschlands Entwicklungen in Politik und Kunst begleitet. Angesehene Autoren publizieren hier, darunter der einflussreiche Industrielle Walther Rathenau, der mit Harden befreundet ist.

Am 17. November 1906 beginnt Maximilian Harden mit einem Artikel in der *Zukunft* einen Feldzug gegen Philipp Fürst zu Eulenburg, den engsten persönlichen Freund und politischen Berater Wilhelm II. seit dessen Kronprinzenzeiten. Er wirft ihm vor, den Kaiser in seinem Gottesgnadentum zu bestärken, vor jeder Kritik abzuschirmen, und seine eigenen Freunde in höchste Positionen zu bringen. Hardens Rechtfertigung für seine harsche Kritik: »Das unheilvolle Wirken dieses Mannes soll wenigstens nicht im Dunkeln fortwähren.« Von November 1906 bis ins Frühjahr 1907 heizte *Die Zukunft* mit immer neuen angedeuteten Enthüllungen die öffentliche Stimmung auf. Neben Eulenburg nahm Maximilian Harden den Berliner Stadtkommandanten Kuno von Moltke ins Visier. Moltke war ein enger Freund Eulenburgs und zählte wie dieser – so die Artikel – »zur engsten Tafelrunde des Kaisers«. Der Journalist wusste, wie man durch einprägsame Bilder Wirkung erzielte.

Seit der Erwähnung Moltkes, der von seiner Frau geschieden war, vermischte Harden seine Attacken mit einer höchst delikaten Komponente. Diffus aber unüberhörbar drängte sich beim Lesen der Verdacht auf, dass unter Führung Eulenburgs eine Clique von Männern Deutschlands Politik bestimmte, die nicht nur spiritistische Sitzungen abhielten sondern durch eine »abnorme Veranlagung« verbunden waren – Homosexualität. Die in ihren Briefen untereinander den Kaiser als »Liebchen« bezeichneten. Damit sprang die Skandal-Geschichte der intellektuellen *Zukunft* auf die Schlagzeilen der Massenmedien über. Fürst Eulenburg ging erst einmal ins Ausland. Der Stadtkommandant von Berlin jedoch hatte keine Alternative: Er verklagte Maximilian Harden im September 1907, um seine Ehre zu retten. Denn der Homosexualität verdächtigt zu werden, war nicht nur in höchstem Maße ehrenrührig, es war strafbar nach dem berüchtigten § 175.

Das Interesse der Zeitungen und ihrer Leserschaft an den Verhandlungen im Schöffengericht von Berlin-Moabit übertraf alle bisherige Skandalberichterstattung. »Ich habe noch nie einen Prozess erlebt, der gleich von Anbeginn die Berliner in solche Aufregung versetzt hat wie dieser«, schrieb der Korrespondent der *Kölnischen Volkszeitung*, »über den Prozess Moltke-Harden sprechen Herrschaft und Dienstboten, alt und jung, ja Mutter und – Kind«. Im Oktober 1907 war der Sänger Enrico Caruso gefeierter Star an der Königlichen Oper. »Vormittags Prozess Moltke-Harden, abends Caruso«, schrieb die *Vossische Zeitung*, »und jedermann erwartet sich ein Fest«.

Und es gab ein Fest für die Voyeure aller Richtungen, als die von Harden benannten Zeugen auftraten. Allen voran Moltkes geschiedene Frau, die aussagte, ihr Mann habe erklärt, dass er mit Eulenburg »einen Ring um den Kaiser« geschlossen hätte. Moltkes Anwalt musste sich im Namen seines Mandanten gegen Schilderungen verwahren, am Hofe des Kaisers habe die Eulenburg-Clique einen »süßen, unmännlichen Ton« verbreitet. Als Maximilian Harden schließlich freigesprochen wurde, gab es laute Hochrufe aus dem Publikum.

Die Geschichte war damit nicht zu Ende. Zum Genuss des Publikums konnte sich das Drama weiter entfalten. Die Staatsanwaltschaft ging in Berufung, diesmal wurde Harden verurteilt, weil er »die vita sexualis bestimmter Personen« aus »Sensationslust an die Öffentlichkeit gezerrt habe«. Doch Harden war wie besessen von der Vorstellung, den Kaiser vor seinen falschen Freunden retten zu müssen, und nahm in Kauf, Wilhelm II. immer tiefer in den Sumpf aus bigotter Moral, nationalistischer Politik und Stammtisch-Fantasien zu ziehen. Mit Hilfe eines Strohmannes gelang es Harden, dass im April 1908 in München der Prozess gegen den Fürsten Eulenburg angestrengt wurde. Dieser hatte inzwischen einen Eid darauf abgegeben, dass es in seinem Leben keine »Schmutzereien« gegeben habe. In München jedoch sagte ein Fischer vom Starnberger See en detail aus, wie Eulenburg ihn in den frühen 1880er Jahren zu homosexuellen Praktiken bewogen habe.

Es gab keine Zweifel mehr: Der Mann, der über Jahrzehnte dem Kaiser am nächsten stand, war homosexuell und meineidig. Der Skandal war in den Schlagzeilen zur »Affäre Eulenburg« geworden, gegen den Fürsten wurde Ende Juni 1908 in Berlin Anklage wegen Meineides erhoben. Und das Drama ging weiter. In der Universitätsklinik der Charité, wo sich der schwerkranke Philipp Eulenburg inzwischen befand, begann der Prozess. Der Angeklagte brach zweimal bewusstlos zusammen. Nur weil er 500 000 Mark Kaution stellte, wurde der Haftbefehl nicht vollstreckt. Eulenburg blieb verhandlungsunfähig, wie eine gerichtlich angeordnete Untersuchung jedes halbe Jahr bis 1920 feststellte; er starb 1921.

Dies sind die groben Linien einer Geschichte, die wie kaum eine andere im Kaiserreich die Öffentlichkeit erregte; die möglich wurde, weil die Massenpresse ein bisher beschwiegenes und gerade deshalb sensationsträchtiges Tabu – Homosexualität – beim Namen nannte und darüber schrieb, als verbreite man Kochrezepte. Am Anfang setzten Homosexuelle und Liberale ihre Hoffnung darauf, dass als Folge der Prozesse mit dem Anfang des 20. Jahrhunderts Homosexualität ein Stück weit aus der kriminellen Zone und Schmutzecke herausgeholt werde. Hatte doch Maximilian Harden selbst mit Aufsätzen in der *Zukunft* für die Aufhebung des § 175 geworben. Aber dieser Optimismus schlug in Abscheu und Entsetzen um, als Harden in seinem Schlusswort zum ersten Prozess keinen Hehl aus seiner Strategie machte.

Natürlich war er kein dumpfer Konservativer; mit deren Aggressionen gegenüber Homosexuellen machte ein Intellektueller sich nicht gemein: »Niemals ist mir eingefallen, zu wünschen, dass man solche Menschen, wenn sie nicht Gewalt anwenden, wenn sie nicht ein Abhängigkeitsverhältnis missbrauchen, … schädigen, vernichten, einsperrt oder dass man Steine auf sie wirft.« Aber die »Gleichwertigkeit«, die Homosexuelle forderten, gestand er ihnen nicht zu. Für Maximilian Harden waren sie »Abnorme«, darauf fußte der innerste Kern seiner Angriffe gegen Moltke und Eulenburg: »Sie können, wo mehrere sich zusammenfinden, unbewusst Schaden stiften. Besonders an Höfen, wo die ganzen Männer es schwer genug haben. Und wenn man, wie es heute schon Mode geworden ist, die Abnormen als die besseren, edleren Menschen preist, dann treibt man Gesunde ins Verderben.«

Ganze Männer, Gesunde: Jeder wusste, damit war der Kaiser gemeint, der in Gefahr stand, sich von diesen »kränklichen, weichmütigen« Freunden zu einer weichmütigen Politik verführen zu lassen. Vor allem in der Außenpolitik, wo es darum ging, gegenüber Frankreich und England hart, und das hieß »männlich«, aufzutreten und das Schwert nicht zu scheuen. Mit jedem seiner Artikel in der *Zukunft* beschwor Maximilian Harden, der Bismarck, den Eisernen Kanzler, glühend verehrte, vom November 1906 bis zum Jahresende 1908 die politische Dimension seiner Mission für Deutschland. Würden diese »Abnormen« nicht entfernt, wäre das »ein unabsehbares Unglück für das Reich«. Eine perfide Doppelstrategie lag Hardens Skandalisierung zugrunde, und den Frauen war darin, ohne dass es auf den ersten Blick sichtbar wurde, ein bestimmter Platz zugewiesen. Denn wo es um Männlichkeit ging, musste zum Abgrenzen das Gegenmodell – Weiblichkeit – beschworen werden.

Ganz Kavalier der alten Schule, entschuldigte sich Maximilian Harden in seinem Schlussvortrag bei den zahlreichen Frauen, die im Zuschauerraum des Gerichtes saßen, vorweg für seine Argumentation – »ich hoffe, es wird keine der anwesenden Damen verletzen«. Um dann generell jene »abnorm veranlagten Männer zu charakterisieren. Sie hätten »fast immer die unangenehmen Seiten der Weiblichkeit«, als da wären »eine gewisse Neigung zur Unwahrhaftigkeit und zur Intrige; und Ähnliches«. Mit seinem Etikett »Weiblichkeit« bediente Harden zwei festgefügte Ansichten im traditionellen Geschlechter-Bild: Männlichkeit und Weiblichkeit sind konträr wie Feuer und Wasser; wer jeweils Züge des Gegenteils aufweist, steht außerhalb der Normalität. Die »unmännlichen, weichlich-weibischen Berater«, die Fürst Eulenburg in des Kaisers Freundeskreis einschleuste, sind deshalb ein nationales Unglück, weil Weiblichkeit im Bereich der Politik nichts zu suchen hat. Eine paradox anmutende Überlegung: Könnte es sein, dass die Attacken des Maximilan Harden im Eulenburg-Prozess insgeheim von den Erfolgen der Frauenbewegung seit dem Jahrhundertbeginn befeuert wurden?

Die Vertreterinnen vom Bund Deutscher Frauenvereine, Alice Salomon, Agnes Bluhm und Franziska Tiburtius, konnten beim Internationalen Frauenkongress in Toronto 1909 stolz darauf verweisen, welche Fortschritte die Emanzipation seit dem Berliner Frauenkongress 1904 im Kaiserreich gemacht hatte. Gerade im vergangenen Jahr 1908, während der »Eulenburg-Skandal« die innenpolitische Szene beherrschte, hatte die Zeitschrift *Die Frau* eine Erfolgsbilanz vorgelegt über die Anzahl der berufstätigen Frauen insgesamt und in Berufen, die bisher allein den Männern vorbehalten waren. Beim regulären Frauenstudium hatte auch Preußen endlich die letzten Hindernisse beseitigt. Und im Frühjahr 1909 eröffnete Hermine Edenhuizen als erste in Deutschland approbierte »Spezialärztin für Frauenheilkunde und Geburtshilfe« in Köln eine eigene Praxis.

Die Frage, wie sie sich zur Frauenbewegung verhalten sollten, konnten seit dem Jahrhundertbeginn selbst die streng nationalistisch ausgerichteten und nur von Männern geleiteten Verbände nicht mehr übergehen. Das selbstbewusste Auftreten der Feministinnen blieb auch bei den Geschlechtsgenossinnen im radikalen rechten Lager nicht ohne Wirkung. Der führende Alldeutsche Verband, der viele weibliche Mitglieder hatte, hielt es für opportun, zum Verbandstag 1902 erstmals auch Frauen einzuladen. Die Forderung wurde laut, eigene Frauengruppen zu bilden. Die zentrale Rolle, die der Frau zunehmend in der »Züchtungsideologie« der Nationalisten zugewiesen wurde, passte nicht mehr zum traditionellen »Heimchen am Herd«. 1905 organisierten sich Frauen in den Berliner Gruppen des Verbandes zu einem eigenen weiblichen Wohltätigkeitsausschuss. Die *Alldeutschen Blätter* wandten sich 1907 und 1908 ausdrücklich an die national gesinnten Frauen. Sie sollten in den verschiedenen Verbänden aktiv werden, um das Deutschtum zu schützen und zu stärken und sich so in die »nationale Arbeit« einzubringen.

Wie sehr jedoch die alten Feindbilder Bestand hatten und sich die Männer im rechten Spektrum von den Erfolgen der Frauenbewegung bedroht fühlten, machte ein Artikel des Chefredakteurs der *Alldeutschen Blätter* deutlich, der 1909 erschien. Er stellte eine einfache Gleichung auf: Die einflussreichsten Führerinnen der Frauenbewegung gehörten erstens der Sozialdemokratie an, die »kein Vaterland besitzt«, und zweitens einer »Rasse«, welche die »Auflösung aller nationalen Zusammenhalte« anstrebt. Antisemitisch und antifeministisch, das war die eine Leitlinie des Artikels. Aber auch die Männer in den eigenen Reihen wurden von Kritik nicht verschont. Schöne Reden zu halten sei nicht genug, wenn »Weiber und verweiberte Männer« danach strebten, »Geschichte zu machen« und damit »den Untergang alles dessen herbeiführten, was allein daseinswert ist«. Männer, die sich von den Frauen »Männergeschäfte aus der Hand winden lassen«, seien »weder national, noch überhaupt Männer«. Die Verbindungslinie zu den Argumenten, mit denen Maximilian Harden im Jahr zuvor im »Eulenburg-Skandal« gegen die »unmännlichen Berater« des Kaisers zu Felde gezogen war, ist unübersehbar.

Doch der Chefredakteur hatte die Stimmung unter den Frauen im eigenen Lager und unter denen, die sich – auch ohne Bindungen an Verbände – national gesinnt fühlten, völlig falsch eingeschätzt. So heftig waren die »verschiedenen Zuschriften« von Frauen, wie die Redaktion der *Alldeutschen Blätter* in einer der folgenden Nummern zugab, dass sie es für klug hielt, eine Entgegnung abzudrucken. Dabei war die Autorin Elsbeth Krukenberg nicht einmal Mitglied im Alldeutschen Verband, sondern im Allgemeinen Deutschen Frauenverein und seit vielen Jahren in der Frauenbewegung aktiv. In ihrer Entgegnung verteidigte sie die führenden Frauenrechtlerinnen, die keineswegs alle der Sozialdemokratie nahestünden. Viele überzeugte Anhängerinnen der Frauenbewegung seien national gesinnt und erzögen ihre Kinder dementsprechend. Elsbeth Krukenberg, die während ihrer Ehe die Klinik ihres Mannes geleitet und drei Söhne hatte, lebte als Witwe in Bad Kreuznach mit einer Schulleiterin zusammen. Jetzt forderte sie in den *Alldeutschen Blättern* die deutschen Männer auf, die Frauenbewegung nicht mehr aufgrund übertriebener Presseberichte zu beurteilen, sondern endlich wahrzunehmen, dass im Verhältnis der Geschlechter eine neue Zeit angebrochen war: »Nur Gemeinschaftsarbeit von Mann und Frau wird eine Lösung vorhandener Schwierigkeiten herbeiführen können. Nicht aber Kampf und gegenseitiges Sich-Heruntersetzen.« Das saß.

Der Chefredakteur fühlte sich zu einer Stellungnahme herausgefordert, die ambivalent ausfiel. Er wolle den »deutsch denkenden Vertreterinnen der Frauenbewegung« keineswegs »international gerichtete Bestrebungen« vorwerfen. Aber die Nachteile der Frauenbewegung seien doch größer als die Vorteile, »die sie bringt oder bringen kann«. Bei allem vorsichtigen Einlenken: Es gab eine Grenze, die für radikale Nationalisten nicht verhandelbar war. Frauen durften nicht in der Politik mitmischen, das hielt der Chefredakteur »unter allen Umständen für verderblich«. Aber der Geist des Aufbruchs und der Veränderung ging dennoch an den Frauen dieser Männer nicht spurlos vorüber, denn die Massenpresse brachte die Schlagzeilen der neuen Zeit bis tief in die Provinz.

Die Massenmedien waren ein Teil der Massenkultur, und da gab es eine Erfindung, die sich zum gewichtigsten Teil der modernen globalen Kultur entwickelte und vor allem den Frauen neue Räume eröffnete. Es waren fliegende Händler in Sachen Unterhaltung, die seit dem Ende des 19. Jahrhunderts mit dem Kinemathographen über die Jahrmärkte zogen, mit ihren Wanderkinos in Gasthaussälen ein staunendes Publikum faszinierten und in den ersten Jahren des 20. Jahrhunderts einen festen Platz in den Varietéhäusern fanden. Ab 1906 werden die ersten reinen Kinos gegründet. Ein Boom setzt ein. Auf den Immobilienseiten der Zeitungen suchen »kapitalkräftige Firmen« entweder »gutgehende erstklassige Kinos«, um sie aufzukaufen, oder »passende tiefe Grundstücke in I a Lage«, um dort ein Kinematographentheater zu bauen. Nach den frühen Minuten-Filmchen hat sich inzwischen die Vorführdauer ausgedehnt. Die ersten pompösen Lichtspielhäuser glänzen in der Reichshauptstadt. Aber auch das inzwischen dicht bevölkerte Ruhrgebiet wird bis weit nach Westfalen und an den Niederrhein lockendes Kino-Land.

Ob Essen, Dortmund, Dinslaken oder Gelsenkirchen, ob Hagen oder Moers: Die »Lichtspiele« wachsen wie Pilze aus dem Boden und schon in dieser Pionierzeit sitzen in einem durchschnittlichen Haus an die viertausend Menschen pro Woche in den Nachmittags- und Abendvorstellungen. Im Juni 1907 wird vor geladenem Publikum in Herne das »erste weltstädtische Phono-Kinematoscope-Theater« eröffnet, das mit »singenden, sprechenden, musizierenden Photographien« um Publikum wirbt. In Duisburg erlässt die Polizei 1908 eine Verordnung, um die ständige Überfüllung der Kinos in geordnete Bahnen zu lenken.

Kaiserparaden, die Landung des Zeppelins, exotische Welten wie den Niagarafall, dessen Wassermassen tosend in die Tiefe stürzen, New Yorker Feuerwehrautos, die zu einem Einsatz durch die Straßen fahren: all das zeigen die frühesten bewegten Bilder. Dann beginnen in Frankreich und den USA Experimente mit spielfilmartigen Szenen. Aber bis zum Ende des ersten Jahrzehnts gilt: »Die ›neue Kunst‹ bestand doch hauptsächlich aus Cowboyszenen im Wilden Westen oder aus Possen, in denen Bäckerjungen auf Schornsteinfeger prallten … oder Herren und Damen im Gesellschaftsanzug sich vergnügten, indem sie sich gegenseitig Schlagsahne ins Gesicht klatschten.« Das schreibt rückblickend Asta Nielsen, die mit dem Film »Abgründe« 1910 die Kinowelt revolutionierte.

Es war der erste durchgehende Spielfilm, 38 Minuten lang, und es war die erste Filmrolle für die neunundzwanzigjährige Schauspielerin am Neuen Theater Kopenhagen, die aus einfachen, ärmlichen Verhältnissen kam. Die dänische Premiere von »Afgrunden« war im September 1910, schon im Dezember folgte die Deutschland-Premiere in Düsseldorf. Aus dem Nichts wurde die Dänin Asta Nielsen der erste weibliche Filmstar, und sie blieb das Gesicht des Stummfilms, bis Ende der 1920er Jahre der Tonfilm diese Ära beendete. Die Deutsche Bioscop nahm sie sofort unter Vertrag, noch 1911 drehte Asta Nielsen acht Filme allein in Deutschland. Eine Woche musste damals pro Film zur Herstellung genügen.

Missgünstige Zeitgenossen, Publizisten vorweg, denunzierten das neue Massenmedium als »Proletenkino«, wo sich Arbeiter, Arbeitslose und Herumtreiber vergnügen. Die Legende hat sich lange gehalten. Tatsächlich fühlten sich Journalisten, Schriftsteller und Schauspieler bedroht, weil Menschen nun weniger Bücher lesen und weniger ins Theater gehen würden. Pfarrer und Lehrervereine sahen »Sitte und Moral« gefährdet, und das preußische Kultusministerium fürchtete, das »empfängliche Gemüt der Jugend« werde vom Kino ebenso vergiftet wie von der »Schmutz- und Schundliteratur«.

Dem Publikum machten solche Untergangsszenarien keinen Eindruck, und seit dem Film »Abgründe« mit Asta Nielsen stand fest: Der Stummfilm ist weiblich, und das hatte Folgen. Es waren keineswegs nur die Männer, die in großer Zahl in die neuen Lichtspielhäuser und

Tonhallen strömten. Am Nachmittag kamen die Hausfrauen. In den Abendvorführungen erlebten nach ihrem langen Arbeitstag Kontoristinnen und Verkäuferinnen, Telefonistinnen und Arbeiterinnen, aber ebenso Lehrerinnen und Sozialarbeiterinnen gemeinsam im dunklen Kinosaal das dramatische Geschehen auf der Leinwand.

Es war eine bisher nie gekannte Möglichkeit, unbeobachtet von Vätern und Ehemännern in der Menge unterzutauchen, ungeniert neben fremden Männern zu sitzen und zugleich in Gemeinschaft vieler Frauen sich mit weiblichen Schicksalen identifizieren zu können, die auf der Leinwand ihren Alltag und ihre Sehnsüchte spiegelten: durchsetzt von Brüchen und Hoffnungen, Enttäuschungen, Kämpfen und Erfolgen. In den zugespitzten Dramen verkörpert Asta Nielsen nicht die sentimentale Welt von gestern, sondern eine neue Frau. Sie bricht aus vorgegebenen gutbürgerlichen Bahnen aus, folgt dem Zirkushelden nachts über die Leiter ins Freie und umtanzt ihn auf offener Bühne mit erotischer Sinnlichkeit. Sie arbeitet als Klavierlehrerin oder Floristin, geht Beziehungen ein ohne Kirche und Standesamt, greift zum Messer, wenn der Geliebte sie gewalttätig als sein Eigentum an sich binden will. Und lässt sich wie erstarrt, aber dennoch hoch erhobenen Hauptes von Polizisten abführen.

Es gibt Tränen auf der Leinwand, herzzerreißende Szenen, und die groß gewachsene Asta Nielsen mit der superschlanken Taille stellt – wenn die Rolle es verlangt – mit tiefem Dekolleté und sonnenschirmartigen Hüten ihr weibliches Licht nicht unter den Scheffel. Die Welt ist nicht heil, aber ein Happy End ist möglich. Dabei spielt Asta Nielsen niemals ein dummes Frauchen. Ihre Mimik spiegelt tiefe Gefühle, ohne je die Kontrolle zu verlieren. Der unmerklich ironische, süffisant-humorvolle Augenaufschlag einer Frau, die sich nichts vormachen lässt, wird ihr Markenzeichen. Mochte das Drama auf der Leinwand tragisch für sie enden, Asta Nielsen unterfütterte jede Rolle mit ihrem Selbstbewusstsein, ihrem Selbstverständnis als moderne Frau.

Bei Hofe hatte man andere Vorstellungen. Im gleichen Jahr 1910, als »Abgründe« die Kinos füllte, stellte Kaiser Wilhelm II. in einer Rede zum hundertsten Todestag der Königin Luise dem deutschen Volk die ideale Frau vor Augen: »Und was sollen unsere Frauen von der Königin lernen? Sie sollen lernen, dass die Hauptaufgabe der deutschen

Asta Nielsen wird 1910 mit ihrem ersten Film *Abgründe* über Nacht zum weltweit ersten Kino-Star. Die dänische Schauspielerin zieht nach Berlin und spielt in der Stummfilm-Zeit zahlreiche Rollen von selbstbewussten Frauen, die nicht Opfer sein wollen.

Frau nicht auf dem Gebiet des Versammlungs- und Vereinswesens liegt, nicht in dem Erreichen von vermeintlichen Rechten, in denen sie es den Männern gleichtun können, sondern in der stillen Arbeit im Hause und in der Familie.« Es verwundert nicht, dass 1910 eine Filmzensur in Aktion trat, die erst von der örtlichen Polizei, die damit völlig überfordert war, dann von den Provinzregierungen und ab April 1911 einheitlich vom Innenministerium in Berlin für ganz Preußen ausgeübt wurde. Jeder Film musste der Vorzensur vorgelegt werden. Nicht wenige Filme von Asta Nielsen, angefangen bei »Abgründe«, fielen unter das Jugendverbot. Nicht selten mussten ganze Szenen herausgeschnitten werden.

Zelluloid ist geduldig. Frauen jedoch lassen sich nicht mehr mit kaiserlichem Machtwort in vorgeschriebene traditionelle Bahnen pressen. Auch wenn die Alternativen keineswegs ein sorgenfreies Leben bedeuten. Als Hermine Edenhuizen im Frühjahr 1909 ihre Praxis als Fachärztin in Köln einrichtete, war sie siebenunddreißig Jahre alt und hatte es geschafft. Alle Anstrengungen, ein selbstbestimmtes sinnvolles Leben zu führen, hatten sich gelohnt. Doch sie war todunglücklich, geradezu verzweifelt, was aber nicht an ihrem Beruf lag. Bis vor gut einem Jahr hatte sie fest daran geglaubt; »ohne Liebe vom Manne auskommen zu können, weil ich mit so vollem Herzen bei meiner Arbeit war und in einer Heirat eine Art Verrat an meinem leidenschaftlichen Streben für die Frauensache gesehen hätte«. Falls sich Emotionen regten, war Hermine Edenhuizen stets »in Kampfesstellung« gegangen. Aber dann war etwas eingetreten, auf das sie nicht gefasst war.

Nach 1906, während ihrer Zeit als Assistenzärztin in Bonn, hatte ihre beste Freundin Bonn verlassen, ihr aber eine verheiratete Freundin nebst dem Ehemann Dr. Otto Heusler als »Familienersatz« empfohlen. Hermine Edenhuizen in ihren Erinnerungen: »Mit beiden entwickelte sich ein ideales Freundschaftsverhältnis.« Es währte zwei Jahre: »Aber am Anfang des dritten Jahres wussten Dr. Heusler und ich, dass wir uns liebten.« Hermine Edenhuizen verließ Bonn 1909 und zog ins benachbarte Köln, »mit dem Vorsatz zum endgültigen Verzicht«. Doch die aufgeregte Diskussion in ihrem Bekanntenkreis um die »Ehebrecherin« beruhigte sich nicht. Von Skandal sprachen weiterhin vor allem diejenigen, die sie als »Vertreterin einer neuen Idee, als Frauenrechtlerin« doppelt verurteilten. Als Dr. Heusler sich zur Scheidung entschloss, wurde die Lage vollends unerträglich für die Frau, die er in zweiter Ehe heiraten wollte. Denn als Schuldiger musste er drei Jahre warten, bis die Scheidung rechtskräftig war.

Wie eine Erlösung kam im Herbst 1909 aus Berlin die Anfrage, ob Hermine Edenhuizen an der »Klinik der weiblichen Ärzte« eine freie Stelle einnehmen würde. Und wie sie wollte. Im gleichen Haus in Berlin-Schöneberg fanden sich auch Räume für ihre eigene Praxis. Damit war Hermine Edenhuizen die elfte Ärztin, die sich in der Reichshauptstadt niederließ. Wenig später gründete die aus Köln zugereiste Kollegin eine eigene Poliklinik für Frauen am Alexanderplatz, in der jede Patientin für die gesamte Behandlung nur zehn Pfennig zahlte. Alles andere konnte Hermine Edenhuizen aus den Erträgen ihrer anderen ärztlichen Arbeit aufbringen.

Fern vom Zentrum des vermeintlichen »Skandals« fasste sie wieder Lebensmut, nicht zuletzt, weil sie in Berlin von Menschen umgeben war, die zu ihr hielten. Seit »der Höhe des Konflikts«, als »die Wellen über mir zusammenschlagen wollten«, war es Helene Lange, die allen »feindlichen Urteilen«, zumal aus Frauenkreisen, entgegentrat. Die Ikone der Frauenbewegung zeigte sich gegenüber der Frau, die einst als Schülerin ihre Berliner Gymnasialkurse besucht hatte, um studieren zu können, »von einer Seite, die sie als Norddeutsche selten so offen zeigte«. Helene Lange nahm Hermine Edenhuizen zur Erholung mit auf eine Reise ins Riesengebirge; ermutigte sie, zu ihrer Liebe zu stehen und nicht aufzugeben: »Das können und müssen Sie alles niederleben!« Aber warten musste sie auf ihren zukünftigen Ehemann, drei lange Jahre.

Im Herbst 1909 setzte Karen Horney, frisch verheiratet, in Berlin ihr Medizinstudium fort, das sie 1906 in Freiburg begonnen hatte. Die Vierundzwanzigjährige stand schon auf den Schultern der Generation von Pionierinnen. Während Horneys Mann Oskar bei Stinnes, einem der größten Schwerindustrie-Konzerne weltweit, in der Reichshauptstadt seine Karriere begann, waren die Tage seiner Frau ausgefüllt mit Vorlesungen an der Universität und Klinischer Arbeit in der Charité. Doch Karen Horney fühlte sich unzufrieden in ihrer Ehe. Sie suchte Hilfe in einer revolutionären Therapie, für die ihre Medizin-Kollegen nur Hohn und Verachtung übrig hatten

Dr. Karl Abraham, aus Bremer Kaufmannsfamilie, hatte sich 1907 in Berlin mit einer psychiatrisch-neurologischen Praxis niedergelassen. Aber es steckte mehr hinter dem traditionellen Etikett. Neben dem Studium in Medizin und Psychiatrie hatte der Dreißigjährige eine psychoanalytische Ausbildung bei Sigmund Freud hinter sich und gehörte zu dessen engstem Schüler- und Freundeskreis. Freud versprach ihm, Patienten aus Deutschland an ihn zu verweisen, denn Abraham war der erste offizielle Psychoanalytiker im Kaiserreich. Zugleich warnte er ihn vor der Feindschaft, die ihm und seiner Methode in Deutschland von Seiten der Psychiatrie entgegenschlug.

Die Psychiatrie war erst 1904 in Deutschland als Universitätswissenschaft anerkannt worden, und ihre Vertreter taten alles, sich als treue Anhänger der Schulmedizin zu beweisen. Psychische Erkrankungen wurden ausschließlich auf körperliche Fehlentwicklungen zurückgeführt. Nervliche Symptome wurden gemessen und gezählt, und alles nach der Devise behandelt: »Geisteskrankheiten sind Gehirnkrankheiten«. Dass es eine Interaktion zwischen Geist und Körper gab und der Umgang mit etwas Ungreifbarem wie dem Unbewussten oder Träumen seelische Erkrankungen heilen konnte, bei denen Pillen oder Elektroschocks erfolglos blieben: unvorstellbar für deutsche Mediziner und Psychiater.

Zwischen April und Juli 1910 ging Karen Horney sechs Mal pro Woche zur Analyse bei Dr. Abraham. Aus Horneys Tagebuch-Notizen spricht Unzufriedenheit über die Behandlung, später aber steht dort auch der Hinweis, die Beziehung zu ihrem Mann hätte sich »sexuell harmonischer« gestaltet. Auch wenn die Wirkung der Behandlung auf ihre private Beziehung widersprüchlich war, für das Leben von Karen Horney bedeutete die Begegnung mit der Psychoanalyse eine schicksalhafte Wende. Sie wusste, dass männliche Psychotherapeuten vom deutschen Medizinbetrieb ausgeschlossen und diskriminiert wurden; wie viel Feindschaft würde erst weiblichen Analytikerinnen entgegenschlagen. Aber das schreckte sie nicht.

Karen Horney ging zielstrebig und klug zu Werk, um zu erreichen, was sie sich insgeheim nach ihren Analyse-Erfahrungen vorgenommen hatte. Mitte 1910 begannen die Prüfungen für das medizinische Staatsexamen, die sich bis weit in das Jahr 1911 hinzogen. Bald merkte Karen Horney, dass sie schwanger war und entschied sich für beides: das Kind und den Beruf. Diskussionen mit ihrem Mann gab es darüber keine. Als im April 1911 Brigitte Horney geboren wurde, war die Mutter überrascht, was für ein umfassendes Gefühl von Stolz und Befriedigung Geburt und Mutterschaft bei ihr auslösten und wie unvergleichlich tief die Bindung zwischen ihr und dem Säugling in den ersten Wochen war. Sie hielt alles in ihrem Tagebuch fest. Sehr bald ging es weiter mit den Prüfungen. Das Ehepaar konnte sich ein Kindermädchen leisten. Oskar Horney war Generalsekretär bei Stinnes geworden. Die Familie zog 1911 in eine Wohnung ins bürgerliche Lankwitz, auch ein Auto gehörte nun zum Haushalt.

Nach dem bestandenen Staatsexamen und der Approbation als Ärztin fehlte noch die Doktorarbeit. Sie gehörte einfach dazu, wollte man in der Welt der Mediziner reüssieren. Da Karen Horney ein nahes und ein fernes Ziel hatte, verschrieb sie sich einem beruflichen Spagat. Als

Assistenzärztin arbeitete sie bis Ende 1912 an der privaten Heil- und Pflegeanstalt Berolinum, dessen Leiter ein Nervenarzt von europäischem Rang war. Hier bekam sie die klinische Erfahrung, die sie für einen Doktor in Psychiatrie brauchte. Und am Abend ging die Arbeit weiter – auf dem Gebiet, das ihr fernes Ziel war: Sie nahm an dem Seminar teil, das Karl Abraham für ausgewählte Kandidaten der Psychoanalyse hielt.

Im Februar 1912 schrieb Abraham an Sigmund Freud, den er über seine Berliner Tätigkeiten auf dem Laufenden hielt, dass Karen Horney im Seminar einen Report über »Sexuelle Aufklärung im frühen Kindesalter« vorgelegt habe: »Endlich einmal eine Arbeit, die von einem echten Verständnis des Themas zeugte, leider kommt das in den Arbeiten unseres Kreises nur selten vor.« Im April erwähnt sie in ihrem Tagebuch, dass eine gewisse Frau von Stack bei ihr eine Analyse mache: »Ob sie von der Analyse etwas hat, weiß ich nicht. Aber ich ganz bestimmt.« Siebenundzwanzig Jahre wurde Karen Horney im September 1912, und an Ostern waren es elf Jahre her, dass ihr Vater seine Zustimmung gegeben hatte und sie am ersten Gymnasialunterricht, der je in der Hansestadt Hamburg für Mädchen organisiert wurde, teilnehmen konnte.

Die sorgenfreien finanziellen Verhältnisse, in denen Karen Horney und Hermine Edenhuizen lebten, erhoffte sich die Schriftstellerin Else Lasker-Schüler seit Jahren, und sie arbeitete hart daran. Als neue Wochenzeitschrift für Kultur und Literatur der Moderne gab ihr Mann Herwarth Walden ab März 1910 *Der Sturm* heraus, und Else Lasker-Schüler war eine der eifrigsten Autoren. Neben Gedichten schrieb sie Essays, Porträts und Erzählungen. Außerdem organisierte sie weiterhin mit ihrem Mann den Verein für Kunst, wo vor der künstlerischen Elite Berlins Musiker, Literaten und Schauspieler auftraten. Der Applaus war groß, nur Geld kam weder für die abendlichen Veranstaltungen noch durch die hochgelobte Zeitschrift in die Kasse. Die Sorge, wovon die Miete zu zahlen sei und wie die Unkosten für ihren Sohn Paul, der im Internat bei Dresden lebte, begleitete Else Lasker-Schüler wie ein schwarzer Schatten.

Aber wenn sie in der ärmlichen Mietwohnung am Schreibtisch saß, auf das konzentriert, was ihr Eigenstes war, die Sprache – aus Bildern,

Träumen, Empfindungen und seismographischer Zeit-Beobachtung – zu einem Gedicht zu verknüpfen, galt für Else Lasker-Schüler nur der höchste Maßstab. Sie war überzeugt: Ihre Kunst war von höchster Qualität, und sie beanspruchte dafür finanzielle Anerkennung. Dass die ausblieb, machte sie wütend, Kompromisse an ihren literarischen Maßstäben jedoch machte Else Lasker-Schüler keine. »Ein alter Tibetteppich« heißt das Gedicht, das erstmals im Dezember 1910 im *Sturm* gedruckt wurde: *Deine Seele, die die meine liebet / Ist verwirkt mit ihr im Tibetteppich. // Strahl in Strahl, verliebte Farben, / Sterne, die sich himmellang umwarben. // Unsere Füße ruhen auf der Kostbarkeit / Maschentausendabertausendweit. // Süßer Lamasohn auf Moschuspflanzenthron / Wie lange küßt dein Mund den meinen wohl / Und Wang die Wange buntgeknüpfte Zeiten schon.*

Aus Wien kam ein enthusiastischer Kommentar: »›Tibetteppich‹ ist fabelhaft«, Absender Karl Kraus. Ein größeres Lob konnte es nicht geben. Seit 1899 war Karl Kraus Herausgeber der *Fackel* und verfolgte als literarischer Scharfrichter in seinen Aufsätzen gnadenlos alle Schreibenden, die die deutsche Sprache als Journalisten oder Autoren mit Phrasen, Hohlheiten und schlechtem Stil missbrauchten. Nach seinem Urteil waren Stil und Inhalt identisch.

Schon Ende Dezember 1910 stand der »Alte Tibetteppich« in der *Fackel*, und Karl Kraus nannte Else Lasker-Schüler die »stärkste und unwegsamste lyrische Erscheinung im modernen Deutschland«. Es gäbe »von Goethe abwärts« wenige Gedichte, »in denen so wie in diesem Tibetteppich Sinn und Klang, Wort und Bild, Sprache und Seele verwoben sind«. Nachdem im März 1911 als neuer Gedichtband von Else Lasker-Schüler *Meine Wunder* erschien, folgte umgehend in der *Fackel* eine begeisterte Kritik über die sprachlichen Kühnheiten, die sich stolz einem hämischen Publikum stellten und meilenweit von so manchem literarischen »Dreck« entfernt waren.

Einst hatte Clara Zetkin, als sie in Paris in ärmlichsten Verhältnissen mit zwei Kindern und dem Ehemann lebte, den deutschen Genossen geschrieben, Geld ist Dreck, aber Dreck ist leider kein Geld. Analoges muss Else Lasker-Schüler über das Lob von Karl Kraus gedacht haben: Es war Gold wert, aber kaufen konnte sie sich nichts davon. Es mehrte ihren Ruhm, jedoch nicht die ohnehin geringe Auflage ihrer

Bücher. Das war nicht gerecht, und sie machte gegenüber Freunden und Bekannten kein Geheimnis aus ihren quälenden Lebensumständen. Ein eleganter Brief Walther Rathenaus, des Industriellen, der sich in der Berliner Kunstszene am wohlsten fühlte, vom Februar 1911 an die Dichterin hat sich erhalten: »Sehr verehrte gnädige Frau, gestatten Sie mir, Ihnen kurzerhand die beiliegende Banknote zu überreichen, in der Hoffnung, dass dieser kleine Betrag, den ich nicht als ein Geschenk, sondern als den Ausdruck meiner Ratlosigkeit, Ihnen anders zu helfen, anzusehen bitte, Ihnen die Sorgen der nächsten Wochen zu verkleinern hilft.«

Für den *Sturm* schrieben viele angesehene Autoren, und er wurde für die Avantgarde umgehend zur führenden Kulturzeitschrift. Oskar Kokoschka engagierte sich mit Zeichnungen, Reportagen, Kurzdramen. Aber die beständige Mitarbeit von Else Lasker-Schüler kann gar nicht überschätzt werden, wenn es darum ging, die stets am Rande des finanziellen Ruins balancierende Zeitschrift am Leben zu halten. Als Herwarth Walden im August 1911 mit einem Freund für zwei Wochen nach Norwegen reiste, hatte seine Frau eine Idee. Sie schrieb »Briefe nach Norwegen«, die im *Sturm* erschienen. Die »lieben Jungens« waren Ende des Monats schon wieder in Berlin, aber die Briefe so beliebt, dass Else Lasker-Schüler bis zum Februar 1912 neunzehn Fortsetzungen schrieb. Die Briefe spiegelten das Leben der zurückgelassenen Literaten, die im verqualmten Café des Westens, Kurfürstendamm Ecke Joachimsthaler Straße, – als Café Größenwahn in aller Munde – literweise Kaffee tranken, und sich ausführlich dem neuesten Klatsch hingaben.

Die Dichterin war durchaus geschäftstüchtig. Aus den *Briefen nach Norwegen* wurde unter dem Titel *Mein Herz. Ein Liebesroman mit Bildern und wirklich lebenden Menschen* ein neues Buch. Das wollten die Leute lesen. Erstmals bekam Else Lasker-Schüler einen ordentlichen Vorschuss, fünfhundert Mark. Persönlich brachte die Norwegenreise einen Bruch in ihr Leben. Bald nach der Rückkehr Herwarth Waldens erschien im Café des Westens eine »schöne junge Dame«. Die vierundzwanzigjährige Schwedin aus einer Pastorenfamilie hatte Herwarth Walden auf seiner Reise kennengelernt, und anschließend eine Stelle als Hauslehrerin in Berlin angetreten. An Karl Kraus, inzwischen ein vertrauter Freund, schrieb Else Lasker-Schüler, sie sei »so wütend« und habe »schon alle Stühle alle Tische Bettlehne Schrank tot geschossen mit einer Pistol«. Sie sei von Walden belogen worden, von Anfang an.

Die Wut trug nicht weit, die Sorgen waren beständiger. Was waren fünfhundert Mark, wenn das Internat für ihren Sohn Paul jetzt monatlich zweihundert Mark kostete. Er war im Frühjahr 1912 in die Odenwaldschule gewechselt, eine neu gegründete Reformschule. Herwarth Walden, der eine gute Beziehung zu Paul hat, kann kaum das Existenzminimum für seine Frau und sich zusammenbringen, geschweige denn Schulgeld für seinen Stiefsohn. Paul soll es gut haben, aber die monatlichen zweihundert Mark drücken wie Bleigewichte auf Else Lasker-Schülers Seele. Im Sommer wird sie krank, hohes Fieber. Sie nimmt Opium und fährt zu einer Lesung nach Elberfeld, jede Mark zählt. Herwarth Walden, obschon von seiner Frau getrennt lebend, versucht, auf seine Weise zu helfen. Er schreibt wütende Briefe an Zeitungen, damit Else Lasker-Schüler endlich Honorare für die Gedichte bekommt, die Zeitungen drucken, ohne einen Pfennig zu zahlen. Einmal geht er sogar vor Gericht und erkämpft zwanzig Mark für seine Frau.

Im November 1912 schreibt Herwarth Walden an Karl Kraus, den gemeinsamen Freund: »Meine Ehe mit Else Lasker-Schüler ist rechtskräftig geschieden.« Er heiratet die schöne junge Dame aus Schweden. Bei aller Traurigkeit kann ihn die dreiundvierzigjährige Else Lasker-Schüler nicht hassen. Sie gibt dem Freund in Wien ihre Sicht der Entwicklung: »Herwarth beging *Fahnenflucht* nicht *Ehebruch*. Ich bin Krieger – bin *nie* verheiratet aber stand im Heer zu zweit.« Als gleichberechtigter Krieger hat sie über zehn Jahre zusammen mit Walden gekämpft, um den besten Künstlern am Beginn des 20. Jahrhunderts Anerkennung und Raum zu schaffen. Heirat, Ehe – das waren bürgerliche Formeln, die Else Lasker-Schüler spielerisch nahm. Ihren traditionellen Inhalt akzeptierte sie nicht. In der Kunst konnte es nur Emanzipierte geben. Welten lagen zwischen den Geschlechterbildern von gestern und der Erotik, die die Dichterin im alten Tibetteppich für Frauen und Männer verwoben hatte – *Strahl in Strahl, verliebte Farben, Sterne, die sich himmellang umwarben.*

Es war Else Lasker-Schülers zweite Scheidung. Ihren ersten Mann, einen Arzt hatte sie, obwohl schwanger, verlassen, weil sie frei sein wollte für ihre literarische Aufgabe. Ihre Entscheidung für Herwarth Walden war verbunden mit der Gewissheit, in ihm einen unbeirrbaren Kämpfer für ihre Arbeit an der Seite zu haben. Die Malerin Ida Gerhardi kämpfte allein. Weil Ausstellungen und Aufträge selbst für ein bescheidenes Leben nicht ausreichten, hatte sie sich ab 1900 als Kunstagentin zwischen Paris und Berlin eine neue Einnahmequelle erschlossen. Ein mühsames Unterfangen in dieser Männerdomäne. Aber sie war nicht bereit, ihre Eigenständigkeit oder die Kunst aufzugeben.

1910, nach frustrierenden Erfahrungen mit dem mächtigsten Berliner Galeristen, endlich ein Erfolg in der Pariser Kunstszene: Ida Gerhardi bekam den Auftrag, für eine große internationale Ausstellung die deutsche Sektion zu organisieren. Neben ihren eigenen Bildern wurden Werke von Christian Rohlfs ausgestellt und von Käthe Kollwitz, mit der sie 1904 durch die Pariser Kellerlokale gezogen war. Das Jahr 1911 war – wie die vorherigen – ausgefüllt mit Reisen: Weimar, Elberfeld, Lüdenscheid, zwischendurch Paris, alles Porträtaufträge. Ida Gerhardi konnte nicht wählerisch sein. Das war der Preis der Freiheit.

Kein Leben ist exakt zu berechnen oder in seinen Widersprüchen auflösbar. Clara Immerwahr, in Breslau zur ersten Chemikerin promoviert, hatte als selbstbewusste einunddreißigjährige Frau 1901 Fritz Haber, den außerordentlichen Professor für Chemie an der Technischen Hochschule Karlsruhe, geheiratet. Aus der Arbeitsehe, die er versprochen hatte, wurde nichts. Clara Immerwahr war als Frau Professor Fritz Haber in der süddeutschen Universitätsstadt in ein enges soziales Korsett eingebunden, hatte zu repräsentieren und als Frau an seiner Seite seine Karriere zu stützen und zu begleiten. Nichts anderes hatte ihr Ehemann erwartet. 1902, nach der Geburt des Sohnes, verlangte Clara im Karlsruher Haus ein Zimmer für sich allein. Ein Zeichen des Aufbegehrens, das von ihrem Mann auch so begriffen und missbilligt wurde. Der Versuch, einen Rest eigenes Leben zu bewahren. Doch viel bleibt nicht davon.

Im Herbst 1909 schreibt Clara Immerwahr ihrem ehemaligen Breslauer Doktorvater, der längst ein vertrauter Freund geworden ist, aber auch Fritz Habers Karriere bewundert, und öffnet ihm die Augen:

»Was Fritz in diesen acht Jahren gewonnen hat, das – und mehr – habe ich verloren, und was von mir eben übrig ist, erfüllt mich selbst mit tiefster Unzufriedenheit.« Ein Teil davon sei den Umständen und ihrem Temperament geschuldet. Die Hauptschuld jedoch treffe Fritz, bei dem »einfach jede Natur, die nicht noch rücksichtsloser sich auf seine Kosten durchsetzt, zugrunde geht! Und das ist mit mir der Fall.«

Die klare Sicht auf ihre Situation scheint neue Kräfte zu mobilisieren. Sie schlägt dem Karlsruher Arbeiter-Bildungs-Verein vor, einen Kurs zum Thema »Naturwissenschaft im Haushalt« speziell für Frauen zu halten. Er wird für das Frühjahr 1910 eingeplant. Da erkrankt ihr Sohn, Masern. Clara pflegt ihn. Dann kommt die schreckliche Nachricht, dass ihr Doktorvater und einziger Vertrauter bei einem Ballonflug tödlich verunglückt ist. Clara Immerwahr bricht zusammen. Ein langer Sanatoriumsaufenthalt folgt. Ihr naturwissenschaftlicher Kurs wird verlegt. Im Herbstprogramm des Arbeiter-Bildungs-Vereins aber ist er wieder angekündigt. »Frau Professor Dr. Haber« verspreche »interessant und lehrreich insbesonders für unsere Frauenwelt« vorzutragen.

Doch was als Neuanfang in eigener Sache gedacht war, wird von einem Karrieresprung ihres Ehemanns zunichte gemacht. Als Dr. Clara Haber am 21. Oktober 1910 ihren Kurs eröffnet, sitzt Fritz Haber im Zug nach Berlin. Ihm ist der Leitungsposten für das zukünftige Forschungs-Institut für physikalische Chemie der Kaiser-Wilhelm-Gesellschaft in der Reichshauptstadt angeboten worden. Eine Spitzenposition, und Fritz Haber versteht es, in den Verhandlungen mit der Preußischen Regierung ein Maximum an Forschungsmitteln, aber auch an eigenen Einnahmen auszuhandeln. Auf dem Institutsgelände in Dahlem wird für den zukünftigen Direktor eine großzügige Villa gebaut. Die Professoren-Familie zieht um nach Berlin. Die Kontakte zum Karlsruher Arbeiter-Bildungs-Verein sind wertlos geworden. Aber das große, lebendige Berlin könnte Clara Immerwahr Chancen bieten, doch noch einen Sinn in ihr Leben zu bekommen.

In der Reichshauptstadt, aber auch in anderen deutschen Städten, war zwischen Februar und April 1910 eine Demonstration auf die andere gefolgt. »Preußischer Wahlrechtssturm« nannte sich die Aktion, vor allem von der Sozialdemokratischen Partei organisiert, aber auch

Clara Immerwahr, als Pionierin unter den Chemikerinnen 1900 in Breslau promoviert, arbeitet anschließend wissenschaftlich im Laboratorium ihres Doktorvaters. 1901 heiratet sie den Professor Fritz Haber. Es ist das Ende ihrer Berufstätigkeit, was sie bitter bereuen wird.

Liberale und Frauenvereine beteiligten sich daran. Es war ein massiver Protest gegen das Dreiklassenwahlrecht, nach dem der preußische Landtag gewählt wurde. Der Wert einer Stimme – genauer: einer männlichen Stimme, denn Frauen hatten kein Wahlrecht – bemaß sich nach dem Einkommen des Wählers, beziehungsweise den von ihm gezahlten Steuern. Obwohl sie wesentlich weniger Wähler hatten, waren die vermögenden Klassen und ihre Parteien dadurch zahlreicher im Landtag vertreten als die vielen Arbeiter, die ihre Stimme der SPD gaben.

Die Zahlen sprechen für sich: Bei den Wahlen 1908 gibt es für 418 400 konservative Wählerstimmen 212 Sitze im Preußischen Landtag; die 598 500 Wählerstimmen für die SPD werden mit bloßen 7 Sitzen abgespeist. Das wurde nicht mehr als unumstößlich angesehen, immerhin hatte seit der Gründung des Kaiserreichs 1871 jeder männliche Deutsche über 25 Jahre für die Reichstagswahlen die eine gleiche

Stimme. Bei den Protesten gegen das Dreiklassenwahlrecht ging es nur um die Diskriminierung der sozial schwächeren männlichen Wähler. Der Kampf um das Wahlrecht für Frauen sollte später geführt werden.

Mitte Februar 1910 kamen in Berlin rund 200 000 Männer in 42 SPD-Versammlungen zusammen, und im Anschluss zogen Zehntausende durch die Straßen. Kleinere Demonstrationen folgten. Am 6. März trafen sich rund 150 000 Menschen, darunter Frauen und Kinder, demonstrativ zu einem »Wahlrechtsspaziergang« im Tiergarten und am Treptower Park. Als die Polizei zu Fuß und zu Pferde mit gezogenem Säbel gegen die Spaziergänger vorgeht, kommt es zu erschreckenden Szenen und blutigen Zwischenfällen. Wilhelm II. kommentiert, beim nächsten Mal solle die Polizei nicht die flache sondern die scharfe Seite der Klinge nutzen.

Doch die Verantwortlichen bei Polizei und Verwaltung verweigern sich dem kaiserlichen Machtwort. Ihnen ist noch in Erinnerung, dass sich die Menschenmasse, die im August 1909 beim Erscheinen des Zeppelins ohne polizeiliche Kontrolle in ganz Berlin in Straßen und Parks friedlich zusammenkam, ohne Zwischenfälle wieder auflöste. Und tatsächlich werden in Berlin für den 10. April 1910 erstmals Kundgebungen unter freiem Himmel zugelassen. Rund 250 000 Menschen folgen dem Aufruf der SPD, gegen das diskriminierende Wahlrecht zu protestieren. Auch Frauen sind unter den Demonstrierenden.

Die Frauenbewegung, ob bürgerlich oder sozialistisch, setzt weiterhin mit Vorträgen und Versammlungen in Lokalen und Sälen auf Agitation und Propaganda, um die noch nicht erreichte umfassende Gleichberechtigung in der Diskussion zu halten. Im Juni 1910 kommen in Hamburg rund 400 Frauen und 250 Männer zu Clara Zetkins Vortrag über »Die Befreiung der Frau durch den Sozialismus«. Seit das Vereinsverbot für Frauen 1908 gefallen ist und sie in politische Parteien eintreten können, hat der männliche Vorstand der SPD beschlossen, die traditionellen Frauenkonferenzen zu streichen. Auch die bisherige Quote von weiblichen Delegierten für die unterschiedlichen Partei-Wahlen wird abgeschafft. Nun müssen die SPD-Frauen als winzige Minderheit um ihre Mitwirkung im Parteiapparat kämpfen.

Großmütig lassen die Genossen eine Frau in den Parteivorstand wählen. Keine verkörperte seit Jahrzehnten in der Partei und außerhalb so sehr die SPD wie Clara Zetkin. Sie hatte fast im Alleingang die sozialistische Ausrichtung der Frauenfrage geprägt, leitete mit der *Gleichheit* ein erfolgreiches Parteiblatt, war eine schlagfertige Rednerin und hatte ihr ganzes Leben nach der Partei ausgerichtet. Doch in den Vorstand gewählt wird eine andere. Zwischen 1908 und 1910 zählte Clara Zetkin mit der befreundeten Rosa Luxemburg endgültig zur linken Opposition innerhalb der SPD. 1910 schreibt der führende österreichische Sozialdemokrat Victor Adler an seinen deutschen Genossen Karl Kautsky: »Stell Dir vor, Clara hätte ihr Mandat schon und säße mit Rosa im Reichstag! Da würdet ihr erst was erleben!« Clara Zetkin hatte ihren eigenen Kopf, hielt meist jeden Kompromiss mit dem Klassenfeind für Verrat. Doch die Häme, die aus dieser Bemerkung spricht, gilt mindestens so sehr der Frau wie der Politikerin.

In Frankfurt am Main, seit je eine verlässliche Bastion kämpferischer Frauen, taten sich sämtliche Vereine und Gruppierungen der Frauenbewegung im November zu einer gemeinsamen Massenkundgebung zusammen. Den Anstoß dazu hatte der Deutsche Evangelische Frauenbund gegeben, der seit dem Beginn des Jahrhunderts für eine menschenwürdige Behandlung der Kellnerinnen eintrat, Räume zum Ausruhen und Beratung organisierte. Demonstriert wurde von den Frauen im überfüllten Frankfurter Saalbau gegen eine weitere Ausdehnung der sogenannten Animierkneipen, von denen es schon 117 in der Stadt gab. Diese Lokale waren eine Durchgangsstation für heimliche Prostitution. Um das Übel wenigstens etwas einzudämmen, forderten die Frauenvereine eine Vorverlegung der Polizeistunde und auf längere Sicht eine Beschränkung der Konzessionen. Die Rednerinnen machten temperamentvoll klar, dass die Anwesenden sich nicht mit hohlen Sprüchen der Verwaltung abspeisen lassen würden und einen langen Atem für ihren Protest hätten. Den öffentlichen Raum für sich und ihre Belange zu beanspruchen und dort selbstsicher und fordernd aufzutreten, das hatten die Frauen im ersten Jahrzehnt des 20. Jahrhunderts gründlich gelernt.

Gegen den Trend: Die Antifeministen verbünden sich

Für das Wahlrecht auf die Straße – Katholikinnen werden politisiert – Berlin im Glanz des Frauenkongresses – Lehrer und Postbeamte fürchten weibliche Konkurrenz – Partnertausch in Lankwitz – Heirat nur mit Ehekontrakt – Starke Frauen im Film – Rassenhygieniker fordern »neuen Gebärtyp« – Vertriebsleiterin mit Prokura

Am 19. März 1911 wurde zum ersten Mal der Internationale Frauentag gefeiert. Die Idee dafür hatte Clara Zetkin auf einem sozialistischen Frauenkongress in Kopenhagen im Jahr zuvor fest etablieren können. Er stand unter dem Motto »Heraus mit dem Frauenwahlrecht«. Dafür gingen auch bürgerliche Frauen, die nicht SPD wählten, zu den Kundgebungen und demonstrierten gemeinsam mit den sozialistischen Schwestern für ihr Grundrecht. In Groß-Berlin wurden zweiundvierzig Veranstaltungen abgehalten, bei denen mindestens 30 000 Frauen zusammenkamen. Drei Millionen Flugblätter wurden verteilt.

Beim Dachverband des Bundes Deutscher Frauenvereine stand seit seiner Gründung 1894 das Frauenwahlrecht im Forderungskatalog. Aber weil die Frauen sich nicht in aussichtslosen Positionen verkämpfen wollten, hatte in den ersten zehn Jahren die praktische Arbeit für Gleichberechtigung im Bereich Bildung, Ausbildung, Berufe und Familienrecht im Mittelpunkt gestanden. Und das war keineswegs eine unpolitische Zielrichtung. Seit dem Ende des Vereinsverbotes 1908, als Frauen in politische Parteien eintreten konnten, bekam die alte Forderung nach dem Frauenstimmrecht neuen Auftrieb.

Am 12. Januar 1912 wurde der deutsche Reichstag gewählt, ausschließlich von Männern. Aber es gab Neuigkeiten: Bei den organisatorischen Vorbereitungen der Parteien und auch als Rednerinnen waren Frauen willkommen. Ein kleines Plus, das sie nicht von lauten

Protesten abhielt. In Zeitungsanzeigen riefen Frauenvereine dazu auf, am Wahltag mit Protesten auf die Diskriminierung hinzuweisen. In Bonn erschienen Mitglieder des Vereins für Frauenstimmrecht in verschiedenen Wahllokalen und erhoben schriftlich Einspruch dagegen, dass sie von der Wahl ausgeschlossen waren. Die *Bonner Zeitung* berichtete am 13. Januar: »Die Wahlvorsteher nahmen den Damen ruhig den Einspruch ab, nur der Wahlvorsteher des Wahlraumes an der Mechenstraße in Kessenich warf ihn der Dame vor die Füße.«

Für die Wahl 1912 hoffte das bürgerliche Parteien-Lager rechts von der SPD auf deutliche Zugewinne. Denn die Stimmung in Deutschland und die veröffentlichte Meinung hatte sich seit dem Herbst 1911 endgültig zu einem scharfen Nationalismus verdichtet. Alice Salomon, die 1909 in Toronto zur Sekretärin des Internationalen Frauenbundes gewählt worden war, befand sich im November 1911 auf einem Treffen des Bundes in Stockholm. Mitten in den Kongress platzte die zweite Marokkokrise, weil das Deutsche Reich demonstrativ ein Kanonenboot in einen marokkanischen Hafen geschickt hatte, um seinen Anspruch auf weitere Kolonien durchzusetzen. In ihren Erinnerungen schreibt die deutsche Frauenrechtlerin und Gründerin der Sozialen Frauenschule in Berlin: »Unter den Frauen in Stockholm verbreitete sich Aufregung. Die Vorsitzende des christlichen deutschen Frauenvereins wurde hysterisch – nicht weil sie den Krieg fürchtete, sondern weil sie fürchtete, dass es keinen geben könnte. … ›Wenn nur der Kaiser nicht wieder nachgibt. Es würde zu demütigend für uns alle sein.‹«

»In der klaren Luft Schwedens«, einem »kulturvollen Land ohne Kolonien und Machtpolitik«, empfand Alice Salomon diese Reaktion als »unwirklich«. Doch es war gerade die intellektuelle bürgerliche Elite im Kaiserreich, die den Kaiser und die konservative Regierung drängte, die wirtschaftliche und kulturelle Größe Deutschlands in globalem Umfang machtpolitisch umzusetzen – egal, was die Konsequenzen wären. England, seit Jahrhunderten Weltmacht, wurde zum Feind, auf den sich alle Gefühle des angeblichen Zukurzgekommenseins und der Benachteiligung fokussierten.

Wie in einem Brennglas spiegelt sich in der Reichstagsdebatte vom 9. und 10. November 1911 die politische Gesamtlage. Ob das katholische Zentrum, die weit rechts stehenden Deutschkonservativen oder die Nationalliberalen: Alle beschworen den Reichskanzler, im Zweifel nicht den Frieden, sondern den Krieg zu wählen, wenn es um Deutschlands »Weltgeltung« gehe. Engländer und Franzosen müssten wissen, dass die deutsche Regierung gewillt sei, »unser gutes deutsches Schwert … nicht rosten zu lassen«. Es ging keineswegs darum, dass Deutschland in seinen Grenzen bedroht war, weil dort die Feinde ihre Geschütze in Stellung gebracht hätten. Die deutschen Parlamentarier wollten sich mit der Machtposition des Kaiserreichs in Europa nicht zufriedengeben. Das deutsche Volk solle sich »ausbreiten in der Welt« und »seinen Platz an der Sonne suchen, den ihm sein Recht und seine Bestimmung zugewiesen hat«. Es war eine einzige umfassende Kriegspartei, die an diesen zwei Tagen im Reichstag auftrat, als ob der Krieg ein politisches Mittel unter anderen sei. Mehr noch: ein Heilmittel nach Außen und nach Innen.

Auf einsamem Posten, aber auf eindrucksvolle Weise, hielt August Bebel, der Vorsitzende der SPD, dagegen und setzte sich für den Frieden zwischen den Völkern als oberste Maxime aller Politik ein. Er warnte vor einem Wettlauf in militärischer Aufrüstung, der am Ende zwangsläufig in den Krieg und damit in eine »Katastrophe« münden würde. Der Einundsiebzigjährige beschwor ganz ohne nationales Pathos die grausame Realität eines europäischen Krieges herauf. »16 bis 18 Millionen Männer, die Männerblüte der verschiedenen Nationen, ausgerüstet mit den besten Mordwerkzeugen«, würden als Feinde gegeneinander in die Schlacht ziehen.

Dann wurde der Marxist Bebel, vom historischen Prozess des Klassenkampfs überzeugt, zum Propheten und sagte seinen bürgerlichen Widersachern voraus, dass nicht die Sozialisten, sondern sie selbst den »großen Kladderadatsch« herbeiführen würden: »Die Götterdämmerung der bürgerlichen Welt ist im Anzuge … Sie stehen heute auf dem Punkte, Ihre eigene Staats- und Gesellschaftsordnung zu untergraben, Ihrer eigenen Staats- und Gesellschaftsordnung das Totenglöcklein zu läuten.« Als Reaktion der bürgerlichen Parteien auf diese ernsten Worte, steht im Protokoll des Reichstags »Lachen« und »Große Heiterkeit«. Ein Abgeordneter aus der rechten Ecke rief: »Nach jedem Krieg wird es besser!«

»So wie die Dinge heute liegen, können sie nicht bleiben«, schrieb der Bonner Professor für Staatsrecht Philipp Zorn zum Jahresende 1911 in der *Kölnischen Zeitung*. Für Deutschland ginge es um »Sieg oder Untergang«, da dürfe man einem Weltkrieg nicht aus dem Weg gehen, auch wenn er »verheerend« sein würde. Da traf sich der Professor sogar mit dem Sozialisten August Bebel, nur dass ihn dieses tödliche Szenario nicht schreckte. Wilhelm II., dem der Artikel vorgelegt wurde, schrieb »vorzüglich« unter diese Zeilen.

Die Befürworter eines Krieges, der wie ein reinigendes Gewitter wirken und Deutschlands globale Machtstellung für immer zementieren würde, waren sich sehr sicher, was den Wahlerfolg betraf. Zu sicher, stellte sich heraus, als nach der Wahl am 13. Januar 1912 und zwei weiteren Stichwahlgängen alle Stimmzettel für den neuen Reichstag ausgezählt waren. Der größte einheitliche Block der Wähler hatte sich für den Frieden entschieden und bescherte der SPD einen Erfolg wie nie zuvor in ihrer Geschichte. Im Vergleich zu den Wahlen 1907 war der Stimmenanteil von 29 auf 34,8 Prozent gestiegen; statt wie bisher 43 hatte die SPD 110 Sitze im Reichstag und war dort die stärkste Fraktion. Was die Regierungsbildung betraf, standen alle anderen Parteien gegen die SPD zusammen. Aber die Symbolkraft dieses Sieges sandte Schockwellen durch die bürgerlichen Schichten der Gesellschaft. Die Reaktionen waren unterschiedlich, insgesamt jedoch löste die Wahl eine spürbare Politisierung aus.

Die katholische Zentrumspartei schien die Zeichen der Zeit erkannt zu haben. Ihre Zeitschrift *Der Rheinländer* analysierte, dass der Erfolg der Sozialdemokraten damit zusammenhing, dass sich bei dieser Partei Frauen in großem Maße engagierten und Teil der Frauenbewegung waren. Die Konsequenz für katholische Frauen sollte sein, »sich in Zukunft nicht mehr bloß als Sachwalterin des Haushalts, als Mutter ihrer Kinder zu fühlen, sondern gewissermaßen auch als Staatsbürgerin«. Das waren neue Töne. Um für christliche Politik werben zu können, empfahl der *Rheinländer* der christlichen Frau, dass sie sich »bildet und schult im Gespräch mit ihrem im politischen Leben … besser geschulten Mann«. Auch soll sie Zeitungen und »kurze Schriften« lesen und Versammlungen besuchen. »Politikerin« soll die christliche Frau natürlich nicht werden, aber – erstaunlich genug – »nicht neben, sondern mit ihrem Manne gehen, als Gefährtin, als Genossin«.

Wer solche Thesen vertritt, geht davon aus, dass Frauen nach den Reformen und Veränderungen, die seit der Jahrhundertwende weibliches Leben prägen, als potentielle Wählerinnen ernst genommen werden müssen. Denn insgeheim befürchtete das bürgerliche Lager, dass mit dem Wahlsieg der Sozialdemokraten eine Wahlrechtsänderung zugunsten der Frauen in Sichtweite gekommen war. Davon war auch der Oberlehrer Friedrich Sigismund aus Weimar überzeugt, er zog allerdings andere Konsequenzen als die politischen Katholiken. Der stramme rechte Nationalist verfasste gleich nach der Wahl eine Streitschrift gegen das Frauenstimmrecht. Damit nicht genug, rührte Sigismund die publizistische Trommel, sammelte Geld und Mitstreiter, um mit einer reichsweiten Organisation die Frauenbewegung und den Feminismus generell zu bekämpfen.

Für Ernst Bassermann, Führer der Nationalliberalen und seit 1893 als ihr Abgeordneter im Reichstag, waren das panische Reaktionen, die keine Zukunft hatten. Der angesehene Politiker nannte Ende Februar 1912 die Frauenbewegung einen »öffentlichen Machtfaktor«, auch wenn seine Partei sich vorläufig nur für das Wahlrecht der Frauen in den Gemeinden ausgesprochen hatte. Die Mehrheit wollte vom Wahlrecht für den Reichstag und die Landtage nichts wissen. Bassermanns Frau Julie, die sich früh in der Frauenbewegung engagiert hatte, rief gegen Kritik in den eigenen Partei-Reihen zu einer nationalliberalen Frauenkonferenz im Oktober 1912 auf.

Das Wort vom »öffentlichen Machtfaktor« fiel nicht zufällig. Vom 27. Februar bis zum 2. März 1912 war Berlin – zum zweiten Mal nach 1904 – die Bühne für einen glanzvollen Internationalen Frauenkongress, der für den Bund Deutscher Frauenvereine eine eindrückliche politische Demonstration war. Kaiserin Auguste Victoria hatte ihre Zustimmung als Schirmherrin gegeben und erschien zur feierlichen Eröffnung. Die rund fünftausend Frauen aus aller Welt wurden von Staatsministern und Fürstinnen, als Repräsentantinnen deutscher Länder, begrüßt.

Viele der Vorträge, die tagsüber auf dem Programm standen, mussten zwei- bis dreimal wiederholt werden, so groß war der Andrang. Die Frau des Reichskanzlers lud achthundert Frauen zu einem Empfang ins Reichskanzler-Palais ein. Auch der Herr Reichskanzler erschien, und stellte sich mit den internationalen Frauenrechtlerinnen für den Fotografen zu einem Erinnerungsfoto.

Die abendlichen Vorträge in der Reichshauptstadt scheuten weder sensible noch politisch-aktuelle Themen. Marianne Weber sprach über »Die Bedeutung der Frauenbewegung für die Geschlechter«. Es ging um öffentliche Sittlichkeit, um das Frauenstimmrecht und die Rolle der Frau in der Parteipolitik. Alice Salomon, in Volkswirtschaft promoviert, seit über zehn Jahren im Vorstand des Bundes Deutscher Frauenvereine und eine der Organisatorinnen des Kongresses, referierte über die Frauenbewegung als Frieden gebende soziale Macht, eine mutige Festlegung angesichts des expansiven nationalen Kurses im Kaiserreich. Sie hatte ein spezielles Erlebnis mit der deutschen Kaiserin.

Parallel zum Frauenkongress, sogar noch ein wenig länger, lief in den Ausstellungshallen am Zoologischen Garten die Ausstellung »Die Frau in Haus und Beruf«. Es war eine umfassende Darstellung der Frauen-Welten im privaten wie im öffentlichen Raum. Diplomatisch-pragmatisch hatten sich die Frauenvereine darauf geeinigt, das »Haus« vor den »Beruf« zu stellen. Die rund 500 000 Besucherinnen sahen Modelle von modernen Küchen, ausschließlich von Architektinnen entworfen. Die berufliche Abteilung informierte über hunderte von Frauenberufen mit tausenden von Ausstellungsstücken. Das größte Restaurant im Zoologischen Garten war ständig überfüllt. Als Sponsor der Ausstellung traten die Berliner Gaswerke auf.

Auch die Kaiserin wollte einen Rundgang durch die Ausstellung machen, und Alice Salomon sollte sie durch die Halle für »Handel und Berufe« begleiten: »Der Hofmarschall kam, um ihren Besuch vorzubereiten.« Es wurde genau besprochen, wer von den anwesenden Frauen ihr vorgestellt wurde und welche Ausstellungsgegenstände. Der Hofmarschall war mit allem einverstanden, was Alice Salomon vorschlug – »bis wir zu den gewerblichen Frauenberufen kamen, Verkäuferinnen, Stenotypistinnen, Telefonistinnen. Er sagte, dafür sei keine Zeit.« Aber die Vertreterin der Frauenbewegung ließ nicht mit sich handeln. Dann werde eben auf andere Teile des Rundgangs verzichtet: »Ich erklärte, dass diese Frauen für eine sehr viel größere Gruppe der Bevölkerung – ›Untertanen Ihrer Majestät‹ war der korrekte Ausdruck – repräsentativ seien als alle anderen. … sie sollten unter keinen Umständen gering geschätzt werden. Nach einigen Streitereien gewann ich.« Und die Kaiserin ging huldvoll auch durch diese Abteilung.

Nach dem Glanz der Kongresstage wurde der Alltag für Berliner Frauen, die sich in der SPD engagierten, wieder ziemlich grau. Sie hatten 1911 auf einem SPD-Parteiabend den Antrag gestellt, »am Karfreitag die Herrenpartie mitzumachen«, ein traditioneller Wandertag der Genossen. Die Mehrheit, die aus Männern bestand, lehnte ab. Die Frauen ließen nicht locker und stellten Ende März 1912 den Antrag erneut, diesmal mit dem Kompromissvorschlag, dass Männer und Frauen getrennt wandern, um am Ziel gemeinsam zu feiern. Abgelehnt – den geschlossenen Männerbund am Karfreitag ließen die Genossen sich nicht nehmen.

Weitermachen, nicht aufgeben, das haben die Frauen gelernt und verinnerlicht auf ihrem langen Weg zu gleichen Rechten und gleicher Teilhabe am Leben, drinnen wie draußen. Für den 12. Mai 1912 organisieren die bürgerlichen Frauenvereine erstmals öffentliche Demonstrationen zum Frauenwahlrecht, in Berlin und München, Frankfurt am Main und Breslau. Friedlich ziehen tausende Frauen durch die Straßen und demonstrieren ohne Worte, dass unter Sonntagskleidung und prächtigen Hüten selbstbewusste Persönlichkeiten stecken, die von ihren politischen Forderungen nicht abrücken werden.

Im Juni rufen die Frankfurter Frauenvereine zusammen mit den Anwohnern im Gutleutviertel südlich vom Hauptbahnhof wieder zu einer großen Kundgebung auf. Von Berlin kommt eine Vertreterin der Frauenbewegung, auch Henriette Fürth spricht. Am Ende verabschieden die rund zweitausend Menschen im Saal des Kaufmännischen Vereins eine Resolution, die sich strikt dagegen ausspricht, dass im Bahnhofsviertel an weitere siebzehn Häuser eine Konzession als Bordelle vergeben wird. Außerdem wird die Aufhebung des sogenannten »Kuppeleiparagrafen« gefordert und ein Ende der Kontrollen der Prostituierten durch die Polizei, bei denen die »Freier« völlig unbehelligt bleiben. Das macht Eindruck: Die Behörde sagt zu, dass keine weiteren Bordelle erlaubt werden.

Im Juni 1912 war Oberlehrer Friedrich Sigismund aus Weimar am Ziel. Er hatte genug Mitstreiter versammelt: ein Bund zur Bekämpfung der Frauenemanzipation wurde gegründet. Unter dem Motto

»Echte Männlichkeit für den Mann, echte Weiblichkeit für die Frau« wandte sich der Bund gegen jede politische Mitbestimmung, gegen gleiche Bildungschancen und sexuelle Selbstbestimmung von Frauen; sie sollten an den Universitäten nur als Gasthörerinnen zugelassen sein und eigene Frauenakademien besuchen.

Knapp ein Viertel der eingetragenen Kämpfer gegen den Feminismus waren Frauen, die übergroße Mehrheit Männer aus dem Umkreis der bürgerlichen Welt: Rund zweiundzwanzig Prozent kamen aus der Staats- und Kommunalbürokratie, waren Kabinetts-, Justiz- und Regierungsräte; Staatsminister und höchste Richter traten dem Bund bei, ebenso protestantische Pfarrer und Lehrer. Der Deutschnationale Handlungsgehilfenverband und der Alldeutsche Verband, beide radikal rechts, warben kräftig unter ihren Mitgliedern für die antifeministische Organisation. Ihre Funktionäre gehörten zu den Gründern des Bundes; Vortragsredner, Broschüren und Artikel wurden ausgetauscht. Sie alle wollten »eine Bewegung eindämmen, die der Gesamtheit zum Verderben, dem Manne zum Unsegen, der Frau zum Fluch gereichen muss«.

Im neuen Zeitalter der Massenpresse wurde die Gründung des Bundes zur Bekämpfung der Frauenemanzipation ein Medienereignis. Alle Tageszeitungen berichteten darüber und informierten über das Programm, kostenlose Werbung für die Antifeministen. Der Bund Deutscher Frauenvereine (BDF) antwortete sogleich mit einer Gegenerklärung, der sich alle Gruppierungen der Frauenbewegung, ungeachtet einzelner Differenzen, anschlossen. Sie erschien in den Tageszeitungen, aber auch in der konservativen *Evangelischen Frauenzeitung* und der liberalen *Frauenbewegung* von Minna Cauer. Die altgediente Feministin machte sich lustig: »… wir beugen uns in bekannter deutscher Demut, denn Geheimräte, Professoren, Exzellenzen haben gesprochen. … überlassen wir ihnen das Feld und legen wir uns beruhigt schlafen.«

Eine Welle öffentlicher Solidarität machte dem BDF Mut. Konservative Frauenvereine, die dem Bund sonst misstrauisch gegenüberstanden, sandten »schwesterliche Grüße«. Berufsorganisationen von Frauen druckten die Gegenerklärung in ihren Verbandszeitschriften. Amerikanische Gesinnungsgenossinnen gratulierten zu solchen

Gegnern. Das zeige doch, wie erfolgreich die Arbeit der Feministinnen sei. Auf dem Katholikentag ermunterten führende Theologen und Politiker die katholischen Frauen, an Reformen in der »Frauenfrage« mitzuarbeiten. Der Mannheimer Stadtpfarrer nannte den Bund zur Bekämpfung der Frauenemanzipation die »Missgeburt einer Anti-Frauenbewegung« und fand lobende Worte für eine Bewegung, die man einst verteufelt hatte. Nun zeigte es sich: Die Arbeit im Bund Deutscher Frauenvereine und vieler einzelner Aktivistinnen hatte die Gesellschaft in der ersten Dekade des 20. Jahrhunderts radikal verändert.

Was bei den einen zu vorsichtiger Öffnung gegenüber dem Neuen führte, löste bei anderen Ängste und Abwehr aus. Der Präsident des Alldeutschen Verbandes verfasste eine weitere Streitschrift gegen das Frauenwahlrecht, und rief die deutschen Männer auf, »in einer schweren Zeit … an der Erweckung altgermanischen Männergeistes mitzuwirken«. Das allerdings könne nur gelingen, wenn die Frauen »vom Walhall der Politik« ferngehalten würden. Diese Kritik galt auch den eigenen Reihen, denn selbst in den Familien der Konservativen und Nationalisten ließen sich die Frauen das Denken und das Reden nicht mehr verbieten.

Die Politisierung der Gesellschaft nach der Reichstagswahl im Januar 1912 hatte endgültig auch die konservativen Frauen erreicht. Wer trug die Verantwortung für den Erfolg der SPD und die Niederlage der konservativen Sache? Die eigenen Männer – und deren Schwächen kannten die Frauen nur allzu gut. Ebenso kannten sie ihre eigenen Stärken. Mochte die große Politik Männersache bleiben, »gerade zu den mühsamen, aus Kleinigkeiten zusammengesetzten Geschäften zeigt sich die Frau viel geschickter wie der Mann … in unserem eigensten kleinen Kreise müssen wir unser gegebenes politisches Arbeitsfeld erkennen lernen«. Die konservativen Frauen hatten keine Hemmungen, solche Leserbriefe an die lokalen Zeitungen zu schicken. Sie waren entschlossen, ihre Fähigkeiten und Talente in der Öffentlichkeit zu entfalten und sich Freiräume zu verschaffen.

Gemeinsame Gegner fördern die Zusammenarbeit. Der Kampf gegen die Frauenemanzipation schmiedete eine Allianz zwischen zwei Ideologien und Gesellschaftsentwürfen, die weit auseinander lagen:

Der Rückgriff auf das Familienidyll der alten vorindustriellen Welt, germanische Mythen inbegriffen, vermischte sich mit technokratischen Utopien für eine neue Erde. Zurück zur romantisch überhöhten Mutterschaft und Frauenrolle wollten die einen, die anderen hatten den »starken Mann und die gesunde Frau« im Sinn, waren ganz auf »Rationalisierung der Fortpflanzung« und die »Zeugung von gesundem Nachwuchs« für eine höherstehende Menschheit ausgerichtet. Weil eine selbstbewusste, eigenständige Frau, wie sie die Frauenbewegung förderte, beiden Zielen im Wege stand, fanden sich Nationalisten und Rassenhygieniker zusammen. Es half, dass beide das gleiche Vokabular nutzten und von Deutschlands Weltmacht-Mission überzeugt waren.

Einer der Mitbegründer des Bundes zur Bekämpfung der Frauenemanzipation war der Mediziner Professor Max von Gruber, Direktor des Hygiene-Instituts in München. Seit 1910 Nachfolger von Alfred Ploetz als Vorsitzender der Gesellschaft für Rassenhygiene, verstärkte Gruber das Lager derer, die öffentlich den Rückzug der Frauen aus der gerade mühsam erkämpften Berufstätigkeit forderten. Die Verbandszeitschrift des radikalen Deutschnationalen Handlungsgehilfenverbandes (DHV) hatte 1911 einen Vortrag des Professors über »Mädchenerziehung und Rassenhygiene« verbreitet. Mit der Autorität des Experten ausgestattet, verkündete der Mediziner, Jahrgang 1853, dass Frauen, die im Erwerbs- und Berufsleben stehen, nicht zugleich die »ungeheure Last der Mutterschaft« tragen könnten. Sie würden weniger Kinder zur Welt bringen, was die Volksgesundheit und damit Deutschlands Stellung als Weltmacht bedrohe. Dem DHV bot der Professor an, gemeinsam Widerstand zu leisten und sich »nicht gutwillig darein zu fügen«, dass »unser Volk am Feminismus erlahmt und verdirbt; zuerst psychisch und dann physisch«.

Nach der Politskala war Max von Gruber, auch Mitglied im Alldeutschen Verband, ein Rechter, und sein Medizinkollege Alfred Grotjahn zählte zum linken Lager. Der Begründer der Sozialmedizin in Deutschland nannte sich den ersten »Kathedersozialisten« und trat 1919 in die SPD ein. Für Grotjahn, Jahrgang 1869, war die moderne Wissenschaft der Rassenhygiene, in England Eugenik genannt, eine feste Säule der Sozialmedizin. Er ging von der Vererbung aller sozialen Phänomene aus – ob Fleiß, Willenskraft, Intelligenz, Prostitution, Bettelei oder Alkoholsucht – und sah in der staatlichen Geburtenkontrolle das entscheidende Instrument, die »minderwertigen Individuen an der Erzeugung von unerwünschten Nachkommen zu hindern«. Im Gegenzug mussten die »höherwertigen Menschen« ihre günstigen Erbanlagen durch möglichst viele Kinder verbreiten. Damit im »Fortpflanzungsprozess« nichts dem Zufall überlassen blieb, müsse er total rationalisiert und von medizinischen Experten kontrolliert werden.

In einem Vortrag entwarf Alfred Grotjahn 1910 seine Vorstellung von der neuen Welt und den neuen Menschen: »Es wird einmal die Zeit kommen, wo die auf diesem Gebiet Sachkundigen ... dem Prometheus gleich werden, den Goethe sagen lässt: ›Hier sitz' ich, forme Menschen nach meinem Bilde!‹« Eugenik übersetzten die deutschen Rassenhygieniker mit »Glücklichgeborensein«. Auch Grotjahn war überzeugt, mit dieser modernen Entwicklung der Medizin könne der Mensch in naher Zukunft eine »neue glückliche Menschheit« schaffen.

Der entscheidende Faktor in diesem Veränderungsprozess war die Frau, ein neuer »Gebärtyp«, der – so Grotjahn 1912 – keinen »zahlreichen minderwertigen Nachwuchs« hervorbringen dürfe. Das führe zur »allgemeinen Verlumpung«. Bei gutem »Erbwert« und »Aufzuchtfähigkeiten« forderte der Sozialmediziner pro Frau ein »Gebärsoll« von drei Kindern. Überzeugt, dass Darwins Theorie vom Kampf ums Dasein auch ein ehernes Gesetz zwischen den Völkern sei, erklärte der linke Genosse: »Die Regelung der Geburtenziffer ist eine Feuerprobe, die in naher Zukunft jedes Kulturvolk zu bestehen hat.« Ein Volk, das sich dieser Regelung verweigert, wird aussterben. Der unerschütterliche Glaube an die Gesetze und Verheißungen der Rassenhygiene verband Max von Gruber und Alfred Grotjahn als gleichgesinnte Kollegen. Er prägte, unabhängig von ihren politischen Sympathien, ihre medizinisch-wissenschaftliche Arbeit, ihre Weltsicht und ihr Bild von Männern und von Frauen. Liebe, Leidenschaft – keine Spur von diesen Begriffen findet sich in den Schriften der Rassenhygieniker, denn sie gelten als gefährliche Ratgeber für eine gute »Zuchtwahl«. Nach Alfred Grotjahn geht es um eine »Rationalisierung des Fortpflanzungsprozesses«, bei dem nichts dem Zufall überlassen bleiben darf, bei der Partnerwahl angefangen.

Die befreundeten Ehepaare, die seit 1911 in Berlin-Lankwitz zum Teil Tür an Tür wohnen und sich mehrmals im Monat zu geselligen, diskussionsfreudigen Abenden treffen, haben die gegenteilige Vorstellung vom Leben. Als Angehörige der Generation, die ihre Jugend, erste Liebe und sexuelle Erfahrungen im ersten Jahrzehnt des 20. Jahrhunderts erlebt hat, den spießbürgerlichen Auffassungen ihrer Eltern endlich entronnen, konnten sie gar nicht genug bekommen von leidenschaftlichen Beziehungen.

Sie habe von »vielen! robusten! Männern« geträumt, schreibt Karen Horney, eine der jungen berufstätigen Ehefrauen der Lankwitzer Freundesclique, 1911 in ihr Tagebuch. »Stolz und Kraft« erwarte sie von einem Mann, und dass er einem »Raubtier« gleiche. Oskar Horney, mit dem sie seit dem Herbst 1909 verheiratet war, erfüllte solche Sehnsüchte nicht. Er war freundlich und kontrolliert, ob bei Tisch oder im Bett. Karen Horneys psychoanalytische Sitzungen bei dem Freud-Schüler Karl Abraham im Jahr nach ihrer Heirat hatten nur eine kurzfristige positive Wirkung auf ihre sexuelle Beziehung. Nach der Geburt ihrer Tochter Brigitte im April und dem erfolgreichen medizinischen Staatsexamen im Sommer 1911 begann sie eine Affäre mit Walther, einem Ehemann aus der Lankwitzer Freundesgruppe. Er war ein Jugendfreund von Oskar und seine Ehefrau eine gute Freundin von Karen.

Schon vor ihrer Heirat hatte Oskar Horney seiner späteren Frau gesagt: »Ich fordere Dich nicht für mich allein.« Alle Paare im Freundeskreis praktizierten eine offene Ehe und machten kein Geheimnis daraus. Oskar begann zur gleichen Zeit eine Affäre mit Karens guter Freundin, der Frau seines Freundes. Kaum war diese Affäre im Frühjahr 1912 beendet, fand Oskar Horney eine neue Freundin. Und Karen Horney schreibt in ihrem Tagebuch von einem gewissen »Carl« und dass sie aus ihrer Beziehung das »Beste und Feinste« machen möchte. Sie liebte Carl mit einer »ganz anderen Intensität als Walther«. Selbstkritisch bewertet sie ihre Sucht nach Abwechslung in ihren sexuellen Beziehungen: »Ich kann nicht warten. Ich habe keinen Stolz.« Es war eine bürgerlich etablierte Minderheit, die im offenen Partnertausch, bei dem Männer und Frauen gleichberechtigt waren, ihr Glück suchte und sich nicht um die traditionelle Moral scherte. Was wir in größerem

Stil erst aus den zwanziger Jahren kennen, gehört als kleines Mosaiksteinchen schon vor dem Großen Krieg zum Lebensgefühl. Und die Freundesclique in Lankwitz hat die zeitlich befristeten Beziehungen »über Kreuz« ausgehalten.

Hermine Edenhuizen war dreizehn Jahre älter als Karen Horney und als eine der frühen Pionierinnen unter den weiblichen Ärzten gewillt, ihre Kräfte und Emotionen ausschließlich in ihren Beruf und ihre Behauptung als selbstbewusste eigenständige Frau zu stecken. Doch die Liebe zwischen ihr und dem verheirateten Dr. Heusler brachte die guten Vorsätze ins Wanken. Hermine Edenhuizen ließ das Rheinland und ihre Praxis in Köln hinter sich, wo sie als »Ehebrecherin« gebrandmarkt war. 1910 baute sie in Berlin eine neue erfolgreiche Praxis als Frauenärztin auf und arbeitete an der weiblichen Poliklinik. Drei Jahre musste sie warten, dann war die erste Ehe von Otto Heusler rechtskräftig geschieden. Die beiden heirateten im April 1912, sie nahm einen Doppelnamen an, und der Ehemann ließ sich ebenfalls in der Reichshauptstadt als Arzt nieder. Er war und blieb im Leben von Hermine Edenhuizen der einzige Mann. Aber was sie beim Eintritt in die Ehe praktizierte, war für viele Zeitgenossen nicht weniger skandalös als die außerehelichen Affären der Horneys.

»Hiermit erteile ich, der Ehemann, meiner Ehefrau die unwiderrufliche Ermächtigung, jederzeit ihren Beruf in vollstem Umfang nach eigenstem freien Ermessen auszuüben«: So heißt der erste Paragraf des Ehekontraktes, der zwischen dem Ehepaar Heusler-Edenhuizen geschlossen wurde »zum Schutz gegen die für die Frauen so ungünstigen Ehegesetze« des vorgeblich so modernen Bürgerlichen Gesetzbuches (BGB) von 1900. Die »scharfen« Formulierungen im Kontrakt hatte Helene Lange vorgeschlagen, eine gute Freundin von Hermine Edenhuizen. Und ihr Mann »zeigte volles Verständnis und sah keinen Anlass, durch die Kontraktschließung verletzt zu sein, wie das der Durchschnitt der Männer damals tat«. Dass sie weiterhin ihren Beruf als Ärztin ausführen würde, war für das Ehepaar selbstverständlich. Zu den weiteren Paragrafen gehörte deshalb die Gütertrennung und die Abmachung, dass »einzig und allein« die Ehefrau über ihr Vermögen und ihr Einkommen verfüge.

Das BGB sah nichts dergleichen vor. Hermine Edenhuizen berichtet in ihren Erinnerungen, dass die Willkür der Ehemänner gegenüber ihren Frauen noch nicht der Vergangenheit angehörte. Eine verheiratete Studienrätin, die in ihre Praxis kam, erzählte ihr weinend, »ihr Mann habe hinter ihrem Rücken ihre gute Stellung, an der sie sehr hing, gekündigt, wozu er gesetzlich das Recht hätte!« Der Ehekontrakt enthielt auch eine Passage, dass die Gesamtkosten des Haushaltes je zur Hälfte von den Partnern getragen wurden. Und würde einer von beiden einmal einen Betrag vorstrecken, musste der andere diesen mit vier Prozent verzinsen. Die unverheiratete Helene Lange, im Kampf um die Gleichberechtigung der Frau seit Jahrzehnten erprobt, hatte in diesem Kontrakt vom Frühjahr 1912 kein Schlupfloch gelassen.

Die angestrengten Versuche der Emanzipationsgegner im Jahre 1912, sich zu sammeln und in der Öffentlichkeit Verbündete für ihren Kampf gegen die »Neue Frau« zu finden, signalisieren nicht Stärke sondern Schwäche. Für Regierungsräte und Lehrer, Professoren und Pastoren ging es darum, einen Trend, der unübersehbar war, umzukehren oder wenigstens aufzuhalten. Auch wenn die Mehrheit der Frauen sich nicht für die offene Ehe begeisterte und die Mehrheit der Männer einen »scharfen« Ehekontrakt ablehnte: Viele sahen die alten traditionellen Rollenmuster mit Skepsis, und die Frauen waren ein Teil des öffentlichen Lebens geworden. Am Beginn der zweiten Dekade des 20. Jahrhunderts überzeugten die antifeministischen Argumente vom letzten Drittel des 19. Jahrhunderts nicht mehr. Die Einsicht, dass es Veränderungen geben musste, hatte breite Teile der Gesellschaft erfasst.

Wer 1912 männliche Machtpositionen mit dem Argument verteidigte, die Verbannung der Frau in den innersten Familienzirkel sei gottgegeben, machte sich lächerlich angesichts von katholischen Theologen, die zum Frauenstudium und zur politischen Bildung von Frauen aufriefen. Und zum Entsetzen vieler Pastoren forderte inzwischen der Evangelische Frauenbund das kommunale Wahlrecht für Frauen – wo Frauen nach Paulus doch schweigen sollten in der Gemeinde. Auch auf den Hinweis, die Frau hätte das kleinere Gehirn, verzichteten die Antifeministen von 1912. Sie verbündeten sich mit einem Zeitgeist, der modernste Strömungen auf dem Gebiet von Medizin und Naturwissenschaften, die akademische Weihen hatten, mit einem völkisch-nationalistischen Weltbild verband. Sie hofften, mit diesem Gemisch die gesellschaftlichen Eliten aufzuschrecken und den Siegeszug der Feministinnen, der für sie bedrohliche Ausmaße angenommen hatte, aufzuhalten.

Der Prototyp eines solchen missionsbewussten Antifeministen ist der Regierungs- und Geheime Medizinalrat Jean-Bernhard Bornträger. Von ihm erschien 1912 in der Schriftenreihe des Preußischen Innenministeriums *Der Geburtenrückgang in Deutschland, seine Bewertung und Bekämpfung*. Der Düsseldorfer Arzt ließ nicht gelten, dass die geringere Kinderzahl seit der Jahrhundertwende, vor allem in bürgerlichen Kreisen, durch das Sinken der Säuglingssterblichkeit und längere Lebenserwartung ausgeglichen werde. Bornträger sah das deutsche Volk, ähnlich wie seine Kollegen von der »Rassenhygiene«, vom Aussterben bedroht, und schuld daran waren die Sozialdemokratie und die Frauenemanzipation. Ursprünglich eine Bewegung von ledigen Frauen, würde die Emanzipation inzwischen die verheirateten mitreißen und zertrümmere allmählich die »guten Eheverhältnisse«, weil sie Frauen in Männerberufen ermutige. »Eindämmen der Frauenemanzipation« war seine Devise.

Ebenfalls 1912 schreckten zwei Verbandszeitschriften ihre männlichen Mitglieder mit der gleichen Argumentation auf. Die *Deutsche Postzeitung* nahm sich die »Frauenfrage« vor und erklärte, wenn Frauen berufstätig würden, verhindere die von Natur aus »größere physische Schwäche des Weibes« Familiengründungen. Wo keine Familie, da keine Kinder, und schon war das Aussterben des deutschen Volkes an die Wand gemalt. In Wahrheit ging es dem Verband der Postangestellten darum, seine männlichen Mitglieder grundsätzlich vor der Konkurrenz der Frauen zu schützen und im einzelnen vor der unzumutbaren Entwicklung, dass Frauen Vorgesetzte von Männern werden konnten. Doch dieser Zug der Zeit fuhr in eine Sackgasse. Die Post-Behörden ließen sich nicht einschüchtern und zogen eine Reform der Post durch, die männliche Beamte durch Post-Gehilfinnen ersetzte. Nicht das Statusdenken der Männer sondern rationale Ökonomie lenkte zunehmend staatliche Entscheidungen. Allerdings mussten die Frauen den grundsätzlichen Fortschritt im Berufsleben damit bezahlen, für die gleiche Arbeit weniger Geld zu bekommen als die Männer, und es wurde automatisch ein Sektor »weibliche Gewerbsarbeit« geschaffen.

Auch Lehrerinnen bekamen ein geringeres Gehalt als ihre männlichen Kollegen. Aber das nahm den Männern nicht die Angst vor weiblicher Konkurrenz. 1912 erschien die *Zeitschrift der Deutschen Beamten* mit der Überschrift »Invasion der Frauen in Männerberufe«. Auf viertausend Kandidaten für einen Oberlehrerjob kamen einhundertfünfzehn Kandidatinnen, Grund zu Panik und Schuldzuweisung. Verantwortlich für diese Invasion: die Frauenbewegung und ihre »Feminisierung des deutschen Beamtentums«. Männer seien unentbehrlich für den Staatsdienst, denn Frauen – und da mussten noch einmal die Diskriminierungen von gestern herhalten –, seien geistig minderwertig und hätten einen schlechten Charakter.

Aber dann folgte gleich der Übergang zur modernen völkisch-nationalen Argumentation: Frauen als Lehrerinnen verdrängten nicht nur die geistig höher stehenden Männer. Da sie viel öfter krank seien, führe ihre Berufstätigkeit zum Geburtenrückgang, und somit gefährde die Frauenbewegung »die sittliche Grundlage der Nation«. Damit schloss sich der Kreis, denn der Oberlehrer und Beamte Friedrich Sigismund hatte im Juni 1912 mit Gleichgesinnten wie dem Rassenhygieniker Max von Gruber den Bund zur Bekämpfung der Frauenemanzipation gegründet. Selbstverständlich berichtete die *Zeitschrift der Deutschen Beamten* ausführlich über den neuen antifeministischen Bund und rief seine Mitglieder auf, dort einzutreten. Denn, so Oberlehrer Sigismund, »›Frau‹ und ›Beamter‹ sind innere Widersprüche«.

Im Frühjahr 1912 zog Asta Nielsen endgültig von Kopenhagen nach Berlin. Die Deutsche Bioscop hatte eigens für sie in Neubabelsberg ein Studio – das »Glashaus« – erbauen lassen und drehte einen Film nach dem anderen mit der Dänin als Hauptdarstellerin. Längst war Asta Nielsen ein Star, der nicht mehr unbehelligt durch die Reichshauptstadt gehen konnte. Bei der Premiere ihrer Filme in einem Berliner Kino musste berittene Polizei die Menge zurückhalten. Asta Nielsen füllte die unterschiedlichsten Frauenrollen vom Drama bis zum komischen Slapstick. Die meisten ihrer Film-Frauen hielten das Heft in der Hand, hatten eine zündende Idee, wenn die Männer nicht mehr weiter wussten und ließen sich auch in tiefster Verzweiflung nicht unterkriegen.

Der Film »Totentanz« gab Asta Nielsen viel Raum, im schulterfreien eleganten Abendkleid aufzutreten, und ein überdimensionaler

Kopfschmuck gehört zu ihrer Kostümierung. Aber das verlangt ihre Filmrolle, denn Bella ist Sängerin und Tänzerin, die als Ehefrau eines schwer kranken Mannes das Geld für die Familie verdient. Dass der Komponist, der ihre Talente entdeckt und sie bei ihren Engagements begleitet, sich leidenschaftlich in sie verliebt und den Ehemann in die Eifersucht treibt, führt zu vielfältigen Verwicklungen im Film. Am Ende kann Bella sich einer Vergewaltigung durch den Komponisten nur mit dem Messer erwehren. Es ist ein ähnlich starkes Frauenleben wie in Asta Nielsens erstem Film »Abgründe«, und auch Bella schreitet mit erhobenem Haupt aus dem Bild, Polizisten an ihrer Seite: Eine Frau, die kein Opfer sein will und sich wehrt, selbst wenn es tödliche Folgen hat.

Die Uraufführung von »Totentanz« war am 7. September 1912 in Berlin. Am Tag zuvor schrieb die Ärztin Agnes Bluhm im holländischen Seebad Domburg, wo sie mit ihrer Lebensgefährtin Adrienne Hacker den Sommer verbrachte, an Alfred Ploetz, den Freund seit gemeinsamen Zürcher Studienjahren. Sie sei »bettlägerig krank« und fühle sich »ziemlich elend«. Von Domburg aus würde es direkt zur Kur nach Bad Nauheim gehen. Agnes Bluhm und den Mediziner Alfred Ploetz verband trotz mancher Differenzen die Überzeugung, dass die Menschheit durch »Zuchtwahl« und andere Ausleseverfahren der Rassenhygiene auf eine höhere Kulturstufe gehoben werden könne. Als aktive Mitglieder der Gesellschaft für Rassenhygiene waren sie im Juli 1912 nach London gefahren und auf dem Ersten Internationalen Eugenik-Kongress als Redner aufgetreten. Agnes Bluhm, die als fünfte Ärztin Deutschlands 1891 in Berlin eine Praxis aufmachte und als erste Medizinerin in der Frauen-Poliklinik große Operationen im Bereich Gynäkologie durchführte, sprach in London über »Rassenhygiene und ärztliche Geburtshilfe«. Auf dem Londoner Kongress ging es auch um die »Sterilisierung gewisser Arten defekter, degenerierter und verbrecherischer Menschen«.

Agnes Bluhm hatte wegen eines Verdachts auf Tuberkulose ihre Praxis 1905 endgültig aufgegeben. Mehr denn je galt ihr Engagement nun der Frauenbewegung. Sie war in Berliner Frauenvereinen aktiv, 1909 im Arbeitsausschuss für die Anerkennung staatsbürgerlicher Gleichheit der Frau, hielt Vorträge auf den Jahrestreffen vom Bund

Deutscher Frauenvereine. Gleichzeitig arbeitete sie wissenschaftlich zu Themen auf dem Gebiet der Rassenhygiene und versuchte, bei aller Begeisterung für diese Medizinrichtung, als Feministin eine eigenständige Position zu behaupten. In ihren Aufsätzen widerlegte sie die These der Rassenhygieniker, dass Frauen von Natur aus eine schwächere Konstitution als Männer hätten und deshalb Beruf und Mutterschaft nicht vereinbaren könnten. Agnes Bluhm forderte vielmehr Arbeitsverbesserungen in der Industrie, dann würden Frauen ohne gesundheitliche Schädigungen ihren Beruf ausüben können.

Im Frühjahr 1912 ging es Agnes Bluhm gesundheitlich so schlecht, dass sie die zugesagte Teilnahme an Diskussionen kurzfristig absagen musste. Es wäre nachvollziehbar, wenn ihr Unwohlsein nicht nur physische Gründe hatte. Agnes Bluhm war zu klug, als dass ihr nicht zwei Entwicklungen zu schaffen machten. Die führenden deutschen Rassenhygieniker – eigentlich »ihre Leute« – verbündeten sich mit den Gegnern von Emanzipation und Gleichstellung und belieferten sie mit Argumenten, die Agnes Bluhm in Vorträgen und Aufsätzen widerlegt hatte. Die Gründung eines Bundes gegen die Frauenemanzipation konnte die überzeugte Feministin nicht kalt lassen. Noch mehr musste die Fünfzigjährige treffen, dass auch die Zeitschrift der Gesellschaft für Rassenhygiene – das *Archiv für Rassenhygiene*, wo sie kontinuierlich Aufsätze veröffentlichte, seit 1912 einen streng antifeministischen Kurs eingeschlagen hatte und dezidiert gegen das Frauenstimmrecht Front machte.

Eine Entwicklung, die Agnes Bluhm schmerzte, denn sie war von den prinzipiellen Grundlagen der Rassenhygiene überzeugt, aber auch Feministin seit Jugendtagen. Sie hatte keinen Hehl daraus gemacht, dass sie die Forderung, Frauen mit wertvollem Erbgut sollten viele Kinder bekommen, über das Selbstbestimmungsrecht der Frau stellte – ob es um ihren Körper ging oder die Wahl, berufstätig zu sein. Aber Agnes Bluhm war so ehrlich, diese Abwägung »tragisch« zu nennen. Sie versuchte, den Spagat zwischen Feminismus und Rassenhygiene auszuhalten und lebbar zu gestalten. Doch es blieb ihr wohl nicht verborgen, dass der Abgrund zwischen zwei Entwicklungen der Moderne – die ihr beide Heimat waren – unüberbrückbar war. Man könnte das ihre persönliche Tragik nennen. Bis Ende Oktober 1912 ist sie mit

Adrienne Hacker zur Kur in Bad Nauheim. Als der Winter kommt, brechen die beiden Frauen gen Süden auf. »Ich fühle, dass mir ein Aufenthalt in der Sonne dringend nötig ist,« schreibt Agnes Bluhm an Alfred Ploetz. Ägypten heißt das Reiseziel.

Im Blick auf die große Politik und seine Majestät, den deutschen Kaiser, könnte man die Jahreswende 1912/13 glatt mit der vorigen verwechseln. Wieder lag Krieg in der Luft, und auch vom deutschen Kaiser hatte es das ganze Jahr 1912 über nichts Neues gegeben, wenn man Hildegard Baronin von Spitzemberg als glaubwürdige Zeugin heranzieht. Im Tagebuch notiert sie am 7. Mai 1912 ein Gespräch, bei dem die Rede auf Wilhelm II. kam: »... in erschreckender Deutlichkeit trat zutage, dass unser Herr zeitweise geradezu Dinge tut und sagt und befiehlt, die begreiflich nur sind, wenn man sie pathologisch beurteilt.« Die Verantwortlichen in Berlin seien froh, dass der Kaiser sich jetzt in seinem Palast auf Korfu aufhalte. Dort werde Wilhelm II. »durch Ausgrabungen und andern Firlefanz von der Politik glücklich abgelenkt – bis auf weiteres!!!« Ende Mai fragt die Baronin den Reichskanzler vertraulich, ob der Gegensatz zwischen Deutschland und England vielleicht doch schicksalhaft sei. Der Kanzler antwortet mit einem entschiedenen »Nein«: »Wir könnten uns mit England einigen, und wir hätten dies schon erreicht, wenn nicht von S. M. immer wieder dazwischengefahren würde ...«

Erneute Gelegenheit zum Dazwischenfahren gibt es für Seine Majestät, als im Sommer 1912 der Zweite Balkankrieg ausbricht. Die christlichen Staaten – Rumänien, Serbien, Griechenland – wollen die Herrschaft der Türken über den Balken endgültig beenden, während Bulgarien isoliert ist und im Juli von den Rumänen besetzt wird. Eine höchst verwickelte politische Situation, und binnen kurzem ist ein großer europäischer Krieg in Sichtweite. Wird Österreich-Ungarn mit Deutschland die Gelegenheit nutzen, gegen das Bündnis von England und Russland ins Feld zu ziehen?

Die SPD, die sich als einzige in der politischen Landschaft Deutschlands als Anti-Kriegspartei versteht, ruft für den 20. Oktober 1912 in der Reichshauptstadt zu einer Demonstration im Treptow-Park auf. Rund 250 000 Menschen fühlen sich angesprochen, eine davon ist Käthe Kollwitz, die am Tag danach an ihren Sohn schreibt: »Fein war gestern die Massendemonstration in Treptow gegen Krieg, Teuerung und Drei-Klassen-Wahlrecht.... schon von 10 Uhr an gingen die Trupps heraus, wir bildeten für uns ein kleines Trüppchen ... Wie häufig habe ich das jetzt schon mit erlebt, das gemeinsame Handaufheben zum Schluss bei dem Hoch auf die Sozialdemokratie, immer wieder liegt für mein Gefühl etwas Fortreißendes darin. Später erkletterten wir das Verdeck einer Elektrischen und fuhren durch die abströmende Menge, vor uns, seitlich ein Meer von Menschen.« Im November 1912 organisiert die Internationale der Sozialisten in den großen Städten Westeuropas weitere Protestversammlungen gegen den Krieg und für den Frieden. August Bebel, der Führer der SPD, hatte im November 1911 im deutschen Reichstag vor dem »großen Kladderadatsch« gewarnt. Im November 1912 hält er im Basler Münster eine leidenschaftliche Rede gegen eine Politik, die Probleme mit einem Krieg lösen will und beschwört die internationale Solidarität der Sozialisten.

Im gleichen Monat stützte Wilhelm II. – wie ein Jahr zuvor – die Kriegstreiber in beiden Ländern und erklärte dem österreichischen Militärattaché in Berlin, Österreich-Ungarn könne sich in einem erweiterten Balkankrieg auf das Bündnis mit Deutschland verlassen: »Deutschlands Schwert sitze schon locker in der Scheide, auf Uns können Sie zählen.« Für den Kaiser handelte es sich um einen Rassenkampf, in dem Germanen gegen Slawen stünden. Und er fügte hinzu: »Jeder Parlamentarier, der sich gegen diese Politik stemme, müsse gehängt werden.«

Am 8. Dezember morgens, einem Sonntag, beorderte Wilhelm II. seine »Getreuen von Heer und Flotte« ins Berliner Schloss. Mit seinen höchsten Militärberatern – der Reichskanzler war nicht geladen – ging der Kaiser alle Optionen in der aktuellen Krisensituation durch. Krieg oder Nicht-Krieg, das war die Frage. Wilhelm II. war in bester Kriegsstimmung, aber die meisten Berater bei diesem »Kriegsrat« plädierten für ein »Hinausschieben des Kampfes um 1 1/2 Jahre«. 1914 könne es losgehen. Was den Ausschlag gab, war die englische Abschreckungspolitik: Wenn Deutschland Frankreich und Russland angreifen würde, so die Botschaft über alle diplomatischen Kanäle, wäre das für England der Bündnisfall – es würde Deutschland den Krieg erklären.

Der Kaiser hatte anders gewettet, gab aber schließlich nach. Dem

Generalstab von Heer und Marine jedoch erteilte er umgehend den Auftrag, »eine Invasion großen Stiles nach England auszuarbeiten«. Und der Reichskanzler erhielt eine kaiserliche Anordnung, durch die Presse »das Volk mit dem Gedanken an einen Krieg Deutschlands an der Seite Österreich-Ungarns vertraut zu machen«. Das Volk dürfe sich nicht erst bei Ausbruch »eines großen europäischen Krieges« fragen, »für welche Interessen Deutschland in diesem Krieg zu kämpfen habe«. Am Jahresende 1912 galt: Die Völker Europas waren einem großen Krieg noch einmal entkommen. Doch knapper hätte die Entscheidung für den Fortgang des Friedens bei denen, die in Deutschland die politische Verantwortung trugen, Wilhelm II. als oberster Kriegsherr vorneweg, nicht ausfallen können.

Während der Balkankrieg die Stimmung im westlichen Europa anheizte und polarisierte, fuhr Felice Bauer im August 1912 von Berlin zu einem Verwandtenbesuch nach Prag. An der Moldau lernte die Fünfundzwanzigjährige den vier Jahre älteren Franz Kafka kennen, promovierter Jurist, Beamter in einem Versicherungsunternehmen, Schriftsteller. Am 20. September schrieb Kafka den ersten Brief an Felice Bauer, dem in den nächsten zwei Jahren fast fünfhundert Briefe und Postkarten folgten. Im Frühjahr 1913 haben sich die beiden verlobt.

Am 2. Oktober 1912, noch gilt die Anrede »Gnädiges Fräulein«, kommt Kafka auf den Beruf seiner Adressatin zu sprechen, von dem er eine ungefähre Ahnung hat. Er will mehr erfahren, zum Beruf und zur Person: »Es ist mir ein unheimliches Gefühl, Sie am Abend müde und allein in ihrem Bureau zu wissen. Wie sind Sie denn im Bureau angezogen? Und worin besteht ihre Hauptarbeit? Sie schreiben oder diktieren? Und es muss eine hohe Stellung sein, wenn Sie mit so vielen Leuten zu reden haben, denn der niedrige Beamte sitzt doch stumm bei seinem Tisch.« Franz Kafka, selbst an einen Bureau-Posten gebunden, hat die richtigen Vermutungen.

Die Eltern von Felice Bauer waren 1899 von Schlesien in die Reichshauptstadt umgesiedelt, wo für viele Schlesier ein besseres Leben lockte. Felice Bauer machte Karriere, obwohl sie die Handelsschule abbrechen musste, um Geld zu verdienen. 1909 begann sie bei Odeon, der größten Schallplattenfirma Deutschlands, als Stenotypistin. Als die Lindström A.G., Marktführer für modernste Diktiergeräte, Odeon aufkaufte, wurde Felice Bauer übernommen und bald Vertriebsleiterin für Grammophone und Diktiergeräte. Kafkas Vermutung einer »hohen Stellung« im September 1912 traf ins Schwarze, inzwischen hatte die Fünfundzwanzigjährige bei Lindström sogar Prokura.

Zehn Jahre zuvor, mit dem Beginn des 20. Jahrhunderts, wäre eine solche Karriere für eine Frau undenkbar gewesen. Die Gegner von Gleichberechtigung und Emanzipation, die sich im Jahre 1912 zusammentaten, hatten das richtige Gespür, als sie einen Bund gegen die Frauenbewegung organisierten. Der deutschen Frauenbewegung im Kaiserreich war es gelungen, das Verhältnis von Frauen und Männern zueinander, ihre jeweilige Stellung in der Familie und in der Welt, in Politik und Gesellschaft auf eine gänzlich neue Grundlage zu stellen. Auch wenn in der Realität noch längst nicht alle Konsequenzen daraus gezogen wurden, weder von den Frauen noch von den Männern.

Das Jubeljahr 1913: Frauen setzen Akzente

Auch die Mädchen sind dabei – Männlicher Heldentod: Sterben ist tabu – Mutter-Blut macht Staatsbürger – Der Streit um den Gebärstreik – England: Bürgerkrieg ums Stimmrecht – Ein mutiger Film: »Die Suffragette« – Karen Horney: Ärztin, zwei Kinder und Freud'sche Abende – Elisabeth Macke: Mit Baby nicht zum Festbankett

Am 29. Januar 1913 feierten die Frankfurter Frauenvereine einen bunten Abend im Café an der Hauptwache. Er stand im Zeichen für ein »freies, fröhliches Stimmrecht«, das den Frauen im Kaiserreich, trotz aller Petitionen und Proteste, immer noch verwehrt bleibt. Die Stimmung ließen sich die Feministinnen vom Main deshalb nicht verderben. Auf die Melodie der »Marseillaise« sang ein Chor Stimmrechtslieder, »Wahlweiber« trugen zur Laute selbstgedichtete Verse vor. Auch 1913 ging der Kampf der Frauen um ihr Wahlrecht weiter, und dabei sollten Humor und Ironie nicht fehlen. Zur Fastnacht 1913 brachten die Frankfurter »Wahlweiber« eine *Frauenstimmrechts-Ulkzeitung* heraus.

Auf soviel Fröhlichkeit blicken die Nachgeborenen irritiert zurück, denn für sie ist 1913 das Jahr vor dem Großen Krieg, es liegt schon im Schatten der Katastrophe. Vom Wissen um die vier erschütternden, blutigen Jahre 1914 bis 1918 beschwert sind die Rückblicke, die sich in das kollektive Gedächtnis gebrannt haben – verdüstert und verzerrt, verwischt und verklärt. Aber es gibt viele unmittelbare Zeugnisse, die ein realistisches Bild von der Wirklichkeit geben und Einblicke in das Leben der Menschen. Für sie alle war 1913 Gegenwart und nicht das Jahr vor dem Krieg. Für die Nachgeborenen gilt, diese einfache Wahrheit nicht aus den Augen zu verlieren.

Der lockere Ton der Frankfurter Feministinnen ist kennzeichnend für die Stimmung der folgenden Monate im gesamten Kaiserreich. Die

Deutschen waren voll freudiger Erwartung, denn sie wussten, dass ein Jubeljahr vor ihnen lag. Seit über einem Jahr bereiteten sich Gemeinden und Ministerien, Schulen und Theater, tausende von Vereinen, Handwerksinnungen und Industrieverbände, Kirchen und öffentliche Verkehrsbetriebe auf drei nationale Jubiläen vor, die 1913 zusammentrafen. Bei zweien davon stand die Person des Kaisers im Mittelpunkt. Das größte Ereignis, das fast das ganze Jahr überspannte, waren die Hundertjahr-Feiern zur Erinnerung an die Erhebung der Deutschen 1813 gegen Napoleons Besatzungsherrschaft.

Bemerkenswert an den Festen und Feierlichkeiten in der Reichshauptstadt und im ganzen Land ist, dass demokratische Institutionen wie die Parteien dabei überhaupt keine Rolle spielen. Das private Engagement und die spontane Begeisterung aller gesellschaftlichen Gruppen allerdings sind gewaltig, unabhängig von den umfassenden Vorbereitungen staatlicher und kommunaler Stellen. Auch der Kaiser mischt sich seit 1911 kräftig in die Vorbereitungen ein.

Es geht gleich im Januar 1913 los, als der 55. Geburtstag Wilhelm II. gefeiert wird. General August von Mackensen kann in seiner Geburtstagsrede im Berliner Schloss aus dem Kampf gegen Napoleon gar nicht genug »Lehren« für die Gegenwart ziehen. Damals hätten »fromme Begeisterung und glühende Vaterlandsliebe, Opferfreudigkeit und deutscher Idealismus« unter Preußens Führung den Sieg gebracht. Daraus folgt für 1913: »Wir sind gewiss kein kriegslustiges Volk; aber wir müssen ein kriegsbereites und kriegerisches Volk bleiben ... In einem kommenden Kriege handelt es sich um unsere Weltstellung; von seinem Ausgang hängt politisch, national und wirtschaftlich unser Schicksal ab.« Alles endete mit einem donnernden »Hurra! Hurra! Hurra!«

Im März beteiligen sich in der Reichshauptstadt Zehntausende am »Zentenar Fackelzug« zum 1813-Jubiläum. Eine private Initiative hat eine gigantische Polonaise zum Berliner Schloss organisiert. Alle Gruppierungen sind willkommen. Die Menschen am Straßenrand jubeln allen zu: den Wandervögeln wie den Mitarbeitern der Firma Bolle, katholischen Damen und evangelischen Jünglingen, den Abordnungen von Krieger-, Beamten- und Lehrervereinen, Schützenvereinen mit Musikkapellen, Turnern und Studenten. Als der Zug dichtgedrängt den Schlossplatz füllt, wird dem Kaiserpaar oben auf dem Balkon das »Hoch« ausgebracht. Der Kaiser salutiert, spontan singt die Menge die Nationalhymne.

Im Juni wird das 25. Regierungsjubiläum Wilhelm II. besonders prächtig gefeiert. Es gibt kaum ein Denkmal oder Gebäude im Zentrum der Reichshauptstadt, das nicht festlich geschmückt ist. Vor dem Berliner Schloss singen am 16. Juni um 8 Uhr 30 rund siebentausend Schulkinder für den Kaiser. Tags darauf ziehen wieder Zehntausende in zwei Huldigungszügen durch die Straßen zum Schloss: Am Vormittag sind es die Handwerkerinnen, rund 12 000 Frauen in historischen Kostümen in hunderten von Wagen. Am Abend dauert der Fackelzug der Studenten rund anderthalb Stunden und die Hurrarufe für den Kaiser, der huldvoll vom Balkon winkt, nehmen kein Ende. Stolz meldet die Berliner Stadtbahn für diesen Tag einen Fahrgastrekord: Sie hat 2 108 000 Personen mit der Straßenbahn befördert.

Was sich in Berlin abspielt, ist keine elitäre Aufführung. Überall im Kaiserreich wird dem Monarchen zu Ehren gefeiert, mit Festbanketten, Bällen und Paraden, in historischen Kostümen, mit Theater- und Sportaufführungen. Und nirgendwo darf der Fackelzug zum Abschluss fehlen.

Am 18. Oktober wird in Anwesenheit des Kaisers in Leipzig das »Völkerschlachtdenkmal« eingeweiht. In sechs minutiös organisierten Sternläufen, an denen sich 43 000 Turner aus ganz Deutschland beteiligen, treffen die letzten »Eilbotenläufer« an diesem Tag mit einem Eichenzweig auf dem Leipziger Schlachtfeld von 1813 ein. Es ist das größte nationale Denkmal in Europa, und die Kosten von vier Millionen Reichsmark wurden ausschließlich durch öffentliche Spenden finanziert. Bis heute erinnert der steinerne Koloss an den Sieg der Alliierten – Preußen, England, Russland, Österreich, Schweden – über Napoleon. Wie in Leipzig sind die Menschen in allen deutschen Städten am 18. Oktober 1913 auf den Straßen, bewundern die illuminierten Rathäuser und Fackelzüge, genießen die Festkonzerte.

Der Kaiser fährt umgehend von Leipzig zurück nach Berlin, denn am 19. Oktober wird in der Hauptstadt der Sieg von Leipzig bejubelt. An diesem Abend stellen die Berliner Jugendorganisationen auf Paradewagen mit rund 30 000 Teilnehmern in historischen Kostümen Helden und Ereignisse aus den Befreiungskriegen nach. Ob Turner, Wanderer, Radfahrer, Schüler, Pfadfinder – bei allen sind auch die Mädchen dabei, und wieder stehen hunderttausende Berliner am Straßenrand Spalier. Ziel der Teilnehmer ist das Tempelhofer Feld, wo Holzstöße entzündet werden, Fackeln brennen und bengalische Lichter aufleuchten. Im Schein der Flammen gibt ein Generalfeldmarschall in seiner Festrede das Versprechen ab, dass die versammelte patriotische Jugend, »wenn die Entscheidung naht, mannhaft für Vaterland und Kaiser« einstehen wird.

Die sozialdemokratische Parteizeitung *Vorwärts* verspottete die »bürgerliche Jugend« für diese »Räuberromantik à la Karl May«. Die SPD insgesamt hielt sich von allen offiziellen Feiern des Jubeljahres demonstrativ fern, organisierte eigene interne Veranstaltungen, die nicht weiter auffielen. Aber so manche Arbeiterfamilie stand am Straßenrand und jubelte: stolz auf den Kaiser, dessen Bild bei vielen in der Stube hing und stolz auf den erfolgreichen Kampf gegen den Eindringling Napoleon, ein Markstein in der deutschen Freiheitsgeschichte.

Im Juli 1913 schrieb die radikal-konservative *Kreuz-Zeitung*, »die Wellen der nationalen Begeisterung« schlügen »von den Reihen der Alldeutschen bis weit hinein in die Lager der Linksliberalen«. Es war eine Begeisterung, die sich mit einem »neu erwachten Opfergeist« verband. Der zeigte sich konkret in unzähligen Spenden, die großzügig aus allen Schichten für soziale und nationale Projekte gegeben wurden. Keine Rede von Generälen und Bürgermeistern auf öffentlichen Plätzen, von Pastoren und Lehrern auf Festbanketten, die nicht aus dem Opfer der Helden von 1813 die Verpflichtung der Lebenden ableitete, wie die Altvorderen für Deutschlands Größe und Stolz einzustehen.

Im Städtchen Brake im Lipperland rief ein Lehrer bei der Jahrhundertfeier zur Völkerschlacht von Leipzig die Versammelten im Oktober 1913 auf, »im Falle der Not und Gefahr wie unsere Väter gern bereit zu sein, uns selbst und unser letztes und bestes, was wir besitzen, willig und gern dem Vaterland zum Opfer darzubringen«. Ob Berlin oder Brake: Das war ernst gemeint; ein Appell, der in feierlicher Stimmung die Herzen erreichte. Verwoben mit Glanz und Gloria, eingebettet in den fröhlichen Jubel der historischen Umzüge, die die Helden von 1813 in der Erinnerung wieder lebendig werden ließen. Nirgendwo ein Wort über die Gräuel der Schlacht, in der vier lange Tage schrecklich gekämpft und grausam gestorben worden war, hunderttausendfach. Krieg war eine Metapher für den männlichen Heldentod, für die gerechte Sache und für einen kurzen kämpferischen Durchgang zu besseren Zeiten. Was sollte daran die Lebenden schrecken? Zumal kein Festtagsredner die »höhere Fügung« vergaß, die noch stets auf Seiten der Deutschen eingegriffen habe.

Der Jubel war echt, nicht gesteuert. Es gelang den Deutschen, festlich-fröhlich zu feiern, fern jeder Düsternis. Der Bund Deutscher Frauenvereine (BDF) setzte im bunten Reigen des Jubeljahres eigene Akzente. Am 9. März 1913 veranstaltete dieser Dachverband der deutschen Frauenvereine in Berlin eine »Jahrhundertfeier der Frauen« zur Erinnerung an 1813. Hauptrednerin war Gertrud Bäumer, seit 1910 Vorsitzende des BDF. Gertrud Bäumer, Jahrgang 1873, ausgebildete Lehrerin, hatte 1897 den ersten Lehrerinnenverein in Magdeburg gegründet. In Berlin lernt sie Helene Lange kennen, zieht 1899 bei ihr ein, und es beginnt die wohl prominenteste Lebens- und Arbeitsgemeinschaft der Frauenbewegung. Kein Kongress, keine Versammlung des BDF, wo Helene Lange und die eine Generation jüngere Gertrud Bäumer nicht gemeinsam auftraten. Zuerst im Schatten der Älteren, macht Bäumer ihre eigene Karriere im BDF, promoviert 1904, publiziert, reist als Rednerin unermüdlich von einem Frauenverein zum anderen.

»Freiheit« ist das Motto, unter das Gertrud Bäumer in ihrer Festrede im März 1913 die nationale Erinnerung der Frauen stellt: Der Kampf von 1813 ging um den Staat, die Nation und »die Freiheit«, um die »Befreiung von äußerer Knechtschaft und innerer Abhängigkeit«. Die Neununddreißigjährige verknüpft den Aufstand gegen den tyrannischen Eroberer mit der Revolution von 1848/49. Wer von den Mitstreiterinnen in der Frauenbewegung dachte da nicht an Louise Otto und das mutige Motto ihrer *Frauen-Zeitung* von 1849: »Dem Reich der Freiheit werb' ich Bürgerinnen.« Gertrud Bäumer deutet die Ereignisse von 1813 als den Kampf um die »Idee eines neuen bürgerlichen Daseins in einer Volksgemeinschaft, die auf die Kraft und den Willen aller gegründet« sein soll. Ohne große Worte ist damit der Anspruch begründet, dass die Forderung nach Emanzipation und Gleichberechtigung der Frauen fest mit dem nationalen Freiheitskampf verwurzelt ist. Mit dem Blick in die Zukunft plädiert die Vorsitzende des BDF für eine »moderne Idee des Vaterlandes«, ohne die Differenzen innerhalb der Frauenbewegung zu verschleiern: »Wir wissen noch nicht, und wir denken auch verschieden darüber, bis zu welchem Grad das Frauenleben mit dem Gesamtleben der Nation eins werden kann und wird.«

Zwischen der 1813-Rede der BDF-Vorsitzenden und der Proklamation des Vaterländischen Frauenvereins, der unter der Schirmherrschaft der Kaiserin stand, lagen Welten. Die Vaterländischen Frauen nutzten die Erinnerung an 1813, um vorsorglich die bedeutende Rolle der Frau im Krieg herauszustellen: Sie sei es, die »ihren Söhnen das Schwert reicht«. Aber auch der Wunsch des BDF nach einer freien Bürgergesellschaft, in der Frauen und Männer die gleichen Rechte haben, schloss einen kräftigen Nationalismus nicht aus. Gertrud Bäumer unterstützte wie die übergroße Mehrheit der Mitglieder in den Frauenvereinen die kaiserliche Weltmachtpolitik. Es sei nur gerecht, dass auch Deutschland seinen »Platz an der Sonne« erhielt.

Ähnlich ging es den fröhlichen Teilnehmern der historischen Umzüge und den jubelnden Frauen und Männern am Straßenrand. Sie waren nicht kriegswütig, aber warum sollten sie anders denken als die Mehrheit der Parteien im Reichstag? Warum sollten sie nicht ähnlich nationalistische Träume haben wie der AEG-Unternehmer und kluge Zeitkritiker Walter Rathenau, der die deutschen Politiker 1913 antrieb, dem Deutschen Reich Zugänge zu wichtigen Rohstoffen zu verschaffen: »... wir wollen nicht der Gnade des Weltmarktes anheimfallen. Wir brauchen Land dieser Erde.«

Weder der Kaiser noch die führenden Politiker seiner Regierung hatten 1913 ihre aggressiven Pläne gegenüber England und Frankreich aufgegeben. Psychologisch geschickt nutzten sie die patriotische Hochstimmung des nationalen Gedenkjahres, um am 30. Juni 1913 eine Gesetzesvorlage zur größten und teuersten Aufrüstung des deutschen Heeres seit Beginn des Kaiserreiches erfolgreich durch den Reichstag zu bringen. Nur die Fraktion der Sozialdemokraten stimmte gegen die geplanten Ausgaben von rund einer Milliarde Mark und warnte: »Es soll Ellenbogenfreiheit geschaffen werden für die imperialistische

Weltpolitik«, und darin liege »die Gefahr eines Krieges«. Anschließend jedoch bewilligten die SPD-Abgeordneten paradoxerweise die Finanzierung der soeben abgelehnten Aufrüstung, der erbitterte Widerstand von Clara Zetkin und Rosa Luxemburg konnte sie nicht umstimmen. Das Argument der Partei: Wenn die Reichen, wie in den Finanzierungsgesetzen vorgesehen, für die Militärausgaben extrem zur Kasse gebeten würden, kämen ihnen auf Dauer Zweifel an der extremen Militarisierung Deutschlands.

Vielleicht hatte es die große Mehrheit der SPD-Abgeordneten einfach satt, bei den Debatten im Reichstag ständig aus der Defensive agieren zu müssen. Der unerwartete Erfolg bei den Reichstagswahlen im Januar 1912 hatte sich politisch nicht ausgewirkt. Auch alle Demonstrationen, das unfaire Dreiklassenwahlrecht zum preußischen Landtag zu ändern, blieben erfolglos. Und im Reichstag brach 1913 eine Diskussion los, bei der die internen Differenzen der SPD offen zutage traten. »Staatsangehörigkeit« und »Gebärstreik« waren die beiden Schlagwörter, die die Gemüter in allen politischen Lagern in Wallung brachten. Auf den ersten Blick haben sie nichts gemein. Aber bei den Sozialdemokraten verwickelten sich beide Themen zu einem Argumentationsknäuel voller Widersprüche, das nach innen und außen nichts als Ärger brachte.

Radikal-konservative Parteien und Vereine hatten die kaiserliche These übernommen, es werde zu einem »Rassenkrieg« zwischen Germanen und Slawen kommen. Im März 1913 schloss sich die *Germania*, das Blatt der katholisch-bürgerlichen Zentrumspartei, dieser Argumentation ausdrücklich an. Es gehe bei den Auseinandersetzungen auf dem Balkan um die Alternative »Germanentum oder Slawentum«, weshalb Deutschland die »österreichische Kriegspartei« stützen müsse – selbst wenn es in einen Krieg hineingezogen würde.

Um »Rasse« und »Blut« ging es auch im Kern einer Gesetzesvorlage der Regierung, die seit 1912 im Reichstag diskutiert wurde und das Staatsbürgerschaftsrecht grundlegend verändern sollte. Der radikale rechte Alldeutsche Verband beherrschte seit 1894/95 diese Diskussion und hatte sich in der Gesetzesvorlage mit seinen entscheidenden Forderungen durchgesetzt. Es sei eine nationale Verpflichtung, das deutsche Volk als »Rasse« rein zu halten. Bei der Frage, wer Deutscher ist, sollte nicht das »ius solis« – der Ort und Staat, wo ein Mensch geboren wird – maßgeblich sein, sondern das »ius sanguinis«, die Abstammung von der Mutter, das »Blutsgesetz«. Nach dieser Argumentation erwirbt, wer als eheliches Kind von einer deutschen Mutter geboren wird, automatisch die deutsche Staatsbürgerschaft – egal, in welchem Land die Geburt stattfindet.

Das Kind einer polnischen Mutter, das in Berlin oder sonstwo auf »deutschem Boden« zur Welt kommt, hat dagegen kein Anrecht auf die deutsche Staatsbürgerschaft. In seinen Adern fließt kein »deutsches Blut«, wie die völkisch gestimmten Nationalisten argumentierten, deren Weltbild aus Nationen von »reinrassigen« Ethnien zusammengesetzt war. Umgekehrt sollten die im Ausland geborenen Kinder von Deutschen automatisch Deutsche sein und ihre deutsche Staatsangehörigkeit sollte im Ausland nicht mehr, wie ein Gesetz von 1870 vorsah, nach zehn Jahren erlöschen, sondern ewig für alle folgenden Generationen gelten.

Kein Deutscher sollte die Wahl haben, sich mit seiner Familie der deutschen Schicksalsgemeinschaft zu entziehen, indem er in ein anderes Land zog, wo das »ius solis« galt. Nach Frankreich, England oder in die USA, wo die Kinder der Eingewanderten – egal welcher Hautfarbe und Religion – bei der Geburt »auf dem Boden« des jeweiligen Staates bis heute dessen Staatsbürgerschaft erhalten. Die SPD argumentierte im Reichstag für das »ius solis«. Am 22. Juli 1913 votierten die anderen Parteien – und damit die Mehrheit – für ein neues Reichs- und Staatsangehörigkeitsgesetz, das das »ius sanguinis« zum entscheidenden Faktor der deutschen Staatsangehörigkeit erklärte. Und dieses Phantom des »Deutschtums«, das angeblich alle Deutschen verbindet und sie zu einem Volk macht, ist in Gestalt der Staatsbürgerschaft bis ins 21. Jahrhundert im Gesetz verankert.

Die Reform war kaum verabschiedet, als im Juli 1913 ein Artikel im *Vorwärts* versuchte, die heftigen parteiinternen Wogen einer Debatte zu glätten, die Genossinnen und Genossen seit Monaten in zwei feindliche Lager spaltete. »Gerade unter den Genossinnen«, musste die SPD-Zeitung konstatieren, »findet man … Verteidiger für die Notwendigkeit eines Gebärstreiks.« Aber bei allem Verständnis für die »Nöte einer Mutter mit acht Kindern, deren Berufs- und Hausarbeiten keine

Zeit zum Besuch von Versammlungen« übrig lasse, der Weg des Gebärstreiks sei »falsch«. Eine »geringe Kinderzahl«, erklärte das offizielle Parteiorgan, sei nicht »der Weg zur sozialistischen Erkenntnis und Politik.«

Ob Staatsangehörigkeit oder Gebärstreik: Stets war die Frau in ihrer Funktion als Mutter betroffen, wurde die Mutterrolle in allen Lagern instrumentalisiert und politisiert. Beide Schlagworte waren Teil der bevölkerungspolitischen Auseinandersetzung, ob Geburtenkontrolle eine Voraussetzung zur Emanzipation der Frau sei oder – so die Phalanx der Konservativen – »nationaler Selbstmord«. Es gab keine Debatte zu diesem Thema im Reichstag, auf der die bürgerlichen Parteien nicht die Sozialdemokraten auf die Anklagebank setzten. Verkehrte Welt: Denn das Frauenbild der führenden Genossen ließ – wie das der Bürgerlichen – nicht zu, dass ihre Ehefrauen und verheirateten Töchter ein selbstbestimmtes Sexualleben führten. Wilhelm Liebknecht, der Gründer des *Vorwärts*, sorgte über seinen Tod 1900 hinaus dafür, dass es im Parteiorgan keinerlei Anzeigen oder Werbung für Verhütungsmittel gab. Er hatte viele Genossen auf seiner Seite, als er diese Mittel »unsittlich« und »widerlich« nannte.

Zu der Minderheit sozialdemokratischer Männer, die Arbeiterfrauen bei der Geburtenreduzierung aktiv unterstützten und in aller Öffentlichkeit dafür warben, gehörten die Berliner Ärzte Alfred Bernstein, Jahrgang 1858, und Julius Moses, Jahrgang 1868. Die beiden klärten seit 1910 in Frauenversammlungen und mit preiswerten Broschüren über Verhütungsmethoden auf und brachten die Idee eines »Gebärstreiks« in Umlauf. Wenn Frauen sich weigerten, Kinder in die Welt zu setzen, sei das eine »unblutige Tat« im Klassenkampf. Frauen sollten nicht länger als »Gebärmaschinen« zu Diensten sein, die den Herrschenden Soldaten lieferten.

Die Kombination von praktischer medizinischer Solidarität und theoretischer Hilfestellung machte Bernstein und Moses bei den Arbeiterfrauen populär. Der *Vorwärts*-Artikel, dem Anfang August 1913 ein weiterer folgte, blieb dagegen ohne positives Echo. Da entschied der Berliner SPD-Vorstand, für den 22. August zu einer Parteiversammlung einzuladen – »Gegen den Gebärstreik« verkündete das Plakat.

Doch die SPD-Führung, zu neunundneunzig Prozent Männer, hatte die Brisanz des Themas und die Entschlossenheit der Frauen unterschätzt. Lange vor Beginn der Debatte war der Versammlungsraum mit rund 4000 Menschen, die Mehrzahl Frauen, völlig überfüllt. Hunderte fanden keinen Platz mehr, obwohl schon alle Tische entfernt worden waren. Drei führende Genossinnen, darunter Clara Zetkin und Rosa Luxemburg, hatten sich bereit erklärt, gegen einen Gebärstreik zu argumentierten. Aber auch sie unterschätzten die Stimmung der betroffenen Frauen und deren Denkvermögen gehörig.

Zu wenig Proletarierkinder, argumentierte Clara Zetkin, die selber zwei Söhne hatte, schwächen den Kampf der Arbeiterklasse. Die Herrschenden würden nicht durch »Qualität« sondern durch »die Masse«, durch »viele Soldaten der Revolution« besiegt. Für Genossin Rosa Luxemburg, kinderlos, waren die Verfechterinnen eines Gebärstreiks politisch rückständig. Solche Thesen konnten nur verfangen, weil die Massen »oberflächlich, dumm und denkfaul« seien. Tumult brach los, empörte Frauen wollten sich solche Zurechtweisungen nicht bieten lassen. Die Veranstalter mussten ihre vorbereitete Resolution »Gegen den Gebärstreik« mangels Zustimmung wieder einrollen. Doch sie hatten nichts gelernt, und nichts verstanden.

Eine zweite »Große Volksversammlung« wurde für den 29. August einberufen, und wieder sollte es »Gegen den Gebärstreik« gehen. Wieder musste der überfüllte Saal für weitere Besucherinnen polizeilich gesperrt werden, wieder kam es zum Fiasko, als zu einer Resolution im Sinne der Partei aufgefordert wurde. Die SPD-Frauen aus dem Berliner Norden verweigerten ausdrücklich ihre Zustimmung. Eine Rednerin rief in den aufgewühlten Saal: »Genossin Zetkin hat nicht so recht in die Verhältnisse der Armen hineingesehen. Ich rate: streiken Sie weiter.«

Eigentlich kannte Clara Zetkin ihre Genossen. Zwar hatte sie in ihren Reden und Schriften immer die These vertreten, dass im Klassenkampf Frauen und Männer Seite an Seite für eine bessere Welt zusammenstanden und eine eigene proletarische Frauenbewegung, parallel zur bürgerlichen, unnötig sei. Aber in internen Diskussionen ließ sie durchblicken, dass sie von den Genossen mehr Verständnis für die Emanzipation erwartete. Stets hatte Clara Zetkin sich auf Parteitagen den Argumenten widersetzt, die Frauen der Arbeiter seien zu Hause am besten aufgehoben und nähmen mit ihrer Berufstätigkeit den Männern die Arbeitsplätze weg.

Sie selbst war der beste Beweis für ein selbstbestimmtes Frauenleben. Doch als es um die Freiheit der Frau über ihren Körper ging, verteidigte Clara Zetkin die offizielle Parteilinie und das rückwärtsgewandte Frauenbild der führenden SPD-Funktionäre. Im politischen Kampf gegen den Klassenfeind instrumentalisierten beide Lager innerhalb der Sozialdemokratie die Gebärfähigkeit der Frauen für ihre Überzeugungen: die beiden Berliner Ärzte für und Clara Zetkin gegen den Aufruf, für eine Weile keine Kinder in die Welt zu setzen.

Es war eine einfache Parteigenossin aus Altona, damals noch kein Teil von Hamburg, die auf den Punkt brachte, worum es ging, wenn man die Frauen und ihre Situation ernst nahm: »Wenn der Staat auch noch soviel Gesetze gegen den Rückgang der Geburten schaffe, so müsse die Frau doch Herrin über ihren eigenen Körper sein.« Alma Wartenberg, mit elf Geschwistern aufgewachsen und mit einem Schlosser verheiratet, hatte selbst vier Kinder. Ihre medizinischen Kenntnisse erhielt sie als Dienstmädchen eines Arztes, dem sie in seiner Praxis bei kleinen Eingriffen zur Hand ging. Ab 1911 zog die Sozialdemokratin Alma Wartenberg über Land, um Frauen über Geburtenkontrolle und Sexualität aufzuklären. Mit einem selbstgebauten Apparat hielt sie Lichtbildvorträge und verkaufte am Ende ihrer Vorträge, zu denen oft hunderte von Frauen kamen, Verhütungsmittel.

Ob Bürger oder Arbeiter: Alle Männer waren von Alma Wartenbergs Kampf für Geburtenkontrolle betroffen. Erklärte sie doch, »das Recht, sich gegen Geburten zu schützen«, stünde einer Frau »selbst gegen den Willen ihres Ehemannes zu.« Und Alma Wartenberg weigerte sich, die Mutterrolle der Frau zu instrumentalisieren, sei es für den Klassenkampf, sei es für Weltmachtpolitik. Für die Sozialdemokratin, deren Mutter zu Zeiten des Sozialistengesetzes getarnt für die Partei aktiv war, musste sich auch Mutterschaft allein daran messen lassen, ob sie im Interesse der Frau war oder nicht.

Wenn es um das Ideal der Mutterliebe ging, hätte Else Lasker-Schüler höchstes Lob von Seiten der Nationalisten und Völkisch-Gesinnten verdient. Nach der Scheidung im November 1912 von Herwarth Walden, der in einer dänischen Pastorentochter eine neue Liebe gefunden hatte, zog die Schriftstellerin in ein winziges Mansardenzimmer im Grunewald, um die Kosten für ihr Leben so niedrig wie möglich zu halten. Alles Sinnen und Trachten galt ihrem Sohn Paul, dessen Internat-Aufenthalt in der Odenwaldschule viel Geld kostete. Dass er sich dort keineswegs glücklich fühlte, machte ihr zusätzlich Sorgen.

Else Lasker-Schüler war eine fleißige und fordernde Schreiberin und ließ in ihren Briefen an Verleger und Kritiker nicht locker. Im Dezember 1912 erschienen ihre *Norwegenbriefe* aus dem Café des Westens als Liebesroman. Unter dem Titel *Mein Herz* brachte er ihr fünfhundert Mark Vorschuss. Das war nicht wenig, aber allein für die Odenwaldschule musste Else Lasker-Schüler jeden Monat zweihundert Mark überweisen. Im Januar 1913 veröffentlichte Karl Kraus, Freund und Bewunderer ihrer Gedichte, in seiner Literaturzeitschrift *Die Fackel* eine Annonce. Darin bat die Dichterin um tausend Reichsmark, um die »Erziehung ihres Sohnes« finanzieren zu können. Prominente wie Selma Lagerlöf und Arnold Schönberg spendeten und unterstützten den Aufruf. Der Gang an die Öffentlichkeit fiel Else Lasker-Schüler nicht leicht. Aber sie war überzeugt, dass ihre Dichtkunst weit unter Wert verkauft wurde und ihr ein sehr viel größeres Einkommen zustünde. Und für Paul tat sie alles – war sie sich selbst für Bettelbriefe nicht zu schade.

Mutterliebe über alles war die Parole derer, die für das Frauenbild von gestern kämpften. Aber Else Lasker-Schüler ist der lebende Beweis, dass die Schablonen von gestern nicht mehr passten. Die Dichterin war eine moderne Frau, aber in Sachen Mutterliebe ließ sie sich von niemandem übertreffen. Sie war Deutsche, aber den völkischen Vorstellungen des reformierten Staatsbürgerschaftsgesetzes von einer deutschen Mutter, die deutsches Blut an ihre Kinder weitergab, entsprach sie ganz und gar nicht.

»Ich bin Jude. Gott sei Dank«, entgegnete Else Lasker-Schüler auf antisemitische Beleidigungen. Für die Völkisch-Nationalen gehörte ein Jude nicht zur deutschen Volksgemeinschaft. Die Dichterin war stolz auf ihr Judentum und auf ihre jüdisch-westfälischen Vorfahren, besonders den Urgroßvater, Rabbi Zwi Hirsch Cohen aus Geseke. Das Judentum war für Else Lasker-Schüler ebenso Heimat wie das geliebte

Bergische Land mit seinen frommen Pietisten. In Bergisch-Rheinischem Platt hat sie das Theaterstück *Die Wupper* geschrieben. In ihrer literarischen Wahlverwandtschaft bewegte sie sich weit über Europa hinaus. In einer Erzählung fühlte sie sich als Prinz von Theben in Ägypten zuhause, in ihren Gedichten nahm der Orient mit seinen Düften und Farben Gestalt an. Das Exotisch-Fremde war Teil ihrer Persönlichkeit. Es gehörte zu ihrem Dichter-Auftritt.

Doch Else Lasker-Schülers Ruhm hing nicht an ihren weiten seidenen Hosen oder der roten Samtjacke mit Goldknöpfen. Er hatte mit dem Jahr 1913 in der Avantgarde der modernen deutschen Literatur endgültig Wurzeln geschlagen, denn Else Lasker-Schüler schrieb Gedichte wie niemand vor ihr. Die Zeitschrift *Saturn* brachte ein Heft nur über die Dichterin heraus. Die meisten Kritiker der bürgerlichen Literaturszene konnten nichts anfangen mit der sinnnlichen Poesie aus weiblicher Feder. Aber die Besprechungen von Kennern der Moderne rühmen ihre poetische Kraft und Originalität.

Es mehren sich die Einladungen zu Lesungen auch außerhalb von Berlin. Im April 1913 folgt Else Lasker-Schüler einer Einladung des Clubs deutscher Künstlerinnen in Prag. Dort sieht ein anderer Meister der deutschen Sprache ihrem Besuch skeptisch entgegen. Im Kreis der Prager Literaten hatte der Januar-Aufruf der *Fackel* mit der Bitte um Spenden für die Erziehung von Else Lasker-Schülers Sohn Resonanz gefunden. Franz Kafka schließt sich den Geldgebern missmutig an: »... auch bei uns sammelt man für sie; ich habe 5 K. hergeben müssen, ohne das geringste Mitgefühl für sie zu haben.« Der Brief an seine spätere Verlobte Felice Bauer, die wie die Dichterin in Berlin lebt und arbeitet, ist eine rigorose Abrechnung mit der Person und ihrem Werk. Zuerst das Werk: »Ich kann ihre Gedichte nicht leiden, ich fühle bei ihnen nichts als Langeweile über ihre Leere und Widerwillen wegen des künstlerischen Aufwands.« Dann die Person. In ihrer Prosa sieht Kafka »das wahllos zuckende Gehirn einer sich überspannenden Großstädterin«.

Immerhin verhehlt Kafka Felice Bauer nicht, dass andere Dichterkollegen anders urteilen: »Aber vielleicht irre ich da gründlich, es gibt viele die sie lieben, Werfel z. B. spricht von ihr nur mit Begeisterung.« Ihm jedoch bleibt die Person Else Lasker-Schüler zutiefst suspekt:

»… ich stelle sie mir immer nur als Säuferin vor, die sich in der Nacht durch die Kaffeehäuser schleppt.« Was schwingt da alles mit – an Dichterneid und Frauenverachtung?

Der Meister aus Prag fühlt sich in seinen Vorurteilen bestätigt, als er im April 1913 nach der Lesung von Else Lasker-Schüler an der Moldau zu denen gehört, die tief in der Nacht mit ihr durch die Straßen der alten Stadt ziehen. Auf dem Platz vor der Theinkirche, angeregt von der malerischen Kulisse im Mondschein, beginnt die Dichterin zu singen. Für einen Polizisten ist das ruhestörender Lärm, sie soll ihren Gesang sofort einstellen. Else Lasker-Schüler entgegnet, sie sei der Prinz von Theben. Von Zeugen ist überliefert, dass Franz Kafka daneben stand und spontan anmerkte: »Sie ist nicht der Prinz von Theben sondern eine Kuh vom Kurfürstendamm.« Das Prager Publikum in der überfüllten Lesung aber hatte ihr atemlos zugehört, war hingerissen.

Pauls Sommerferien verbringt Else Lasker-Schüler 1913 mit ihrem Sohn in einer Pension in München. Sie fühlt sich krank, erschöpft, aber die finanzielle Lage erlaubt keine Pausen. Die Arbeit am Erzählband *Der Prinz von Theben* geht weiter, zwischendurch schreibt sie Freunden: »Mein Paul pflegt mich.« Der Sommer endet mit einer guten Nachricht. Paul, der die Odenwaldschule verlassen hat, findet Ende August einen bezahlbaren Platz im Schulheim von Hellerau. Die Gartenstadt bei Dresden ist eine Gründung der Lebensreform-Bewegung. In der Schule werden auch praktische Ausbildungen in Handwerk und Kunst angeboten. Paul fühlt sich akzeptiert, es geht ihm gut. Er bittet seine Mutter, keine Pakete mehr zu schicken. Bald wird Else Lasker-Schüler eine begeisterte Reportage über das Schulheim in Hellerau schreiben.

Schwermut und Niedergeschlagenheit jedoch blieben nicht aus. Die Sorge, trotz vieler Stunden am Schreibtisch, trotz ständiger Kontaktpflege mit Verlegern und Redakteuren kaum die Miete und das tägliche Brot bezahlen zu können, zerrte an den Nerven. Aber Else Lasker-Schüler hatte nie Zweifel an ihrer dichterischen Mission und ihrem Können. Bösartigen Stimmen erteilte sie eine deutliche Abfuhr, sie forderte Respekt für sich und ihre Arbeit als Dichterin. Nie verlor sie ihre Zuversicht in das Leben, stets verweigerte sie sich dem Zynismus.

Und ihr Stolz hatte auch mit dem Bewusstsein zu tun, als Frau einen besonderen Platz in einer Männerwelt zu behaupten.

Clara Haber, geborene Immerwahr, hätte viel darum gegeben, einen winzigen Teil von solcher Lebendigkeit zu fühlen und eine ganz kleine Aufgabe zu haben, die ihren intellektuellen Fähigkeiten entsprach und ihr eigenes Werk war. Was nützte es, dass sie sich keinerlei Gedanken um Geld machen musste und die Villa in Dahlem, die sie nach dem Umzug von Karlsruhe nach Berlin mit Mann und Sohn bewohnte, nach ihren Wünschen gebaut war. Fritz Haber, der Ehemann, war rastlos und überlastet, das kannte sie zur Genüge. Als Direktor des neu gegründeten Kaiser-Wilhelm-Instituts für physikalische Chemie, das mit Beginn des Jahres 1913 seine Arbeit aufnahm, waren seinem Ehrgeiz keine Grenzen mehr gesetzt.

Jetzt, wo sein Arbeitsplatz nur Minuten von der Villa, seinem privaten Zuhause, entfernt lag, sah der Herr Direktor seine Frau und seinen Sohn noch weniger als in Karlsruhe. Fritz Haber wusste außerdem, wie wichtig es war, in der Reichshauptstadt gute Beziehungen zu Kollegen, hohen Beamten und Industriellen zu pflegen. Ein Chemiker befasste sich in der Kaiserzeit nicht nur mit abstrakten Forschungen. Es war sein Ziel, mit Entdeckungen und Entwicklungen der chemischen Industrie wie dem Staat wertvolle Dienste zu leisten und das eigene Gehalt nicht unwesentlich aufzubessern. Professor Haber arbeitete in seinem Berliner Institut fieberhaft an der Ammoniaksynthese. Die BASF, eines der erfolgreichsten deutschen Chemieunternehmen, war eng in das Projekt einbezogen, alles fand unter strengster Geheimhaltung statt.

Als der Kaiser das Institut einweihte, musste Clara Haber mit den anderen Gattinnen zuvor den Hofknicks einstudieren. Seine Majestät vergab bei der festlichen Feier jede Menge Orden und Ehrenzeichen, ausschließlich an Männer. Die Frau des Institutsdirektors durfte repräsentieren, mehr nicht. Wie einst im Karlsruher Arbeiter-Bildungs-Verein einen Kurs über Chemie im Haushalt geben, wäre unter den neuen Lebensumständen undenkbar. In der prächtigen Dahlemer Villa erwartet Fritz Haber, dass seine Frau die traditionelle Rolle ausfüllt. Clara Haber kümmert sich um die Erziehung des einzigen Sohnes, und im Zweifel hat die Sorge um den Ehemann Vorrang. Sie macht sich keine Illusionen: Sie ist nichts als das nützliche Anhängsel ihres Mannes.

Dreißig Jahre war Clara Immerwahr, als sie in Breslau mit einer Arbeit in physikalischer Chemie promoviert. Einen eigenen Weg zu gehen, sich nicht von den Grenzen einengen zu lassen, die Frauen angeblich von Gott und der Natur gesetzt waren, das hatte sie sich als junge Frau fest vorgenommen. Weil sie ein nüchterner, selbstkritischer Mensch war, wusste sie im Frühjahr 1913, dass sie gescheitert war. Andere Frauen hätten vielleicht einen Lebensbruch riskiert und alles aufgegeben – ihr Kind, ihre finanzielle Sicherheit, ihren Freundes- und Verwandtenkreis. Clara Haber, geborene Immerwahr aber fühlte sich gefangen in einer Familien- und Ehesituation, die ihr das Herz abdrückte, und sie sah keinen Ausweg.

Zum 12. September 1913 bat das Berliner Union-Theater an der Friedrich- Ecke Taubenstraße um berittene Polizei. Angesagt war die Premiere des neuen Films von Asta Nielsen, und die Kinobesitzer wussten aus Erfahrung, dass die begeisterten Nielsen-Fans das Kino stürmen würden. Die Attraktion des Stummfilmstars aus Dänemark, der seit 1912 in der deutschen Hauptstadt wohnte, war ungebrochen. Im gleichen Jahr hatte die Zweiunddreißigjährige Urban Gad geheiratet, der seit ihrem Kino-Start 1910 die Drehbücher schrieb und Regie führte und zusammen mit Asta Nielsen bis 1916 dreiunddreißig Filme drehte. Da war sie schon wieder von ihm geschieden, aber ihre Zusammenarbeit blieb davon ungetrübt. Urban Gad besaß ein gutes Gespür, Zeitströmungen stummfilmgerecht umzusetzen. Und Asta Nielsen vertraute darauf, dass sie mit ihrer Schauspielkunst ihr Publikum auch für mutige Themen gewinnen konnte.

Der Film »Die Suffragette«, in dem Asta Nielsen die Hauptrolle spielte, war der Zensur in Berlin am 2. September 1913 vorgeführt worden, mit einem Jugendverbot belegt und zur Uraufführung am 12. September freigegeben worden. Was da ins Kino kam, war in mehrfacher Hinsicht etwas sehr besonderes. Einmal der handwerkliche Teil: »Die Schwestergesellschaft in Wien hatte – noch bevor sie diesen Streifen überhaupt sah – gedroht, ihn um die Hälfte zu beschneiden. Es war nämlich das erste Mal, dass wir es wagten, einen Film von zweitausend Metern Länge zu drehen … mein erster Film ›Abgründe‹ war nur 900 m lang.« Weil Filme nach Metern bezahlt wurden, war das Risiko nicht unerheblich. Aber Asta Nielsen schreibt in ihren Erinnerungen befriedigt weiter: »Nun, der Film hatte seinen Erfolg wie die vorherigen, und damit verstummten die Meckerer bis der nächste erschien, dem es nicht besser ging. ... War der neue Film aber angelaufen und flossen die Kassen über, dann kannte die Begeisterung keine Grenzen für gerade *diesen* Film ...«

Was die »Meckerer« außerdem auf den Plan rief, war der brisante Inhalt des Films »Die Suffragette«, ein Thema, das seit längerem Schlagzeilen machte. Im Mai 1913 hatte sich Gertrud Bäumer als Vorsitzende des Bundes Deutscher Frauenvereine (BDF) von den englischen Suffragetten und ihren gewaltsamen Methoden im Kampf um das Frauenstimmrecht distanziert. Seit die Frauenvereine in Deutschland um 1908 begonnen hatten, die Forderung nach dem Frauenwahlrecht verstärkt in die Öffentlichkeit zu tragen, überboten sich die Zeitungen mit gehässig-schrillen Artikeln über die »Londoner Stimmrechtsmegären« und die englische »Suffragettenseuche«. Der 1912 gegründete Bund zur Bekämpfung der Frauenemanzipation und seine Mitstreiter nahmen solche journalistischen Vorlagen erfreut auf, um die Bevölkerung mit »englischen Verhältnissen« zu schrecken. Die würden auch das Kaiserreich heimsuchen, wenn man nicht entschieden gegen die deutschen Frauenvereine vorginge.

Als der Vorstand des BDF im Mai 1913 erklärte, dass »Frauen, die revolutionäre Kampfesmittel anwendeten«, ihre weibliche Natur verleugneten und den »Interessen der Frauenbewegung« schadeten, schien das wie Feigheit vor dem Feind. Um das beurteilen zu können und um zu ermessen, wie mutig Asta Nielsens Film »Die Suffragette« war, bedarf es eines intensiven Blicks über den Kanal nach England.

Im Jahre 1897 taten sich in Großbritannien die vielen Gruppen, die seit Jahren das Frauenstimmrecht forderten, zu einem nationalen Dachverband zusammen, die NUWSS (National Union of Women's Suffrage Societies). Es waren überwiegend Frauen der Ober- und begüterten Mittelschicht, die auch zivilen Ungehorsam propagierten, aber grundsätzlich legal und gewaltlos für ihr Ziel kämpften. Suffragisten wurden sie genannt.

Von ihnen trennte sich 1903 unter dem Namen WSPU (Women's

Social and Political Union) eine kleine Minderheit, die nicht mehr mit Worten, sondern mit Taten für das Stimmrecht kämpfen wollte. Als Suffragetten haben sie Geschichte geschrieben. Gründerin der WSPU, bewunderte und verhasste Antreiberin, Heldin und radikale Strategin war Emmeline Pankhurst mit ihren zwei Töchtern Christabel und Sylvia. Unter ihrer autoritären Führung sind die Suffragetten ab 1906 mit aggressiven Aktionen in die Öffentlichkeit gegangen, um das Frauenstimmrecht durchzusetzen. Eine brutal auftretende Staatsmacht, zu keinem Kompromiss bereit, provozierte immer stärkeren Widerstand, und es gab immer neue Märtyrerinnen. Dies ist die Geschichte der Eskalation:

1906 – Mit spontanen Vorträgen in Parks und Vorgärten, an Straßenecken und Plätzen machten Suffragetten in London permanent Schlagzeilen. Aus Anlass der Parlamentseröffnung wurden erstmals Großdemonstrationen organisiert. Es kam zu Tumulten, Schlägereien mit Polizisten und Verhaftungen.

1907 – Fünfzehn Suffragetten schafften es, trotz berittener Polizei bei der Parlamentseröffnung ins Unterhaus vorzudringen. Es folgte eine regelrechte Schlacht. Im Laufe des Jahres wurden rund einhundertdreißig Frauen verhaftet.

1908 – Frauen ketteten sich an das Geländer von Downing Street 10, dem Sitz des Premierministers. Im Juli kommt es zur größten Demonstration, die London je erlebte. Eine halbe Million Frauen ziehen durch die Straßen, friedlich. Wut und Enttäuschung kommen auf, als auch nach diesem eindrucksvollen Aufmarsch alle Parteien weiterhin das Frauenstimmrecht verweigern. Im Herbst werden gegen 60 000 demonstrierende Frauen rund 5000 Polizisten aufgeboten und führende Suffragetten zu Gefängnisstrafen verurteilt.

1909 – Der Verband der Suffragetten (WSPU) beschließt, den Hungerstreik von gefangenen Frauen so lange als Waffe zu nutzen, bis sie als politische Gefangene anerkannt werden. Daraufhin ordnen die Gerichte Zwangsernährung an. Insgesamt werden über tausend Frauen in den Gefängnissen gewaltsam ernährt, erleiden gesundheitliche Schäden und Traumata.

1910 – Wo Politiker auftreten, kommt es zu massiven Störungen: Suffragetten springen aus Büschen und Orgeln, klettern auf Dächer und Schornsteine. Bei der Herbsteröffnung des Parlaments kommt es in London zu einer sechsstündigen Schlacht zwischen Frauen und Polizisten. Als die Schlagstöcke nichts ausrichten, reitet berittene Polizei in die Menge. 114 Frauen und 4 Männer werden verhaftet, 3 Frauen sterben.

1912 – Die WSPU beschließt, gezielt Eigentum anzugreifen. In einer konzertierten Aktion zerstören elegant gekleidete Frauen am 1. März mit Steinen und Hämmerchen hunderte von Schaufenstern der Geschäfte in der Londoner Oxfordstreet. Frauen zerschneiden Telefon- und Telegrafenleitungen, zünden Briefkästen an, lösen Fehlalarme bei der Feuerwehr aus, lassen in Bahnhöfen Bomben hochgehen. In Theatern brennt es lichterloh, selbst auf Golfplätze gehen Politiker nur noch mit Leibwächtern. Emmeline Pankhurst und mehr als zweihundert Frauen werden verhaftet. Hungerstreik und Zwangsernährung sind bei den gefangenen Suffragetten an der Tagesordnung.

1913 – Als führende Politiker einen Gesetzentwurf zum Frauenstimmrecht wieder zurückziehen, erklärt Emmeline Pankhurst, dass nun ein »Guerillakrieg« beginnt. Auf beiden Seiten erreicht die Militanz ihren Höhepunkt. Die Behörden schikanieren die Frauen, verbieten Versammlungen, zensieren Zeitungen. Die Suffragetten greifen den Sitz des Erzbischofs an, zerstören kostbare Gewächshäuser, Bootsanleger und historische Gebäude. Eisenbahnsitze werden aufgeschlitzt, weitere Bahnhöfe gesprengt.

Im Februar explodiert im Schlafzimmer vom neu errichteten Landsitz des Premierministers eine Bombe. Ohne Beweise für diese Tat wird Emmeline Pankhurst erneut verhaftet und zu drei Jahren Zuchthaus verurteilt. Im Juni wirft sich die Suffragette Emily Wilding Davison beim berühmten Epsom-Rennen vor das Pferd des Königs und stirbt vier Tage später im Krankenhaus. Tumulte, Saalschlachten überall. Die vom Hungerstreik entkräfteten Frauen werden auf Bahren in die Versammlungen getragen. Es brennen Kirchen, Ämter und Landhäuser. Großbritannien ist 1913 endgültig ein Land im Bürgerkrieg.

Es ist das Jahr, in dem die deutschen Frauenvereine sich von den Suffragetten distanzieren. Das ist auf dem Hintergrund der Entwicklung in England verständlich, um öffentlich den diffamierenden und hysterischen Angriffen von Zeitungen, Verbänden und Politikern

Paroli zu bieten, die suggerieren, dass die Forderung der deutschen Frauenrechtlerinnen, den Frauen endlich das aktive und passive Stimmrecht zu geben, im Kaiserreich zu gewalttätigen Auseinandersetzungen führen wird. Bemerkenswert, dass ein Film mit Asta Nielsen das heiße Thema im Sommer 1913 aufgreift. Und als billiger Propagandafilm gegen Feministinnen kann »Die Suffragette« nicht dienen. Die Rekonstruktion von 1100 Metern des knapp 2000 Meter langen Originalfilms gibt einen überzeugenden Eindruck von der Botschaft dieses Films.

Im Mittelpunkt steht Nelly Panburne, die große, schlanke Tochter aus gutem Hause – Landsitz, Stadthaus in London, Windhunde –, die sich von ihrer Mutter, einer führenden Suffragette, überzeugen lässt, mit Gleichgesinnten für das Frauenstimmrecht in den Kampf zu ziehen. Nicht alles ist historisch in diesem Film, aber Asta Nielsen als Nelly und ihre Mutter, Mrs. Panburne, sind deutlich den englischen Suffragetten-Idolen Emmeline Pankhurst und ihrer Tochter Christabel nachgezeichnet. Die junge Suffragette Nelly Panburne ist eine starke Frau, die als Rednerin im vollbesetzten Theater überzeugt und entschlossen einen Hammer schwingt, mit dem sie eine Fensterscheibe einschlägt. Sie widersteht im Gefängnis den Essensangeboten der Wärterin, und die Szene, in der sie sich – gewaltsam festgehalten – erfolgreich gegen die Zwangsernährung durch ekelhaft dicke Schläuche wehrt, wird ihr das Mitleid und die Sympathie der Kinobesucherinnen eingetragen haben.

Dass die Liebe Anlass zu schmerzhaften Verwicklungen gibt, gehört zur Dramaturgie eines guten Films. Nelly hat sich, ohne es zu ahnen, in einen Mann verliebt, der als Politiker einen radikalen Anti-Suffragettenkurs verfolgt. Erst nachdem sie auf Geheiß ihrer Mutter heimlich, aber mit überzeugter Miene, eine Bombe mit Zeitzünder unter seinen Stuhl montiert hat, erfährt sie von dieser persönlichen Verstrickung. Sie entscheidet sich für die Liebe, am Ende richtet die Bombe keinen Schaden an. Aber die allerletzte Szene, in der sich beide, umringt von vier kleinen Kindern, als trautes Paar zeigen, hat schon zeitgenössische Kritiker nicht überzeugen können.

Dieses Happy End macht misstrauisch, ist zu dick aufgetragen. Gleich vier Kinder, um für die Vielkinder-Politik der Nationalisten zu werben? »Eins hätte genügt«, schreibt eine Kritikerin. Ein anderer findet die Schlussszene eher lächerlich, unpassend zum Flair des berühmten Stars: »Asta Nielsen als Mutter im Kreise von – 4 Kindern! – nein, wir wollen sie jung erhalten wissen.« Natürlich gab es auch freudige Zustimmung aus der völkisch-nationalen Ecke: »Sie wird Frau und Mutter – fern von allem Suffragettentum erfüllt sie die einzige Mission des Weibes.«

Wer wusste damals schon, dass Asta Nielsen eine uneheliche Tochter hatte, und ihre zwei Scheidungen in den folgenden Jahren passten auch nicht in das Bild einer treuen deutschen Frau und Mutter. Es ist nur eine Interpretation, aber die steife und zugleich übertriebene Pose der Nielsen als glückliche Mutter kann durchaus als parodistisches Augenzwinkern gedeutet werden. Das traditionelle Mutterglück passt nicht zum Typ der neuen Frau, den Asta Nielsen auch in diesem Film glaubhaft verkörpert. »Die Suffragette« und ihre Beurteilung durch die Filmkritik ist ein Beispiel, dass eine simple Schwarz-weiß-Tönung den Alltag im Kaiserreich auch 1913 nicht trifft.

In diesem Jahr verbreitet der Deutschnationale Handlungsgehilfenverband unter seinen Mitgliedern einen Rede-Entwurf mit dem Titel »Die radikale Frauenbewegung als nationale Gefahr«. Die Funktionäre des DHV appellieren an die bürgerlichen Parteien, alle Forderungen nach Einführung des Frauenstimmrechts abzulehnen, denn es führe zu einer »Verweiberung der Männerwelt«. Außerdem sei mit Frauen als Abgeordneten eine Großmachtpolitik unmöglich, da sie stets pazifistische Standpunkte vertreten würden. Die deutschen Filmkritiker jedoch bewerten »Die Suffragette« positiv, unbeeinflusst von der Häme derer, die der Frauenbewegung Schaden zufügen wollen. Für die Zeitschrift *Kinematograph* ist »Die Suffragette« eine »epochemachende Schöpfung«, die »modernen Geist atmet«. Selbst »erbittertste Feinde« könnten nicht behaupten, »dass eine zeitgemäße Frage in abstoßender oder gar kindischer Weise behandelt sei.«

Ob Karen Horney sich in Berlin Zeit nahm, »Die Suffragette« anzusehen? Das muss offen bleiben. Als moderne junge Frau, die die Moralvorstellungen ihrer Eltern hinter sich gelassen hatte und sich ihre eigenen Lebensziele setzte, hätte der Film sie wohl interessiert. Aber gerade weil sie ihre Pläne zielstrebig und erfolgreich umsetzte, war

Zeit für die Achtundzwanzigjährige auch 1913 ein knappes Gut. Sieben Jahre, nachdem sie in Freiburg ihr Medizinstudium begonnen hatte und vier Jahre nach ihrem Umzug nach Berlin, erhielt Karen Horney 1913 ihre Approbation als Ärztin. Wollte sie Karriere machen, brauchte sie eine Promotion. Es gelang ihr, den besten Doktorvater zu gewinnen. Professor Karl Bonhoeffer war seit 1912 Ordinarius für Psychiatrie und Neurologie an der Charité in Berlin, weltweit ein Experte und menschlich ein angenehmer, offener Chef. Karen Horney wählte ihn nicht ohne Hintergedanken. Als Doktorin der Psychiatrie, noch dazu mit einem so angesehenen Doktorvater, hatte sie eine solide Basis, sich im umstrittenen neuen Fach der Psychoanalyse zu bewähren. Das war ihr geheimes Ziel, über das sie weder mit Professor Bonhoeffer noch mit ihren Kollegen bei der täglichen Arbeit in der Charité sprach.

Abends ging Karen Horney weiter zu den »Freudschen Abenden« von Karl Abraham, bei dem sie ihre erste Analyse gemacht hatte, hörte Vorträge und diskutierte mit Gleichgesinnten. Der Leiter der Psychiatrie in Berlin-Lankwitz, das Berolinum, gehörte zu dem kleinen Kreis der Mediziner um Abraham, die sich in der Hauptstadt für die Psychoanalyse interessierten. Nach der Geburt ihrer zweiten Tochter Marianne im Herbst 1913 fand Karen Horney einen Arbeitsplatz am Berolinum. Das war praktisch für den Alltag, weil sie mit der Familie in Lankwitz wohnte. Und im Berolinum entdeckte sie einen Patienten, dessen Fall – eine schwere Psychose – sie in ihrer Doktorarbeit nach den Grundsätzen der klassischen Psychiatrie, die Karl Bonhoeffer vertrat, aufarbeitete.

Familie Horney gehörte zu den Wohlhabenden. Seit der Hochzeit 1909 arbeitete Oskar Horney im weltweit agierenden Hugo-Stinnes-Konzern auf einem gutdotierten Posten. Seine Frau Karen hätte nach bürgerlicher Tradition mit ihrer Rolle als Hausfrau, Gastgeberin und Ehefrau die Tage und Abende füllen können. Aber in der »offenen Ehe« der Horneys, wo sich beide Partner Seitensprünge erlaubten, war Karens Berufstätigkeit immer Teil des Ehepaktes gewesen. Auch nach der Geburt des zweiten, sehr gewünschten Kindes gab es daran kein Rütteln. Ein Hausmädchen war angestellt, und die Mutter konnte zwischendurch von ihrer Arbeit in der Lankwitzer Psychiatrie nach Hause kommen.

Dank ihrer Berufswahl standen Karen Horney in der zweiten Dekade des 20. Jahrhunderts bei ihrer Ausbildung als Medizinerin keine Hindernisse mehr im Weg. Wer um diese Zeit in Deutschland Juristin werden wollte, musste von vorneherein Abstriche machen. Ein Artikel in der *Münchner Akademischen Rundschau* über Frauen in akademischen Berufen – »Nicht gerade glänzende Aussichten« – stellte 1913 fest, dass Frauen, die Jura studierten, in keinem deutschen Bundesstaat zu den staatlichen Schlussprüfungen zugelassen waren. Nur Bayern machte eine Ausnahme. Frauen konnten deshalb in den allermeisten deutschen Ländern weder Richterinnen noch Rechtsanwältinnen werden. Promovieren durften sie überall, immerhin, und fanden deshalb bei privaten Einrichtungen und Rechtsauskunftsstellen, oft von Frauenvereinen organisiert, nicht selten bezahlte Arbeit. Als Geschäftsführerinnen waren Juristinnen auch in der Jugendfürsorge gefragt.

Dagegen lobt der Artikel die Berufsaussichten für Medizinerinnen: »Die Anstellungsbedingungen an öffentlichen Krankenanstalten sind dieselben wie für die männlichen Kollegen.« Zuweilen gebe es noch Schwierigkeiten, wenn der Direktor »antifeministisch« eingestellt sei, »aber das ist nichts Prinzipielles«. Ärztinnen seien inzwischen »durchaus gleichberechtigte Mitglieder des ärztlichen Standes«. Sie bekleideten »sogar schon öffentliche Stellungen als Schulärztinnen, Polizeiärztinnen, Kassenärztinnen, als Vertrauensärztinnen bei Versicherungsgesellschaften«. Besonders in den Mittelstädten seien die finanziellen Aussichten für weibliche Privatpraxen »durchaus gute«. An Laboratorien oder wissenschaftlichen Instituten eine bezahlte Anstellung zu finden, gehöre dagegen »vorläufig noch zu den größten Seltenheiten«.

In zweierlei Hinsicht war die *Münchner Akademische Rundschau* 1913 trotzdem optimistisch. »Dass manche Oberlehrer es mit ihrer ›männlichen Würde‹ nicht vereinbaren zu können glaubten, einer Frau dienstlich unterstellt zu sein«, würde »kaum auf Dauer Wirkung haben«. Und gegen das vom deutschen Beamtenrecht vorgeschriebene »Zölibat der Lehrerinnen« würde »mit vollstem Recht entschieden Front gemacht«. Es war eine gemischte, nüchterne Bilanz. Doch verglichen mit den akademischen und beruflichen Möglichkeiten der wenigen Studentinnen am Beginn des 20. Jahrhunderts, war es Frauen gelungen, an den Universitäten Fuß zu fassen, Neuland zu erobern und sich durchzusetzen. Die Erfahrung lehrte, dass mit den ersten Schritten in bisher verschlossene Berufe eine Erweiterung des selbstbestimmten Frauen-Lebens, auch wenn es Zeit brauchte, folgen würde.

Und die große Politik? Nichts Neues. Die Krisen auf dem Balkan hielten die Diplomaten europaweit in Atem. Wilhelm II. kommentierte weiterhin schriftlich mit aggressiv-beleidigenden Bemerkungen die Berichte seiner Diplomaten, die ihm das Auswärtige Amt vorlegen musste. Im Frühjahr 1913 zitierte die Baronin Spitzemberg in ihrem Tagebuch, eine »sehr vorsichtige und hoffromme« Bekannte, die sich »geradezu entsetzt über des Kaisers Unvernunft« ausgesprochen habe. »Die Randbemerkungen des Kaisers auf Berichte und andere Schriftstücke würden immer drastischer«, und seien »sehr vom Übel«. Verdiente Beamte und Kenner der internationalen Lage kanzelte Seine Majestät mit den Worten »Vale, alter Halunke« ab.

Hinter solchen mal saloppen, mal dröhnenden Sprüchen stand die Überzeugung, alles besser zu wissen. Vor allem brannte sich 1913 die Idee, dass endlich ein Krieg kommen und die Probleme lösen müsse, immer fester in das kaiserliche Hirn. Am 18. Oktober, als in Anwesenheit des Kaisers das Denkmal zur Erinnerung an die Völkerschlacht bei Leipzig mit großem Prunk und volksfestartig eingeweiht wurde, stellte Österreich-Ungarn Serbien ein Ultimatum: Wenn die Serben sich nicht aus Nordalbanien zurückziehen würden, sei für die Donaumonarchie der Kriegsfall eingetreten. In seiner Lagebeurteilung für Berlin schrieb der deutsche Geschäftsträger in Wien, Serbien würde möglicherweise das Ultimatum erfüllen, um einen Krieg zu vermeiden. Empört schrieb Wilhelm II. an den Rand: »Das wäre sehr zu bedauern! Jetzt oder nie! Es muss mal da unten Ordnung und Ruhe geschaffen werden!«

Wilhelm II. war überzeugt, dass die Begeisterung der Deutschen, die sich vielfältig in den Feierlichkeiten des Jubel- und Erinnerungsjahres 1913 Bahn brach, patriotisch-nationalen Gefühlen entsprang, die sich für den Krieg, den er herbeisehnte, bestens nutzen ließen. War es nicht ideal, dass »1813« für den Krieg gegen Napoleon stand und damit für ein Frankreich, das in der völkisch-deutschen Propaganda wie im kaiserlichen Weltbild auch 1913 der Erbfeind war? Anfang 1913 verbreitete sich eine Nachricht aus Berlin in kürzester Zeit bei allen europäischen Regierungen. Der belgische König Albert I. war zu Besuch in der Reichshauptstadt. Dem hohen Gast erklärte Wilhelm II. unverblümt, ein Krieg gegen Frankreich sei »unausweichlich« und stehe »unmittelbar« bevor. Und der Kaiser fügte hinzu, Deutschland sei sich aufgrund seiner militärischen Überlegenheit des Sieges sicher. Die Drohbotschaft an das kleine Belgien war, sich in diesem kommenden Krieg neutral zu verhalten.

Die Männer und Frauen in den historischen Umzügen, die Fackelträger und die Zuschauer am Straßenrand waren von patriotischen Gefühlen erfüllt und stolz auf ihr deutsches Vaterland. Doch die pathetischen Worte der unzähligen Festredner im Jahr 1913, bereit zu sein für Opfer und, wenn nötig, für den Krieg, ließen nicht an zerfetzte Leiber denken, an qualvolles Sterben. Nicht die grausamen Realitäten der Schlacht, sondern Glanz und Gloria der siegreichen Truppen, die 1871 nach dem Frankreichfeldzug durch das Brandenburger Tor zogen, prägten die Vorstellungen der allermeisten Deutschen vom Krieg. Ob beim Wehrdienst oder bei den Einweihungen der Kriegerdenkmäler: Niemand fasste in Worte, dass Soldaten dazu ausgebildet wurden, andere Menschen zu töten, Gewalt auszuüben und zu erleiden. Fahnen und bunte Uniformen, eleganter Paradeschritt und Militärkapellen mit schmissigen Liedern sollten die Realität des Krieges gar nicht erst ins Bewusstsein dringen lassen.

Als der Maler August Macke seiner Verlobten Elisabeth Gerhardt 1908/09 während seines Militärdienstes in der Wehrmacht Briefe schrieb, war seine Schilderung des Soldatenlebens geprägt von lustigen Gegebenheiten, gutem Essen und beispielhafter Kameradschaft unter Männern. Im Gegensatz zu den allermeisten Wehrpflichtigen, Arbeiter vor allem, die verpflichtet waren, zwei Jahre Dienst zu leisten und in der Kaserne zu leben, brauchten junge Männer, die das Gymnasium oder die Oberrealschule bis zum Einjährigen geschafft hatten, nur ein Jahr als »Einjährig Freiwillige« ihren Militärdienst zu leisten. Sie wohnten und verpflegten sich außerhalb der Kaserne, bezahlten ihre Uniform selbst und wurden am Ende meist zum Reserveoffizier befördert.

August Macke, der sein Studium an der Kunstakademie in Düsseldorf abgebrochen hatte, lieh sich mit einundzwanzig Jahren von seiner

Schwester rund 1800 Reichsmark, um sich die Einjährigen-Ausbildung leisten zu können und nicht zum gewöhnlichen Wehrdienst eingezogen zu werden. Und er genoss diese Zeit. Im September 1909 schrieb er seiner Braut aus einem »gemütlichen Moselnest«, mit »verschiedenen Flaschen guten Moselweines« hinter sich. Gestern habe er unterwegs beim Marsch mit seinen Kameraden »Äpfel von den Bäumen geklaut«, und bis spät in die Nacht habe die »ganze Kompanie angeheitert im Arm schöner Moselanerinnen« gelegen. »Riesig wohl« fühle er sich, stand ganz am Anfang des Briefes. Ende Juli 1912 schrieb August Macke, der erste Erfolge als Maler vorweisen konnte, seinem Schwager, er sei zu einer sechswöchigen Militärübung einberufen worden: »... in acht Tagen bin ich Soldat. Ich freue mich klotzig auf den Kommissgeruch nach all der Kunst.«

Der junge Macke war weder Pazifist noch Militarist. Er war stolz auf sein deutsches Vaterland, bereit, wenn nötig, es mit der Waffe zu verteidigen. Kriegswütig war er nicht. Wie hätte für ihn, der seine Anregungen von den bewunderten französischen Malern der Moderne holte, Frankreich den Erbfeind verkörpern können? Selbst auf seiner Hochzeitsreise machte er 1909 mit seiner Frau Elisabeth einen Abstecher an die Seine, in die Weltmetropole der Kunst. 1912 schrieb er seiner Frau von einer Paris-Reise: »Heute waren wir bei Delaunay und Frau. Sehr nett.« Es war der Beginn einer Freundschaft zwischen dem Künstler aus Bonn und seinem Kollegen aus Paris.

Über den Jahresanfang 1913 schreibt Elisabeth Macke in ihren Erinnerungen: »Am 21. Januar 1913 hatten wir Besuch von Apollinaire und Delaunay.« Der Dichter und der Maler aus Frankreich hatten sich Ausstellungen in Berlin und Köln angesehen, da lag ein kurzer Abstecher zur Macke-Familie in Bonn nahe: »Sie kamen am Nachmittag und wollten eigentlich mit dem Nachtzug von Köln aus nach Paris zurückfahren. Aber, wie das so geht, wenn begeisterte, verwandte Seelen sich finden, dann gibt es nicht so leicht ein Ende. Sie blieben über Nacht.« Robert Delaunay sprach kein Wort Deutsch. »Wir mussten deshalb mit ihm französisch sprechen«, erinnerte sich Elisabeth Macke, und dass sich ihr Mann die meiste Zeit mit ihm unterhielt.

Am nächsten Morgen mussten die Gäste in aller Frühe mit der Straßenbahn nach Köln fahren, um dort den Zug nach Paris zu nehmen.

Elisabeth Macke, hochschwanger, sah von einem oberen Fenster, wie Apollinaire schon die Straße entlang ging, »während August noch mit Delaunay am Gittertörchen unseres Vorgartens stand und die beiden, die wirklich Freunde geworden waren, sich immer wieder die Hand schüttelten.«

Am 8. Februar 1913 wurde Elisabeth Macke zum zweiten Mal Mutter. Von Bonn nach Paris ging ein Telegramm: »Prächtiger Junge angekommen. Freundliche Grüße an Herrn Apollinaire … Ihr Aug. Macke.« Der glückliche Vater schrieb Deutsch, weil Macke wusste, dass Delaunays Frau Sonja, eine Künstlerin aus Russland, das Telegramm übersetzen konnte. Elisabeth Macke hatte nun einen Haushalt mit Mann und zwei Kindern zu versorgen. Die Tochter aus gutem Hause hatte nach Abschluss der höheren Töchterschule in einer Berner Pension ihr Französisch aufgebessert und ein wenig Haushaltsführung gelernt. Sie war eine leidenschaftliche Klavierspielerin. In ihren Erinnerungen findet sich kein Hinweis, dass sie bedauerte, keinen Beruf erlernt zu haben. In dieser Hinsicht entsprach sie dem traditionellen Familien- und Frauenbild ihres jungen Ehemannes. Schon als seiner Verlobten hatte er ihr geschrieben, dass er keine allzu gelehrten Frauen schätze.

Allerdings schätzte August Macke den künstlerischen Sachverstand und das ästhetische Empfinden seiner Frau. Er bat sie um ihr Urteil, wenn ein Bild entstand. Elisabeth Macke war selbstverständlich dabei, wenn er sich mit seinen Künstler-Freunden traf. Und dem Ehemann war es wichtig, dass sie ihn zu seinen Ausstellungen begleitete. 1912 war der Fünfundzwanzigjährige zwölfmal mit seinen Bildern eingeladen worden, unter anderem vom Münchner »Blauen Reiter« und zur spektakulären »Sonderbund-Ausstellung« der europäischen Moderne in Köln. 1913 würde August Macke achtundachtzig Bilder verkaufen, und hatte schon einen Ruf als Repräsentant der Gruppe Rheinischer Expressionisten.

Im August 1913 gab es in der Reichshauptstadt eine Ausstellung, die international Aufsehen erregte. Herwarth Walden, seit einem knappen Jahr von Else Lasker-Schüler geschieden, war es gelungen, für den »Ersten Deutschen Herbstsalon« 75 Künstler und Künstlerinnen aus 12 europäischen Ländern mit 366 Gemälden in seine Galerie nach

Berlin zu locken: die Avantgarde der modernen Malerei. August Macke hatte bei seinen internationalen Künstlerfreunden kräftig für den »Herbstsalon« geworben, und auch seine Bilder hingen in der Ausstellung. Schwiegermutter und Schwager hatten sich aus Bonn zur Eröffnung angesagt. Aus den Erinnerungen von Mackes Frau Elisabeth: »August wollte absolut, dass ich auch mitfahre; da ich den kleinen Wolfgang noch nährte, musste ich unseren Kinderarzt fragen, ob dies möglich sei. Auf seinen Rat hin verzichtete ich auf die Reise; offengestanden fiel mir dies doch ein ganz klein wenig schwer. Ich hätte gern die Ausstellung gesehen und außerdem die anwesenden Künstler kennengelernt.« Eine junge Frau mit Baby, die sich zwischendurch vom Festbankett zurückzieht, um in einem Nebenraum ihrem Kind die Brust zu geben: bei den unkonventionellen Künstlern, die sich in Berlin versammelten, hätte das wahrscheinlich kein Aufsehen erregt. Für Elisabeth Mackes Kinderarzt passte eine solche Vorstellung nicht ins bürgerliche Weltbild, und sie war bei allem Selbstbewusstsein nicht die Frau, sich einer medizinischen Autorität zu widersetzen.

Ausdrücklich betont sie in ihren Erinnerungen, wie sehr August Macke den »Ersten Deutschen Herbstsalon« und dessen kosmopolitisches Flair genossen hat: »Das Zusammentreffen der verschiedensten Künstler aus den verschiedensten Nationen, eine wirkliche Verbrüderung im Geist, fern von allem politischen Tagesstreit.« Gegen Robert Delaunay, der im Berliner »Herbstsalon« ausstellte, den Dichter Apollinaire, der die deutsche Literatur so liebte, und viele andere französische Künstler in den Krieg ziehen? Im August 1913 war das für August Macke und viele seiner deutschen Maler-Kollegen unvorstellbar, einfach lächerlich.

Sommer 1914 – Die Frauenbewegung und der Burgfriede

Gut vernetzt: Kongress in Rom – Alice Salomon fährt nach Dublin – August 14: Kein ungeteilter Kriegsjubel – Gertrud Bäumer gewinnt die SPD-Frauen – Clara Zetkin: Allein gegen den Krieg – Henriette Fürth fordert patriotische Opfer – Lily Brauns Roman: Einsatz für das Vaterland

Noch immer hatte Ida Gerhardi die Hoffnung nicht aufgegeben, weiterhin in Paris leben und ihren Beruf als Malerin und Kunstagentin wieder aufnehmen zu können. Dank der Pflege durch ihre Schwester, die nach Paris kam, war eine schwere Lungenentzündung im Frühjahr 1913 ausgeheilt, ein langer Aufenthalt an der italienischen Riviera und im Herbst eine Kur in Wiesbaden folgten. Mut machte der 1. Preis des Verbandes der Kunstfreunde in den Ländern am Rhein, der 1913 an die deutsche Malerin in Paris gegangen war. Im Januar 1914 brach die einundfünfzigjährige Malerin mit ihrer Londoner Mäzenin Bertha Stoop zu einer mehrmonatigen Ägypten-Reise auf; die warme trockene Luft des Südens sollte Lungen und Bronchien weiter stärken.

Vier Monate später, am 5. April 1914, saß August Macke vergnügt im Hafen von Marseille beim Hummeressen, als ihn die Schweizer Maler Paul Klee und Louis Moilliet entdeckten. Die drei Freunde hatten sich in der Hafenstadt verabredet, um nach Tunis überzusetzen und vierzehn Tage lang im flirrenden Licht Afrikas ihre Skizzenbücher mit orientalischen Eindrücken zu füllen. Vor der Tunesien-Reise hatte Macke mit seiner Frau Elisabeth und den zwei kleinen Söhnen über ein halbes Jahr am Thuner See in der Schweiz gelebt, um in Ruhe an seinen Bildern arbeiten zu können. Den Maler August Macke, der mit seinen siebenundzwanzig Jahren zur jüngeren Generation der deutschen Avantgarde zählte, verband mit Ida Gerhardi der Anspruch, fest in die internationale Kunstszene eingebunden zu sein und das eigene Werk an der Größe ausländischer, vor allem französischer Künstler zu messen. Im Juni 1914 ist August Macke nach der Tunesienreise mit der Familie wieder in Bonn. »Man hat Tausende von Motiven«, hatte er seiner Frau aus dem fernen Süden geschrieben. Einmal machte er fünfzig Skizzen an einem Tag. Zurück in seinem Atelier brannte er darauf, dass aus den Skizzen Gemälde wurden.

Auch für den Bund Deutscher Frauenvereine (BDF) waren internationale Kontakte seit seiner Gründung 1894 fester Bestandteil der Arbeit und des Selbstverständnisses. Wie sehr, das betonte auf der Berliner Feier zum zwanzigjährigen Bestehen des BDF am 24. März 1914 Marie Stritt, die von 1899 bis 1910 Vorsitzende des Bundes gewesen war. Sie erinnerte daran, dass deutsche Frauenrechtlerinnen auf dem Internationalen Frauenkongress in Chicago 1893 beschlossen hatten, einen deutschen Dachverband für alle Frauenvereine zu gründen. Der BDF war seit 1894 auf allen Treffen außerhalb Deutschlands vertreten, und Marie Stritt erwähnte in ihrer Festrede stolz den glanzvollen Internationalen Frauenkongress von 1904, den die deutschen Frauen in Berlin ausgerichtet hatten.

Der Hinweis auf die internationalen Verflechtungen des BDF während der Feierstunde im März ist bemerkenswert vor dem Hintergrund der Schlagzeilen, die seit Tagen auch die deutschen Zeitungen füllen. Am 10. März 1914 hatte eine Suffragette in der National Gallery in London ein berühmtes Bild von Velazques, »Venus mit dem Spiegel«, mit Axtschlägen schwer beschädigt. Die Eskalation im Suffragetten-Streit ging 1914 in England mit voller Wucht weiter: Straßenschlachten, Bomben, Brände, Verhaftungen und Hungerstreik. Die Meldungen kamen dem Deutschnationalen Handlungsgehilfenverband auch 1914 gerade recht, um in seinem Handbuch zu betonen, dass der Widerstand gegen »Emanzipation« und »Feminismus« ein »Kampf gegen eine undeutsche Zeiterscheinung« sei.

Die organisierten deutschen Frauenrechtlerinnen ließen sich nicht einschüchtern. Eine Delegation von zehn Frauen, darunter Helene Lange und ihre Lebenspartnerin Gertrud Bäumer, seit 1910 Vorsitzende des BDF, fuhr im Mai 1914 zur Tagung des Internationalen Frauenbundes (ICW) nach Rom. Alice Salomon, die Gründerin der Schule für Soziale Frauenarbeit in Berlin, war als langjährige Generalsekretärin des ICW ohnehin dabei. In ihren Erinnerungen schwärmt sie von dem »wundervollen Festessen«, zu dem der ehemalige Reichskanzler Fürst Bülow und seine Frau die Feministinnen aus aller Welt in ihren römischen Palazzo luden. Außerdem gaben Italiens »Königin und die Königinmutter ein Gartenfest, auf dem die Vorstandsdamen des Internationalen Frauenkongresses eine hübsche Goldmedaille geschenkt bekamen...« Den größten Eindruck aber machte auf Alice Salomon ein Treffen mit der italienischen Schauspielerin Eleonora Duse, die sie in Berlin oft auf der Bühne gesehen hatte.

Die Frauenrechtlerinnen in Deutschland griffen weiterhin im Kampf um mehr Gleichberechtigung ausschließlich zu friedlichen Mitteln. Die Schriftstellerin Gabriele Reuter hatte 1908 mit ihrem Roman *Das Tränenhaus* ein Tabu gebrochen und die unwürdige, unmenschliche Situation von ledigen Müttern und unehelichen Kindern angeprangert. Sie engagierte sich im Bund für Mutterschutz und nahm im Frühjahr 1914 »mit Leidenschaft« in München am »Kampf von hervorragenden Frauencharakteren« teil, die eine Unterschriftenaktion gegen die rechtliche Diskriminierung von Frauen durch das angeblich so fortschrittliche Bürgerliche Gesetzbuch (BGB) organisierten. Innerhalb von zwei Wochen kamen »Tausende von Unterschriften der besten Deutschen, Männer und Frauen« zusammen. Gabriele Reuter ist noch Jahre später bei der Abfassung ihrer Autobiografie begeistert – »das war eine schöne, fortreißende Sache«. Allerdings wurde ihr klar, dass dieser Kampf – allein mit Worten, aber dennoch »mit ganzer Seele« geführt –, zuviel Kraft kostete, um auch noch dichterisch tätig zu sein. Gabriele Reuter entschied sich, ganz für die Schriftstellerei zu leben, »ein Beruf, um den ich eine lange Jugend hindurch gerungen« hatte. Zumal nach ihrer Erfahrung in der Frauenbewegung »Führerinnen genug vorhanden« waren, »die Feldherrenbegabung besaßen«.

In London trafen sich im Juni 1914 erstmals der britische Premierminister und eine Suffragetten-Abordnung. Die steigende Popularität der kämpferischen Frauen hatte die Politiker nachdenklich gemacht. Das Ziel der kämpferischen Frauen – das Frauenstimmrecht – schien in greifbare Nähe gerückt.

In Berlin arbeitete in diesem Monat Alice Salomon »fieberhaft an der Fertigstellung der Berichte« über den Kongress in Rom. Das gehörte zu ihren Aufgaben als Generalsekretärin, aber: »Ich brauchte die Zustimmung von Lady Aberdeen zu meinem Manuskript.« Lady Aberdeen war seit 1893 Präsidentin des Internationalen Frauenbundes und lebte zur Zeit in Dublin, wo ihr Mann als hochrangiger Beamter die englische Krone vertrat. Da die Post per Bahn und Schiff nicht schneller war als die Personenbeförderung, entschied Alice Salomon, die mit Lady Aberdeen seit langem befreundet war, das fertige Manuskript persönlich nach Dublin zu bringen. Sie reiste gerne und konnte auf dem Weg nach Irland ein wenig England genießen, das ihr durch längere Aufenthalte fast wie eine zweite Heimat war.

Am 28. Juni 1914 erreichte die Regierungen Europas und die Zeitungsredaktionen eine Eilmeldung vom Balkan, aus der bosnischen Stadt Sarajewo: Der österreichische Thronfolger Franz Ferdinand und seine Frau Sophie waren dort bei einer Fahrt im offenen Wagen von tödlichen Schüssen getroffen worden. Die Attentäter gehörten zur Terrororganisation »Schwarze Hand«, waren in Serbien trainiert und mit Waffen versehen worden und träumten von einem großserbischen Reich. Das war nur möglich, wenn der Vielvölkerstaat Österreich-Ungarn auseinanderbrach, und die slawischen Untertanen sich erhoben. Der Mord am Thronfolger sollte ein Schritt zu diesem Ziel sein.

Die Schüsse von Sarajewo rissen die Deutschen nur kurz aus ihrer guten Sommerstimmung. Die Schlagzeilen über das Attentat hielten sich wenige Tage auf den ersten Seiten der Zeitungen. Die Presse beruhigte: Über zwei Jahre schon lebte man mit den Balkan-Krisen, warum gerade jetzt sich aufregen. Von einem Krieg war keine Rede. Anderes war viel wichtiger: die bevorstehenden Ferien der Schüler und Studenten, die Ernte auf dem Land, und in den Städten boten die Warenhäuser günstigen »Saison-Ausverkauf« an. Am 7. Juli verließ die »Hohenzollern« mit Wilhelm II. an Bord Kiel zur traditionellen Nordlandfahrt, segelte durch den Belt und die norwegische Küste entlang. Alles wie gehabt, nirgendwo ein Anzeichen, sich Sorgen zu machen.

Tatsächlich verschleierte der Aufbruch des Kaisers zur Nordlandfahrt bewusst, was in den Kulissen der Politik hektisch vorangetrieben wurde. Zwischen einem kleinen Kreis von Politikern, Diplomaten und

Militärs in Wien und Berlin glühten seit den Schüssen von Sarajewo die Telegrafendrähte. Der Kaiser war über alles auf dem Laufenden. Noch in Berlin hielt er nach der Abendtafel »lange und eingehende Besprechungen« mit seinen Beratern und entwarf »ganz geheime Denkschriften«.

Bei allen Erörterungen ging es um zwei Komplexe, die engstens verzahnt waren. Für den österreichischen Kaiser Franz Joseph I. stand fest, dass die Spur der Attentäter von Sarajewo ins Königreich Serbien führte. Wenn Österreich als Reaktion auf das Attentat Serbien, das zur Machtsphäre des russischen Zarenreiches gehörte, den Krieg erklärte, würde es damit Russland zu einem Krieg provozieren? Daraus folgte für die deutsche Politik die Überlegung: Soll Deutschland, der engste Verbündete Österreichs, Vergeltungsmaßnahmen gegenüber Serbien unterstützen, selbst auf die Gefahr hin, in einen Krieg mit Russland verwickelt zu werden?

Damit war eine weitere hochpolitische Dimension der neuen Balkankrise berührt: Könnte es sein, dass Großbritannien, Russlands Verbündeter, zugunsten der Russen gegen Österreich und Deutschland eingreifen würde und am Ende sogar Frankreich, das mit England verbündet war, in den Krieg zöge? Ziel der deutschen Politik seit Bismarck war es, eine solche verhängnisvolle Einkreisung zu vermeiden.

Aber der deutsche Kaiser und die führenden Generäle der Wehrmacht ließen sich nicht bange machen. Ihre Parole in Bezug auf einen Krieg hieß: Jetzt oder nie! Deshalb unterstützte Berlin die Entscheidungsträger in Wien, die nach dem Attentat gegen Serbien kompromisslos vorgehen wollten. Hatte Wilhelm II. nicht oft genug gepredigt, dass ein Rassenkrieg der Germanen gegen die Slawen unausweichlich sei? Dem Wunschdenken des Kaisers gemäß würden Russland und England sich ohnehin heraushalten. Und wenn nötig, würde Deutschland eben gegen eine Welt von Feinden kämpfen. Je eher, desto besser. Vor allem für den deutschen Generalstab war diese Option nicht abschreckend. Die Pläne, Belgien mit dem deutschen Heer zu überrennen und Frankreich in einem Blitzkrieg ein für allemal zu besiegen, lagen seit langem in der Schublade.

Als das kaiserliche Segelschiff »Hohenzollern« am 7. Juli Kiel verließ, und die Deutschen von einem langen schönen Sommer träumten, waren die Würfel bereits gefallen. Wilhelm II. hatte am Nachmittag des 5. Juli 1914 seinem »Freund«, dem Kaiser von Österreich, freie Hand für alle Aktionen gegenüber Serbien zugesagt. Was immer man in Wien unternehmen würde und egal, wie die Folgen seien, Deutschland würde in bedingungsloser Bündnistreue an Österreichs Seite stehen – ein historischer »Blankoscheck«.

Nichts vermutend, nichts ahnend plante der außenpolitische Experte der Berliner SPD-Fraktion in diesen Tagen einen langen Urlaub. Die zweite Juli-Hälfte war gerade vorbei, als Alice Salomon von Berlin nach Irland zu Lady Aberdeen aufbrach, das Manuskript ihres Rom-Berichts im Koffer. Die Krise auf dem Balkan war den Zeitungen, wenn überhaupt, nur eine kleine Meldung auf den hinteren Seiten wert.

23. Juli – Das Wolffsche Telegraphische Bureau in Berlin meldet gegen Abend, dass Österreich-Ungarn dem Königreich Serbien ein unannehmbares Ultimatum gestellt habe. Fast vier Wochen sind seit dem Mord in Sarajewo vergangen. Die Straßen in der Reichshauptstadt und den meisten größeren Städten gehören den jubelnden Massen, die ihrer Sympathie für Österreich freien Lauf lassen.

25. Juli – Ob in Berlin, wo an diesem Samstag rund 30 000 Menschen demonstrieren, in Essen, München und Kassel, Leipzig und Hannover: Es sind vor allem bürgerliche junge Männer – Studenten, Angestellte, Mitglieder von Turnvereinen, vom Wandervogel –, die sich an nationalen Denkmälern treffen und bis in den Sonntagmorgen patriotische Lieder singen, Fahnen schwenken, lärmend durch die Nachtcafés ziehen. Im vornehmen Alsterpavillon am Hamburger Jungfernstieg sind auch ältere Jahrgänge aus dem Häuschen über die Nachrichten aus Wien. Als die Musikkapelle den Radetzky-Marsch spielt, klatscht die Menge begeistert.

26. Juli – Die Morgenausgaben der Sonntagszeitungen berichten von den Demonstrationen, das Medienereignis lockt im Laufe des Sonntags weitere Massen ins Freie. Zeitungen und Polizeiberichte sind sich einig: kein Arbeiter befindet sich unter den Jublern. Die bürgerliche Presse kritisiert sogar die jungen Leute, die sich »austoben«, spricht von »Alkohol-Patrioten«, denen ein Eimer Wasser guttäte. Der renommierte Journalist Theodor Wolff schreibt im *Berliner Tageblatt*:

»Eine Verquickung der Auswärtigen Politik mit Straßenradau ist nicht wünschenswert.«

27. Juli – Die Polizeipräsidenten in Berlin, Hamburg, Dortmund, Wiesbaden und München verbieten weiteren »Rummel«. Der kühle Intellektuelle Walther Rathenau, als Erbe fest mit dem Elektrokonzern AEG verbunden, informiert den »lieben Papa«, der in St. Moritz Ferien macht, über »aufregende Ereignisse, die Wirtschaft und Politik erschüttern«. Aber Krieg? Der Vater soll ruhig weiter in der Schweiz bleiben: »Ich glaube alles in allem nicht, dass wir uns auf einen deutschen Krieg vorzubereiten brauchen.«

Alice Salomon war am 22. Juli, einem Tag vor dem österreichischen Ultimatum an Serbien, in Dublin angekommen, wo die verbotene irische Bürgerrechtsbewegung zu Aktionen gegen die englischen Besatzer aufrief. Kein Wunder, dass »die Aberdeens zu sehr mit den lokalen Ereignissen beschäftigt waren, als dass sie das österreichische Ultimatum richtig gedeutet hätten«. Die Gastgeber kamen gar nicht auf die Idee, dass es Krieg geben könnte. Die deutsche Frauenrechtlerin blieb weiter unbesorgt und hoch willkommen bei ihren englischen Freunden.

Clara Zetkin, die sozialdemokratische Frauenrechtlerin, gehörte zu den wenigen, die überzeugt waren, dass der Krieg vor der Tür stand und zumindest ihre Partei aktiv für den Frieden eintreten müsse. In ihrem SPD-Bezirk in Stuttgart, wo sie zuhause war, gewann sie eine Mehrheit für eine Resolution, in der sich die dortigen Genossen verpflichteten, mit ganzem Einsatz gegen den Krieg zu kämpfen. Von innerer Unruhe getrieben, reist Clara Zetkin anschließend zum Internationalen Sozialistischen Büro nach Brüssel, spricht in Hamburg gegen den Krieg, rastlos geht es weiter nach Berlin. Überall versucht die siebenundfünfzigjährige Sozialdemokratin die Genossen und Genossinnen für Aktionen gegen den Krieg zu gewinnen, die Aufsehen erregen würden – vergebens.

Niemand in der SPD begrüßt das kompromisslose Vorgehen Österreichs. Die Parteipresse verurteilt die Jubel-Demos der jungen Bürgersöhne, »sie drücken nicht den Willen des Volkes aus. Das Volk will Frieden haben«. Die Sozialdemokraten sind bereit, gegen den Krieg zu demonstrieren, aber auf die gewohnte traditionelle Art mit Versammlungen, Reden und Demonstrationen. Und Clara Zetkin gehört nun einmal seit Jahren mit Rosa Luxemburg zum äußeren linken Rand der SPD. Was sie vorschlägt, wird ohnehin von der übergroßen Mehrheit der Partei mit Argwohn und Ablehnung aufgenommen.

28. Juli – Vormittags gegen elf Uhr erklärt Österreich-Ungarn dem Königreich Serbien den Krieg. In Wien war man mit der Antwort der Serben auf das Ultimatum nicht zufrieden und will nicht weiter verhandeln. Als die Nachricht von der Kriegserklärung im Deutschen Reich bekannt wird, formieren sich in den größeren Städten wieder Jubelzüge zu den Kriegerdenkmälern. Wieder sind es junge Männer aus gutem Hause, die sich an einem Gemeinschaftserlebnis berauschen und lauthals patriotische Lieder singen. Der Berliner Polizeibericht meldet über die Ansammlungen: »Die besseren und besten Gesellschaftsklassen sind unter sich.«

Die SPD hatte, ohne ahnen zu können, wie richtig sie liegt, für den Abend im ganzen Reich zu Protestversammlungen »Gegen den Krieg« aufgerufen, die auch am 29. Juli weitergehen. In Berlin allein kamen bei 32 Veranstaltungen rund 100 000 Menschen in Sälen zusammen. Über 1000 von ihnen erreichten gegen 22 Uhr trotz Absperrungen die Straße Unter den Linden und sangen die »Internationale«. Die berittene Polizei trieb sie teils mit dem Säbel auseinander. Die Aktion war landesweit ein machtvolles Zeichen gegen den Krieg. Auf knapp 300 Versammlungen in über 160 Städten protestierten mindestens 750 000 Menschen. Die SPD-Redner appellierten an die deutsche Regierung, eigenes Interesse und Vernunft walten zu lassen und sich nicht an kriegerischen Maßnahmen der Österreicher zu beteiligen.

Die Sozialdemokraten, deren Basis in den großen Städten lag, war mit ihrer Warnung vor dem Krieg und der Ablehnung eines jubelnden Hurra-Patriotismus nicht allein. Über eine kleine Stadt im Schwarzwald berichtet der Pfarrer: »Schon die ganze letzte Juli-Woche lag die Angst auf uns, der lang gefürchtete Krieg möchte ausbrechen.« Ähnliches erlebt ein Pfarrer aus der Frankfurter Gegend: »In der letzten Juliwoche war im Dorfe alles voll Sorge, niedergeschlagen, totenstill.« Die *Passauer Zeitung* schreibt: »Die Stimmung ist kurz gesagt die: wir wollen den Krieg nicht und danken Gott, wenn die Gewitterwolken vorüberziehen, ohne Schaden anzurichten.«

Das alles sind typische Stimmen für ein zweigeteiltes Deutschland, auch wenn später die Historiker eine andere Realität propagierten. Sie nahmen die Artikel in den Zeitungen, die selbst in der Provinz das Schwergewicht auf die Ereignisse in Berlin legten, und die Fotos der jubelnden Menge, die zum übergroßen Teil aus der Hauptstadt stammten, für das Ganze. Die Angst und das Schweigen auf dem Land ließen sich nicht mit der Kamera festhalten.

Aus vielen Recherchen setzt sich inzwischen ein anderes Bild Deutschlands in der Woche zwischen dem 23. und dem 29. Juli 1914 zusammen. Die Begeisterung der jungen Bürgersleute in den großen Städten für die kriegerischen Scharfmacher in Österreich kontrastiert scharf mit dem großen Lager derer, für die der Krieg eine Bedrohung ist. Es ist die bäuerliche Bevölkerung auf dem Land, es sind die Arbeiter und die Menschen in den kleinen Städten, die nicht für Österreich in die Schlacht ziehen wollen und ihre ganze Hoffnung darauf setzen, dass der Frieden erhalten bleibt.

29. Juli – In der Berliner Machtzentrale drängen die Militärs, den politischen »Blankoscheck« sofort einzulösen. Da Österreich Serbien tags zuvor den Krieg erklärt hat, könne Deutschland, getreu seinem Versprechen an den Bündnispartner, sofort losschlagen. Für Helmuth von Moltke, den Chef des Großen Generalstabs, bedeutet jede Stunde, die Deutschland früher in den Krieg zieht, einen Vorteil auf dem Schlachtfeld.

Der General ist ein nachdenklicher Mensch und macht sich keine Illusionen. Dieser Krieg würde schrecklicher und grausamer sein als alle vorherigen, kein flotter Spaziergang mit schnellem Sieg. Aber Moltke ist überzeugt, dass eine so günstige militärische Ausgangssituation für Deutschland nicht noch einmal kommt. Jetzt sei der Zeitpunkt, die Schubladenpläne der Militärs zu realisieren: in einen Präventivkrieg gegen Russland und Frankreich zu ziehen, um diese beiden Konkurrenten um die Macht in Europa für immer auszuschalten. In brutaler Ehrlichkeit fordert er am 29. Juli vom Reichskanzler den sofortigen Befehl zum Krieg, auch wenn dadurch »die Kultur fast des gesamten Europas auf Jahrzehnte hinaus vernichtet würde«.

Der Reichskanzler gibt dem Drängen nicht nach. Er sieht auf die Parteienlandschaft, auf die eindrucksvollen Anti-Kriegs-Demonstrationen der Sozialdemokraten und ist seinerseits überzeugt: Der Krieg gegen die äußeren Feinde darf keinen Bürgerkrieg im Innern auslösen; vielmehr braucht er die Zustimmung der SPD, weil die jungen Arbeiter das Rückgrat der deutschen Armee sind. Der Kanzler setzt auf Zeit und darauf, dass Russland Serbien zu Hilfe kommt, Österreich den Krieg erklärt und damit auch für das Deutsche Reich eine Bedrohung wird. Das ist der Schlüssel, die deutschen Sozialdemokraten für den Krieg zu gewinnen. Sie wollen nicht für die Politiker in Wien, auch nicht für deutsche Weltmachtpolitik sterben. Aber wenn das Vaterland angegriffen wird, zumal vom verhassten Zarenreich, werden sie es als gute Deutsche verteidigen. Dann wird es keinen Generalstreik oder andere Proteste gegen den Krieg geben. Genau das ist die geheime Botschaft, die der Reichskanzler auf seine Nachfrage noch am 29. Juli über direkte persönliche Kanäle aus der SPD-Fraktion bekommt.

31. Juli – Die Morgenausgabe der bürgerlichen *Freiburger Zeitung* meldet an diesem Freitagvormittag: »Die Stadt ist seit einer Woche von einem Strom nervöser Spannung durchströmt.« Das Gespenst des Krieges erhebe drohend sein blutiges Haupt. Zugleich warnt der Artikel vor der »Zwangsvorstellung«, dass der Krieg ausbrechen muss – »jetzt, in dieser Nacht, morgen!« Man solle »sich besinnen und den Kopf oben behalten«. Der katholische *Freiburger Bote* warnt vor »unwahren« Kriegsgerüchten. Das Blatt der Nationalliberalen ist vom Gegenteil überzeugt: »Man rechnet auch hier mit dem Kriegsausbruch.« Es ist eine Achterbahn der Gefühle, der die Menschen in diesen Julitagen ausgeliefert sind.

Gegen 12 Uhr mittags: In Berlin wird dem Reichskanzler, der mit hohen Militärs versammelt ist, gemeldet, dass Russland die Generalmobilmachung befohlen und damit seine Kriegsmaschinerie in Gang gesetzt hat. Blitzschnell macht die Meldung in den politischen Zentren der Reichshauptstadt die Runde. Der bayerische Militärbevollmächtigte ist gerade im Kriegsministerium und hält die dortige Stimmung im Tagebuch fest: »Überall strahlende Gesichter, – Händeschütteln auf den Gängen; man gratuliert sich, dass man über den Graben ist.« Der Reichskanzler hat erfolgreich gepokert: Russlands Mobilmachung liefert Deutschland die erhoffte Rechtfertigung, den letzten Schritt in Richtung Krieg zu tun. Mit der russischen Bedrohung, davon ist der

Kanzler überzeugt, kann er die Sozialdemokraten ins gemeinsame politische Boot holen. Am gleichen Tag schreibt Friedrich Lahusen, Pastor der Berliner Dreifaltigkeitsgemeinde und Superintendent, an seinen Sohn: »Wenn Russland Gott ruft, so ist das Gotteslästerung. Wir können es tun.« Der einflussreiche Geistliche sieht in der russischen Mobilmachung eine Bedrohung für Deutschland und das protestantische Christentum.

Gegen 13 Uhr wird der Kaiser eilends vom Neuen Palais in Potsdam ins Berliner Schloss gefahren und gibt den Befehl, gemäß Artikel 68 der Reichsverfassung den »Zustand drohender Kriegsgefahr« auszurufen. Diese Anweisung bedeutet grünes Licht für den deutschen Kriegsapparat. Gegen Nachmittag erreicht der Befehl die militärischen Stellen und die Bezirks- und Polizeiämter, die für die öffentliche Bekanntmachung zu sorgen haben. Die Zeitungen bereiten Extrablätter vor.

In Berlin hat sich die neueste Entwicklung schnell herumgesprochen. Zehntausende strömen zum Schloss; überall im Umkreis ist es schwarz von Menschen. Am Nachmittag erscheint Wilhelm II. auf dem Schlossbalkon. Es wird still, und der Kaiser spricht: »Eine schwere Stunde ist heute über Deutschland hereingebrochen. Neider überall zwingen uns zur gerechten Verteidigung. Man drückt uns das Schwert in die Hand.« Am Ende fordert er die Menge auf, in die Kirchen zu gehen, »kniet nieder vor Gott und bittet ihn um Hilfe für unser braves Heer.« Auf dem Balkon der Reichskanzlei, wo sich ebenfalls spontan Tausende versammelt haben, findet zur gleichen Zeit der Reichskanzler ähnliche Worte. Admiral Alexander von Müller notiert in seinem Tagebuch über die Wirkung der beiden Ansprachen: »Stimmung glänzend. Die Regierung hat eine glückliche Hand gehabt, uns als die Angegriffenen hinzustellen.«

In Freiburg erscheint am späten Nachmittag des 31. Juli 1914 der Polizeichef mit einem Trupp Soldaten und einem Trompeter auf den öffentlichen Plätzen und verkündet »stahlhart« den »drohenden Kriegszustand«. Der *Freiburger Bote* meldet anschließende Hochrufe. Doch näher an der ambivalenten emotionalen Reaktion der Menschen ist wohl die *Freiburger Zeitung*: »Man steht und schaut: Es ist Wahrheit, kalte, grausame Wahrheit, befreiende, erlösende Botschaft aus der Qual der furchtbaren Ungewissheit. Der Kaiser hat gesprochen.«

Nicht nur die Militärs haben Pläne für den Kriegsfall gemacht. Von Berlin, wo der Bund deutscher Frauenvereine seinen Sitz hat, geht am 31. Juli ein Schreiben an alle angeschlossenen Frauenvereine. Es enthält ein Konzept, wie der BDF in Zusammenarbeit mit den Frauenorganisationen von Parteien und Kirchen für die Zeit des Krieges die Leitung für die gesamte Wohlfahrtspflege, Fürsorge und Frauenarbeit im Deutschen Reich übernehmen kann. Entworfen und detailliert ausgearbeitet hat dieses Konzept Gertrud Bäumer, die Vorsitzende des Bundes Deutscher Frauenvereine. Der kommende Tag wird zeigen: Sie hat es mit sensiblem politischen Gespür genau im richtigen Moment aus der Schublade geholt.

Gegen Abend des 31. Juli stellt das Deutsche Reich Russland ein Ultimatum: Wenn das Zarenreich seine Kriegsvorbereitungen gegen Österreich nicht einstellt, wird Deutschland mobil machen. Frankreich wird in einer offiziellen Note angefragt, wie es sich im Fall eines deutsch-russischen Krieges verhalten wird.

1. August – Aus den Morgenzeitungen erfahren die Menschen an diesem Samstag: »Deutsches Ultimatum an Russland.« Am Nachmittag und Abend überschlagen sich die Extrablätter mit ihren Schlagzeilen: Frankreich macht mobil, Deutschland macht mobil, Deutschland hat Russland den Krieg erklärt. Im Erlass des Kaisers zur Mobilmachung heißt es: »Ich bestimme hiermit: Das Deutsche Heer und die Kaiserliche Marine kriegsbereit aufzustellen. Der 2. August wird als erster Mobilmachungstag festgesetzt.«

Aus zeitlicher Distanz lässt sich auf den ersten Blick sagen: Wie sich die Bilder gleichen. Als sich die Nachricht der Mobilmachung gegen Abend in der Hauptstadt und überall in Deutschland verbreitet, schwappt wie eine Woche zuvor, am 25./26. Juli, als die Österreicher Serbien das Ultimatum stellten, eine Woge der Begeisterung durch Berlin. Auf den Straßen jubeln die jungen Männer, in den überfüllten Cafés, wo sich Männer und Frauen einfinden, werden Reden auf das Vaterland gehalten und patriotische Lieder angestimmt.

Wieder bewegt sich ein endloser Menschenstrom in Richtung Schloss, wo schließlich an die 50 000 Frauen, Männer, Kinder versammelt sind. Wieder wird es ganz still, als Kaiserin und Kaiser auf den Balkon treten und Wilhelm II. eine kurze Rede hält: »Ich danke euch

Gertrud Bäumer wird 1910 Vorsitzende im Bund der deutschen Frauenvereine. Im August 1914 organisiert sie unter Beteiligung der Sozialdemokratischen Frauen einen Nationalen Frauendienst, der im Krieg alle Emanzipationsforderungen zurückstellt.

für alle Liebe und Treue, die ihr Mir in diesen Tagen erwiesen habt. Sie waren ernst, wie keine zuvor. Kommt es zum Kampf, so hören alle Parteien auf! ... Ich kenne keine Parteien und Konfessionen mehr, wir sind heute alle deutsche Brüder.« Er hoffe zu Gott, dass »unser gutes deutsches Schwert siegreich aus dem Kampfe hervorgeht«. Gräfin Keller, die Hofdame der Kaiserin, erlebte die Szene hinter den Schlossfenstern und schrieb am Abend in ihr Tagebuch, »der Jubel, die Begeisterung, überwältigend«.

Wie eine Woche zuvor zieht die Bevölkerung in den großen und mittleren Städten – Mittel- und Oberschicht – jubelnd und singend durch die Straßen, in Kiel und München, in Stuttgart, Frankfurt am Main und Magdeburg. Von diesen Szenen berichten wiederum die bürgerlichen Zeitungen im ganzen Land und prägen das Bild von der Stimmung am 1. August 1914 für Gegenwart und Zukunft. Die *Kieler Zeitung* spricht für alle: »Das Volk steht auf. In einer Einigkeit ohnegleichen, und in einer Entschlossenheit, die wenig sagt, aber alles will.«

Ebenso die *Magdeburger Zeitung*, wenn sie von der »großen Begeisterung in allen Bevölkerungsschichten« schreibt. Wieder zementieren die Medien eine verzerrte Sicht.

In Wahrheit sind die Reaktionen der Deutschen auf die kaiserliche Mobilmachung geteilt – einerseits der jubelnde Bürger-Block, und deutlich geschieden davon die Bevölkerung auf dem Land und in den kleineren Städten. Nicht Litfaßsäulen, sondern Kirchenglocken bringen auf dem Land am 1. August die Menschen zusammen, Pfarrer oder Bürgermeister verlesen den Mobilmachungsbefehl. In einem Odenwald-Städtchen rannten beim Klang der Glocken »die Leute vom Feld ins Dorf, alles kam aus den Häusern auf die Straße.« Die Reaktion auf die Nachricht aus Berlin: »Aber kein lauter Ton war zu hören; ein dumpfer, schwerer Druck lag auf allen, als ob ein furchtbares Schicksal schwer seine Hand auf den Ort gelegt hätte.« In Fürth macht sich »eine gedrückte Stimmung« breit. In Pirmasens reagieren die Menschen mit »eisiger Ruhe«. In Regensburg sieht man »allenthalben die Leute mit ernstesten Gesichtern die Extrablätter studieren«. Als die Menschen in einem Dorf im Hessischen von der Mobilmachung hören, haben sie das Gefühl, »das letzte Fädchen Hoffnung auf Frieden« ist abgeschnitten. Da »wurde es noch stiller und Verzweiflung setzte ein«. In der Provinz ist auch von Tränen die Rede, von weinenden Frauen, traurigen Frauengesichtern und von Kindern mit »ängstlichen, bangen Gesichtern«.

Etwas jedoch hat sich geändert, und das ist keine Kleinigkeit. Noch am 25. Juli hatte die SPD zu Anti-Kriegs-Demonstrationen aufgerufen, vor Kriegshetze gewarnt und die internationale Solidarität der Arbeiterklasse beschworen. Anzeigen in den SPD-Zeitungen hatten noch am 29. Juli verkündet »Wir wollen keinen Krieg!« Ab dem 1. August haben solche Parolen und Aufrufe schlagartig keinen Platz mehr im Weltbild der deutschen Sozialdemokraten. Ob beim SPD-Vorstand in Berlin, ob an der Parteibasis in den Städten oder in den vielen Parteizeitungen: nirgendwo mehr Aufrufe für den Frieden oder Warnungen vor einem Krieg, nirgendwo ein Wort gegen die Mobilmachung,

Über Nacht ist es der Regierung gelungen, auch die Arbeiter davon zu überzeugen, dass »deutsche Kulturgüter und deutsche Fluren«, aber vor allem »deutsche Frauen und Kinder« gegen den Überfall »halbasiatischer, schnapsgefüllter russischer Kosakenhorden« verteidigt werden müssen. So hat es in den ersten Augusttagen 1914 Otto Braun formuliert, Redakteur bei der Parteizeitung *Vorwärts* und einflussreicher SPD-Funktionär. Und bevor die Männer der Partei den gemeinsamen Kampf aller Deutschen im Reichstag öffentlich besiegelten, entschieden sich die sozialdemokratischen Frauen, in einem Bündnis mitzuwirken, das alle gesellschaftlichen Klassen und Schichten umfasste.

Noch am 1. August traf sich Dr. Gertrud Bäumer in Berlin mit Beamten des preußischen Innenministeriums. Sie war wie viele ihrer Mitstreiterinnen in der Frauenbewegung seit Jahren überzeugt, dass dem deutschen Kaiserreich weltpolitisch »ein Platz an der Sonne« ebenso zustand wie eine starke Flotte. Ihre patriotischen Gefühle während der Augusttage hat sie wenig später im *Zentralblatt des Bundes Deutscher Frauenvereine* zusammengefasst: »Wir Frauen fühlen uns mit aufgenommen in dieses große, ernste Zusammenwachsen aller nationalen Kräfte zu einem großen, gemeinsamen Willen: durch den uns aufgezwungenen Weltkrieg die Macht und Größe unserer Nation zu erhalten.«

Die Vorsitzende des Bundes Deutscher Frauenvereine erläuterte im Ministerium das Konzept für eine einheitliche Wohlfahrts- und Fürsorgepflege in Kriegszeiten, über das sie am Tag zuvor die im Bundesverband organisierten örtlichen Frauenvereine informiert hatte. Die verantwortlichen Herren erkannten, dass ihnen nichts Besseres passieren konnte.

An militärischen Plänen für die Kriegszeit war kein Mangel. Aber keine amtliche Stelle hatte sich auf die gesellschaftlichen und sozialen Probleme vorbereitet, die ein Krieg unweigerlich im Innern mit sich bringen würde. Und hier saß eine Frau, die entgegen allen traditionellen Vorurteilen klar und strukturiert denken konnte, einen überzeugenden Plan hatte und selbstbewusst auftrat. Als Gertrud Bäumer das Ministerium verließ, hatte sie sich auf ganzer Linie durchgesetzt. Der BDF würde federführend einen Nationalen Frauendienst aufbauen, in dem die Frauen aller Parteien und Konfessionen zusammenarbeiteten. Die Idee eines Nationalen Frauendienstes, der in Kriegszeiten alle gesellschaftlichen Kräfte bündelte, damit in Deutschland die sozialen und wirtschaftlichen Strukturen nicht zusammenbrachen, machte Sinn, weil Millionen Frauen allein im Lebenskampf stehen würden, während Millionen Männer – Väter, Ehemänner, Arbeitskräfte – an der Front kämpften. Eine riesengroße Aufgabe, für die die Kräfte der Frauenbewegung in allen politischen Lagern gebraucht würden.

Der gemeinsame Einsatz aller Frauen setzte voraus, dass während des Krieges in den jeweiligen Lagern auf Aktionen und emanzipatorische Forderungen verzichtet wurde – denn darin gab es keinen Konsens. Wie Gertrud Bäumer waren viele Frauenrechtlerinnen überzeugt, dass ein solcher Verzicht auf Dauer Gewinn bringen würde. Die Kriegssituation konnte von Frauen als Bewährungsprobe genutzt werden: um Tatkraft und Eigenständigkeit, Organisationstalent, Mut und Ausdauer unter Beweis zu stellen, und so die alten Vorurteile endlich aus der Welt zu räumen.

Nur zwei Organisationen blieben auf Betreiben der BDF-Vositzenden vom Nationalen Dienst ausgeschlossen – das Rote Kreuz und die radikalen nationalistischen Vaterländischen Frauenvereine. Sie sollten eine eigene Institution bilden, die sich ausschließlich um die Pflege und Fürsorge verwundeter Soldaten kümmerte. Bei aller Kompromissbereitschaft: Die patriarchalischen Frauenbilder dieser beiden Organisationen tolerierte Gertrud Bäumer nicht. Angesichts der tatkräftigen Lobby der Vaterländischen Frauenvereine von hohen Militärs, protestantischen Pfarrern bis hinauf zur Kaiserin zeugt dessen Ausschluss aus dem Nationalen Frauendienst für Bäumers geschickte und selbstbewusste Verhandlungsführung.

Selbstverständlich war dagegen, dass die bürgerlichen Feministinnen sich um die Mitarbeit der sozialdemokratischen Frauen bemühten. Auch wenn sie in Grundsatzfragen tief gespalten waren, hatten sich die beiden Frauenlager seit dem Beginn des 20. Jahrhunderts in manchen praktischen Fragen – was Arbeitsschutz für Frauen und Mutterschutz betraf – angenähert, teilweise zusammen für Verbesserungen gekämpft. Es gab persönliche Verbindungen über die ideologischen Grenzen hinweg und Frauen, die zwischen den Lagern zu vermitteln suchten. Die Frankfurter Frauenrechtlerin Henriette Fürth zum Beispiel, war Sozialdemokratin und zugleich fest in der bürgerlichen Frauenbewegung verwurzelt. Lily Braun, geboren 1865, aus adliger Gene-

Lily Braun, aus adliger Familie, Sozialdemokratin, wirbt als glänzende Rednerin für das Frauenstimmrecht. Ihr Roman *Lebenssucher* preist 1915 den Krieg als Heilmittel; durch ihn würden die Deutschen wieder zu einer Gemeinschaft zusammengeführt.

ralsfamilie und in zweiter Ehe mit Heinrich Braun, einem sozialdemokratischen Publizisten, verheiratet, war Parteigenossin, Schriftstellerin und bei unterschiedlichen Veranstaltungen eine gefragte Rednerin für die Sache der Emanzipation. Sie füllte die Säle, wenn sie sich für das Frauenstimmrecht einsetzte und dafür, dass Ehefrauen und Mütter berufstätig sein können.

Mit der Zustimmung des Ministeriums im Rücken nutzt Gertrud Bäumer die patriotische Aufbruchsstimmung. Im Namen des Bundes Deutscher Frauenvereine lädt sie alle Organisationen, die aus ihrer Sicht unter dem Dach des Nationalen Frauendienstes zusammenarbeiten sollen, für den 3. August ins Berliner Rathaus ein. Oberbürgermeister Adolf Wermuth begrüßt die zahlreich Erschienenen und das Vorhaben der Frauen. Das Hauptreferat über die potentiellen Aufgaben des Frauendienstes hält »Frl. Dr. Bäumer«, informativ und sachlich.

Am nächsten Tag wird eine Journalistin in der *Vossischen Zeitung* ausführlich über diesen Abend im Rathaus berichten. Ein Vertreter nach dem anderen trat vor und erklärte, dass seine Organisation sich am Nationalen Frauendienst beteiligen werde: die Zentrale für Volkswohlfahrt, der Ortsausschuss für Jugendpflege, die Berliner Turnerschaft, der Verein für Kindervolksküchen. Einen Auftritt jedoch betont der Zeitungsartikel besonders: »Starken Eindruck erzielten die ergreifenden Worte der Sozialdemokratin Frau Zietz.« Luise Zietz, einst Dienstmädchen, Tabakarbeiterin und gelernte Kindergärtnerin, war 1892 in die SPD eingetreten und seit 1908 die einzige Frau im Vorstand der SPD. An diesem Abend gab sie im überfüllten Rathaussaal ihrer Hoffnung Ausdruck, dass die SPD-Frauen »Hand in Hand mit der Nationalen Frauenhilfe arbeiten werden«. Die Worte der prominenten Sozialdemokratin lösten »lebhaften spontanen Beifall aus«, und die *Vossische Zeitung* fügte anerkennend hinzu: »Keinesfalls kann jetzt von irgendeinem feindseligen Charakter der Tätigkeit der proletarischen Frauen gegenüber der der bürgerlichen die Rede sein.« Zum Schluss verabschiedet der Bürgermeister »die Frauen als gleichberechtigte Mitstreberinnen in dieser ernsten Stunde.«

Ganz anders war die Situation von Clara Zetkin, jahrzehntelang die Ikone der sozialistischen Frauenbewegung. Ihr kompromissloses Auftreten fand immer weniger Zustimmung in der SPD. Es war einsam um sie geworden. Ende Juli 1914 versuchte sie in der *Gleichheit* verzweifelt, ihre Partei aufzurütteln: »Verlieren wir keine Minute Zeit. Der Krieg steht vor dem Tor. … Es gibt Augenblicke im Leben des einzelnen und der Völker, wo man nur alles gewinnt, wenn man alles einsetzt.« Mit den bürgerlichen Frauenvereinen und staatlich-kaiserlichen Stellen in einem Nationalen Dienst zusammenarbeiten, um den Krieg zu stabilisieren? Niemals! Für Clara Zetkin war das Verrat am Klassenkampf, für den sie mit dieser Partei doch angetreten war.

Aber Luise Zietz hatte die übergroße Mehrheit der sozialdemokratischen Frauen für den gemeinsamen Weg hinter sich. Es galt, das Vaterland in einem aufgezwungenen Krieg zu verteidigen. Die SPD-Frauen waren Patrioten, keine vaterlandslosen Gesellinnen. Endlich konnten sie es beweisen. Deshalb demonstrierte das Vorstandsmitglied Luise Zietz am 3. August 1914 im Berliner Rathaus, dass die sozialdemokratischen Frauen bereit waren, mit dem Klassenfeind einen Burgfrieden zu schließen. Einen Tag später würden die sozialdemokratischen Männer folgen.

4. August 1914 – Gegen 10 Uhr strömen die Reichstagsabgeordneten in den Berliner Dom. Kaiser und Reichskanzler bleiben aus protokollarischen Gründen fern, die Sozialdemokraten verweigern sich einem Gottesdienst, der Auftakt zur eilig einberufenen Reichstagssitzung ist. Der einundsiebzigjährige Oberhofprediger Ernst von Dryander legt den versammelten Politikern in seiner Predigt ein Wort des Apostels Paulus aus: »Ist Gott für uns, wer mag wider uns sein?« Für den protestantischen Theologen gibt es keinen Zweifel an der aktuellen Deutung: »… wir ziehen in den Kampf für unsere Kultur gegen die Unkultur, für die deutsche Gesittung wider die Barbarei, für die freie deutsche an Gott gebundene Persönlichkeit wider die Instinkte der ungeordneten Masse … und Gott wird mit unseren gerechten Waffen sein«. Danach geht es zum Mittagessen.

Um 13 Uhr wird im Weißen Saal des Berliner Schlosses mit einer Rede des Kaisers der Reichstag eröffnet. Das ist Tradition im deutschen Kaiserreich und ebenso, dass die sozialdemokratischen Abgeordneten dieser Zeremonie fernbleiben. Sie sind deutsche Patrioten, das werden sie gleich beweisen. Aber zu Hofe gehen sie nicht. Wilhelm II. und seine Söhne erscheinen in Uniform, ebenso die Mehrheit der Regierung und rund ein Viertel der Abgeordneten. An diesem Morgen haben deutsche Truppen Belgien und Luxemburg überfallen, um in Richtung Frankreich zu marschieren. Der Kaiser rechtfertigt den Krieg, den Deutschland ausgelöst hat: »Uns treibt nicht Eroberungslust, uns beseelt der unbeugsame Wille, den Platz zu bewahren, auf den Gott uns gestellt hat … In aufgedrungener Notwehr mit reinem Gewissen und reiner Hand ergreifen wir das Schwert. … Nach dem Beispiel unserer Väter … vertrauen wir der ewigen Allmacht, die unsere Abwehr stärken und zu gutem Ende lenken wolle!«

Am Ende der Rede, es scheint alles gesagt, folgt noch eine geschickte Verknüpfung mit seiner umjubelten Balkonszene vom Tag zuvor: »Sie haben gelesen, meine Herren, was Ich zu Meinem Volke vom Balkon des Schlosses aus gesagt habe. Ich wiederhole, Ich kenne keine Parteien mehr, Ich kenne nur noch Deutsche.« Das Protokoll vermerkt: »Stürmisches Bravo!« Als Wilhelm II. den Weißen Saal verlässt, sieht er unter den Abgeordneten den Professor für Staatsrecht Fritz van Calker – in voller Uniform. Seine Majestät bleibt stehen: Ob er an die Front geht? – »Ja.« – Der Kaiser: »Nun aber wollen wir sie dreschen.« Die robuste Anfeuerung des Oberbefehlshabers wird zum geflügelten Wort, ziert Postkarten und Zeitungsseiten.

Wilhelm II. hat mit seiner Bemerkung im Reichstag den Soldaten aller Schichten aus dem Herzen gesprochen, die seit dem 2. August 1914 in allen Städten mit klingendem Spiel durch die Straßen ziehen, Abschied nehmen von Müttern, Frauen und Kindern, aus den Zügen winken, die sie in den Krieg fahren. Wie sehr, das erfahren wir vom Maler August Macke. Als Reserveoffizier hatte er am 1. August mit der Mobilmachung erfahren, dass er in wenigen Tagen die Uniform anziehen würde. Viele Skizzen von der Tunesienreise mussten entgegen seinen Plänen noch warten, bevor Gemälde daraus wurden.

Am gleichen Tag schreibt der Siebenundzwanzigjährige seiner Schwiegermutter vom bevorstehenden Abschied. Und in diesem Brief nimmt August Macke, der die internationale Künstlerszene bei vielen Ausstellungen genossen hat und französischen Malern in herzlicher Freundschaft verbunden ist, die plumpe kriegerische Anfeuerung des Kaisers fast wörtlich vorweg: »Ja, Ihr Lieben, jetzt erleben wir etwas. Aber wir wollen die Kerle schon vermöbeln.« Es ist kein Ausrutscher, denn in einem Brief Mackes an den Onkel seiner Frau Elisabeth, der als Mäzen den jungen Maler seit Jahren unterstützt, heißt es in diesen Tagen: »Junge, Junge, jetzt wird aber reingehauen. Hoffen wir, dass wir den alten Kriegern gefallen, und dass wir uns noch einmal wiedersehen. Dein August (Kunstmaler außer Dienst).«

Zurück in den Reichstag, wo nach Gottesdienst und Kaiserrede am Nachmittag des 4. August 1914 die Regierung das Parlament bittet, außerordentliche Kredite für den Krieg zu bewilligen. Wer diesen Kriegskrediten zustimmt, stellt sich hinter die Politik der Regierung, die nach hektisch-angespannten Wochen in einen Krieg gemündet ist. Als erster verteidigt der Reichskanzler unter der hohen Kuppel des Parlamentes seine Politik. Er spricht von Verteidigung und Notwehr und verschweigt nicht, dass deutsche Soldaten schon durch Luxemburg und Belgien marschieren. Pausen für die Abgeordneten. Dann tritt Hugo Haase ans Rednerpult, Fraktionsführer der SPD-Fraktion im Reichstag, im Redner-Gepäck die Zustimmung seiner Genossen zu den Kriegskrediten.

Am Tag zuvor hatten die SPD-Abgeordneten in einer Fraktionssitzung intensiv diskutiert und am Ende mit 78 zu 14 Stimmen entschieden, den Kriegskrediten zuzustimmen. Zwei Argumente waren für die Befürworter ausschlaggebend: bei einem Nein würden die staatlichen Organe nicht zögern »unsere Organisationen zu vernichten, zu zertrümmern«. Ein »Ja« dagegen »wird die Stellung der SPD gewaltig stärken«. Endlich konnte man Sozialdemokraten nicht mehr als »vaterlandslose Gesellen«, als politisch Aussätzige behandeln. Und nach dem Krieg würde die SPD für ihren Patriotismus belohnt. »Eine starke demokratische Welle wird kommen«, die zum Beispiel das bestehende Dreiklassen-Wahlrecht hinwegfegt.

Hugo Haase hatte intern gegen eine Zustimmung zum Kriegskredit votiert. Aber er beugt sich, wie alle Abweichler, dem Fraktionszwang und erläutert dem Hohen Haus, warum die SPD, die stärkste Partei im Reichstag, geschlossen für den Kriegskredit stimmen wird. Es gehe um die »freiheitliche Zukunft des deutschen Volkes« und gegen den »russischen Despotismus«. Der Krieg, in dem man sich nun befinde, sei kein »Eroberungskrieg«, er diene ausschließlich der »Selbstverteidigung«. Wenn Deutschland »wieder sicher« sei, müsse mit den Gegnern sofort Frieden geschlossen werden. Aber zuvor gelte es, die »eherne Tatsache des Krieges« zu akzeptieren. Der loyale Parteigenosse Hugo Haase gelobte für die deutschen Sozialdemokraten: »Da machen wir wahr, was wir immer betont haben: Wir lassen in der Stunde der Gefahr das eigene Vaterland nicht im Stich.«

Seit 1871 saßen SPD-Abgeordnete im deutschen Reichstag. Mit dem Sozialistengesetz hatte Reichskanzler Bismarck die Partei der Arbeiter vernichten wollen, vergebens. Niemals hatten Sozialdemokraten den außenpolitischen Aktionen und Anträgen der Regierungen von Kaisers Gnaden zugestimmt. Wüste Beschimpfungen, Diffamierungen, Ehrabschneidungen hatten sie sich all die Jahre aus den Reihen der bürgerlichen Abgeordneten anhören müssen, und ihrerseits in heftigen Debatten den Sieg im Klassenkampf prophezeit. Am Nachmittag des 4. August 1914 wurde im Reichstag zu Berlin von der SPD der Klassenkampf, ein Identitätsmerkmal der Partei, außer Kraft gesetzt. Als »Burgfrieden« zwischen zwei feindlichen Lagern ist die Zustimmung aller Reichstagsabgeordneten zu den Kriegskrediten in die Geschichtsbücher eingegangen. Als Geste gegenüber der SPD, die ihr Votum den übrigen Parteien zuvor mitgeteilt hatte, war Hugo Haase, neben dem Reichskanzler, der einzige Redner in dieser historischen Stunde. Am Abend des 4. August erklärte Großbritannien dem Deutschen Reich den Krieg, weil es an diesem Morgen Frankreich, den englischen Verbündeten, auf dem »Umweg« über Belgien und Luxemburg überfallen hatte.

Die Parallelen zwischen dem Burgfrieden im Reichstag und dem Bündnis sozialdemokratischer Frauenorganisationen mit dem Dachverband bürgerlicher Frauenvereine sind unübersehbar und konsequent. Dieses wäre ohne jenen nicht möglich gewesen. Die SPD-Frauen hätten nicht ihre Mitarbeit im übergreifenden Nationalen Frauendienst angeboten, wenn die SPD-Männer im Reichstag sich nicht für ein ähnliches Bündnis mit den bürgerlichen Parteien entschieden hätten. Doch es gibt auch einen Unterschied, und der ist gar nicht so gering.

Mit ihrer Einwilligung in die Kriegskredite schicken die SPD-Männer den größten Teil der Proletarier in den Krieg, in die Schlacht. Die Mehrheit der Männer, die im Kaiserreich zur zweijährigen Wehrpflicht eingezogen werden, kommt aus Arbeiterfamilien. Das Lob der militärischen Vorgesetzten über die jungen Arbeitersöhne ist einhellig: sie sind diszipliniert und bereit, sich in die Gemeinschaft einzufügen. Bei aller Kritik der SPD am preußischen Militarismus: Viele proletarische Wehrpflichtige denken gerne an ihre Zeit in der Kaserne und bei Manövern zurück. Sie sind stolz, des Kaisers Soldaten zu sein. Die SPD-Zeitungen hatten ab dem 1. August diese patriotische Stimmung bestärkt. Das *Hamburger Echo* spricht von einem »Verteidigungskrieg gegen den verbrecherischen Zarismus« und ruft angesichts »höchster Gefahr« auf zum »unbedingten Zusammenhalten aller Kräfte, die ehrlich um des Volkes Wohl bemüht sind«.

Aber trotz aller hehren Motive und der Überzeugung, dass die deutschen Truppen siegreich heimkehren werden, konnten die SPD-Abgeordneten im Reichstag eines nicht total verdrängen: Ihre Stimme für den Krieg und die Hoffnung auf zukünftige demokratische Fortschritte für die SPD waren mit dem Tod vieler junger Genossen erkauft. Solche quälenden Gedanken mussten sich die Mitarbeiterinnen im Nationalen Frauendienst, ob bürgerlicher oder proletarischer Herkunft, nicht machen, im Gegenteil.

Die bürgerlichen und sozialistischen Frauen, die sich zu einer Allianz verbündeten, um die Gesellschaft in schweren Zeiten zusammenzuhalten, verzichteten darauf, mit lauten Parolen weiterhin die Ziele der Emanzipation einzufordern. Kein Wort mehr in beiden Lagern zum Frauenwahlrecht. Aber die Frauen hoffen, durch ihren Einsatz und die enge Zusammenarbeit mit staatlichen Stellen, mit kleinen Schritten dem großen Ziel näher zu kommen und waren entschlossen, Einfluss auf den Lauf der Entwicklung zu nehmen. Ein Blick in diese Richtung tat sich schon auf, als sich der Nationale Frauendienst am 3. August im Berliner Rathaus der Öffentlichkeit vorstellte, Rednerinnen aus vielen Bereichen sich mit der neuen patriotischen Frauenorganisation solidarisch erklärten.

Die Journalistin der *Vossischen Zeitung* hat den Redebeitrag von Regine Deutsch festgehalten, einer bekannten Berliner Feministin, die sich bisher im internationalen Verband für das Frauenwahlrecht engagierte. Sie demonstrierte mit ihrem Erscheinen im Rathaus, dass sie ihre internationale Frauen-Arbeit, zumindest vorläufig, gekappt hatte. Zugleich forderte sie von ihren Geschlechtsgenossinnen, im Rahmen der neuen Möglichkeiten selbstbewusst in Sachen weibliche Berufstätigkeit aufzutreten: »Frau Regine Deutsch betonte die Notwendigkeit, ganz besonders dahin zu wirken, dass Frauen jetzt in alle von den Männern verlassenen Stellen und Berufen eintreten.« Kein geringer Fortschritt wäre das.

Die Sehnsucht nach Bildern, die von keinem Riss getrübt werden, nach Leben, die ohne Brüche und Widersprüche verlaufen, ist verständlich. Aber die Wirklichkeit sieht anders aus. Je einschneidender die Ereignisse, umso mehr wühlen sie die Zeitgenossen auf, provozieren ein Wechselbad der Gefühle, bringen befremdliche Gegensätze ans Licht, – und das alles in ein und demselben Menschen. 1912 war die Beziehung von Dr. Hermine Edenhuizen mit Dr. Otto Heusler, der sich ihretwillen hatte scheiden lassen, legalisiert worden. Das Ehepaar, beide als Mediziner berufstätig, führte in der Reichshauptstadt ein kultiviertes Leben: »Mein Mann und ich gehörten auch zu den Sorglosen, die in der ›Vossischen Zeitung‹ gewöhnlich die Leitartikel übergingen und hauptsächlich Berichte über Naturwissenschaften, Philosophie, Religion und Kunst lasen. Da trat uns plötzlich das Kriegsgespenst entgegen!«

Es ist Juli 1914, und Hermine Edenhuizen erinnert sich in ihrer Lebensbeschreibung, dass sie und ihr Mann »zunächst stark beeinflusst waren von dem uns schulmäßig anerzogenen Vertrauen zu der Kraft und militärischen Tüchtigkeit Deutschlands«. Wer wie sie als erste deutsche Frau an der Bonner Universität zum Dr. med. promoviert wurde, hatte seinen eigenen Kopf. Und ihr Mann, kein Patriarch alter Schule, hatte sich bei der Heirat bewusst für eine »neue Frau« entschieden: Er stimmte einem Ehekontrakt zu, der seiner Frau weiterhin alle Selbständigkeit in Ehe und Beruf garantierte. Aber als in Berlin am 1. August der Kaiser vom Schlossbalkon ausrief, er kenne keine Parteien mehr, schienen diese beiden klugen und nüchternen Menschen den Verstand zu verlieren:

»Merkwürdig! Alle Sorge, alle Angst vor dem Kriegsschrecken waren ausgelöscht! Es erfüllte uns ausschließlich das Gefühl, dass jetzt das Vaterland gefährdet sei und wir zu ihm stehen müssten. Es riss uns mit, meinen sonst sehr zurückhaltenden Mann auch, am Potsdamer Platz dem Auszug der Truppen beizuwohnen.« Noch ihm Nachhinein merkt man, wie irritiert Hermine Edenhuizen über sich selber ist: »So groß war die Begeisterung, dass mir selbst vorübergehend der Gedanke kam, ich möchte mit Gewehr über mitmarschieren.«

Hermine Edenhuizen war wie viele Unterstützerinnen der deutschen Frauenbewegung keine radikale Nationalistin und dennoch mitgerissen vom patriotischen Sturm. Es waren Frauen, die persönlich erfahren hatten, wie dieser Staat ihre Rechte, ihren Wunsch nach Unabhängigkeit und Selbstbestimmung beschnitt, die sich für die Emanzipation engagierten und deshalb schief angesehen wurden. Auch die Frankfurterin Henriette Fürth war stolz auf ihren Verstand. Eingeladen von Frauenvereinen brach sie mit ihren Vorträgen Tabus und redete öffentlich über sexuelle Aufklärung. Lessings aufgeklärter Humanismus war ihre Lebensphilosophie.

Doch als das Attentat von Sarajewo kam, die Julikrise und die

Mobilmachung des Deutschen Reiches, erlebte Henriette Fürth die Augusttage 1914 wie »ein warmer Strom von hingebender Opferfreudigkeit und Hilfsbereitschaft … Ein Großes war aufgewacht und verlangte uns: Das Vaterland!« Die überzeugte Sozialdemokratin Henriette Fürth stand voll hinter dem »Burgfrieden« der Partei und organisierte wenig später im Nationalen Frauendienst für Frankfurt den Küchendienst. Im Rückblick auf ihr Leben, lange nach dem Krieg, war die Nüchternheit längst den Illusionen gewichen: »Wir alle aber, wir dummen politischen Kinder, glaubten an die Mär des uns *aufgezwungenen* ›Existenzkrieges‹ und an all die andern Lügen, mit denen man Begeisterung und Hingabe wecken oder steigern wollte.«

Keine Frage: Innerhalb der Frauenbewegung stand die überwältigende Mehrheit hinter der deutschen Regierung, die einen Krieg für unumgänglich hielt. Lily Braun, Sozialdemokratin und Frauenrechtlerin, gehört zu den Frauen, die seit Jahren in öffentlichen Auftritten scharf mit der rückständigen Politik des Kaiserreiches abgerechnet hatten; die eine Rechtsprechung anprangerten, die Frauen diskriminierte und ihnen Menschenrecht vorenthielt. Dann kam der »Aufbruch« Deutschlands im Sommer und Herbst 1914. Was Lily Braun, die in Berlin lebte, empfand, als am 1. August in der Hauptstadt die Mobilmachung verkündet wurde, hat sie im Jahr darauf in einen Roman verwoben: »Sie zogen zum Schloss in breiten, alles mit sich fortreißenden Scharen. … Und dann standen sie, Kopf an Kopf, ein Menschenmeer, das den riesigen Platz erfüllte … Und es sang, es rief, es jubelte.« Konrad Hochseß, der Held des Romans *Lebenssucher*, befindet sich zu diesem Zeitpunkt auf der nahe gelegenen Museumsinsel. Er konnte nicht hören, was der Kaiser auf dem Schlossbalkon sagte, aber er wurde »Zeuge eines Mysteriums«: »Und einen Herzschlag lang, der, mag er auch nur Sekundendauer haben, in der Waage der Zeit schwerer wiegt als viele Jahre, waren alle Menschen Brüder.«

Als Lily Braun 1915 diesen Roman schrieb, war sie noch nahe genug am eigenen Erleben. Dieser Rückblick war nicht verfälscht oder verzerrt durch den späteren Verlauf des Krieges. Der »Lebenssucher« Konrad Hochseß ist wie tot inmitten einer saturierten Gesellschaft und findet das Leben als Soldat im Krieg wieder. Auch ein Jahr nach Kriegsbeginn ist die Feministin Lily Braun noch von ihrer Botschaft überzeugt: »›Krieg!‹ Und zum Orkan ward der Sturm. … Wo ein Feuer in Herzen und Hirnen glühte, fachte er es zur lodernden Flamme. Er riss von gebeugten Schultern die staubige Last der Tagesmühen, dass sie sich reckten, er sprengte die eisernen Ringe über der Brust der Hassenden, dass sie frei wurden … und ihre Befreiung und ihre Kraft, ihren Zorn und ihre Zuversicht trug der brausende Ruf der Masse gen Himmel.« So erlebt der Romanheld den Nachmittag des 1. August, als er noch vor der Rede des Kaisers mit der Menschenmenge in Richtung Berliner Schloss fortgetragen wird.

Was nach diesen Zeugnissen die Frauen während der Augusttage bejubeln und befreiende Begeisterung auslöst, ist nicht die Aussicht auf die Eroberung ferner Länder, nicht Schlachtenruhm. Nach innen geht der Blick. Das Gefühl, inmitten der Menge Teil eines großen gemeinsamen Ganzen zu werden, nahm allen Raum ein, im Herzen wie im Verstand: »Die Welt erschien gewandelt. Aus Not und Bedrängnis stieg jäh und heftig das Gefühl der Gemeinschaft auf.« So erlebt die Schriftstellerin Adele Gerhard den Sommer 1914 in Berlin, ganz ähnlich den Empfindungen von Lily Braun. Sie ist sechsundvierzig Jahre alt, hat einen festen Leserinnenkreis, ist in der Frauenbewegung engagiert, mit Sympathie für die Sozialdemokratie, ohne Parteimitglied zu sein. Als die Kölnerin aus jüdischer Familie in ihrer Autobiografie *Das Bild meines Lebens* zurückblickt, liegt schon der zweite Weltkrieg des 20. Jahrhunderts hinter ihr und das lebensrettende Exil in den USA. Doch ohne Abstriche ist für Adele Gerhard die Erinnerung an das erhebende »Gefühl der Gemeinschaft« geblieben, das sie in den Augusttagen 1914 erlebte.

Aber andere Bilder sollen nicht vergessen werden: »Wer die Abschiedszenen beobachtet, die sich an den Sammelplätzen abspielen, an denen sich die zur Fahne gerufenen Mannschaften versammeln müssen, der wird tief erschüttert den Heimweg antreten.« Das steht im *Vorwärts*, der SPD-Zeitung. Und Lily Braun verschweigt in ihrem Roman *Lebenssucher* nicht den Schmerz der Frauen und Männer, die gleich nach der Mobilmachung Abschied nehmen müssen in eine ungewisse, vielleicht tödliche Zukunft: »Keiner sang, niemand lachte mehr; der Ernst der Stunde lag auf allen Gesichtern … Und nicht einer unter ihnen war allein; Eltern und Geschwister, Frauen und Kinder,

Bräute und Freunde geleiteten sie. Es war sehr still unter ihnen. Aber das Zucken der Lippen, das Zittern der Hände, die blassen Wangen … sprachen jene Sprache des Leids, für die es keine Worte gibt.«

Elisabeth Macke schreibt über den Tag, als ihr Mann in den Krieg zieht: »Am 8. August war es dann soweit. … Da niemand mitgehen durfte zum Güterbahnhof, wo die Truppe verladen wurde, hatten wir uns verabredet, wir würden uns in der Weststraße an der Friedhofsanlage aufstellen.« Da wartet Elisabeth Macke mit ihrer Mutter und dem vierjährigen Sohn Walter, »der einen kleinen Säbel umgeschnallt und einen Helm aufgesetzt hatte«. Dann rollte langsam der Zug heran, er war geschmückt, die Soldaten sangen: »August schaute weit vorgebeugt aus dem Fenster und winkte uns so lange zu, bis der Zug nicht mehr zu sehen war.«

August Macke ist auch als Soldat im Krieg ein eifriger Briefschreiber: »Liebe Lisbeth! Ich sitze auf unserem Küchenwagen. Hinter mir im Kessel kochen grüne Erbsen, Möhrchen, Sellerie etc. in einer fabelhaften Bouillon. … Ich habe noch nie ein derartig feines Leben geführt.« Das war am 13. August 1914. In den Zeitungen werden den August über nur Siege gefeiert. Ende des Monats schlägt die deutsche Wehrmacht ihr Hauptquartier in Luxemburg auf. Anfang September 1914 sind die deutschen Truppen bis auf fünfzig Kilometer vor Paris vorgestoßen. Im Hauptquartier ist Siegesstimmung: »In sechs Wochen ist die ganze Geschichte erledigt.«

Der Krieg: Kein Motor für die Emanzipation

Anita Augspurg: Kampf gegen das Ende der internationalen Frauensolidarität – Therese von Bayern: Pazifistin im Königshaus – Johanna Boldt schmeißt den Laden – Elisabeth Macke: Mitwisserin des Grauens – Clara Immerwahr: Tödliche Verachtung für den Ehemann – Karen Horney macht Schluss mit dem Penisneid

An das Gefühl, nur wenige Verbündete an ihrer Seite zu haben, hatte sich Clara Zetkin gewöhnt. Dann kämpfte sie eben alleine weiter. »Krieg dem Kriege!« setzte sie als Weckruf am 5. August 1914 über ihren Artikel in der sozialistischen *Gleichheit*, die sie als Redakteurin seit den kleinen Anfängen 1891 zu einer erfolgreichen Frauenzeitschrift gemacht hatte. Die deutsche Sozialdemokratin, deren Genossen am Tag zuvor mit überwältigender Mehrheit im Reichstag zu Berlin die Kriegspolitik der deutschen Regierung gebilligt hatten, rief ihren Genossinnen in England zu: »… dass wir eins mit Euch sind in der Brandmarkung des gegenwärtigen Weltkrieges als des furchtbarsten Verbrechens an der Menschheit, dessen sich der kapitalistische Imperialismus schuldig macht.« Doch auch jenseits des Ärmelkanals hatte die Arbeiterpartei in diesen Augusttagen dem internationalen Klassenkampf abgeschworen. Sie würde für das eigene Land in den Krieg ziehen, Männer wie Frauen, je auf ihre Weise.

Clara Zetkins Bündnisangebot über alle Grenzen hinweg fand kein Echo. Wie in Deutschland zählte für die englischen Frauenrechtlerinnen die internationale Solidarität nicht mehr, seit England am 4. August dem Deutschen Reich den Krieg erklärt hatte. Am 13. August brachen die englischen Suffragetten alle militanten Maßnahmen im Kampf um das Frauenstimmrecht ab. Der radikale Zweig der Frauenbewegung (WSPU) erklärte öffentlich einen »Waffenstillstand« mit der Regierung. Pazifismus um jeden Preis könne es nicht geben. So lange der Krieg andauerte, würden die Suffragetten ihre Kraft ausschließlich dafür einsetzen, ihr Land zu unterstützen. Und die meisten taten es bedingungslos, überzeugt, Demokratie und Parlamentarismus gegen deutsche Weltherrschaft zu verteidigen.

Auch die Suffragisten, die gemäßigten Frauenrechtlerinnen (NUWSS), beteiligten sich am patriotischen Schulterschluss. Zwar regte sich bald in den eigenen Reihen Widerstand gegen den nationalistischen Kurs; Pazifismus hat im Gegensatz zu Deutschland eine lange, markante Tradition in England, von religiösen Gruppen wie den Quäkern unterstützt. Viele Frauen wollten ihre Aktivitäten für das Frauenstimmrecht nicht unterbrechen, konnten sich aber gegen die radikalen Unterstützerinnen des Kriegskurses nicht durchsetzen. Ähnlich wie die deutschen Frauenrechtlerinnen waren sie überzeugt, für ihren Dienst am Vaterland mit dem Stimmrecht belohnt zu werden. Und wie der Nationale Frauendienst in Deutschland, organisierten die Suffragistinnen Suppenküchen, Kleiderkammern und Frauenberatungsstellen im ganzen Land, riefen die Frauen auf, als Arbeiterinnen in die Rüstungsbetriebe zu gehen. Die Pazifistinnen mussten die Organisation schließlich verlassen. Aber sie versteckten sich nicht und hielten in eigenen Gruppen die Fahne der internationalen Frauensolidarität hoch, wenngleich vorerst ohne Einfluss im eigenen Land oder darüber hinaus.

Zu den wenigen im Bund Deutscher Frauenvereine, die Gertrud Bäumer und dem Nationalen Frauendienst die Gefolgschaft verweigern, gehören Anita Augspurg und ihre Partnerin Lida Gustava Heymann. Die beiden Frauen verbringen den Sommer 1914 wie seit vielen Jahren auf ihrem Besitz in Irschenhausen im Isartal. Als sie am 31. Juli beim Bürgermeister sind, um eine Grundstückssache zu klären, erfahren sie: »Mobilisiert wird, es gibt Krieg!« Noch auf dem Heimweg sind sie sich einig: »Das muss verhindert werden!« In ihrer Autobiografie schildert Lida Gustava Heymann, was ihnen in den folgenden Tagen durch den Kopf ging. »Erstens: Hilfe konnte nur von Frauen kommen. Zweitens: wir würden keine Arbeit für direkte Kriegszwecke leisten, wie Hospitaldienst, Verwundetenpflege. Halbtot geschundene Menschen wieder lebendig und gesund machen, um sie abermals den gleichen oder noch schlimmeren Qualen auszusetzen? Nein, für solchen Wahnsinn würden wir uns nicht hergeben.«

Anita Augspurg war seit rund zwei Jahrzehnten eine allseits bekannte und umstrittene Persönlichkeit in der Frauenbewegung. Mit kurzem Haarschnitt und ausgefallenen weiten Kleidern war die ausgebildete Lehrerin und Schauspielerin, die als erste deutsche Frau 1897 in Zürich ein Jurastudium mit Promotion abgeschlossen hatte, ein beliebtes Objekt für Karikaturisten aller Zeitungen. Sie gründete 1902 den Deutschen Verband für Frauenstimmrecht, scheute keine Auseinandersetzung innerhalb der Frauenbewegung und zählte zur kleinen Gruppe der »Radikalen«. Aber bei allen Differenzen blieb sie mit ihren Anhängerinnen im Bund Deutscher Frauenvereine (BDF), um für das gemeinsame Ziel einer rechtlichen, politischen und gesellschaftlichen Gleichstellung zu arbeiten und kämpferisch einzutreten.

Die Einstellung zum Krieg allerdings führte zum Bruch mit dem BDF. Augspurg und Heymann nutzten ihre Kontakte zu eigenen Aktionen: »Wir richteten einen Appell an die Schweizer Frauen, die Frauen aller neutralen Länder zum Protest aufzurufen und eine Frauenkonferenz gegen den Krieg zu veranstalten.« Die Enttäuschung war groß, denn es kam eine negative Antwort. Der Krieg nahm seinen Verlauf. Die Extrablätter riefen die Siegesmeldungen ins Land, die Kirchenglocken stimmten in den Jubel ein. Wie ihre sozialistische Gesinnungsgenossin Clara Zetkin verstummten Anita Augspurg und ihre Partnerin für das Jahr 1914.

Wenn es zur Situation dieser Frauen noch eine Steigerung gab, dann musste sich Therese von Bayern seit den Schüssen von Sarajewo im Juni 1914 am allereinsamsten unter ihren Landsleuten fühlen. Und das, obwohl die Schwester des bayerischen Königs Ludwig III., geboren 1850, zeitlebens nicht dem Bild einer Prinzessin aus dem Hause Wittelsbach entsprochen hatte. Gegen viele Widerstände bei Hofe erarbeitete sie im Selbststudium Zoologie, Botanik, Geografie und brachte sich insgesamt elf Sprachen bei. Therese setzte es durch, ab den 1890er Jahren zu wissenschaftlichen Expeditionen nach Nord- und Südamerika, Nordafrika, Russland und in den islamischen Orient aufzubrechen. Die adlige Pionierin war erfolgreich als wissenschaftliche Autorin und Reiseschriftstellerin, und sie entschied sich, ledig zu bleiben. Seit dem Winter 1913/14 lud sie im Palais Leuchtenberg in München Gelehrte und Professoren, vorwiegend aus dem Bereich der

Naturwissenschaften, regelmäßig zum Diner mit lebhaftem wissenschaftlichen Austausch.

Der Kriegsausbruch im August 1914 zerstörte jäh ihre Pläne: Seit zwei Jahren hatte Therese eine Forschungsexpedition vorbereitet, die über ein Jahr nach Zentralamerika führen sollte. Die kostbare wissenschaftliche Ausrüstung, darunter hunderte von Fotoplatten und Filmen, und der größte Teil der Reiseausrüstung waren schon im Hafen von Genua. Angesichts des Krieges war an eine solche Expedition nicht zu denken – eine riesengroße Enttäuschung für die leidenschaftliche Forscherin. Aber noch größer ist das Entsetzen der Prinzessin über den »unseligen Krieg« und die bewusste Provokation Russlands durch die österreichische Politik. Rückblickend schildert Therese ihre Empfindungen: »Während sich schließlich bei uns Alles in einem durch die Presse absichtlich geschürten Kriegstaumel erging, habe ich in der Erwartung all des der Menschheit bevorstehenden Elends unbeschreibliche seelische Qualen ausgestanden.«

Um den Siegesfeiern und Wohltätigkeitsfesten in München auszuweichen, übersiedelte die Vierundsechzigjährige in eine Villa nach Lindau. Hier konnte sie als Mitglied des Königshauses, dessen männliche Angehörige zahlreich in den Krieg zogen, »wenigstens im engsten Kreis« ihre »Ansichten frei aussprechen« und ihrer »Empörung Luft machen«. Die meiste Zeit aber galt: »Im übrigen schwieg ich und schluckte, schluckte bis zum Ersticken.« Wenn die Menschen um sie herum zu sehr dem Kriegsrausch verfielen, konnte die Prinzessin, die sich eine »freiheitstrunkene Natur« nannte, nicht immer an sich halten, »dann ließ ich hie und da ein Wörtlein fallen«. Bei ihren »kriegshypnotisch« eingestellten Bekannten kam das nicht gut an. Ihre hohe adlige Geburt schützte sie nicht vor Verdächtigungen, die bis nach München drangen und ihr mangelnden Patriotismus vorwarfen. Aus der bayerischen Metropole wurden Therese von Bayern während des Krieges »wiederholt Äußerungen wie ›ich gehörte eingesperrt‹ zugetragen«. Ihr Kommentar im Nachhinein: »Ja, hätten sie mich nur eingesperrt!«

Die Schicht der anerzogenen Tugenden ist dünn. Wo gestern noch nachbarliche Sympathie und Verständnis herrschten, können sich heute unvermittelt Misstrauen und Aggression breit machen. Gerüchte werden für bare Münze gehalten. Ein Schrei in der Menge, und blitz-

Therese von Bayern hat sich gegen viele Widerstände im Hause Wittelsbach als Ethnologin und Biologin einen Namen gemacht. Der Kriegsausbruch verhindert 1914 eine Forschungsreise nach Südamerika. Als Pazifistin ist die Prinzessin für ihre adligen Standesgenossen eine Verräterin.

schnell macht sich unkontrollierbarer Hass breit. Persönliche Rechnungen werden unter dem Deckmantel des Patriotismus beglichen. Der Krieg reinigt nichts, wie die radikalen Nationalisten prophezeien, er bringt die schlechtesten, die dunklen Seiten des Menschen ans Licht, bei Frauen und Männern.

In den ersten Augusttagen 1914 sind alle Verbindungen vom Deutschen Reich ins Ausland oder von jenseits der Grenzen ins Land hinein blockiert. Alice Salomon sitzt in Dublin fest bei Lord und Lady Aberdeen. Sie hat der Friedenszuversicht ihrer Gastgeber vertraut, die selbst am Morgen des 4. August nicht an einen Krieg glauben wollen. In Berlin muss sich Asta Nielsen gedulden. Sie will ihren Wohnsitz in der Hauptstadt nicht aufgeben, aber erst einmal mit ihrer Schwester zurück ins heimatliche Dänemark fahren. Doch vorerst sind alle Züge der Reichsbahn für den Transport deutscher Soldaten beschlagnahmt.

Auf einem Gang durch Berlin wird die Schauspielerin mit Freunden von einer Menge eingekeilt, Steine fliegen gegen die Fenster der britischen Gesandtschaft. Die Splitter der zerbrochenen Scheiben fallen auf die Menge zurück. Berittene Polizei versucht, die schreienden Menschen die Straße Unter den Linden hinunter zu treiben. In diesem Gedränge wird Asta Nielsen von ihren Freunden getrennt: »Eine Angst wie nie zuvor ergriff mich zwischen all den verzerrten Gesichtern, und plötzlich wurde mir der Hut heruntergerissen, so dass mein schwarzes Haar zum Vorschein kam. ›Eine Russin!‹ kreischte es hinter mir, und eine Hand packte mich beim Kopf. Ich schrie vor Angst und Schmerz auf. Da drehte sich ein Herr vor mir um und erkannte mich.« Er rief den Umstehenden Asta Nielsens Name zu und sie ließen von ihr ab. Während die Menge nun begann, sich untereinander zu prügeln, gelang es dem fürsorglichen Herrn, Asta Nielsen in eine Seitenstraße zu schleusen und ein Pferdetaxi aufzutreiben.

Die Festungsmentalität, die der Krieg erzeugt, macht jeden verdächtig, der im Geringsten vom äußeren Klischee der eigenen Gruppe abweicht. Germanen sind blond, Slawen haben schwarze Haare. Wer nicht ins nationale Raster passt, könnte ein verkappter Feind sein – ein Spion. Das Misstrauen, einmal geweckt, verschont die eigenen Landsleute nicht, weder Freunde noch Arbeitskollegen: auch unter ihnen könnten Vaterlandsverräter sein und natürlich auch Verräterinnen.

Am 22. August 1914 schickte Gertrud Bäumer einen Rundbrief an ihre Kolleginnen im Vorstand des Bundes deutscher Frauenvereine: »Zu unserem großen Bedauern ist Frl. Dr. Salomon, wie es scheint, tatsächlich in Dublin festgehalten.« Zwei Telegramme an Lady Aberdeen hätten ergeben, dass die Rückkehr nicht möglich sei, weil England und Holland die Reiseroute gesperrt haben, wahrscheinlich »für die ganze Zeit des Krieges«. Dann bittet die Bundesvorsitzende und Koordinatorin für den Nationalen Frauendienst den Vorstand, über diese Tatsache »möglichst nicht zu sprechen«. Ihre Begründung: »… weil sich ja von hier aus absolut nicht feststellen lässt, ob Frl. Dr. Salomon tatsächlich etwas versäumt hat.« Gertrud Bäumer ist zu klug, um der langjährigen Frauenrechtlerin und erfolgreichen Sozialreformerin konkrete Vorwürfe zu machen. Aber ein Hauch von Misstrauen geht von diesen Zeilen aus: Vielleicht hat sich Alice Salomon – bewusst oder unbewusst – in diesen schweren Zeiten den vaterländischen Pflichten entzogen. Im September allerdings ist sie schon wieder zurück in der Reichshauptstadt und stellt ihr Organisationstalent voll dem Nationalen Frauendienst zur Verfügung.

Angst ist etwas Irrationales. Die Siegesnachrichten von den Schlachtfeldern hätten im August 1914 jede Furcht vor Spionage vertreiben müssen. Am 22. August schreibt die dreiundzwanzigjährige Johanna Boldt, von allen nur Hannchen genannt, aus Hamburg ihrem Mann Julius, der in einer Kaserne in Schleswig-Holstein auf seinen Kriegseinsatz wartete: »Der Sieg von Metz … hat 10 000 Gefangene und 50 Geschütze eingebracht. Die Begeisterung war groß. In Berlin sind zur Feier sämtliche Schulen geschlossen, in Hamburg haben einzelne Schulen auch keinen Unterricht.« Am 27. August: »Weißt Du Schatzel, was Du mal sehen müsstest? Den Patriotismus der beiden Häuser 88+86 in der Hoheluftchaussee. Alles voll von Fahnen und Flaggenschmuck … sogar unsere kleine Edith hat eine 10 Pf.-Fahne herausgesteckt.« Edith, noch keine zwei Jahre alt, ist die Tochter des Ehepaars Boldt. Die Wohnung der Familie in der Hoheluftchaussee liegt über dem stattlichen Laden für »Kolonialwaren und Fettwaren«, dessen Leitung Julius Boldt, als er am 6. August als Freiwilliger zur Armee ging, seiner Frau übertragen hatte.

In scharfem Kontrast zum Siegestaumel in der Heimat steht der Brief, den August Macke am 23. August seiner Frau Elisabeth schickt. Vorbei ist es mit dem fröhlichen Soldatenleben, dem leckeren Essen aus der Feldküche: »Diese Nacht haben wir ein schauderhaftes Nachtgefecht in einem Dorf gehabt, … viele Tote und Verwundete. Es war schauerlich.« Und am 24. August: »Ich habe zwei schwere Gefechte mitgemacht und bin unverletzt. … Es war schauerlich, was ich erlebt habe. Ich mag nicht daran denken. Es ist zu traurig.« Es folgen ein paar Tage Pause vom Töten und Sterben, während der Kanonendonner unaufhörlich grollt, und Mackes Bataillon bis kurz vor Sedan vorstößt. Am 1. September schickt er nach »einer grausigen Schlacht« ein paar Zeilen »zur Beruhigung«, und dann heißt es: »Kinder, wir haben in der Nacht gebetet. Unser halbes Bataillon ist weg.«

In August Mackes Briefen spiegelt sich der Schock über das Grauen des Krieges, an dessen tödliche Realität er noch auf der Fahrt zur Schlacht keinen Gedanken verwendet hat. Er verschweigt seiner Frau die Erschütterung darüber nicht und nicht die Todesgefahr, der er, siebenundzwanzig Jahre alt, jetzt an der westlichen Front ausgesetzt ist. Julius Boldt, der als Freiwilliger eine junge schwangere Frau und ein Kind zurückließ und inzwischen an die östliche Front transportiert wurde, wo er Ende des Monats erstmals gegen die Russen kämpft, erlebt Ähnliches. Aber der Kaufmann Boldt, zehn Jahre älter als der Maler August Macke, will seine Frau vor den Schrecken des Krieges und seinen persönlichen Erschütterungen bewahren.

Am 30. August 1914 schreibt Boldt seinem Bruder aus Ostpreußen: »Wir haben ein paar schwere und sehr wenig schöne Tage hinter uns. … Der Krieg ist etwas sehr, sehr Schreckliches. Wenn die Verwundeten jammern, krampft das Herz zusammen.« Wie sich die Gefühle und die ehrliche Sicht auf den Krieg gleichen. Dann jedoch folgt bei Boldt die Mahnung: »Sage Hanne und Mutter auch nichts von dem hier Geschriebenen. Die machen sich nur unnütze Gedanken. Ich werde stets nur harmlose Berichte geben.« Die wenigen Kriegsbriefe von Julius Boldt, die sich erhalten haben, zeigen, dass er seinem Vorsatz treu geblieben ist.

Hannchen Boldt dagegen, die oft viele Tage ohne Nachricht von ihrem Mann ist, schreibt täglich. Über Siegesmeldungen und patriotische Feiern zum Aufmuntern, ohne mit ihren eigenen nüchternen Gedanken hinter dem Berg zu halten: »Alles ist begeistert. Nur das Weh und Ach, das hinterherkommt. Gestern erschien die 6. Verlustliste mit über 800! Das ist der Krieg. Er gibt und nimmt.« Schon Mitte September 1914 ist die Stimmung nicht mehr so euphorisch: »In Hamburg treffen seit kurzer Zeit die ersten Verwundetentransporte ein. So sehr das Volk jubelt beim Eintreffen einer Siegesnachricht, umso mehr schweigt es, wenn die Verwundetentransporte kommen.« Hannchen Boldt nimmt ihren Ehemann über die weite, beängstigende Trennung hinweg als Gesprächspartner ernst. Auch, wo es um ihre Probleme als »Chefin« geht, die für den Kolonialwarenladen mit seinen vier Angestellten verantwortlich ist.

Drei Tage, nachdem Julius Boldt bei den Soldaten ist, schreibt ihm seine Frau am 9. August: »Ich habe mich ins Geschäft nun schon ganz gut hineingefunden, nur eines macht mir immer noch Schwierigkeiten: das Bestellen und Einkaufen. Da vermisse ich Dich sehr.« Für eine Dreiundzwanzigjährige, die als Tochter aus kleinem Beamtenhaushalt

Johanna Boldt übernimmt in Hamburg im August 1914 den stattlichen Kolonialwaren-Laden ihres Mannes, der sich freiwillig an die Front gemeldet hat. Die dreiundzwanzigjährige Mutter von zwei kleinen Kindern, ohne jede Ausbildung, führt das Geschäft mit vier Angestellten erfolgreich weiter.

nur die Volksschule und ein wenig Haushaltsschule hinter sich hatte, als sie 1912 Julius Boldt heiratete, war das der Einstieg in die Verantwortung. Wie ihr Leben aussah, als sie nur Frau und Mutter war, hat sie dem geliebten Ehemann Anfang Oktober an die Front geschrieben. Sie sehnt sich danach, wieder mit ihm zusammen auf dem Sofa zu sitzen, denn bei ihm fühlte Hannchen Boldt sich geborgen: »Jeden geschäftlichen Ärger hieltest Du ab, … Du schirmtest und beschütztest mich; das mögen wir Frauen gerne. Wir stellen uns gerne unter die Führung eines Mannes, die Frau bedarf des Schutzes, sie ist dazu geschaffen.« Eine heile Welt, doch sie hat mit dem Kriegsbeginn Risse bekommen.

Mit dem Bild der schutzbedürftigen Frau ist Hannchen Boldt aufgewachsen, dazu ist sie erzogen worden. Aber wie passt es mit ihrem jetzigen Alltag überein: hinter der Ladentheke stehen, scharf überlegen, was sie für das Sortiment an Nachschub bestellen muss, am Abend, nach Feierabend, die Geschäftsbücher führen – und dazu hochschwanger sein. Das alles in Kriegszeiten, wo die Kunden auf den Pfennig sehen, anschreiben lassen wollen – was sie streng verweigert –, und man für sie von der englischen Marmelade das Etikett entfernen muss, was sie »lächerlich« findet. Am 19. September bekommt die junge Frau ihr zweites Kind, Ursel. Aber Zeit, ausschließlich dem angeblich natürlichen Beruf einer Frau, Mutter zu sein, nachzugehen, hat sie nicht. Und sie bedauert es auch nicht.

Der Krieg hat die alten Lebenswelten aus den Angeln gehoben, und Hannchen Boldt erfährt am eigenen Leib, dass sie als Frau noch andere Fähigkeiten hat, als bisher in ihrer Ehe gefragt waren. Das macht sie selbstbewusst, und sie wagt in einem Brief am 2. Oktober, ihrem Mann ihre neuen Einsichten und damit vorsichtige Kritik an der früheren heilen Ehewelt mitzuteilen: »Wenn wir hätten ahnen können, was alles so käme, hätten wir wohl anders vorgesorgt, nicht wahr, mein Uli?« Aber jetzt ist sie nun mal im Geschäft »die Hauptperson« und bereit, sich dieser Aufgabe zu stellen: »... jede Kleinigkeit, jeder Ärger, kurz und gut, alles kommt an mich und da muss ich mich nun durchbeißen. Und ich will's auch, wie gerne ich es will, glaubst Du gar nicht.« Einmal in Fahrt, geht es weiter: »Ich will beweisen, dass eine deutsche Frau auch etwas zu leisten imstande ist.« Darauf geht die ausführliche Selbstverteidigung hinaus: Die junge Frau kämpft um ihre Stellung als Chefin im Geschäft ihres Ehemannes – gegen ihren Schwager.

Der war nämlich am Abend dieses 2. Oktober gekommen und hatte ihr unverblümt gesagt, »dass ein tüchtiger Kommis das Geschäft bedeutend heben würde«. Er kann es nicht begreifen, »dass ich mich dagegen sträube«. Hannchen Boldt füllt noch in der gleichen Nacht viele Zeilen mit guten Argumenten, warum sie ihre Stellung, in Vertretung ihres Mannes, nicht aufgeben wird. In das traditionelle Frauen-Schema lässt sie sich nicht zwängen: »Meinen Mutterpflichten genüge ich selbstverständlich. Unser Kleinchen bekommt alle 4 Stunden Brust. Und für Edith sorgt Mama, auf die kann ich mich verlassen.« Fazit: »... das Geschäft sollen sie mir nicht nehmen. Das ist meines.« Julius Boldt scheint seiner Frau den Rücken gestärkt zu haben. In den Briefen von Hannchen Boldt taucht das Thema nicht wieder auf. Sie bleibt Chef.

Anfang Oktober 1914 lebt August Macke nicht mehr. Der Siebenundzwanzigjährige ist in der Marneschlacht östlich von Paris, die den Vormarsch der deutschen Truppen auf Paris endgültig stoppte, tödlich getroffen worden; nur seine Frau weiß es noch nicht. Am 11. September hatte er seiner Frau Elisabeth geschrieben, er sei aus einer »außergewöhnlich schweren Schlacht bis jetzt unversehrt herausgekommen«. Wieder unterdrückt er seine Gefühle nicht, die Ängste mit denen er leben muss, die unendliche Distanz zur Welt jenseits der Schlachtfelder: »Die Leute in Deutschland, die im Siegestaumel leben, ahnen nicht das Schreckliche des Krieges.« Zehn Tage später meldet Macke eine traurige, eindrückliche Statistik: »Von unserer ursprünglichen Kompagnie sind von 250 Mann noch 59 da.« Ebenso viele Franzosen werden im gleichen Zeitraum von den Deutschen getötet worden sein. Vom 24. September 1914 datiert die letzte Feldpostkarte, die Elisabeth Macke von ihrem Mann erhält: »Liebes Kind! Es geht mir noch immer gut! ... Die Schlacht hier tobt weiter. ... Gruß August.«

Nach dieser Karte kam keine mehr. Briefe von Mackes Frau und seiner Mutter an die Front wurden zurückgesandt mit der Aufschrift »Verwundet, Lazarett unbekannt« oder »Vermisst«. Dann schrieben verschiedene Zeitungen, »dass der junge Maler August Macke lebe und in englischer Kriegsgefangenschaft sei«. Elisabeth Macke allerdings »war ohne Hoffnung auf ein Wiedersehen«. Ein Telegramm aus dem Kriegsgebiet brachte ihr am 16. Oktober die traurige Gewissheit, dass »Feldwebel-Leutnant Macke 5/160 am 26. September im Gefecht südlich bei Perthes les Hurlus gefallen« sei. Die offizielle Todesnachricht durch das Kriegsministerium erhielt Elisabeth Macke am 20. Februar 1915.

Julius Boldt wurde am 6. November 1914 von den Russen gefangen genommen. »Meine liebe Frau«, schreibt er am 15. November, »ich habe meine gesunden Knochen behalten und bin dem lieben Gott besonders dankbar dafür. Die Russen haben uns gut und kameradschaftlich aufgenommen.« Hannchen Boldt wird diese Nachricht erst Mitte Dezember erreichen, eine Erlösung nach wochenlanger Ungewissheit und schlimmen Fantasien. Um diese Zeit wird ihr Mann ins Kriegsgefangenenlager Krasnojarsk in Sibirien verlegt. Seine letzte Postkarte trägt das Datum 6. März 1915 und ist an seine Mutter geschrieben: »Ich hoffe, dass es Dir gut geht und dass wir uns bald gesund und munter wiedersehen werden.«

Julius Boldt stirbt am 16. April 1915 im Lager an Typhus. Die Nachricht über den Tod ihres Mannes erfährt Hannchen Boldt vom Roten

Kreuz in Hamburg am 22. Januar 1916. Man habe den Namen ihres Mannes über die Totenliste einer deutschen Krankenschwester erhalten. Am 1. Juli wird der offizielle Totenschein vom dänischen Roten Kreuz an den Landesverband Hamburg geschickt. Als sie endlich Gewissheit hat, verpachtet Hannchen Boldt den Laden noch 1916. Im Herbst 1918, da war der Krieg vier Jahre alt, verkauft sie das Kolonialwarengeschäft mit den zwei großen Schaufenstern, das ihr Mann 1904 gegründet hatte.

Vier Jahre zuvor, im August 1914, als die deutsche Regierung ihren Soldaten versprach, dass sie bis zum Jahresende siegreich in die Heimat zurückkehren werden, hatte Hannchen Boldt ihrem Mann geschrieben: »In Hamburg ist jetzt buntes Bild ... Pfadfinder spielen Briefträger, das Straßenfegen besorgen die Frauen und die Straßenbahn hat auch schon Frauen angestellt. Männer siehst Du weniger, besonders Sonntags pilgern die Frauen alleine los mit Kind und Kegel.« Zwei Jahre später zeigt ein Scherenschnitt-Bilderbogen »Die deutschen Frauen in der Kriegszeit«: Sie tragen mit dem Rad Telegramme aus, sie pflügen das Land, sie lenken die Straßenbahnen und die Postkutsche und klettern sogar auf hohe Kamine. Es ist ein schöner Schein, den der »Kriegsbilderbogen« und auch die Schilderung in Hannchen Boldts Brief spiegeln: als ob jetzt zu Kriegszeiten die Frauen in der Heimat das Sagen und einen gewaltigen Schritt in Richtung Gleichberechtigung gemacht hätten. Die Realität hinter den Bildern erzählt eine andere Geschichte.

Selbst die Historikerzunft hat dem Anschein vertraut und lange nicht gründlich erforscht, wie viele Frauen zur Zeit des Ersten Weltkrieges tatsächlich in typisch männlichen Berufen tätig waren. Die Statistiken sind ernüchternd. Erhalten haben sich die Zahlen der gesetzlichen Krankenkassen, in die während des Krieges – wie seit Beginn der gesetzlichen Krankenversicherung 1889 – lohnabhängige arbeitende Frauen ihre Beiträge einzahlten. Danach stieg die Beschäftigung von Frauen in lohnabhängigen Berufen zwischen 1914 und 1918 um 17 Prozent. Der Vergleich zeigt, dass dies nicht nur kein Fortschritt sondern ein Rückschritt zur Friedenszeit war. Zwischen 1905 und 1909 lag die vergleichbare Steigerung der Frauenberufstätigkeit im Deutschen Reich bei 22 Prozent und zwischen 1909 und 1913 immerhin noch bei 20 Prozent.

Vor dem Hintergrund der sehr unterschiedlichen Situation im Zweiten Weltkrieg haben sich bis heute falsche Bilder über Frauenarbeit im Ersten Weltkrieg gehalten. Dabei war an Arbeit kein Mangel, besonders in der Kriegs- und Rüstungsindustrie fehlten Arbeitskräfte. Hier waren bisher ausschließlich Männer beschäftigt, und der Bedarf für die Front war riesengroß. Deshalb warben die zuständigen Behörden dafür, dass Frauen in die Kriegsproduktion gingen – mit wenig Erfolg. Die miserablen Frauen-Löhne boten offensichtlich keinen Anreiz, zumal die bisherigen Arbeitsschutzbestimmungen außer Kraft gesetzt waren. Das hatte der »Burgfrieden« zwischen Arbeitgebern und Gewerkschaften möglich gemacht.

Hinzu kam, dass die Rüstungsfabriken zwischen 1914 und 1918 weiterhin Männern den Vorzug gaben und lieber Kriegsgefangene statt Frauen beschäftigten. Und von Staats wegen wurde kein Zwang ausgeübt. Eine Demokratie war das deutsche Kaiserreich nicht, aber auch keine straff ausgerichtete Diktatur wie der spätere NS-Staat, der im Zweiten Weltkrieg seine Mutterkreuzideologie beiseite schob, 1942 alle Frauen zur Arbeit in der Rüstungsindustrie verpflichtete und diese Verordnung 1943 und 1944 noch verschärfte.

Wenn Frauen im Ersten Weltkrieg die Arbeitsplätze von Männern einnahmen, die an die Front mussten, waren sie Lückenbüßerinnen auf Zeit und das wurde ihnen nicht verheimlicht. Auch in Kriegszeiten wurde von staatlichen Stellen, in Predigten und Traktaten das traditionelle Bild der Frau als Gattin und fürsorgliche Mutter in der Öffentlichkeit hochgehalten, und jetzt widersprachen bürgerliche und sozialdemokratische Frauenrechtlerinnen nicht. Denn der patriotische Einsatz im Nationalen Frauendienst konnte nur funktionieren, wenn politische und gesellschaftliche Differenzen ausgeschaltet blieben.

Zwischen 1900 und 1914 hatte der Bund Deutscher Frauenvereine erfolgreich für eine »Neue Frau« gekämpft; in Bildung und Ausbildung, im Bereich der Sozialpolitik und dem Zugang zu Berufen, die bisher Männern vorbehalten waren, grundsätzliche Fortschritte durchgesetzt. Das Frauenstimmrecht blieb unerreicht. Aber seit 1908 das Vereinsverbot fiel, konnten Frauen in die politischen Parteien gehen und immerhin beim Wahlkampf für den Reichstag kräftig mitreden. Von solchem Aufbruch konnte während des Krieges keine Rede sein.

Wenn Frauen nach 1914 einen männlichen Arbeitsplatz besetzten, mussten sie gar nicht so selten unterschreiben, diese Berufstätigkeit wieder aufzugeben, sobald der Arbeitsplatzinhaber wieder auftauchte.

Hannchen Boldt, 1914 gerade mal dreiundzwanzig Jahre alt, ohne Ausbildung, ohne Berufserfahrung, hat sich mit eisernem Willen und Tüchtigkeit als Chefin durchgesetzt, um den Kolonialwarenladen ihrem Mann nach seiner Rückkehr aus dem Krieg stolz wieder übergeben zu können. Als diese Aufgabe mit dem Tod von Julius Boldt im fernen Sibirien ihren Sinn verloren hatte, gab Hannchen Boldt auf und verkaufte das Geschäft. Aber die Erfahrung als erfolgreiche berufstätige Frau blieb haften, gab der Witwe und Mutter von zwei Kindern das Selbstbewusstsein, sich nach dem Krieg wieder Arbeit zu suchen.

Die Hamburger Geschäftsfrau, deren Lebensziel Mann und Kinder waren und die ohne den Krieg niemals als Frau erfolgreich einen Laden geschmissen hätte, passt in keine Schablone. Sie ist ein Beispiel dafür, dass der Fluss des Lebens nicht stromlinienförmig verläuft, und das gilt auch für die Ereignisse der großen Politik. Was die Frauen betrifft, hat der Erste Weltkrieg die Emanzipation nicht vorangetrieben, war weder Motor noch Schrittmacher. Das Stillhalteabkommen der Frauen aller Lager im Nationalen Frauendienst bedeutete Stagnation, die immer noch bestehenden Diskriminierungen im rechtlichen, beruflichen und politischen Bereich wurden um keinen Deut abgebaut. Das sind sichtbare negative Fakten, die Folgen reichten weit über den Krieg hinaus.

Aber der Krieg setzte auch Fakten, die neue Chancen eröffneten, indem vertraute Lebensabläufe aufgebrochen wurden. Die Familienstrukturen sind davon betroffen und da vor allem die Frauen. Mit dem ersten Augusttag 1914, als die Mobilisierung verkündet wurde, strömten die Paare zu den Standesämtern, und die Pfarrer mussten Überstunden machen. »Kriegstrauung« hieß das Zauberwort, das Männern und Frauen ohne jede Wartezeit die Heirat möglich machte. Kamen im August 1913 auf 100 000 Einwohner genau 32 978 Eheschließungen, wurden im August 1914 im Deutschen Reich 80 226 Ehen geschlossen. Alle wussten, mit dem Auszug der Männer an die Front würde eine solche Gelegenheit für die Verliebten und Verlobten so schnell nicht wiederkommen. Und für alle Frauen, die noch keinen Heiratskandidaten im Blick hatten, würde sich das Angebot drastisch verringern.

Im August 1914 waren rund 2,8 Millionen Männer zu den Waffen gerufen worden; sie kämpften sofort an der Front oder warteten in den Garnisonen auf ihren Einsatz. Im Dezember 1914 dienten schon 5 Millionen Männer als Soldaten, und ein Jahr später hatten sich gut 9 Millionen Männer im Deutschen Reich von Eltern, Frauen, Kindern und Freunden verabschieden müssen, um in den Krieg zu ziehen. Von diesen 9 Millionen waren rund 5 Millionen Ehemänner, das heißt 5 Millionen Ehefrauen mussten allein – oder meist mit Kindern – das Leben meistern. Zugleich war für die unverheirateten Frauen mit dem Kriegsbeginn die Anzahl unverheirateter Männer, die für Liebe und Ehe infrage kamen, drastisch gesunken. Die Zahlen spiegeln diese Realität: 1913 gingen von 1000 Einwohnern 7,7 Prozent eine Ehe ein, 1915 waren es nur noch 4,1 Prozent. Die Statistik lässt ambivalente Deutungen zu. Für die einen Frauen wird der Verzicht auf Ehe und Familie schmerzlich gewesen sein. Andere werden, – vom Stress des Heiraten-Müssens befreit –, ihr Dasein als ledige Frau genossen haben.

Zahlen und Fakten bilden ein Gerüst, ohne das Geschichte nicht erzählbar ist. Aber unter der historischen Oberfläche verläuft eine unsichtbare Dynamik, die sich irgendwann Bahn bricht. Mit dem Kriegsausbruch waren die pazifistisch gesinnten Frauen in allen kriegsführenden Ländern Europas ins Abseits geraten. Aber trotz aller Schwierigkeiten gelang es ihnen, über die Grenzen hinweg in Kontakt zu bleiben, und schließlich auch Zeichen zu setzen. Clara Zetkin war die treibende Kraft hinter der internationalen sozialistischen Frauenkonferenz im März 1915 in Basel. Fünfundzwanzig Frauen aus acht Ländern schafften die Reise in die Schweiz, darunter sieben deutsche. Weil Clara Zetkin sich wie alle Teilnehmerinnen für die radikale Verurteilung des Weltkrieges aussprach, wurde sie nach ihrer Rückkehr kurz verhaftet und für die folgenden Kriegsjahre polizeilich überwacht. Sie lebte nun endgültig in doppelter Isolation, denn die deutschen Sozialdemokraten unterstützten loyal die deutsche Kriegspolitik und hielten den einmal geschlossenen Burgfrieden.

Die pazifistischen Frauen der bürgerlichen Frauenbewegung ließen sich ebenfalls nichts von ihren traditionellen Organisationen vorschreiben, die sich mit ihren jeweiligen nationalen Regierungen verbündet hatten. Anita Augspurg und Lida Gustava Heymann gehörten zum Vorbereitungskomitee eines internationalen Frauenfriedenskongresses in Den Haag, wo sich vom 28. April bis zum 1. Mai 1915 mehr als tausend Frauen aus zwölf Ländern trafen. Die beiden Frauen warben beim Bund Deutscher Frauenvereine für den Kongress. Doch sie stießen auf eisige Ablehnung. Der BDF, unter Führung von Gertrud Bäumer, lehnte eine Beteiligung am Friedenskongress strikt ab. Er verbot allen Vorstandsmitgliedern nach Den Haag zur fahren, das sei »unvereinbar mit jeder verantwortlichen Stellung und Arbeit innerhalb des Bundes deutscher Frauenvereine«. Wer es dennoch tue, verstoße gegen die Solidarität innerhalb der deutschen Frauenbewegung. Achtundzwanzig deutsche Frauen, für den Frieden und die Frauenbewegung engagiert, fuhren nach Den Haag. Die Konferenz verurteilte den Krieg und forderte, in allen Staaten Demokratie und Gleichberechtigung als Grundlage einer neuen friedlichen Weltordnung zu akzeptieren.

Am 8. Mai 1915 meldete die *Grunewald Zeitung*: »Durch Erschießen ihrem Leben ein Ende gesetzt hat die Gattin des Geheimen Regierungsrates Dr. H. in Dahlem, der zur Zeit im Felde steht. Die Gründe zur Tat der unglücklichen Frau sind unbekannt.« In der Tat: Clara Haber, geborene Immerwahr, im Dezember 1900 in Breslau in Chemie promoviert, seit 1901 mit dem Chemieprofessor Fritz Haber verheiratet, war seit langem eine unglückliche Frau. Seit ihr Mann sich ab Oktober 1914 in einer geheimen Kommission des Kriegsministeriums an führender Stelle mit der Herstellung von chemischen Kampfstoffen beschäftigte, war für Clara Haber die Grenze dessen erreicht, was sie aushalten wollte, was sie ertragen konnte.

Sie hatte in ihrer Ehe zur Genüge erfahren, dass Fritz Haber ein ehrgeiziger Egoist war. Jetzt gab er sich als Wissenschaftler – zusammen mit angesehenen Kollegen wie Otto Hahn und James Franck – dafür her, ein Mittel zu erfinden, das die feindlichen Soldaten wehrlos in den Schützengräben ersticken sollte. Die Strategie der deutschen Militärs, nach dem Kriegsbeginn im August 1914 innerhalb weniger Wochen bis Paris vorzustoßen, wie einst 1870/71, war mit dem Gegenangriff der Franzosen an der Marne schon Anfang September gescheitert. In den folgenden Monaten wurde die Front quer durch Nordfrankreich und Flandern zu einer einzigen Schützengrabenzone. Ein

Stellungskrieg begann, ein tödliches Patt, aus dem Giftgas-Angriffe die deutschen Truppen endlich herausführen sollten.

Fritz Haber, der seiner Frau verboten hatte, mit irgendjemandem über diese Experimente zu sprechen, nahm sie einmal mit nach Köln, als die ersten Versuche auf der Wahner Heide gemacht wurden. Die Chemikerin weiß, was seine Idee, Chlorgas einzusetzen, für die feindlichen Soldaten, die doch auch Menschen sind, bedeutet. Die Militärs sind skeptisch, aber nicht aus moralischen, sondern aus praktischen Erwägungen. Könnten sich deutsche Soldaten noch retten, wenn sich bei einem Gasangriff auf den Feind der Wind plötzlich drehte und das tödliche Gift in ihre Richtung blies? Fritz Haber war entschlossen, seine Gesinnung als Patriot und sein Renommee als Wissenschaftler unter Beweis zu stellen. Mit dem Jahresanfang 1915 begibt er sich an die Front in Flandern, um hinter den deutschen Linien einen Gasangriff vorzubereiten. Wochenlang weht ein ungünstiger Wind.

Am späten Nachmittag des 24. April 1915 kann Fritz Haber General Deimling überzeugen: der gibt nahe der Stadt Ypern den deutschen Soldaten den Befehl, die rund sechstausend Flaschen mit Chlorgas, nur wenige Meter von den feindlichen Schützengräben entfernt eingegraben, zu öffnen. Die haushohe Gaswolke, die sich blitzschnell bildet, weht auf einer Frontlänge von sechs Kilometern über die englischen Soldaten. Wie auf einem riesigen offenen Friedhof bedecken in kürzester Zeit die Leichen mehrerer tausend von ihnen die flandrische Erde; die Zahl der schwerverletzten Engländer ist noch um ein Vielfaches höher als die der Getöteten.

Endlich können die deutschen Zeitungen wieder einen Erfolg vom Schlachtfeld melden, errungen durch die »deutschen Dämpfe«. Fritz Haber wird noch in Flandern zum Hauptmann befördert und kehrt nach Berlin zurück, in sein Institut und in die Villa in Dahlem, wo seine Frau Clara mit dem zwölfjährigen Sohn Hermann seit Wochen alleine lebt. Am 1. Mai 1915 steht Fritz Haber gut gelaunt in neuer Hauptmanns-Uniform im Mittelpunkt einer häuslichen Feier: Ihm ist das Eiserne Kreuz verliehen worden. Und am nächsten Tag wird er an die Ostfront fahren, um dort das Militär über den Einsatz chemischer Kampfstoffe zu beraten.

Am Morgen des 2. Mai verlässt Clara Haber zu einer frühen Stunde die Villa und geht in den Garten hinter dem Haus, in der Hand die Dienstpistole ihres Mannes. Sie macht einen Probeschuss, mit dem zweiten zielt sie ins Herz. Der zwölfjährige Hermann, der die Schüsse hört, weckt den Vater. Dr. Clara Haber, geborene Immerwahr, stirbt zwei Stunden später. Noch am gleichen Tag fährt Fritz Haber an die Ostfront.

Im Juni 1915 wäre Clara Haber fünfundvierzig Jahre alt geworden. Karen Horney, die im gleichen Jahr mit ihrem Mann Oskar und den zwei Kindern Brigitte und Marianne innerhalb von Berlin umzieht – aus der Wohnung in Lankwitz in eine Villa in Zehlendorf –, ist fünfzehn Jahre jünger. Nur, könnte man sagen, doch zwischen beiden Frauengenerationen hat sich entscheidendes geändert. Die Fortschritte sind unübersehbar.

Clara Immerwahr gehört zu den Pionierinnen, die sich auf dem Neuland der Emanzipation hartnäckig den Zugang und die ersten Schritte erkämpfen mussten. Weil sie Privatunterricht nehmen konnte, hatte sie eine Chance, als Externe an einem Jungengymnasium in Breslau Abitur zu machen. Karen Horney – damals noch Karen Danielsen – war nur noch von der Zustimmung ihres Vaters abhängig. An der Breslauer Universität musste Clara Immerwahr gegen Ende des 19. Jahrhunderts noch um die Zustimmung der Professoren bitten. Bei der feierlichen Promotionsfeier im Dezember 1900 lobte der Rektor einerseits ihre Leistungen, wünschte aber im gleichen Atemzug, dass »keine neue Ära anbreche und die Frauen als doctores in die Universität hineinströmen«. Als Karen Danielsen 1906 mit einundzwanzig Jahren zum Medizinstudium nach Freiburg fuhr, hatte das Großherzogtum Baden das Studium der Frauen seit sechs Jahren dem der Männer völlig gleichgestellt. In Preußen fiel diese akademische Männerbastion 1908. Bei Karen scharrten die Kommilitonen nicht mehr missbilligend mit den Füßen, wenn Frauen den Hörsaal betraten.

Auch in Liebesdingen genoss Karen Horney als Studentin eine Freiheit, die zuvor bei Frauen nicht – oder nur in größter Heimlichkeit – denkbar war. Als Clara Immerwahr ein Jahr nach der Promotion heiratete, wurde die Ehe ihr Gefängnis. Entgegen früheren Versprechungen bestand ihr Mann auf dem traditionellen Familienleben, damit war seiner Frau der Weg in eine Berufstätigkeit versperrt. Karen heiratete ihren Freund Oskar Horney und studierte zielstrebig in Berlin weiter. Dass sie während der Prüfungen für das Staatsexamen 1911 schwanger war und 1913, dem Jahr ihrer Approbation als Medizinerin, ihre zweite Tochter zur Welt brachte, war kein Thema zwischen den Ehepartnern. Selbstverständlich konnte sie als Ehefrau und Mutter anschließend ihr klinisches Praktikum an der Charité absolvieren und an ihrer Promotion arbeiten.

Im Jahr 1915 wurde Karen Horney in Berlin bei dem angesehenen Neurologen Professor Karl Bonhoeffer mit einer Arbeit über einen Traumata-Fall promoviert, den sie gemäß der traditionellen Lehre behandelte. Die letzte akademische Hürde war geschafft. Jetzt konnte die junge Ärztin sich offen dem widmen, worin sie seit Jahren neben aller Arbeit viel Zeit investiert hatte, ohne davon viel Aufhebens zu machen. Denn dieses medizinische Neuland wurde von den allermeisten ihrer Kollegen missbilligt und nicht betreten: die Psychoanalyse, wie Sigmund Freud sie entwickelt hatte und als maßgeblicher Mentor weiter begleitete. Noch 1915 wurde Karen Horney Schriftführerin der Berliner Psychoanalytischen Gesellschaft, eine kleine Truppe unter dem Freud-Schüler Karl Abraham. Ihre neue Aufgabe erhielt zusätzliches Gewicht, weil Abraham eingezogen wurde und als Arzt an der Ostfront dienen musste.

Ansonsten tangierte der Krieg Karen Horneys Leben nicht. Ihr Mann, eigentlich ein Fall für die Soldaten, war an seinem hochrangigen Arbeitsplatz im kriegswichtigen Stinnes-Konzern unabkömmlich. Sie selbst war nicht gewillt, sich aus patriotischem Antrieb von ihren beruflichen Zielen abbringen zu lassen. Mochten andere Frauen sich freiwillig zum Dienst in Lazaretts oder Suppenküchen melden, von Karen Horney ist nichts dergleichen bekannt. Dass sie wieder schwanger wurde und 1916 ihre dritte Tochter Renate auf die Welt kam, war ebenfalls kein Grund, bei ihrem Berufsleben Abstriche zu machen. Wer eine Villa in Zehlendorf hatte und ein schickes Auto, konnte sich auch ein Kindermädchen leisten.

Die Erfahrung der Mutterschaft allerdings war nicht etwas, das bei Karen Horney sozusagen nebenher lief. Seit sie bei der Geburt ihrer Tochter Brigitte mit sechsundzwanzig Jahren zum ersten Mal diese Erfahrung gemacht hatte, stand dieses Erlebnis im Zentrum ihrer Gefühle, ihres Denkens und ihres Nachdenkens über die Definitionen von Weiblichkeit und Mutterschaft – so wie Sigmund Freud sie in der Psychoanalyse als verbindliche Lehrsätze aufgestellt hatte. Weiblichkeit, so Freuds Postulat, sei geprägt vom Penisneid. Das kleine Mädchen entdecke einen Mangel darin, wie es sich von einem Jungen unterscheide. Daraus erwächst nach Freud ein Minderwertigkeitsgefühl, das von Natur aus zur Identität jeder Frau gehört. Um es zu kompensieren, setzen Frauen ihren ganzen Stolz in die Fähigkeit, Kinder zu gebären. Mutterschaft ist für Freud nichts als ein »Ersatz«, ein Trost für das fehlende männliche Geschlechtsteil.

Karen Horney, die schon ein Jahr nach der Heirat in der Analyse bei Karl Abraham eine Befreiung von ihren Minderwertigkeitsgefühlen suchte, ist eine kritische Frau. Bei der Geburt ihrer ersten Tochter 1911 erlebt sie – entgegen den Thesen Freuds, die sie verinnerlicht hat –, wie tief und eigenständig ihre Gefühle als Mutter bei der Geburt sind. Dieses für sie als Psychoanalytikerin verblüffende Erlebnis ist kein Zufall, sondern wiederholt sich bei den folgenden zwei Geburten. Ihre Erfahrungen als Frau und ein kritischer Blick, der die Psychoanalyse nicht als Evangelium sieht, sondern als etwas, das offen für Neuerungen ist, mündet 1926 in dem Aufsatz »Flucht aus der Weiblichkeit«.

Karen Horney zeigt Mut. Sie beginnt mit einer grundlegenden Kritik: »Die Psychoanalyse ist die Schöpfung eines männlichen Genies, und auch fast alle, die seine Ideen weiterbildeten, waren Männer.« Daraus folgt, dass sie eine »männliche Psychologie« entwickelten, weil sie »von der Entwicklung des Mannes mehr verstanden als von der Frau«. Damit rechtfertigt Karen Horney, dass sie sich als Frau an eine »weibliche Psychologie« wagt, die der wahren Definition von Weiblichkeit wesentlich näher ist.

Nach Freuds Deutung sind das einzige, so Horney, was die Frau dem Mann voraus hat, »die doch sehr fraglichen Lustgewinne beim Gebärakt«. Dagegen setzt die weibliche Psychoanalytikerin ihre Erfahrung von Mutterschaft und fragt, ob das denn so wenig sei: »Das selige Bewusstsein, ein neues Leben in sich zu tragen? Und das unerhörte Glück in der sich steigernden Erwartungsspannung auf das Erscheinen dieses neuen Wesens? Und das Glück, wenn es endlich da ist? Und wenn man es zuerst im Arm hat? Und die tiefe, lustvolle Befriedigung beim Stillen? Und das Glück der ganzen Säuglingspflege?«

Karen Horney stellt die Freudsche Deutung der Geschlechterdifferenz vom Kopf auf die Füße. Die Fähigkeit zur Mutterschaft gibt »der Frau eine ganz unbestreitbare und nicht geringe physiologische Überlegenheit«. Dieses total Eigene ist der Kern von Weiblichkeit, nicht der Penisneid, den der Mann zum Merkmal von Weiblichkeit erhoben hat und ihr damit das Siegel der Minderwertigkeit einbrannte. Er hatte die Macht dazu, weil »unsere ganze Kultur eine männliche Kultur ist. Staat, Gesetze, Moral, Religion, Wissenschaft sind Schöpfungen des Mannes.« Karen Horney führt den Soziologen Georg Simmel als Kronzeugen an. Die Psychologin folgert aus diesem ungleichen Machtverhältnis, »dass sich die Frau den männlichen Wünschen anpasste und ihre Anpassung als eigenes Wesen empfand.« Damit soll, wenn es nach Karen Horneys psychoanalytischen Erkenntnissen geht, endlich Schluss sein.

In sechs Aufsätzen legt sie, die ab 1919 als Psychoanalytikern in Berlin eine eigene Praxis aufmacht, zwischen 1921 und 1932 ihre Thesen einer »weiblichen Psychologie« dar. Karen Horney ist die erste aus der Schule Freuds, die es wagt, der gängigen Freudschen Lehre in einem zentralen Punkt aus feministischer Sicht zu widersprechen. Eine erstaunliche Entwicklung, überblickt man die Anfänge der Frauenbewegung von der zweiten Hälfte des 19. Jahrhunderts bis zu den gewichtigen Fortschritten in den Jahren von 1900 bis zum Ausbruch des Ersten Weltkrieges. Bei genauerem Hinsehen jedoch ist es eine Entwicklung, die ihre eigene innere Logik hat.

In den 1880er Jahren, als die Frauenrechtlerinnen im Kaiserreich in der Öffentlichkeit stärker wahrgenommen wurden, wiesen Mediziner und Pastoren, Historiker und Politiker die Forderungen nach Gleichberechtigung mit dem Hinweis auf die von der Natur und Gott vorgegebenen Rolle der Frau als Mutter entschieden und drohend zurück. In der Familie sei deshalb ihr Raum, nicht in der Öffentlichkeit. Über zwanzig Jahre später versucht der Bund zur Bekämpfung der Frauenemanzipation die Frauen mit schrillen Tönen auf ihre nationale Aufgabe als Mutter künftiger Soldaten zu beschränken. Zwei Generationen später stellt eine moderne Frau, die die Erfolgsgeschichte der Frauenbewegung zwischen 1900 und 1914 verkörpert, Mutterschaft selbstbewusst in die Mitte weiblicher Identität.

Nach Karen Horney kettet die Fähigkeit, Kinder in die Welt zu setzen, eine Frau nicht an die Familie, sondern ist gerade der Schlüssel zu einer eigenständigen, unabhängigen Weiblichkeit. Ihr gelingt es, einen Unterschied der Geschlechter zu entdecken, der nicht zu Ungunsten der Frauen geht. Das Fazit ihrer Überlegungen jedoch ist der Rat an ihre Geschlechtsgenossinnen, sich den endlosen Diskussionen um die Unterschiede zwischen Frauen und Männern zu verweigern. Am Ende aller Argumente nämlich komme von Seiten der Männer noch stets die Biologie ins Spiel. Frauen, heißt es dann leicht triumphierend, würden nun mal schwanger und die Kinder gebären. Also seien sie in Politik, Wirtschaft und Gesellschaft eben nicht voll einsatzfähig. (Daran hat sich bis ins 21. Jahrhundert nichts geändert.) Dagegen hilft nach Karen Horney zweierlei: Solidarität und Kooperation unter den Frauen. Und: »So paradox es klingen mag, wir werden erst dann hinter diese Unterschiede kommen, wenn wir sie vergessen haben.«

Anhang

Verzeichnis der Abbildungen

Literatur

Quellen

Autobiografien, Erinnerungen, Tagebücher, Briefe

Marie Baum: Rückblick auf mein Leben, Heidelberg 1950

Vicky Baum: Es war alles ganz anders. Erinnerungen, Köln 1987

August Bebel: Aus meinem Leben, ungekürzte Neuausgabe Bonn 1997

August und Julie Bebel: Briefe einer Ehe, hg. von U. Herrmann, Bonn 1997

Charlotte Berend-Corinth: Mein Leben mit Lovis Corinth, Hamburg 1947

dies.: Als ich ein Kind war, Hamburg 1950

J. Bleker, S. Ludwig (Hg.): Emanzipation und Eugenik. Die Briefe der Frauenrechtlerin, Rassenhygienikerin und Genetikerin Agnes Bluhm an den Studienfreund Alfred Ploetz aus den Jahren 1901–1938, Husum 2007

Lily Braun: Memoiren einer Sozialistin. Lehrjahre, Bremen 2010

Marie von Bunsen: Die Welt in der ich lebte, 1860–1912, Biberach an der Riss 1959

Minna Cauer: Leben und Werk, dargestellt an Hand ihrer Tagebücher und nachgelassenen Schriften von Else Lüders, Gotha 1925

Else Croner: Das Tagebuch eines Fräulein Doktor, Stuttgart 1908

Hedwig Dohm: Erinnerungen, hg. von B. Rahm, Zürich 1980

Henriette Fürth: Streifzüge durch das Land eines Lebens. Autobiographie einer deutsch-jüdischen Soziologin, Sozialpolitikerin und Frauenrechtlerin (1861–1938), Wiesbaden 2010

Adele Gerhard: Das Bild meines Lebens, Wuppertal 1948

Ida Gerhardi: »Wozu die ganze Welt, wenn ich nicht malte«. Briefe einer Malerin zwischen Paris und Berlin, Essen 2012

Bernhard Guttmann: Schattenriss einer Generation, 1888–1919, Stuttgart 1950

Edith Hagener: »Es lief sich so sicher an Deinem Arm«, Briefe einer Soldatenfrau 1914, Weinheim 1986

Max Halbe: Jahrhundertwende. Erinnerungen an eine Epoche, München 1976

Hermine Heusler-Edenhuizen: Du musst es wagen! Lebenserinnerungen der ersten deutschen Frauenärztin, Reinbek 1999

Lydia G. Heymann, Anita Augspurg: Erlebtes, Erschautes, hg. von M. Twellmann, Frankfurt/M. 1992

Anna von Helmholtz: Ein Lebensbild in Briefen, hg. von E. von Siemens-Helmholtz, 2 Bde, Berlin 1929
Frieda Hempel: Mein Leben dem Gesang. Erinnerungen, Berlin 1953
Elly Heuss-Knapp: Ausblick vom Münsterturm. Erinnerungen, Stuttgart 2008
Mathilde von Keller: Vierzig Jahre im Dienst der Kaiserin. Ein Kulturbild aus den Jahren 1881–1921, Leipzig 1935
Victor Klemperer: Curriculum vitae. Jugend um 1900, Berlin 1989
Sabine Lepsius: Ein Berliner Künstlerleben um die Jahrhundertwende. Erinnerungen, München 1972
Karl May: Mein Leben und Streben, hg. von H. Plaul, Nachdruck Hildesheim 1997
Asta Nielsen: Die schweigende Muse, München 1977
Walther Rathenau: Briefe, Teilband I: 1887–1913, Teilband II: 1914–1922, hg. von A. Jaser u. a., Düsseldorf 2006
Gabriele Reuter: Vom Kinde zum Menschen. Die Geschichte meiner Jugend, Berlin 1921
Alice Salomon: Charakter ist Schicksal. Lebenserinnerungen, 2. durchgesehene Auflage Weinheim 1984
Rahel Straus: Wir lebten in Deutschland. Erinnerungen einer deutschen Jüdin 1880–1933, hg. von Max Kreutzberger, Stuttgart 1961
Das Tagebuch der Baronin Spitzemberg, geb. Freiin v. Varnbüler, hg. von R. Vierhaus, Göttingen 1960
Franziska Tiburtius: Erinnerungen einer Achtzigjährigen, 2. Auflage Berlin 1924
Hedwig Wachenheim: Vom Großbürgertum zur Sozialdemokratie. Memoiren einer Reformistin, Berlin 1973
Marianne Weber: Lebenserinnerungen, Hildesheim 2004
Anton von Werner: Erlebnisse und Eindrücke, 1870–1890, Berlin 1913
Ernst von Wolzogen: Wie ich mich ums Leben brachte. Erinnerungen und Erfahrungen, Braunschweig 1922
Agnes von Zahn-Harnack: Adolf von Harnack, 2. verbesserte Auflage Berlin 1951

Literatur, Kultur, Gesellschaft

August Bebel: Die Frau und der Sozialismus, Bonn 1994, Nachdruck der Jubiläumsausgabe von 1929
Friedrich von Bernhardi: Deutschland und der nächste Krieg, Stuttgart 1912
Agnes Bluhm: Die Strafbarkeit der Vernichtung keimenden Lebens vom Standpunkte des Mediziners, Dresden 1909
Helene Böhlau: Halbtier! 4. Auflage Berlin 1902
Lily Braun: Lebenssucher, Roman, München 1915
Elisabeth Dauthendey: Vom neuen Weibe und seiner Liebe. Ein Buch für reife Geister, Berlin 1909

Dora Duncker: Berlin im Kriege. Großstadtskizzen aus dem Kriegsjahr 1914/15, Berlin o.J.
Maria von Felseneck: Der Wildfang von Wulkow, Berlin o.J.
dies.: Was Gertrud erlebte. Eine Erzählung für die reifere Jugend, Berlin o.J.
Anna Fischer-Dückelmann: Die Frau als Hausärztin, Jubiläums-Ausgabe 840. bis 870. Tausend, Stuttgart 1911
Theodor Fontane: Effi Briest, München 1979
Frauenbewegung und Sexualethik. Beiträge zur modernen Ehekritik, Dr. Gertrud Bäumer, Dr. med. Agnes Bluhm, Ika Freudenberg, Anna Kraußneck, Helene Lange, Anna Pappritz, Dr. Alice Salomon, Marianne Weber, Heilbronn 1909
Henriette Fürth: Kulturideale und Frauentum, Leipzig 1906
dies.: Die Berufstätigkeit des weiblichen Geschlechts und die Berufswahl der Mädchen, Leipzig 1908
Adele Gerhard, Helene Simon: Mutterschaft und geistige Arbeit, Berlin 1901
Adele Gerhard: Der Ring des Lebendigen. Aus dem Kriegserleben meiner Heimat, Novelle, Braunschweig 1915
Edith Gnauck-Kühne: Die Deutsche Frau um die Jahrhundertwende, Berlin 1907
Marie Heller: Der Wandel in der Frauenarbeit Deutschlands seit 1895, Leipzig 1910
Georg Hermann: Kubinke, Roman, Berlin 1910, Neuauflage Berlin 1997
Elise von Hohenhausen: Die feine junge Dame. Ein Buch des Rates für alle Fragen des feineren geselligen Verkehrs und der guten häuslichen Sitte, Stuttgart 1902
Karen Horney: Die Psychologie der Frau, Eschborn 2007
Jules Huret: Berlin um Neunzehnhundert, München 1902, Nachdruck Berlin 1997
Bernd Kellermann: Der Tunnel, Berlin 1913, Nachdruck Frankfurt/M. 1995
Alfred Kerr: Wo liegt Berlin? Briefe aus der Reichshauptstadt 1895–1900, hg. von G. Rühle, Berlin 1999
Else Lasker-Schüler: Sämtliche Gedichte, hg. von K. J. Skrodzki, Frankfurt/M. 2004
August Macke: Briefe an Elisabeth und die Freunde, hg. von W. Frese, E.-G. Güse, München 1987
Marie Mancke: Fräulein Doktor. Ringen und Streben eines deutschen Mädchens, Elberfeld 1898
Heinrich Mann: Im Schlaraffenland. Ein Roman unter feinen Leuten, München 1900, Nachdruck Frankfurt/M. 1992
Thomas Mann: Doktor Faustus, Frankfurt/M. 1971
ders.: Der Zauberberg, Frankfurt/M. 1978
Adolf Matthias: Wie erziehen wir unsern Sohn Benjamin? Ein Buch für deutsche Väter und Mütter, 2. verbesserte Auflage München 1898
R. Mayreder: Zur Kritik der Weiblichkeit, 3. Auflage, Jena 1910
Gustav Adolf Melchers: Die Vergangenheit unserer Zukunft? Der Verfall unserer Vormenschen, Berlin 1908
Asta Nielsen: Vier Filme mit Asta Nielsen: Die Suffragette, Die Börsenkönigin, Das Liebes-ABC, Das Eskimobaby, DVD, Edition filmmuseum, filmkunst GmbH 2012

R. Otto: Über Fabrikarbeit verheirateter Frauen, Stuttgart 1910
Quellen zur Alltagsgeschichte der Deutschen 1871–1914, hg. von J. Flemming u. a., Darmstadt 1997
Hans Plehn: Deutsche Weltpolitik und kein Krieg!, Berlin 1913
Walther Rathenau: Zur Kritik der Zeit, Berlin 1912, Neuauflage Hildesheim 2008
Gabriele Reuter: Aus guter Familie. Leidensgeschichte eines Mädchens, Studienausgabe hg. von K. Mellmann, 2 Bde, Marburg 2006, Erstdruck Berlin 1896
dies.: Ellen von der Weiden, Berlin 1900 – Nachdruck Berlin 1997
dies.: Das Problem der Ehe, Berlin 1907
dies.: Das Tränenhaus, 11. Auflage Berlin 1909
Helene Stöcker: Die Liebe und die Frauen, Minden 1905
Minna Wettstein-Adelt: 3 ½ Monate Fabrik-Arbeiterin. Eine praktische Studie, Berlin 1893
Theobald Ziegler: Die geistigen und sozialen Strömungen des neunzehnten Jahrhunderts, Berlin 1911
Zweite Konferenz zur Förderung der Arbeiterinnen-Interessen: Dr. Marie Baum: Der Einfluss der gewerblichen Arbeit auf das persönliche Leben der Frau; Dr. med. Agnes Bluhm: Der Einfluss der gewerblichen Gifte auf den Organismus der Frau; Dr. Edgar Jaffé-Richthofen: Die Frau in der Gewerbe-Inspektion, Jena 1910

Sekundärliteratur

Gesamtdarstellungen

Ch. A. Bayly: Die Geburt der modernen Welt. Eine Globalgeschichte 1780–1914, Frankfurt/M. 2006
R. vom Bruch, B. Hofmeister (Hg.): Kaiserreich und Erster Weltkrieg 1871–1918, Stuttgart 2000
Ch. Clark: Preußen. Aufstieg und Niedergang 1600–1947, München 2007
S. Conrad: Globalisierung und Nation im Deutschen Kaiserreich, München 2006
G. A. Craig: Deutsche Geschichte 1866–1945, München 1980
M. Jeismann: Das Vaterland der Feinde. Studien zum nationalen Feindbegriff und Selbstverständnis in Deutschland und Frankreich 1792–1918, Stuttgart 1992
S. O. Müller, C. Torp (Hg.): Das Deutsche Kaiserreich in der Kontroverse, Göttingen 2009
Th. Nipperdey: Religion und Gesellschaft. Deutschland um 1900, München 1988
ders.: Deutsche Geschichte 1866–1918. Arbeitswelt und Bürgergeist, München 1990
J. Retallack (Hg.): Imperial Germany 1871–1918, Oxford 2008

G. A. Ritter (Hg.): Das Deutsche Kaiserreich 1871–1914. Ein historisches Lesebuch, Göttingen 1975
V. Ullrich: Als der Thron ins Wanken kam. Das Ende des Hohenzollernreiches 1890–1918, Bremen 1983
ders.: Die nervöse Großmacht. Aufstieg und Untergang des deutschen Kaiserreichs 1871–1918. Mit »Neue Forschungen zum Kaiserreich«, Frankfurt/M. 2010
H.-U. Wehler: Das deutsche Kaiserreich 1871–1918, 6. Auflage Göttingen 1988
A. Winkler: Der lange Weg nach Westen, Bd. 1: Deutsche Geschichte vom Ende des Alten Reiches bis zum Untergang der Weimarer Republik, München 2000

Kriegsbeginn 1914

Berliner Geschichtswerkstatt (Hg.): August 1914: Ein Volk zieht in den Krieg, Berlin 1989
Ph. Blom: Der taumelnde Kontinent. Europa 1900 – 1914, München 2009
St. Bruendel: Volksgemeinschaft oder Volksstaat. Die »Ideen von 1914« und die Neuordnung Deutschlands im Ersten Weltkrieg, Berlin 2003
J. Burkhardt, J. Becker, St. Förster, G. Kronenbitter: Lange und kurze Wege in den Ersten Weltkrieg, München 1996
Ch. Clark: Die Schlafwandler. Wie Europa in den Ersten Weltkrieg zog, Stuttgart 2013
J. Dülffer, K. Holl: Bereit zum Krieg! Kriegsmentalität im wilhelminischen Deutschland, Göttingen 1986
F. Fischer: Griff nach der Weltmacht. Die Kriegszielpolitik des kaiserlichen Deutschland 1914/18, Düsseldorf 1961
K. Flasch: Die geistige Mobilmachung. Die deutschen Intellektuellen und der Erste Weltkrieg, Berlin 2000
Ch. Geinitz: Kriegsfurcht und Kampfbereitschaft. Das Augusterlebnis in Freiburg. Eine Studie zum Kriegsbeginn 1914, Essen 1998
Ch. Geinitz, U. Hinz: Das Augusterlebnis in Südbaden. Ambivalente Reaktionen der deutschen Öffentlichkeit auf den Kriegsbeginn 1914, www.erster-weltkrieg.clio-online.de
I. Geiss: Der lange Weg in die Katastrophe. Die Vorgeschichte des Ersten Weltkriegs 1815–1914, München 1990
D. Hoffmann: Der Sprung ins Dunkle : oder Wie der 1. Weltkrieg entfesselt wurde, Leipzig 2010
G. Krumeich: Kriegsgeschichte im Wandel, www.erster-weltkrieg.clio-online.de
W. Kruse: Krieg und nationale Integration, Essen 1993
M.v.d. Linden, G. Mergner (Hg.): Kriegsbegeisterung und mentale Kriegsvorbereitung, Berlin 1991
W. J. Mommsen: Die Urkatastrophe Deutschlands. Der Erste Weltkrieg 1914–1918, Stuttgart 2002

M. Stöcker: Augusterlebnis 1914 in Darmstadt. Legende und Wirklichkeit, Darmstadt 1994
B. Tuchman: August 1914, Frankfurt/M. 2001
V. Ullrich: Kriegsalltag. Hamburg im ersten Weltkrieg, Köln 1982
J. Verhey: Der »Geist von 1914« und die Erfindung der Volksgemeinschaft, Hamburg 2000

Kaiser Wilhelm II.

Ch. Clark: Kaiser Wilhelm II: the last Kaiser, London 2000
W. König: Wilhelm II. und die Moderne. Der Kaiser und die technisch-industrielle Welt, Paderborn 2007
M. Kohlrausch: Der Monarch im Skandal. Die Logik der Massenmedien und die Transformation der wilhelminischen Monarchie, Berlin 2005
ders. (Hg.): Samt und Stahl. Kaiser Wilhelm II. im Urteil seiner Zeitgenossen, Berlin 2006
J. C. G. Röhl: Kaiser, Hof und Staat. Wilhelm II. und die deutsche Politik, München 2007
ders.: Wilhelm II. 1. Bd.: Die Jugend des Kaisers 1859–1888, München 1993; 2. Bd.: Der Aufbau der Persönlichen Monarchie 1888–1900, München 2001, 3. Bd.: Der Weg in den Abgrund, 1900–1941, München 2008
Wilhelm II. und die Religion. Facetten einer Persönlichkeit und ihres Umfelds, hg. von St. Samerski, Berlin 2001

Biografien

F. Alimadad-Mensch: Gabriele Reuter. Porträt einer Schriftstellerin, Bern 1984
S. Appel: Friedrich Nietzsche. Wanderer und freier Geist, München 2011
G. Badia: Clara Zetkin. Eine neue Biographie, Berlin 1994
Marie Baum – ein Leben in sozialer Verantwortung, Ausstellungskatalog, bearbeitet von P. Schaffrodt, Ubstadt-Weiher 2000
S. Bauschinger: Else Lasker-Schüler, Frankfurt/M. 2006
M. Berger: Alice Salomon. Pionierin der sozialen Arbeit und der Frauenbewegung, Frankfurt/M. 1998
B. Beuys: Paula Modersohn-Becker. Oder: Wenn die Kunst das Leben ist, München 2007
A. Borgstedt: Marie Baum. Chemikerin, Sozialwissenschaftlerin, Sozialfürsorgerin, Politikerin und Schriftstellerin, 1874–1964, in: Lebensbilder aus Baden-Württemberg, hg. von G. Taddey, R. Brüning, 23. Bd., Stuttgart 2010, S. 321–339
W. Brenner: Walther Rathenau. Deutscher und Jude, München 2006

M. Brentzel: Mir kann doch nichts geschehen … Das Leben der Nesthäkchen-Autorin Else Ury, Berlin 2009
H. Bußmann: Ich habe mich vor nichts gefürchtet. Die ungewöhnliche Geschichte der Therese Prinzessin von Bayern, 1850–1925, 2. verbesserte Auflage München 2011
S. Chevallier: Fräulein Professor. Lebensspuren der Ärztin Rahel Hirsch 1870–1953, Düsseldorf 1998
K. Decker: Mein Herz – Niemandem. Das Leben der Else Lasker-Schüler, Berlin 2009
M. Flügge: Heinrich Mann. Eine Biographie, Reinbek 2006
D. A. Frickel: Adele Gerhard (1868–1956). Spuren einer Schriftstellerin, Köln 2007
D. M. Friz: Margarethe Krupp. Das Leben meiner Urgroßmutter, München 2008
H. N. Fügen: Max Weber, Reinbek 1985
L. Gall: Walther Rathenau. Portrait einer Epoche, München 2009
O. Hilmes: Die Herrin des Hügels. Das Leben der Cosima Wagner, München 2007
H. Hof: Gottfried Benn. Der Mann ohne Gedächtnis, eine Biographie, Stuttgart 2011
I., W. Jens: Frau Thomas Mann. Das Leben der Katharina Pringsheim, Reinbek 2003
J. Klassen: Clara Schumann. Musik und Öffentlichkeit, Köln 2009
G. Koch: Adolf Stoecker, 1835–1909; ein Leben zwischen Politik und Kirche, Erlangen 1993
W. J. Koch: Daisy von Pless: Eine Entdeckung, Edmonton 2005
C. Koepcke: Ricarda Huch. Ihr Leben und ihr Werk, Frankfurt/M. 1996
C. Krahmer: Käthe Kollwitz, Reinbek 1983
A. Laschitzka: Im Lebensrausch trotz alledem – Rosa Luxemburg, Berlin 2000
Ch. Leidinger: Keine Tochter aus gutem Hause. Johanna Elberskirchen (1864–1943), Konstanz 2008
G. von Leitner: Der Fall Clara Immerwahr. Leben für eine humane Wissenschaft, München 1993
August Macke ganz privat, hg. von I. Ewers-Schultz, 2. korrigierte Auflage Köln 2009
O. Mannoni: Sigmund Freud, Reinbek 1993
LB. Meurer: Marianne Weber. Leben und Werk, Tübingen 2010
B. J. Paris: Karen Horney. Leben und Werk, Gießen 2006
S. Quinn: A Mind of Her Own: The Life of Karen Horney, London 1987
T. van Rahden: Juden und andere Breslauer, Göttingen 2000
B. Rök: Ottilie W. Roederstein (1859–1937). Eine Künstlerin zwischen Tradition und Moderne, Marburg 1999
J. L. Rubins: Karen Horney. Sanfte Rebellin der Psychoanalyse, Frankfurt/M. 1983
S. Schädlich: Karen Horney. Die Rivalin Freuds, Stuttgart 2006
R. Schaper: Karl May. Untertan, Hochstapler, Übermensch, München 2011
H. Schmiedt: Karl May oder Die Macht der Phantasie, München 2011
R. Seydel (Hg.): Asta Nielsen. Ein Leben zwischen Kopenhagen, Berlin und Hiddensee, Ribnitz Damgarten 2011
M. Szöllösi-Janze: Fritz Haber 1868–1934. Eine Biographie, München 1998

A. Taylor Allen: Feminismus und Mütterlichkeit in Deutschland 1800–1914, Weinheim 2000
dies.: Women in Twentieth-Century Europa, New York 2008
R. Beier: Frauenarbeit und Frauenalltag im Deutschen Kaiserreich. Heimarbeiterinnen in der Berliner Bekleidungsindustrie 1880–1914, Frankfurt/M. 1983
J. Bleker, S. Schleichermacher: Ärztinnen aus dem Kaiserreich. Lebensläufe einer Generation, Weinheim 2000
R. von Bockel: Philosophin einer »neuen Ethik«: Helene Stöcker (1869–1943), Hamburg 1991
U. Daniel: Arbeiterfrauen in der Kriegsgesellschaft. Beruf, Familie und Politik im Ersten Weltkrieg, Göttingen 1989
dies.: Der Krieg der Frauen 1914–1918: Zur Innenansicht des Ersten Weltkriegs in Deutschland, www.erster-weltkrieg.clio-online.de
A. Epple: Henriette Fürth und die Frauenbewegung im deutschen Kaiserreich. Eine Sozialbiographie, Pfaffenweiler 1996
I. M. Fassmann: Jüdinnen in der deutschen Frauenbewegung 1865–1919, Hildesheim 1996
N. J. Frankian Pierce: Woman's Place in German Turn-of-the-Century Drama, Ann Arbor 1988
A. Franzke, I. Nagelschmidt (Hg.): »Ich kann nicht gegen meine Überzeugung handeln«. Clara Zetkin zum 150. Geburtstag, Leipzig 2008
M. Freund: »Mag der Thron in Flammen glühn!« Schriftstellerinnen und die Revolution von 1848/49, Königstein/Taunus 2004
U. Frevert (Hg.): Bürgerinnen und Bürger. Geschlechterverhältnisse im 19. Jahrhundert, Göttingen 1988
dies.: »Mann und Weib, und Weib und Mann«. Geschlechter-Differenzen in der Moderne, München 1995
M. Gerhard: Das Werk Adele Gerhards als Ausdruck einer Wendezeit, Berlin 1963
U. Gerhard: Unerhört. Die Geschichte der Frauenbewegung, Reinbek 1990
U. Gerhard, E. Hannover-Drück, R. Schmitter (Hg.): »Dem Reich der Freiheit werb' ich Bürgerinnen«. Die Frauen-Zeitung von Louise Otto, Frankfurt/M. 1980
Ida Gerhardi – Deutsche Künstlerinnen in Paris um 1900, Ausstellungskatalog Städtische Galerie Lüdenscheid, hg. von S. Conzen u. a., München 2012
M. Göttert: Macht und Eros. Frauenbeziehungen und weibliche Kultur um 1900 – eine neue Perspektive auf Helene Lange und Gertrud Bäumer, Königstein/Taunus 2000
K. Hagemann, J. H. Quaetert (Hg.): Geschichte und Geschlechter. Revisionen der neueren deutschen Geschichte, Frankfurt/M. 2008
K. Hausen (Hg.): Frauen suchen ihre Geschichte. Historische Studien zum 19. und 20. Jahrhundert, München 1983
A. Herlitzius: Frauenbefreiung und Rassenideologie. Rassenhygiene und Eugenik

im politischen Programm der »Radikalen Frauenbewegung« (1900–1933), Wiesbaden 1995
dies. (Hg.): Clara Zetkin oder: Dort kämpfen, wo das Leben ist, 3. erw. Auflage Berlin 2011
B. Jürgs (Hg.): Denn da ist nichts mehr, wie es die Natur gewollt. Portraits von Künstlerinnen und Schriftstellerinnen um 1900, Berlin 2001
L. Kaloyanova-Slavova: Übergangsgeschöpfe. Gabriele Reuter, Hedwig Dohm, Helene Böhlau und Franziska von Reventlow, New York 1998
M. Karl: »Wir fordern die Hälfte der Welt« – Der Kampf der Suffragetten um das Frauenstimmrecht, Frankfurt/M. 2009
Ch. Klausmann: Politik und Kultur der Frauenbewegung im Kaiserreich. Das Beispiel Frankfurt am Main, Frankfurt/M. 1997
F. Lamott: Die vermessene Frau. Hysterien um 1900, München 2001
S. Omran: Frauenbewegung und »Judenfrage«. Diskurse um Rasse und Geschlecht nach 1900, Frankfurt/M. 2000
U. Ottmüller: Die Dienstbotenfrage. Zur Sozialgeschichte der doppelten Ausnutzung von Dienstmädchen im deutschen Kaiserreich, Münster 1978
C. Pechota Vuilleumier: »O Vater, lass uns ziehn!« Literarische Vater-Töchter um 1900. Gabriele Reuter, Hedwig Dohm, Lou Andreas-Salomé, Hildesheim 2005
D. Peters: Mütterlichkeit im Kaiserreich. Die bürgerliche Frauenbewegung und der soziale Beruf, Bielefeld 1984
U. Planert: Antifeminismus im Kaiserreich, Göttingen 1998
dies. (Hg.): Nation, Politik und Geschlecht. Frauenbewegungen und Nationalismus in der Moderne, Frankfurt/M. 2000
A. Schaser: Frauenbewegung in Deutschland 1848 – 1933, Darmstadt 2006
E. Schöck-Quinteros, Ch. Streubel (Hg): Ihrem Volk verantwortlich. Frauen der politischen Rechten (1890–1933): Organisationen – Agitationen – Ideologien, Berlin 2007
I. Schröder: Arbeiten für eine bessere Welt. Frauenbewegung und Sozialreform 1890–1914, Frankfurt/M. 2001
A. Schüler: Frauenbewegung und soziale Reform. Jane Adams und Alice Salomon im transatlantischen Dialog, 1889–1933, Stuttgart 2004
B. Sichtermann: Kurze Geschichte der Frauenemanzipation, Berlin 2009
dies., I. Rose: Die Erste. Mutige Frauen verändern die Welt, München 2013
M. Twellmann-Schepp: Die deutsche Frauenbewegung. Ihre Anfänge und erste Entwicklung 1843–1889, Meisenheim 1972
K. Walser: Dienstmädchen. Frauenarbeit und Weiblichkeitsbilder um 1900, Frankfurt/M. 1984
D. Wierling: Mädchen für alles. Arbeitsalltag und Lebensgeschichte städtischer Dienstmädchen um die Jahrhundertwende, Bonn 1987
K. Wolff: »Stadtmütter«: Bürgerliche Frauen und ihr Einfluss auf die Kommunalpolitik im 19. Jahrhundert, Königstein/Taunus 2003

F. Augstein: Rasse statt Klasse. Wie die Menschheit zum Objekt einer pseudo-biologischen Ethnologie erniedrigt wurde, Frankfurter Allgemeine Zeitung, 30. Januar 1999
B. Beßlich: Wege in den ›Kulturkrieg‹. Zivilisationskritik in Deutschland 1890–1914, Darmstadt 2000
B. Beuys: Familienleben in Deutschland, Neuauflage München 2005
R. Braun, D. Gugerli: Macht des Tanzes – Tanz der Mächtigen. Hoffeste und Herrschaftszeremoniell 1550–1914, München 1993
R. vom Bruch: Bürgerlichkeit, Staat und Kultur im Deutschen Kaiserreich, Stuttgart 2005
C. Bruns: Politik des Eros. Der Männerbund in Wissenschaft, Politik und Jugendkultur (1880–1934), Köln 2008
R. J. Evans (Hg.): Kneipengespräche im Kaiserreich. Stimmungsbericht der Hamburger Politischen Polizei 1892–1914, Reinbek 1989
F. Fischer: Bündnis der Eliten. Zur Kontinuität der Machtstrukturen in Deutschland 1871–1945, Düsseldorf 1985
J. M. Fischer: Jahrhundertdämmerung. Ansichten eines anderen Fin de siècle, Wien 2000
U. Frevert: Ehrenmänner. Das Duell in der bürgerlichen Gesellschaft, München 1991
dies.: Die kasernierte Nation. Militärdienst und Zivilgesellschaft in Deutschland, München 2001
dies., H.-G. Haupt (Hg.): Der Mensch des 19. Jahrhunderts, Frankfurt/M. 1999
L. Gall: Bürgertum in Deutschland, Berlin 1989
A. Gotzmann u.a. (Hg.): Juden, Bürger, Deutsche. Zur Geschichte von Vielfalt und Differenz 1800–1933, Tübingen 2001
M. Grüttner u.a. (Hg.): Geschichte und Emanzipation, Festschrift für Reinhard Rürup, Frankfurt/M. 1999
G. Haefs, K. Gille: Von Sittenstrenge und Aufbegehren. Die Wilhelminische Zeit, Hamburg 1994
S. Hering (Hg.): Jüdische Wohlfahrt im Spiegel von Biographien, Frankfurt/M. 2007
F. Illies: 1913. Der Sommer des Jahrhunderts, Frankfurt/M. 2012
M. A. Kaplan: Jüdisches Bürgertum. Frau, Familie und Identität im Kaiserreich, Hamburg 1997
W Kaschuba: Lebenswelt und Kultur der unterbürgerlichen Schichten im 19. und 20. Jahrhundert, München 1990
Th. Koebner u.a. (Hg.): »Mit uns zieht die neue Zeit«. Der Mythos Jugend, Frankfurt/M. 1985
R. Koselleck (Hg.): Bildungsbürgertum im 19. Jahrhundert, 3 Bde., Stuttgart 1990
L. Kosok, M. Jamin (Hg.): Viel Vergnügen. Öffentliche Lustbarkeiten im Ruhrgebiet der Jahrhundertwende, Essen 1992

D. Langewiesche: Politikstile im Kaiserreich. Zum Wandel von Politik und Öffentlichkeit im Zeitalter des ›politischen Massenmarktes‹, Friedrichsruh 2002
D. Lieven: Abschied von Macht und Würden. Der europäische Adel 1815–1914, Frankfurt/M. 1995
P. Lundgreen (Hg.): Sozial- und Kulturgeschichte des Bürgertums, Göttingen 2000
K. Maase: Grenzenloses Vergnügen. Der Aufstieg der Massenkultur 1850–1970, Frankfurt/M. 1997
St. Malinowski: Vom König zum Führer. Sozialer Niedergang und politische Radikalisierung im deutschen Adel zwischen Kaiserreich und NS-Staat, 3. Auflage Berlin 2003
J. Meynert u.a. (Hg.): Unter Pickelhaube und Zylinder. Das östliche Westfalen im Zeitalter des Wilhelminismus 1888 bis 1914, Bielefeld 1991
Ph. Müller: Auf der Suche nach dem Täter. Die öffentliche Dramatisierung von Verbrechen im Berlin des Kaiserreichs, Frankfurt/M. 2005
W. Neugebauer, B. Holtz (Hg.): Kulturstaat und Bürgergesellschaft. Preußen, Deutschland und Europa im 19. und frühen 20. Jahrhundert, Berlin 2010
A. Nitschke u.a. (Hg.): Jahrhundertwende. Der Aufbruch in die Moderne 1880–1930, 2 Bde., Reinbek 1990
J. Osterhammel u.a. (Hg.): Wege der Gesellschaftsgeschichte, Göttingen 2006
A. Owzar: »Reden ist Silber, Schweigen ist Gold«. Konfliktmanagement im Alltag des wilhelminischen Obrigkeitsstaates, Konstanz 2006
T. Pierenkemper: Arbeitsmarkt und Angestellte im Deutschen Kaiserreich 1880–1913, Stuttgart 1987
J. Radkau: Das Zeitalter der Nervosität. Deutschland zwischen Bismarck und Hitler, München 1998
H. Reif (Hg.): Adel und Bürgertum in Deutschland. 2 Bde., Berlin 2000 und 2001
J. Richter: »Gute Kinder schlechter Eltern«. Familienleben, Jugendfürsorge und Sorgerechtsentzug in Hamburg, 1884–1914, Wiesbaden 2011
G. A. Ritter, K. Tenfelde: Arbeiter im Deutschen Kaiserreich 1871 bis 1914, Bonn 1992
Th. Rohkrämer: Der Militarismus der »kleinen Leute«, München 1990
R. Roth: Stadt und Bürgertum in Frankfurt am Main. Ein besonderer Weg von der ständischen zur modernen Bürgergesellschaft 1760–1914, München 1996
D. Schmidt: Massenhafte Produktion? Produkte, Produktion und Beschäftigte von Siemens vor 1914, Münster 1993
U. Schneider: Politische Festkultur im 19. Jahrhundert. Die Rheinprovinz von der französischen Zeit bis zum Ende des Ersten Weltkrieges (1806–1918), Essen 1995
E. R. Tannenbaum: 1900. Die Generation vor dem Großen Krieg, Berlin 1978
S. Volkov: Die Juden in Deutschland 1780–1918, München 1994
P. Walkenhorst: Nation – Volk – Rasse. Radikaler Nationalismus im Deutschen Kaiserreich 1890–1914, Göttingen 2007
H.-U. Wehler: Deutsche Gesellschaftsgeschichte, Bd. 3: Von der »Deutschen Doppelrevolution« bis zum Beginn des Ersten Weltkrieges, 1849–1914, München 1995

H.-U. Wehler (Hg.): Europäischer Adel 1750–1950, Göttingen 1990
K. F. Werner (Hg.): Hof, Kultur und Politik im 19. Jahrhundert, Bonn 1985
F. Zaumseil: Zwischen Nation und Region. Die Zeitschrift ›Gartenlaube‹ in der 2. Hälfte des 19. Jahrhunderts, Hamburg 2007

Berlin

Berlinische Galerie e. V. (Hg.): Berlin um 1900, Berlin 1984
J. Boberg, T. Fichter, E. Gillen (Hg.): DIE METROPOLE. Industriekultur in Berlin im 20. Jahrhundert, München 1986
R. Glatzer (Hg.): Berlin wird Kaiserstadt. Panorama einer Metropole 1871–1890, Berlin 1993
ders.: Das Wilhelminische Berlin. Panorama einer Metropole 1890–1918, Berlin 1997
H. Kaelble, R. Federspiel (Hg.): Soziale Mobilität in Berlin 1825–1957. Tabellen zur Mobilität, zu Heiratskreisen und zur Sozialstruktur, St. Katharinen 1990
Th. Lindenberger: Straßenpolitik. Zur Sozialgeschichte der öffentlichen Ordnung in Berlin 1900 bis 1914, Bonn 1995
G. Ortmanns: Das Berlin des Robert Walser, Berlin 2010
W. Ribbe (Hg.): Geschichte Berlins, 2. Bd., Von der Märzrevolution bis zur Gegenwart, München 1987
B. W. Seiler: Fontanes Berlin. Die Hauptstadt in seinen Romanen, Berlin 2011
R. Taylor: Berlin and its Culture, New Haven 1997
P. Wilhelmy: Der Berliner Salon im 19. Jahrhundert (1780–1914), Berlin 1989

München

S. Bonk, P. Schmid (Hg.): Königreich Bayern. Facetten bayerischer Geschichte 1806–1919, Regensburg 2005
K. Möckl: Die Prinzregentenzeit. Gesellschaft und Politik während der Ära des Prinzregenten Luitpold in Bayern, München 1972
I. Petersdorf: Lebenswelten. Jüdische bürgerliche Familien im München der Prinzregentenzeit, Hamburg 2003
F. Prinz, M. Krauss (Hg.): München – Musenstadt mit Hinterhöfen. Die Prinzregentenzeit 1886 bis 1912, München 1988
W. Ross: Bohemien und Belle Epoque. Als München leuchtete, München 1999

Wissenschaft, Technik, Wirtschaft, Industrialisierung, Freizeit

A. Bergmann: Die verhütete Sexualität. Die medizinische Bemächtigung des Lebens, Berlin 1998
R. vom Bruch: Geheimräte und Mandarine. Zur politischen Kultur der Berliner Universität, Berlin 2000
ders. u. a. (Hg): Kultur und Kulturwissenschaften um 1900, I. Krise der Moderne und Glaube an die Wissenschaft, Wiesbaden 1989
ders. (Hg.): Die Berliner Universität im Kontext der deutschen Universitätslandschaft nach 1800, um 1860 und um 1910, München 2010
F.-J. Brüggemeier: Leben vor Ort. Ruhrbergleute und Ruhrbergbau 1889–1919, München 1983
L. Gall: Krupp. Der Aufstieg eines Industrieimperiums, Berlin 2000
B. Haubner: Nervenkitzel und Freizeitvergnügen. Automobilismus in Deutschland 1886–1914, Göttingen 1998
L. Heid, J. Schoeps (Hg.): Arbeit und Alltag im Revier, Duisburger Forschungen Bd. 33, Duisburg 1985
G. Hübinger u. a. (Hg.): Kultur und Kulturwissenschaften um 1900, II. Idealismus und Positivismus, Stuttgart 1997
Th. Kuchenbuch: Die Welt um 1900. Unterhaltungs- und Technikkultur, Stuttgart 1992
J. Reulecke: Geschichte der Urbanisierung in Deutschland, Frankfurt/M. 1985
W. Ruppert (Hg.): Fahrrad, Auto, Fernsehschrank. Zur Kulturgeschichte der Alltagsdinge, Frankfurt/M. 1993
Th. Steller: Das Neue Wissen vom Menschen – Entstehung und Entwicklung des Deutschen Hygiene-Museums in Dresden 1900–1931, München 2008
K. Tenfelde: »Krupp bleibt doch Krupp«. Ein Jahrhundertfest: Das Jubiläum der Firma Fried. Krupp AG in Essen 1912, Essen 2005
R. H. Tilly: Vom Zollverein zum Industriestaat. Die wirtschaftlich-soziale Entwicklung Deutschlands 1834 bis 1914, München 1990

Literatur, Malerei, Musik, Kulturgeschichte

C. Applegate, P. Potter (Hg.): Music and German National Identity, Chicago 2002
W. Delabar, D. Heimböckel (Hg.): Walter Rathenau. Der Phänotyp der Moderne, Bielefeld 2009
S. Guddat, S. Hastedt (Hg.): Geschlechterbilder im Wandel? Das Werk deutschsprachiger Schriftstellerinnen 1894–1945, Frankfurt/M. 2001
C. Hepp: Avantgarde. Moderne Kunst, Kulturkritik und Reformbewegungen nach der Jahrhundertwende, München 1987
M. Jefferies: Imperial Culture in Germany, 1871–1918, New York 2003

M. Karbaum: Studien zur Geschichte der Bayreuther Festspiele (1876–1976), Regensburg 1976
Y.-G. Mix (Hg.): Naturalismus – Fin de siècle – Expressionismus 1890–1918, München 2000
W. J. Mommsen: Bürgerliche Kultur und politische Ordnung. Künstler, Schriftsteller und Intellektuelle in der deutschen Geschichte 1830–1933, Frankfurt/M. 2000
P. Paret: Die Berliner Secession. Moderne Kunst und ihre Feinde im Kaiserlichen Deutschland, Berlin 1981
H. Schmid: »Gefallene Engel«. Deutschsprachige Dramatikerinnen im ausgehenden 19. Jahrhundert, St. Ingbert 2000
N. Teeuwisse: Vom Salon zur Secession. Berliner Kunstleben zwischen Tradition und Aufbruch zur Moderne 1871–1900, Berlin 1986
H. Treiber, K. Sauerland (Hg.): Heidelberg im Schnittpunkt intellektueller Kreise, 1850–1950, Opladen 1995
U. Zophoniasson-Baierl: Elsa Bernstein alias Ernst Rosmer. Eine deutsche Dramatikerin im Spannungsfeld der literarischen Strömungen des Wilhelminischen Zeitalters, Bern 1985

Religion, Konfessionen, Weltanschauungen

O. Blaschke: Katholizismus und Antisemitismus im Deutschen Kaiserreich, Göttingen 1997
ders. (Hg.): Konfessionen im Konflikt. Deutschland zwischen 1800 und 1970: ein zweites konfessionelles Zeitalter, Göttingen 2002
ders., F.-M. Kuhlemann (Hg.): Religion im Kaiserreich. Milieus – Mentalitäten – Krisen, Gütersloh 1996
A. Edelbrock: Mädchenbildung und Religion in Kaiserreich und Weimarer Republik, Neukirchen-Vluyn 2006
M. Geyer, H. Lehmann (Hg.): Religion und Nation – Nation und Religion. Beiträge zu einer unbewältigten Geschichte, Göttingen 2004
F. W. Graf (Hg.): Der deutsche Protestantismus um 1900, Gütersloh 1996
ders.: Die Wiederkehr der Götter. Religion in der modernen Kultur, München 2004
H.-G. Haupt, D. Langewiesche (Hg.): Nation und Religion in Europa. Mehrkonfessionelle Gesellschaften im 19. und 20. Jahrhundert, Frankfurt/M. 2004
G. Krumeich, H. Lehmann (Hg.): »Gott mit uns«. Nation, Religion und Gewalt im 19. und frühen 20. Jahrhundert, Göttingen 2000
U. Puschner, C. Vollnhals (Hg.): Die völkisch-religiöse Bewegung im Nationalsozialismus. Eine Beziehungs- und Konfliktgeschichte, Göttingen 2012

Register

fett gesetzte Seitenzahlen verweisen auf Abbildungen

Bücher von Barbara Beuys

Der Große Kurfürst
Friedrich Wilhelm von Brandenburg,
der Mann, der Preußen schuf
1979, 2012

Familienleben in Deutschland
Neue Bilder aus der deutschen Vergangenheit
1980, 2006

Und wenn die Welt voll Teufel wär
Luthers Glaube und seine Erben
1982

Vergeßt uns nicht
Menschen im Widerstand 1933–1945
1987

Florenz: Stadtwelt-Weltstadt
Urbanes Leben von 1200 bis 1500
1992

Heimat und Hölle
Jüdisches Leben in Europa durch zwei Jahrtausende
1996

Blamieren mag ich mich nicht
Das Leben der Annette von Droste-Hülshoff
1999, 2009

Denn ich bin krank vor Liebe
Das Leben der Hildegard von Bingen
2001, 2010

Der Preis der Leidenschaft
Chinas große Zeit: Das dramatische Leben
der Li Qingzhao
2004, 2009

Paula Modersohn-Becker
oder: Wenn die Kunst das Leben ist
2007, 2010

Sophie Scholl
Biografie
2010, 2011

Leben mit dem Feind
Amsterdam unter deutscher Besatzung 1940–1945
2012
Leven met de vijand
Amsterdam onder Duitse bezetting 1940–1945
2013

Louise Otto
1819–1895

Franziska Tiburtius
1843–1927

Asta Nielsen
1881–1972

Anna Fischer-Dückelmann
1856–1917

Agnes Bluhm
1862–1943

Elisabeth Winterhalter
1856–1952

Hermine Edenhuizen
1872–1955

Lily Braun
1865–1916

Henriette Fürth
1861–1938

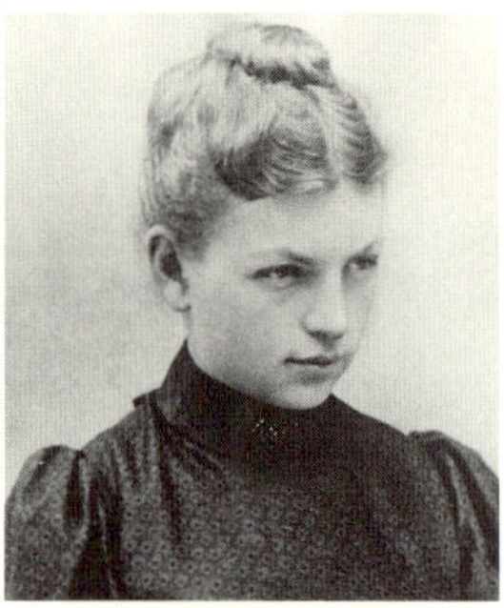

Clara Immerwahr
1870–1915

Karen Horney
1885–1952

Gertrud Bäumer
1873–1954